Allitera Verlag

Knud von Harbou

Wege und Abwege

Franz Josef Schöningh,
Mitbegründer der Süddeutschen Zeitung

Eine Biografie

Herausgegeben von
Maria-Theresia von Seidlein, Dr. Lorenz von Seidlein
und Dr. Rupert von Seidlein

Allitera Verlag

Weitere Informationen über den Verlag und sein Programm unter:
www.allitera.de

März 2013
Allitera Verlag
Ein Verlag der Buch&media GmbH, München
© 2013 Buch&media GmbH, München
Alle Rechte vorbehalten. Das Werk darf – auch teilweise – nur mit Genehmigung
des Verlags wiedergegeben werden.
Herstellung: Kay Fretwurst, Freienbrink
Umschlaggestaltung: Alexander Strathern unter Verwendung einer Fotografie
von Franz Josef Schöningh um 1950 (Privatarchiv Seidlein)
Printed in Europe · ISBN 978-3-86906-482-6

Inhalt

Vorwort der Herausgeber

Im Winter 2003, wenige Wochen nach dem Tod unserer Mutter Karen von Seidlein, meldete sich Knud von Harbou und wollte ein wichtiges Thema mit uns besprechen. Wir wussten, dass die Familie von Harbou gut mit unserem Großvater Franz Josef Schöningh befreundet war, und natürlich war uns Harbou als ehemaliger Feuilleton-Redakteur der Süddeutschen Zeitung bekannt. In den anschließenden Gesprächen stellte sich schnell heraus, dass das wichtige Thema die Vergangenheit unseres Großvaters Franz Josef Schöningh war.

Unser Großvater starb im Dezember 1960. Seine Enkel wurden zwischen Ende 1957 und 1963 geboren. Es existiert daher kaum eine persönliche Erinnerung an ihn. Vielleicht an die Jagdtrophäen in seinem Haus am Böhmerwaldplatz oder an seinen grünen VW-Käfer, in dem erlegte Rehe und Hasen von Bernried nach Bogenhausen gebracht wurden. Unsere Erinnerung an Franz Josef Schöningh lebte von den Erzählungen unserer Mutter, die gerne und immer positiv über ihn sprach. Über die Familie Schöningh, eine Paderborner Verlegerfamilie, die über Generationen Verlagsbuchhandlungen im Münsterland betrieb. Über die Jahre von Franz Josef Schöningh als Herausgeber der Zeitschrift »Hochland« bis zu deren Zwangseinstellung im Sommer 1941. Wir kannten im Detail den Aufbau des Süddeutschen Verlags, der 1945 von unserem Großvater gemeinsam mit August Schwingenstein und Edmund Goldschagg gegründet wurde.

Wenig wussten wir jedoch über das Leben unseres Großvaters während der Kriegsjahre. Der Großvater, so erzählte unsere Mutter, war während des Kriegs in der Forstverwaltung in Polen tätig. Dort habe er das Wild versorgt und die Wälder in Ordnung gehalten. Mehrere Male erzählte sie auch die Geschichte der jüdischen Familie Bronner, die von ihm in einer Futterkrippe im Wald versteckt wurde und der er schließlich zur Flucht verhalf.

Erst Ende der 1970er-Jahre kam unsere Mutter auf die Affäre Ohrenstein zu sprechen. Der Landesrabbiner Dr. Aaron Ohrenstein erkannte nach dem Krieg unseren Großvater als den Mann wieder, der in deutscher Uniform in Tarnopol einen Zug mit jüdischen Zwangsarbeitern beobachtete. Der Kern von

Ohrensteins Anschuldigung, dass Franz Josef Schöningh stellvertretender Kreishauptmann in Tarnopol war, wurde nie erwähnt.

So kam es, dass wir fassungslos vor Knud von Harbou saßen, als er uns berichtete, dass unser Großvater von Anfang 1942 bis 1944 in Galizien der Stellverteter seines Vaters Mogens von Harbou war. Und dass sein Vater Selbstmord beging, nachdem er Ende 1946 nach Polen ausgeliefert werden sollte. Knud von Harbou versorgte uns mit umfangreicher Sekundärliteratur, zumal das Thema der Deutschen Zivilverwaltung im Generalgouvernement Polen gerade in den Fokus der historischen Forschung geraten war. Es folgten mehr oder weniger emotionale Gespräche, in denen wir Geschwister uns zu erklären versuchten, was den Großvater bewogen hat, inmitten eines der größten Genozide der Menschheitsgeschichte, in einer Region mit über einem Drittel jüdischer Bevölkerung als Verwaltungsbeamter die Kriegsjahre zu verbringen. Was er gewusst haben muss, inwieweit er auch zum Mittäter wurde und warum er sich dem nicht entzogen hat.

Vor allem aber beschäftigte uns das Phänomen des Verschweigens in unserer Familie. Wir sind in einem liberalen, politisch und historisch interessierten Elternhaus aufgewachsen, in dem die Auseinandersetzung mit dem Nationalsozialismus einen außergewöhnlich hohen Stellenwert hatte. Warum wurde daher die Vergangenheit des von uns verehrten Großvaters niemals vollständig und wahrheitsgemäß wiedergegeben? Unser Vater versichert, er habe genauso wenig wie wir Enkel von dem Umfang der Verwicklungen seines Schwiegervaters in der Zivilverwaltung in Polen gewusst.

Wir wollten mehr wissen und so fiel der Vorschlag von Knud von Harbou, eine Biografie über Franz Josef Schöningh zu verfassen, auf fruchtbaren Boden. Knud von Harbou erlebte Franz Josef Schöningh nach dem Krieg als Kind, denn Schöningh war zeitweise der Lebensgefährte seiner Mutter gewesen.

Als Autor dieser Biografie vergrub er sich zwei Jahre lang hinter Bergen von Akten und Aufzeichnungen, durchwühlte Kisten und Kartons in stickigen Speicherräumen, durchforstete Bibliotheken und Archive und ging jedem Hinweis, jeder Spur nach. So ist es ihm gelungen, ein interessantes Bild über ein deutsches Leben zwischen Kaiserreich und Wirtschaftswunder, zwischen Moral und Schuld zu zeichnen und Antworten auf unsere Fragen zu geben.

Maria-Theresia, Lorenz und Rupert von Seidlein

Biografie

Die Familie Schöningh

Die heutige Ortschaft Thüle besteht aus drei Teilen – Vorderthüle, Mittelthüle und Thülsfelde – und erstreckt sich über etwa sechseinhalb Kilometer entlang der Soeste und der Landstraße zwischen Friesoythe und Cloppenburg. Der nur zu jeweils einem Drittel kultivierte Boden und Waldbestand, der Rest ist mehrheitlich sumpfiges Gelände, war von jeher nur gering besiedelt. Hier ist der eigentliche Ursitz der Schöninghs, wo sie seit Mitte des 15. Jahrhunderts nachweisbar sind.

Es lohnt sich, einen kurzen Blick auf die Familiengeschichte und die spätere, im 19. Jahrhundert sich entwickelnde Verlagsgeschichte zu werfen. Vieles daraus finden wir in der Biografie von Franz Josef Schöningh tief verankert wieder.

Das Städtchen Friesoyte im Großherzogtum Oldenburg gehörte früher zum sogenannten Niederstift Münster. Dieses war der nördlichste Teil des Bistums Münster. Die Friesoyther Gegend war von dem eigentlichen Friesland nur durch das kleine moorumgebene Saterland, ein Siedlungsgebiet rein friesischen Charakters, getrennt und mit Letzterem politisch und ökonomisch eng verflochten.

Ursprünglich, zur Zeit der Völkerwanderung, hatten aus Skandinavien stammende Sachsen das ganze Niederstift besiedelt, waren aber zu Beginn des 12. Jahrhunderts durch die Friesen wieder verdrängt worden. So hatte die tecklenburgische Grafschaft Sigeltra (heute Sögel) zu Anfang des 13. Jahrhunderts eine vorwiegend friesische Bevölkerung, die aus Ostfriesland eingewandert war.

Von dort aus drang diese nordwärts in das Saterland (ursprünglich Sagelter Land) ein, gab diesem den Namen Sögel und besiedelte im Anschluss daran auch die Friesoyther Gegend, deren Bevölkerung noch heute zu einem Drittel friesisch ist.

Zu dieser gehörten jedenfalls auch die Schöninghs, worauf die ältesten, in der Familie nachweisbaren Vornamen friesischer Herkunft schließen lassen. Man findet die Schöninghs also bereits um die Mitte des 15. Jahrhunderts in der Bauerschaft Thüle ansässig.[1] Mit Bauerschaft ist im niedersächsischen Sprachraum eine ländliche Siedlungsform gemeint, die nur aus wenigen, verstreut gelegenen Bauernhöfen besteht und damit ungefähr einem Weiler entspricht. So sind in Thüle für das Jahr 1473 zehn Familien mit 38 über zwölf Jahre alten Personen nachweisbar, davon zwei Familien Schöningh, eine Gebbeke – etwa von 1445 bis 1510 – und ein Oldach Schoninck, circa 1450 bis 1520. Oldachs Vater und vermutlich der Schwiegervater Gebbekes ist der uns seinem Namen nach unbekannte Stammvater der Familie, der vermutlich von 1410 bis 1470 lebte.

Der Familienchronik aus dem Jahre 1921 zufolge umfasste der Ursitz der Familie in Mittelthüle zu dieser Zeit knapp 120 Hektar, davon zwölf Hektar Ackerland, elf Hektar Wiese, 15 Hektar Wald und etwa 81 Hektar unkultiviertes Heideland. Wann das Haupthaus gebaut wurde, ist ungeklärt. Es muss ein solides, geräumiges Haus gewesen sein, mit einem für diese Gegend charakteristischen, in der Mitte gelegenen Herdfeuer. 1909 wurde es wegen seines durch sein Alter bedingten Zustandes abgebrochen. Als Ersatz wurde in einer Entfernung von 100 Metern ein Neubau errichtet.

Die männliche Linie der Schöninghs lässt sich auf dem Hof in Mittelthüle über etwa vier Jahrhunderte hinweg verfolgen, ist dort aber seit etwa dem ersten Drittel des 19. Jahrhunderts ausgestorben.[2] Durch die Heirat der Erbtochter ging das Gut in die Hände der Familie Sieger über, wird aber weiterhin in der Gemeinde als Schöninghs Hof bezeichnet.[3]

Soweit sich die Familienchronologie dechiffrieren lässt, werden die Familienstränge durch die Reformation gespalten. In der vierten Generation nahm seit 1544 in der Friesoyther Gegend infolge der Reformation die gesamte Bevölkerung die neue Konfession an, die erst zu Beginn des 17. Jahrhunderts durch die dann einsetzende Gegenreformation wieder verdrängt wurde. Blieb der nach Emden abgewanderte Familienzweig protestantisch, so sind die in Thüle und Friesoythe gebliebenen Schöninghs dem katholischen Glauben zurückgewonnen worden.

Ohne hier näher auf die Vertreter der dazwischenliegenden Generationen einzugehen, lässt sich feststellen, dass ab dem frühen 18. Jahrhundert fünf Linien des Gesamtstamms Schöningh parallel laufen: die Thüler Linie, 15. bis 19. Jahrhundert, der sogenannte Urstamm, dessen Nachkommen in weiblicher Linie noch heute dort leben, die Friesoyther Linie, 1620 bis 1844, auch diese lebt in Friesoythe nur noch in weiblicher Verzweigung, die älteste ostfriesische Linie evangelischer Konfession, meist Gutbesitzerfamilie in Pilsum, Grimersum und anderen ländlichen Orten Ostfrieslands. Die jüngere ostfriesische Linie, 1681 bis 1914, war in Ostfriesland ansässig; Abkömmlinge gingen in der zweiten Hälfte des 19. Jahrhunderts nach Holland, Kanada, USA und Schottland, sind aber auch seit 1911 in Münster i. W. nachweisbar. Die niederländisch-westfälische Linie, circa 1690 bis zur Gegenwart, war und ist zumeist in Paderborn, Münster und Nordhorn vertreten. Stammvater dieser Linie ist ein 1659 geborener Tebbe, der ins holländische Groningen zog und dort eine Margaretha Maria Alegonda Laclos 1689 ehelichte. Deren Sohn Bernhard, geboren 1700, heiratete Anna Maria zur Eck. Dieser Ehe entstammten zwölf Kinder. Ein Sohn, Tobias Johannes, geboren 1742, Arzt im holländischen Ootmarsum unweit von Meppen, dicht an der Grenze gelegen, heiratete dort eine Anna Helter (1747–1810). Diese hatten zwei Söhne, einer von ihnen, Jacobus Henricus (1782–1833), Herzoglich Arenbergischer Justizamtmann in Meppen, war mit Maria Josephine Coppenrath aus Münster (1789–1851) verheiratet. Nachkommen des Jacobus Henricus Schöningh waren: Ferdinand (I), geboren am 16. März 1815 in Meppen, gestorben am 18. August 1883 in Paderborn, Gründer des gleichnamigen Verlags in Paderborn, verehelicht mit Sophie Overweg aus Soest (1826–1905), Bernhard (1819–1865), Tuchfabrikant in Düren, verheiratet mit Mathilde Landschütz, und Eduard (1823–1900), K. K Marine-Artillerie-Hauptmann, späterer Gründer der damaligen Moorkolonie Schöningsdorf bei Meppen, verheiratet mit Elisabeth Lampe aus Lingen.

Der Verleger Ferdinand Schöningh

Zusammen mit vier Brüdern und zwei Schwestern wuchs Ferdinand Schöningh in behüteter Umgebung von Meppen auf. Das dortige Gymnasium besuchte er nur bis einschließlich der Quarta, nicht wegen mutmaßlich mangelnder Leistungen, sondern um seiner und der elterlichen beruflichen Wunschvorstellung, der Ausbildung zum Buchhändler, zu entsprechen. Sein Klassenlehrer Koers attestierte ihm in einem nachträglich erbetenen Zeugnis 1844 nur gute und sehr gute Kenntnisse, wonach er bereits nach Abschluss der Quarta auf der »Stufe der jetzigen Untersekunda« sei.

Ferdinand Schöningh (1815–1883) schaffte es in kurzer Zeit, seinen Verlag als einen der führenden Wissenschaftsverlage zu etablieren.

Inspiriert hatte ihn wohl sein Großvater mütterlicherseits, Josef Heinrich Coppenrath (1761–1859), der Inhaber einer angesehenen Buch- und Kunsthandlung in Münster war. Münster war seit Ende des 18. Jahrhunderts *die* kulturelle Metropole Westfalens, sie hatte einen Namen als Druck- und Buchhandelsstadt und seit 1780 auch durch ihre Universität.

Ferdinand Schöningh blieb nach vierjähriger Lehrzeit noch weitere sieben Jahre als Gehilfe im großväterlichen Geschäft. Er war jetzt 27 Jahre alt, als sich ihm im Herbst 1842 die Chance bot, die renommierte Nassesche Buchhandlung und Druckerei in Soest zu übernehmen. Deren Inhaber war verstorben, und seine Mutter besaß einen Anteil an dieser Firma, sodass er – aber auch aufgrund seiner Zeugnisse – die Leitung problemlos übernehmen konnte. Doch bereits 1845 verfolgte er den Plan, sich ganz selbstständig zu machen und ein eigenes Geschäft zu gründen. Sein Großvater unterstützte ihn in diesem Vorhaben und wies ihn auf die Stadt Paderborn als Ort einer möglichen Buchhandelsniederlassung hin. Nur vordergründig erschien dieser Vorschlag abseitig, denn Paderborn war die einzige katholische Stadt des Regierungsbezirks Minden, was für Schöningh in Anbetracht seiner ausgeprägten katholischen Grundhaltung entscheidend war.[4]

Es war für ihn ein tief empfundenes Anliegen in den bewegten Jahren vor und um die Märzrevolution 1848, der katholischen Stimme wieder ein Gewicht zu verleihen in den politischen Meinungs- und Machtkämpfen um liberale Verfassungsentwürfe, die nationale Einheit, Menschenrechte und Volkssouveränität. Dies war ihm umso wichtiger, als auch die Provinz Westfalen unter der Hegemonie einer überwiegend antikatholisch eingestellten preußischen Verwaltung stand. Ferdinand Schöninghs Intuition sollte sich als richtig erweisen, dass Paderborn – und von dort aus der gesamte westfälische Raum – ein ideales Geschäftsfeld für einen dezidiert katholischen Verlag in den kommenden, politisch so bedeutsamen Jahren sein würde.

Noch stöhnte Westfalen unter der reaktionären Pressezensur Metternichs, die aber durch das neue Pressegesetz am 17. März 1848 endlich aufgehoben wurde. Es war naheliegend, mit einem nachholbedürftigen allgemeinen Aufschwung der Presse zu rechnen – und damit lag er richtig.

Neben seiner zutiefst katholischen Grundhaltung verspürte er wohl einen starken volkspädagogischen Impuls. Ausdruck dieses Denkens ist die enge Familienfreundschaft zu Adolph Kolping, dessen Verleger er später wird. War seit Ende des 18. Jahrhunderts im Fürstbistum Münster die Volksbildung von Bürgertum und Bauernschaft bereits breitflächig vorangetrieben, so schien der Paderborner Raum dahingegen noch weitgehend unberührt. Symptomatisch erscheint der Paderborner Menschenschlag in Annette von Droste-Hülshoffs *Westfälische Schilderungen* (1845) im Gegensatz zum Münsterländer und Sauerländer als geistig eher dumpfer Typus.

Es waren also ein tiefer Katholizismus und ein volkspädagogischer Impetus, die Schöningh zu einem Gesuch um die Konzession bei der preußischen Regierung in Minden zur Gründung einer Buchhandlung und Buchdruckerei bewogen. Für derlei Bewilligungen unüblich, wurde diese indes zügig am 14. Juli 1846 erteilt.

Immerhin verfügte Paderborn schon über vier andere Buchhandlungen, die sich nun in ihrer Existenz bedroht fühlten und versuchten, den Neuzugang von seinem Vorhaben mit allen Mitteln abzubringen, so die Verlagschronik des Schöningh Verlags: »[...] daß die Stadt Paderborn [...] unter den Städten Westphalens einen sehr untergeordneten Rang einnimmt und daß die Stadt selbst nur zwischen 8 bis 9000 [sic] Einwohner zählt, werden Sie wissen; daß aber unter dieser Einwohnerzahl nur ein verhältnismäßig sehr geringer Theil ist, der zu dem Bücher kaufenden Publikum gerechnet werden kann, wird Ihnen wohl nicht bekannt sein [...] daß das Objectum nicht im Stande ist, einen einzelnen Mann, geschweige eine ganze Familie anständig zu ernähren, selbst bei mäßigsten und bescheidensten Ansprüchen, werden Sie einsehen [...]«, gab einer seiner Konkurrenten zu bedenken.

Doch der Appell fruchtete nicht, Schöningh mietete im Februar 1847 am Marktplatz in Paderborn (im Haus der heutigen Weinkellerei Goertz), »unten rechts zwei Zimmer und einen Behälter zum Aufbewahren von verschiedenen Sachen«.

Am 12. Mai 1847 zeigte er stolz die Gründung seiner Buch- und Kunsthandlung an. Ganz im Sinne bürgerlicher Familientraditionen nahm er die geglückte geschäftliche Konsolidierung als Plattform für einen weiteren Schritt, die Heirat mit Sophie Overweg (geboren am 5. September 1826) im Oktober 1848, Tochter eines Soester Industriepioniers. Aus dieser Ehe gehen vier Kinder, Maria, Ferdinand, Anna und Joseph, der Vater von Franz Josef Schöningh, hervor.

Bereits ein Jahr zuvor übergab er die Geschäfte an seinen Schwager Albrecht Ziegler, um sich seinem eigentlichen Ziel, der Gründung einer Zeitung, zu widmen. Aller Konkurrenz zum Trotz – in Paderborn dominierten bereits vier Zeitungen das regionale Geschehen – ließ sich Schöningh nicht in seiner Vision einer katholisch-aufklärerischen Zeitung beirren, man könnte auch sagen, er hatte eine genauere Zielgruppe als seine Konkurrenten im Auge.

Seine Absicht und Zielsetzung artikulierte er im vorangestellten Programm des am 5. August 1848 erstmals erscheinenden *Westfälischen Kirchenblatts für Katholiken*. Darin wähnte er »am Vorabend einer neuen Zukunft [...], daß die böse Saat religiöser und politischer Wühlerei beginnt in vielen Theilen unseres Vaterlandes zu reifen, und das Wetterleuchten deutet überall auf den Weltbrand hin, mit dem man uns so oft bedroht hat«.

Dem wollte er publizistisch begegnen: »Wird nun die Preßfreiheit in schrecklichem Übermaße benutzt, um auf tausend Wegen die Despotie des Radikalismus und des Atheismus anzubahnen, so ist es gewiß eine große und heilige Pflicht aller wahrhaft gebildeten Katholiken, insbesondere der Geistlichkeit, ihre Kräfte überall zu vereinigen, um eine mächtige, einflußreiche, gediegene katholische Presse zu schaffen und im Leben der Völker unter der Leitung der göttlichen Providenz eine bessere, in ihrem innersten Lebenskerne und in ihrer äußeren Gestaltung wahrhaft christliche Zeit vorzubereiten.«[5]

Das *Westfälische Kirchenblatt* erschien wöchentlich samstags, einen Bogen stark, zum Abonnementpreis von einem Taler.

Die unerwartet günstige Aufnahme bestätigte Schöninghs Einschätzung, und bereits im Dezember 1848 kündigte er die zusätzliche Herausgabe des *Westfälischen Volksblattes* an, mit der Zielsetzung, die katholische Bewegung zum Wohle eines sich zur Nation einigenden Deutschen Reiches zu unterstützen. Dieses Volksblatt erschien dann einmal in der Woche, immer mittwochs, ebenfalls einen Bogen stark, als Beilage zum Kirchenblatt. Aufgrund der regen Nachfrage erschienen beide Blätter in erweitertem Umfang ab Neujahr 1850 nicht mehr im Quart-, sondern im Oktavformat. Bereits Mitte der 1850er-Jahre war das Volksblatt quer über den ganzen Raum Westfalens so etabliert, dass man ab April 1875 auf eine tägliche Erscheinungsfrequenz umstellte. Alle anderen Paderborner Zeitungen stellten angesichts dieses Erfolges nach und nach ihr Erscheinen ein.

Die redaktionelle Gesamtverantwortung überließ Ferdinand Schöningh seinem langjährigen Mitarbeiter Joseph Honcamp, die Buchhandlung übergab er dem Buchhändler Esser. Wieder delegierte er Arbeitsbereiche an Mitarbeiter, um sich ungestört neuen Zielen zuwenden zu können. Diese galten dem Auf- und Ausbau eines Buchprogramms.

Er wollte über das regionale Umfeld hinaus sein katholisches Anliegen im gesamten deutschen Sprachraum zur Geltung bringen. Dazu bedurfte es wissenschaftlicher Werke, die gleichwohl vermittelbar sein sollten. Im Auge hatte Schöningh Joseph von Eichendorffs 1851 bei Brockhaus erschienenes Werk *Der deutsche Roman des achtzehnten Jahrhunderts in seinem Verhältnis zum Christentum.* Er bedrängte Eichendorff, eine »Literaturgeschichte vom katholischen Standpunkte« aus zu schreiben. 1856 schickte dieser das fertige Manuskript, und Ende des Jahres erschien das Buch, das Eichendorff selbst als sein geistiges Vermächtnis betrachtete.

Der andere ihm wichtige Autor war der katholische Sozialreformer und Volkspädagoge Adolph Kolping (1813–1865), mit dem er seit seiner Zeit als Buchhändler in Soest befreundet war. Mit dem Rückkauf der 1876 nach Münster verlegten Nasseschen Buchhandlung von seinem Schwager Albrecht Ziegler übernahm Schöningh 1882 auch Druck und Verlag der Kolpingschen Wanderbüchlein sowie dessen Erzählungen und Aufsätze über Familienleben und Erziehung (*Der Doktor Fliederstrauch*). Er hatte also mit Eichendorff,

Kolping und dem heute nicht mehr bekannten »Bestsellerautor« Wilhelm Weber (*Dreizehnlinden, Elmar, Herr vom Habichtshofe*, Versepen in einer Auflagenhöhe von unvorstellbaren 600 000 Exemplaren) Autoren in seinem Programm, die ihn ermutigten, nun auch eine pädagogisch-wissenschaftliche Ausrichtung ins Visier zu nehmen.

Als Glücksfall erwies sich dabei der Münsteraner Provinzialschulrat Dr. Ferdinand Schultz, dessen Lateinbücher (1925 in der 31. Auflage) ihn zu einem der erfolgreichsten Schulbuchautoren des 19. Jahrhunderts werden ließen. Überhaupt erwies sich der Plan, Schulbücher für fast jedes Fach zu verlegen, als höchst einträgliches Geschäft, so erlebten die Deutsch-, Geografie- und Geschichtsbücher allesamt über 20 Auflagen. Bei seinem Tod am 18. August 1883 – vermutlich durch einen Herzinfarkt – hinterließ er eine bedeutende überregionale Tageszeitung, ein Verlagsprogramm mit 673 Werken in 935 Bänden, mehrere Zeitschriften und ein für die herstellerische Umsetzung bestens ausgestattetes Druckereihaus. Sicher hatte er auch dazu beigetragen, die kleine Stadt Paderborn ein wenig aus ihrer Provinzialität zu befreien.

Exkurs: Eduard Schöningh, der Gründer von Schöninghsdorf

Ein Bruder des am 18. August 1883 verstorbenen Verlagsgründers war neben anderen Eduard Schöningh (geboren 4. November 1823, gestorben 21. April 1900). Dieser kehrte 1868 als österreichischer Hauptmann der Marineartillerie nach Meppen zurück. Nördlich von Meppen kaufte er zusammen mit Ferdinand 1872 zwischen Hebelermeer und Twist, etwa zweieinhalb Kilometer von der holländischen Grenze entfernt, von Fullener Bauern eine sogenannte Moorgerechtigkeit mit einer Gesamtgröße von 1500 Hektar. In diesem Gebiet entstand schon drei Jahre später dank der Energie des Hauptmanns und mit Unterstützung vieler Bauern »Schöningh sein dörp« (Schöninghsdorf). Das Moorland verkleinerte sich später durch den Verkauf von 400 Hektar östlich des Süd-Nord-Kanals an die Provinz Hannover, die darauf Land und Siedlung »Provinzialmoor« anlegte.

Dies ist aus verschiedenen Gründen erwähnenswert: Einmal ist der Familienzweig des hier untersuchten Franz Josef Schöningh damit verbunden, und zum anderen war der Kauf dieses moorigen Ödlandes eine ebenso erstaunliche wie riskante Tat. Das Land bestand aus lockerstem und sumpfigstem Morast des hier beginnenden heutigen Naturparks Bourtanger Moor-Bargerveen. Kein Graben zur Entwässerung, kein Weg oder Steg zum Durchqueren des Moores, keine Sanddüne als fester Grund weit und breit, einfach nur ödes, unwegsames, unbrauchbares Gelände.

Was bewog nun Eduard Schöningh, ein solches Land zu kaufen? Verheiratet mit Elisabeth Lampe aus Lingen, galt er im Familienverband als das schwarze Schaf. Wohl wegen seiner in der Familie unüblichen Militärkarriere, aber auch eben wegen dieses Landkaufs. Immerhin galt er in seiner Vaterstadt Meppen als angesehener Bürger.

Auf seinen langen Jagdstreifzügen hatte er das Moor genau kennengelernt, und offenkundig liebte er es. Auf der anderen Seite der Grenze, bei den Holländern, hatte er darüber hinaus gesehen, wie ein solch unfruchtbares Gelände, auf dem höchstens Torfstich, Moorbrände, Buchweizenanbau sowie Heidschnucken- und Bienenzucht möglich waren, in Weiden und Wiesen umgewandelt worden war. Mehr als eine äußerst kärgliche Lebensgrundlage war indes nicht zu erwarten. Dennoch entschied er sich mit seinem Bruder zum Kauf.

Von Hebelermeer aus beaufsichtigte er die zähen Kultivierungsarbeiten, und das kultivierte Land wurde in sogenannten Plaatsen von je 40 bis 60 Morgen (ein ostfriesischer Morgen umfasst 5600 Quadratmeter) aufgeteilt. Bis zum Jahre 1900, dem Todesjahr des Begründers, waren 20 Kolonialstellen entstanden, 350 Hektar Moorboden kultiviert. Eine erstaunliche Leistung, fehlten doch die wichtigsten Verkehrsverbindungen für den Torfabtransport und das Heranschaffen von Dünger, Baumaterial und Ähnlichem. Genutzt werden konnten lediglich schmale Pfade für Handkarren. Die Lebensbedingungen verbesserten sich schlagartig, als der Süd-Nord-Kanal zur Trockenlegung ausgegraben war und mit dem Schöninghsdorf-Hoogeveen-Kanal auch eine Verbindung mit dem niederländischen Kanalnetz bestand. Ursprünglich war der Kanal für Schiffe bis zu 200 Tonnen Tragfähigkeit ausgelegt, heute dient er nur noch der Entwässerung. Außerdem ließ Schöningh auf seinem Land eine Straße, den acht Kilometer langen Schöninghschen Weg, über Neuversen bauen. Um die Jahrhundertwende arbeiteten im Torfabbau bereits 3000 Saisonarbeiter. Einkünfte aus der Errichtung einer Zollgrenzstelle und ein ständig wachsendes Verkehrsaufkommen ließen die Bedeutung von Schöninghsdorf anwachsen, gefolgt von der in den frühen 1950er-Jahren einsetzenden Erschließung der Erdölfelder Rühlermoor und Rühlertwist sowie einer Kunststoffindustrie als Hauptarbeitgeber.

Um die touristische Attraktivität zu steigern, werden gegenwärtig ehemalige Torfgebiete des Twister Ortsteils Schöninghsdorf renaturiert, in denen das Moor bereits wieder »wächst«.

Eduard Schöningh könnte heute zu Recht über seine Entscheidung, dieses Ödland zu kaufen, aufgrund der enormen Wertsteigerung zufrieden sein.

Ferdinand (II) Schöningh als Nachfolger des Gründers

Die Witwe Sophie Schöningh übertrug ihrem ältesten Sohn Ferdinand (im Folgenden Ferdinand II), der zu dieser Zeit die Nassesche Buchhandlung in Münster führte, die Leitung des gesamten Unternehmens. Dieser hatte nach seinem Studium die buchhändlerische Lehre im Geschäft seines Vaters absolviert; die Münsteraner Buchhandlung verschmolz er mit dem Verlag (die als Filiale Ferdinand Schöningh in Münster weitergeführt wurde), 1888 beziehungsweise 1891 richtete er weitere Filialen in Osnabrück und Mainz ein. 1884 heiratete er die 1862 geborene Annie Russell aus Meppen, dem Geburtsort des Vaters. Aus dieser Ehe gingen die Kinder Ferdinand, Eduard, Egon, Ernst und Annie hervor.

Den jüngeren Sohn des Gründers, Josef Schöningh (die Schreibweise seines Namens mutierte im Laufe seines Lebens von »Joseph« zu »Josef«), der Vater von Franz Josef Schöningh, geboren 12. Juni 1860, der mehrere Jahre die Filiale in Münster geleitet hatte, nahm die Witwe Sophie Schöningh 1891 als Teilhaber in die Firma auf. Sie selbst zog sich aus den geschäftlichen Belangen zurück, 1905 starb sie. Die beiden Brüder teilten sich die Aufgaben seit 1891 so, dass Ferdinand II den Verlag und die buchhändlerischen Geschäfte leitete, Josef das *Westfälische Volksblatt* und die Buchdruckerei.

Mit der ab 1889 aufgebauten *Wissenschaftlichen Handbibliothek* gelang es Ferdinand II in kurzer Zeit, gerade in der katholischen Theologie das gesamte Spektrum des Faches mit Monografien renommierter zeitgenössischer Theologen abzudecken und sich damit zu einem der führenden katholischen Verlage zu profilieren. Schöningh sah sich in seiner Strategie, Grundlagenwerke der katholischen Theologie zu publizieren, bestätigt und plante Gleiches nun auch für die Geisteswissenschaften, Philologie und anderen Wissenschaften. Einen besonderen Fokus legte Ferdinand Schöningh auf die Pädagogik, die seinen Ruf im Schulbuchbereich festigte (*Schöninghs Sammlung Pädagogischer Schriften, Handbücherei der Erziehungswissenschaft*). Die enge Verwurzelung mit dem Umfeld der Görres-Gesellschaft wird man bei Franz Josef Schöningh als Redakteur des *Hochlands* ab den 1930er-Jahren wiederaufleben sehen.

Vor allem mit katholisch-theologischer Fachliteratur festigte Ferdinand Schöningh II den Ruf des Verlags. Hier zusammen mit seiner Frau Annie Russell und zwei seiner Kinder.

Die Überlegung Ferdinand Schöninghs, die Verlagsgeschäfte vorzeitig an seinen ältesten Sohn Ferdinand III zu übergeben, fand mit dessen Tod während des Ersten Weltkriegs im September 1914 in Compiègne ein jähes Ende. Auch sein jüngerer Bruder Eduard kehrte erst 1918 aus dem Krieg zurück und heiratete kurz darauf die Frau seines gefallenen Bruders. Aus dieser Ehe stammen die Kinder Ferdinand, Käthe und Eduard.

Mit Kriegsende versuchten Ferdinand II und sein Sohn Eduard, die Verlagssubstanz zu erhalten und nach der tiefe soziale Einschnitte verursachenden Inflation 1922 / 23 sogar noch zu vergrößern. Nahtlos führte Eduard nach dem Tode seines Vaters im Oktober 1925 den Verlag zu neuer Blüte. Sein Unternehmen wurde 1927 in einem Atemzuge mit den Verlagshäusern Teubner, Diesterweg, Julius Springer, de Gruyter und Reclam genannt.

Es war naheliegend, dass nach der Machtübernahme der Nationalsozialisten ein so katholisch-christlich geprägter Verlag vor allem in seinem Schulbuchsegment der Gleichschaltung zum Opfer fallen würde. 1934 erschien letztmalig ein zugelassenes Schulbuch. Franz Josef Schöninghs Schwägerin Alice, die Frau seines Bruders Hans, schreibt dazu lapidar: »Da die Schulbücher ohne Begründung fast alle verboten resp. weggenommen sind und in den Rest der Stempel (kath. Verlag) kommen muss (was natürl. sämtl. Schulen abschrecken wird, die Bücher zu nehmen), ist die Auflösung des Schulbuchverlages auf kaltem Wege vollbracht, und dazu ist es ein Kampf mit unbekanntem Gegner, – also nicht zu fassen.«[6] Gleichwohl führte der katholisch-konfessionelle Verlagsbereich auch wegen seiner Bibelübersetzungen ein unantastbares Eigenleben, das dem Verlag das Überleben sicherte. Ständige Publikationsverbote, Beschlagnahmungen, Anordnungen zur Makulierung und weit über 100 Kontrollen durch die Gestapo ließen ein Verlagsgeschäft wie bisher unrealistisch erscheinen. 1943 kam die verlegerische Tätigkeit völlig zum Erliegen, Eduard Schöningh meldete sich mit über 50 Jahren zum Militär. Die Luftangriffe auf Paderborn im Januar und März 1945 vernichteten Verlagsgebäude, Herstellung, Druckerei sowie das umfangreiche Verlagsarchiv und alle der Zwangsmakulierung noch nicht anheim gefallenen Bestände wissenschaftlicher Werke. Auch die Zweigfilialen in Münster, Würzburg und Wuppertal waren zerstört, die in Mainz und Osnabrück erheblich beschädigt.

Und wie sah es mit dem vom Vater Franz Josef Schöninghs, Josef, geleiteten *Westfälischen Volksblatt* aus? Umfang und Erscheinungsweise des *Westfälischen Volksblatts* wuchsen bis zum Ersten Weltkrieg kontinuierlich an. Bis 1900 erschien das Blatt zweimal täglich in einer Auflage von 20 000 Exemplaren. Politisch war es eng mit der Linie der Zentrumspartei verbunden, eine Affinität, die auch Franz Josef Schöningh Zeit seines Lebens bewahren sollte, indem er Zentrumsmitglied wurde. 1910 wurde die *Westfälische Volksblatt Aktiengesellschaft* gegründet, der gesamte Zeitungsbetrieb mitsamt Zeitungs- und Buchdruckerei aus dem Unternehmen herausgelöst und in eine Familien-AG umgewandelt. Die Leitung dieser AG behielt Josef Schöningh. So wurde die von den Brüdern vor fünf Jahren vollzogene Arbeitsteilung auch gesellschaftsrechtlich festgeschrieben.

Den Ersten Weltkrieg überstand die Zeitung relativ unbeschadet wie auch die Inflationszeit der frühen 1920er-Jahre (Zeitungen erwiesen sich hier resistenter als die Buchverlage). Politisch stand das Blatt, auch wegen enger Beziehungen des damals leitenden Redakteurs Fritz Walter zum Münsteraner Heinrich Brüning, der von März 1930 bis Mai 1932 Reichskanzler war, nach wie vor dem Zentrum nahe. Die spätere Freundschaft Franz Josef Schöninghs zu Brüning scheint hier ihre Wurzeln zu haben, der erhaltene Briefwechsel zwischen beiden gibt über Schöninghs Anhänglichkeit Aufschluss.

Nach der Machtübernahme durch die Nationalsozialisten versuchten diese auf allen Wegen, nachdem zunächst keine Möglichkeit der Übernahme der Zeitung bestand, wenigstens deren Einfluss mittels verschiedenster Repressalien wie einem zeitlichen begrenzten Verbot zu beschneiden. Ab Oktober 1933 steigerte sich dieser Druck derart, dass sich Josef Schöninghs Familien-AG 1936 gezwungen sah, zunächst 51 Prozent der Verlagsrechte des *Westfälischen Volksblatts* an die NSDAP abzutreten. Federführend war nun eine dem parteieigenen Münchner Eher-Konzern zugehörige Verlagsgesellschaft. Immerhin folgten als heftige Reaktion auf die antiklerikale NS-Berichterstattung der neuen Eigentümer Massenabbestellungen, die zur Versetzung des nationalsozialistischen Chefredakteurs führten. Ansonsten hatte sich auch Paderborn wie eigentlich jede Stadt in Deutschland schnell mit der Gleichschaltung der Presse abgefunden.[7]

Josef Schöningh hoffte, mit diesem Teilverkauf wenigstens die Landesausgaben in Hessen, Thüringen und Sachsen-Anhalt retten zu können, was sich als Illusion erwies, denn bereits drei Monate später wurden eben diese Landesausgaben eingestellt. Auch die restlichen Familienanteile gingen unter Druck am 28. Februar 1936 in das Parteivermögen der NSDAP über. Mit einer (gesunkenen) Auflage von knapp 35 000 Exemplaren unterstand das Volksblatt seit März 1936 der Reichspressekammer, die Haupt- und Schriftleitung war an den Gau- und Reichsredner Wolfgang Bergemann übergegangen. Mit wechselnden Schriftleitern mutierte das Blatt während des Krieges zum reinen NS-Organ.

Der letzte und zugleich schwerste Luftangriff auf Paderborn legte am 27. März 1945 den Zeitungsbetrieb in der Rosenstraße in Trümmer. Als Ausweichquartier diente eine Scheune im benachbarten Elsen; gerettet wurden nur wenige, überdies alte Maschinen.

Mit Datum 6. Juni 1945 bescheinigt der britische Major C. W. Dilke als für Paderborn zuständiger »Military District Press & Publications Chef« der »Information Control Unit« und zugleich in seiner Funktion als Generaldirektor des Verlags der *Neuen Westfälischen Zeitung* in Oelde / Westfalen, »daß der Verlag Ed. Schöningh Paderborn, Warburgerstr. 46 mit dem Vertrieb und der Anzeigenannahme für die von der alliierten Militärregierung herausgegebenen *Neuen Westfälischen Zeitung* für den Kreis Paderborn beauftragt ist und auch Lokalberichte entgegenzunehmen hat. Es wird gebeten, dem Agenten jede Unterstützung angedeihen zu lassen, die geeignet ist, den Vertrieb und die Berichterstattung für die Zeitung zu fördern.«

Inwieweit die Familie Schöningh in diese Lizenzvergabe eingebunden war, sei dahingestellt, denn nach eigener Aussage wollte Eduard Schöningh kein Zeitungsverleger sein. Sein primär dafür verantwortlicher Onkel Josef Schöningh war bereits 1939 gestorben. Von dessen Kindern war der jüngste Sohn Franz Josef als Lizenznehmer sicher der geeignetste, doch dieser hatte bereits vier Monate später von den Amerikanern die Mitherausgeberlizenz der *Süddeutschen Zeitung* in München erhalten.

Als Regionalausgabe der *Neuen Westfälischen Zeitung* wird das *Westfälische Volksblatt* ab 1945 treuhänderisch von Maria Hellmold als Geschäftsführerin in dem wiederaufgebauten Gebäude in der Rosenstraße geleitet. Ihr gelingt es, durch den Auftrag zum Druck von Lebensmittelkarten den Betrieb des kleinen *Westfälischen Kuriers* mit 10 000 Lesern und anderen kleinen Druckerzeugnissen überhaupt am Leben zu halten. Dann, am 1. November 1949, nach dem Wegfall des alliierten Lizenzzwangs, erschien nach viereinhalbjähriger Pause erstmals wieder das *Westfälische Volksblatt*. Den nunmehr gemeinsamen Aufbauzielen der Konfessionen und einer durch die Kriegsfolgen gewandelten Bevölkerungsstruktur redaktionell Rechnung tragend, stieg das Abonnementsaufkommen rasch. Bereits nach einem halben Jahr war das Volksblatt wieder auflagen- und anzeigenstärkste Zeitung in Paderborn. 1954 begann das Rückerstattungsverfahren der Zeitung an die Familie Schöningh, das 1959 abgeschlossen wurde. Schon zuvor, im Februar 1957, wurden die Rechte des Volksblatts an das Westfalen-Blatt in Bielefeld verpachtet und dann später verkauft, da eine unabhängige Existenz als letztlich doch zu kleine Lokalzeitung nicht mehr zu gewährleisten war.

Wie prägend und nah Franz Josef Schöningh das Blatt gewesen ist, zeigt eine launige Reminiszenz aus dem Jahr 1951 für die *Münchner Illustrierte*: »Ich bin erblich belastet, denn mein Großvater rief bereits vor etwa hundert Jahren eine westfälische Zeitung ins Leben. Morgens lag also ein Familienblatt im doppelten Sinne auf dem Frühstückstisch. Während der ersten Universitätsferien durfte ich die Sonntagsbeilage redigieren. Es war ein großes Vergnügen, das ich aber offenbar allein genoss, denn niemand fand es erwähnenswert, dass ich die Heimatgedichte der Cäcilie Muckenschnabel durch Sonette Michelangelos ersetzte.«

Eduard Schöningh erhielt bereits kurz nach der Kapitulation eine persönliche Verlagslizenz, die als Ausdruck seiner politischen Integrität gewertet werden muss. Nur wenige der großen Schulbuchverlage erhielten nach dem Krieg

Eduard Schöningh versuchte, während des Dritten Reichs und danach bis 1966 den Verlag zu erhalten und auszubauen.

so früh überhaupt eine Lizenz. Er nutzte diese zum Wiederaufbau seines alten Verlags. Das schon legendäre Nachkriegsengagement beim Beseitigen der Trümmer ermöglichte im Spätherbst 1945 erste Nachdrucke, deren Druckvorlagen man von Bibliotheken und Schulverwaltungen erbetteln musste, da die alten Druckstöcke im Verlag durch die Bombardierungen unbrauchbar waren. 1954 wurde er in eine KG umgewandelt, die von Eduard Schöningh geführt wurde. Der kolportierte Spruch des Verlegers »Ich bin katholisch, aber nicht der Verlag!« zeigt deutlich, dass das katholische Element nach dem Zweiten Weltkrieg innerhalb des Verlagsprogramms nach wie vor einen besonderen Stellenwert einnahm, aber die Zeit des emphatischen Konfessionalismus für ihn vorbei war.

Eduard Schöninghs verlegerische Intention richtete sich eindeutig auf die Etablierung eines Schulbuch- und Wissenschaftsverlags. Vorrang hatte das Schulbuch, wartete doch eine junge Schülergeneration endlich auf Unterrichtsmaterialien ohne NS-Ideologie. Nur wenige Jahre nach Kriegsende konnte der Verlag (was seinen Ruf eminent beförderte) mit seinen Schulbüchern nahezu alle Kernfachbereiche abdecken. Im Wissenschaftsbereich waren die beiden berühmte Flaggschiffe, die Augustinus- und die Aristoteles-Ausgabe, legendär.

Als Eduard Schöningh im Sommer 1966 starb, übernahm Ferdinand IV die Verlagsleitung. Die oben zitierte Maxime des Verzichts auf enge konfessionelle Bindung setzte in dem Schulbuchsegment erhebliche neue Spielräume frei und festigte den Ruf des Verlags als einer der führenden Schulbuchverlage.

1989 wurde der Verlag in die Ferdinand Schöningh GmbH umgewandelt, Verlagsleiter wurde der bereits drei Jahre zuvor in die Geschäftsleitung eingetretene Ferdinand V. 1990 wurden die Buchhandlungen in Münster, Osnabrück, Würzburg und Wuppertal verkauft, der eigene technische Betrieb mit der Westfalen-Druckerei und der Junfermannschen Druckerei verschmolzen, seit 1987 als eigenständiges »Paderborner Druck Centrum« firmierend.

Dieser Exkurs macht deutlich, in welchem Umfeld Franz Josef Schöningh aufwuchs und wie er und seine Erben mit dem Verlag Ferdinand Schöningh verflochten waren. Ein Wissen, das er später als Mitherausgeber der *Süddeutschen Zeitung* gut einbringen konnte, als der Süddeutsche Verlag neben der Zeitung auch Buchverlage wie den Paul List Verlag betrieb.

Die Herkunft Franz Josef Schöninghs

Sein Vater war, wie oben bereits geschildert, der Verleger des *Westfälischen Volksblatts*, Josef Schöningh, geboren 12. Juni 1860. Seine Mutter Maria, geborene Lageman, weist als Geburtsdatum den 20. März 1867 aus, Geburtsort war Münster. Ihr sechstes, jüngstes Kind, Eduard Franz Joseph, kommt am 25. Juli 1902 in Paderborn auf die Welt. Zwar ist in allen Dokumenten der Taufname Franz Joseph festgehalten, Schöningh selbst schrieb sich aber immer Franz Josef (auch der Vorname des Vaters taucht in den Chroniken in der gleichen Verschiedenartigkeit auf).

An seiner Mutter schien Franz Josef sehr gehangen zu haben, die spärlich erhaltene Korrespondenz verweist auf eine enge Bindung. Noch in den 1930er-Jahren widmete er ihr Artikel in der *Frankfurter Zeitung*, und detailliert gibt er ihr Einblick in seine neue Umgebung während des Krieges in Galizien Anfang der 1940er-Jahre. Sein Vetter Eduard kondolierte ihm zum Tode der Mutter

am 22. August 1953 mit den Worten: »Ich glaube, dass Du ihr am nächsten standest, dass Du für sie die reichste Quelle ihrer Freude warst [...] meine Erinnerung an sie ist schön: nie habe ich von ihr ein unfreundliches Wort, nie einen lieblosen Blick erhalten. Sie ist und bleibt für mich mit schönen Jugenderinnerungen verbunden. Sie war gütig und friedvoll [...] ich habe [...] sie wegen ihrer edlen Grundhaltung sehr verehrt.« Schöningh war bei der Beerdigung seiner Mutter in Paderborn nicht zugegen, eine stationäre Behandlung, vom 9. Juli bis 22. August 1953 im städtischen Krankenhaus München-Oberföhring, dessen Grund wir nicht

Das zum Schöningh Verlag gehörende *Westfälische Volksblatt* wurde von Josef Schöningh geleitet. Er war mit Maria Lageman verheiratet.

kennen, verhinderte dies. Seine Antworten auf die diversen Kondolenzbriefe, die aufschlussreich für die Beziehung zu seiner Mutter wären, sind nicht erhalten, auch nicht sonstige Korrespondenz zwischen Mutter und jüngstem Sohn.

Gleiches gilt für seine Beziehung zu seinem Vater. Aus den wenigen noch erhaltenen Briefen spricht eine große Nähe. Empört berichtet er Anfang August 1936 über seine Zuweisung an eine nationalsozialistische Presseschule vom 10. August bis 12. November 1936, deren Besuch Voraussetzung für die spätere Position des Schriftleiters im *Hochland* war und die er vergeblich zu umschiffen versuchte, unter anderem mit Hinweis auf seine redaktionellen Kenntnisse während seines dreimonatigen Intermezzos beim *Westfälischen Volksblatt*. Vermutlich wurde diese Bestätigung über seine Tätigkeit in der Redaktion nachträglich ausgefertigt, sie ist datiert vom 30. Dezember 1935. Es sollte nichts nützen, der Reichsverband Deutsche Presse zeigte sich unnachgiebig. In dem Brief beklagt er vergeudete Zeit, die Schule sei nur »ein Sieb für Anfänger«. Voll detaillierter Mitteilungsfreude berichtet er den Eltern von der Jagd sowie der Beerdigung seines Doktorvaters Jakob Strieder in Garmisch unter den Augen »der Gestapo!!! für den Fall, dass aus der Beerdigung eine Demonstration würde!«, was eher unwahrscheinlich gewesen wäre. Der Brief schließt zärtlich, und es sei, was die Bindung an sein Zuhause anbelangt, auch Folgendes vermerkt: »bitte Wäsche per Express«.

Seine Jagdleidenschaft, die sich später zu einer regelrechten Obsession auswachsen sollte, erbte er gewiss vom Vater. Im Zusammenhang mit der seitenlangen Erzählung über eine Auerhahnjagd 1937 im Bayerischen Wald, die vom Standpunkt der Vernunft (die Jagd kostete ihn alles in allem stolze 105 Reichsmark, nach heutigen Verhältnissen etwa 500 Euro, die der »liebste Vater« großzügig vorfinanzierte, das war zur Veranschaulichung etwa ein Drittel seiner Bezüge als Assistent der Universität München) »unverantwortlich ist […] wie es vom Standpunkt einer Passion selbstverständlich ist, die mit den Jahren sich nicht legt, sondern eher wächst. Woher habe ich sie nur?«. Auch in seinem Tagebuch hält er als Erinnerung an seinen Vater fest, »die schönsten waren mit dem Wald und den Jagdhütten verbunden«. Schöninghs Vater starb zwei Jahre später am 9. September 1939.

Kindheit und Jugend

Franz Josef Schöningh verfasste drei undatierte unveröffentlichte Manuskripte, die zumindest schwach einen Einblick in die Lebenssituation eines Kindes und Heranwachsenden zulassen. Als Entstehungszeitraum kommt am ehesten die erste Hälfte der 1920er-Jahre in Betracht, später hat er sich nie wieder in dieser Form autobiografisch artikuliert.

Franz Josef Schöningh (links) als Kind mit seinem älteren Bruder.

»Das Spielzeug« betitelt er eine kurze Erzählung, worin er sich an eine meterhohe Clownsfigur erinnert, die ihm als kindgerechte Projektionsfigur gute Dienste erwies und ihn beschützte: »Die endlosen Geschichten, denen er lautlos zuhörte; dieses Gefühl von Wärme, das er anzunehmen und auszuströmen schien, wenn in der Adventszeit die alten Bäume form [sic!] Fenster rauschten. Oh die Winterstürme vor Weihnachten, dieses Geborgensein, diese Erwartung der Freude!« Man spürt die Atmosphäre des von Bäumen dominierten großflächigen Haxthausenhofes, eines in der Paderborner Innenstadt gelegenen Anwesens mit Herrenhauscharakter, in dem Schöningh aufwuchs. Die Clownspuppe erlitt das Schicksal eines jeden Kinderspielzeugs, sie ging in Teilen kaputt, was Schöninghs Skrupel beseitigte, sodass er die Figur mit einem Türkensäbel erdolchte. »Jetzt wäre ich froh, wenn ich eine von den Tränen weinen könnte, deren er [die Puppe] nicht fähig war.« Die

Erinnerung ist als kleiner Text erhalten, nichts Ungewöhnliches, wohl eine Art literarische Fingerübung, unter dem Pseudonym »Walter Vonnegut« (das er auch später für das Feuilleton der *Frankfurter Zeitung* gebrauchte). Wo die Erzählung publiziert wurde, ist unbekannt.

Auch später noch, 1933, erinnert er sich in seinem Tagebuch an die kindliche Projektionsfolie der Clownspuppe »Kloni« mit fast gleichen Worten und voller Erstaunen über die Gefühlswelten eines Kindes.

Schöningh besuchte von 1908 bis 1912 die Volksschule in Paderborn, von 1912 bis zum Abitur im März 1921 das dortige humanistische Theodorianum, eine der ältesten Schulen Deutschlands, ursprünglich 836 als Domschule gegründet, als Gymnasium Theodorianum taucht es urkundlich im Jahr 1612 erstmals auf.

In seiner Erzählung »Der erste Schritt« verschlägt es ihn hingegen 1917, also im Alter von 15 Jahren, auf ein Gymnasium eines benachbarten Städtchens, wo er als »Schüler und Kostgänger« von einem Ehepaar aufgenommen wurde. Der Mann war Maler und Zeichenlehrer, seine exaltierte Frau gab sich dem Müßiggang hin. Das 17 Seiten umfassende Manuskript schildert im Sinne damaliger naturalistischer Sozialreportagen den Provinzalltag mit all seinen zwischenmenschlichen Spannungen, künstlerischen Versuchen (»dass mein 15. Lebensjahr voll war von der Hoffnung, ein berühmter Maler zu werden«) und ersten sexuellen Versuchungen. Die labile Gefühlswelt des außenstehenden Jungen, hinter dem man durchaus auch einen Schöningh in diesem Alter erkennen kann, wird recht einfühlsam gezeichnet, wiewohl er durch übertriebene Beimengung von Adjektiven der Erzählung ihre Wirkung nimmt. Eine stilistische Eigenart, die Schöningh übrigens zeitlebens bewahren sollte. Nur am Rande, aber dennoch deutlich taucht das deutschnationale Polen-Klischeebild auf, der Maler heißt »Belinski« und entstammte einer polnischen Familie: »Untersetzt, von feistem Gesicht und kurzen Händen [...]«, »gewalttätig« und »dreckig«. Unausgesprochen wird der Maler wahnsinnig, »dieses Ende verwundert uns nicht; es ist uns eigentlich gleichgültig. Wir wissen zu viel von Belinskis, als dass wir es anders erwartet hätten«.

Schöninghs Polenbild sollte sich jedoch radikal ändern, nur 15 Jahre später, Anfang der 1940er-Jahre während der deutschen Besatzung Ostpolens, rühmte er sich seiner tatkräftigen Polenfreundschaft und -hilfe.

Literarische Versuche Schöninghs noch vor dem Abitur sind nicht erhalten, doch bereits im Juli 1921 erschienen im *Hochland* zwei Kurzgedichte, »Die schwere Stunde« und »Liebe«. Letzteres ein Entwurf in romantisierender Naturverbundenheit:

Ich warf im ersten Lenz die weite Brust
Sehnsüchtig auf die Scholle. Und es war ein Sprießen
In Allem und in Allem höchste Lust,
Als wollte Alles auf mich überfließen.
Es fasste meine Hand in Inbrunst einen Stein,
Um doch das Nichtsein zu erkennen.
Da flammte tief aus ihm ein warmer Schein,
Und alles Leben fühlt' ich in ihm brennen.
Da presste stauend ich mein Haupt an einen Baum,
Und sieh'. Ich hörte drin ein Herz wie meines schlagen.
Da sank ich trunken in den tiefsten Traum
Und konnte nur noch »Liebe, Liebe« sagen ...

Dies Gedicht sei hier deswegen zitiert, weil man aus ihm eine von Schöninghs katholischen Grundüberzeugungen herauslesen kann: Gott spricht direkt zu uns auch in unseren Gefühlen wie den uns umgebenden Gegenständen. Man kann diese Prägung Schöninghs gut nachvollziehen in einem Brief vom 24. November 1946, den seine Tante Annie Russell, die Witwe des Verlegers Ferdinand II, an ihn richtet.

Hierin sieht die 84-jährige alte Dame in einem sehr vertraulichen Schreiben an ihren bewunderten Neffen, der nach dem Krieg nicht nur die *Süddeutsche Zeitung* (*SZ*) zu lenken hat, sondern auch das in ihren Augen viel interessantere *Hochland*, diesen von der »Mittlerin aller Gnaden« gelenkt. Das Wirken der hl. Mutter Gottes habe sich auch auf die Tätigkeit Schöninghs übertragen: »Die Wirkung war da im Erfassen des Geistes, der hinter dem Ganzen stand.« Alles sei vom göttlichen Geist durchdrungen, so auch sein Schreiben: »So kann nur unter dem Einfluss der himml. Mutter geschrieben werden.«

Schöningh hätte dem nie widersprochen, dazu gibt es viel zu viele Stellen in seiner Korrespondenz und Veröffentlichungen, die dies veranschaulichen.

Von Belang scheint auch folgende Frage: Wie kommt solch ein schlichtes Gedicht eines 18-Jährigen in das renommierte *Hochland*? Schöningh hatte 1921 literarisch noch nichts vorzuweisen. Dass er es aus freien Stücken der Redaktion angeboten hat, scheint unwahrscheinlich. Vielmehr kommt ein persönlicher Kontakt zum *Hochland*-Gründer Carl Muth in Betracht. In einer kleinen Festschrift zu Muths 70. Geburtstag schreibt er: »Ich war 18 Jahre alt, als ich Karl Muth kennenlernte. Er hatte mich aufgefordert, auf seiner Redaktion zu erscheinen, um sein Urteil über ein paar in jugendlichem Selbstvertrauen eingesandte Manuskripte entgegenzunehmen [...].

Schöninghs Brüder Hans, Walter und Clemens als junge Soldaten während des Ersten Weltkriegs.

Seit jenem Tage gehörte Karl Muth zu einer ›Welt‹, wiewohl ich ihn in den folgenden Jahren nicht allzu oft sah.«

Über redaktionelle Erfahrung verfügte er nicht, lediglich für die Zeit nach seinem Abitur, vom 1. August bis 1. November 1921, wird ihm wie gesagt bescheinigt, dass er in der Redaktion des väterlichen *Westfälischen Volksblatts* tätig war. Später, nach dem Krieg, kokettierte er damit, während der ersten Semesterferien die Sonntagsbeilage der Zeitung redigiert zu haben. Viel mehr weist auf die Richtung des Autorennetzes des Verlags Ferdinand Schöningh hin. Dessen Autoren publizierten zugleich im *Hochland*, zum Beispiel der polnische Religionsphilosoph Franz Sawicki oder der Literaturkritiker Franz Joseph Muckermann.

Jedenfalls sind diese beiden Gedichte »Die schwere Stunde« und »Liebe«, abgedruckt im Heft Juli 1921 des *Hochlands*, die frühesten gedruckten Publikationen Schöninghs. Nicht rekonstruierbar sind mögliche, noch frühere Beiträge im *Westfälischen Volksblatt*, da dessen Archiv im Krieg vernichtet wurde.

Studium

Franz Josef Schöningh schreibt in allen Lebensläufen, dass er von 1921 bis 1926 in München, Freiburg im Breisgau und Berlin Volkswirtschaft und Geschichte, besonders Wirtschaftsgeschichte, studiert habe.

Erhalten sind seine Karteikarte aus der Studentenkartei der Universität München, das Belegblatt über die von ihm im Sommersemester 1921 belegten Veranstaltungen, die der an der Universität Freiburg im Breisgau im Sommersemester 1922 besuchten Vorlesungen, die Studienbücher der Ludwig-Maximilians-Universität München vom Wintersemester 1923/24 bis Sommersemester 1926 sowie vom Sommersemester 1927 bis zum Wintersemester 1927/28. Auch seine Promotionsakte aus dem Jahr 1926 liegt vor.

Nach dem Krieg verfasste er, für wen, wissen wir nicht, vier verschiedene Lebensläufe. Im ersten, vom 16. Juli 1945 datiert, schreibt er Philologie, Staatswissenschaften und Geschichte. Im zweiten und dritten (13. August 1947 und 2. April 1948) Volkswirtschaft, politische (im Vorentwurf ist »politisch« durchgestrichen) Geschichte, vor allem Wirtschaftsgeschichte. Im vierten Entwurf vom 2. Februar 1949 heißt es: »Germanistik, Staatswissenschaften und Wirtschaftsgeschichte«. Diese Abweichungen sind erstaunlich, sprechen doch die Münchner Studienbücher eine klare Sprache. Diese beginnen mit dem Sommersemester 1921.

Danach belegte der in der Schwabinger Adalbertstraße 25, zweiter Stock, wohnende Student die Erstsemesterveranstaltungen einer damals gängigen, national gefärbten deutschen Philologie wie Vorlesungen zum »Nibelungenlied«, »Lyrik von Hölderlin zu George« und »Das deutsche Drama« (bei Arthur Kutscher).

Die Karteikarte endet mit dem Exmatrikulationsvermerk vom 30. März 1922, also zum Ende des Wintersemesters 1921/22; handschriftlich mit Bleistift von ihm selbst nachgetragen unter der Rubrik »Bemerkungen«: Rh.-Bavaria [i.e. studentische Verbindung Rheno-Bavaria, auf die unten Bezug genommen wird]. Welche Veranstaltungen er in diesem Wintersemester besuchte, ist nicht bekannt, ebenso wenig die Gründe für den Studienplatzwechsel an die Universität Freiburg i. Br. zum Sommersemester 1922.

Dort immatrikulierte er sich für ein Semester an der Rechts- und Staatswissenschaftlichen Fakultät. Immerhin scheinen die Einführungsveranstaltungen in die Germanistik in München seine Erwartungen nicht erfüllt zu haben, denn er wechselte nun auch die Fakultät. Offen bleiben muss die Zeit vom Wintersemester 1922 / 23 bis zum Sommersemester 1923. Schöninghs Einlassung, dass er auch in Berlin studiert habe, konnte nicht bestätigt werden. Von einem Studium an der Friedrich-Wilhelms-Universität, die 1949 in Humboldt Universität Berlin umbenannt wurde, findet sich keine Spur, auch in den verschiedenen Nachrufen auf Schöningh ist dazu nichts vermerkt. Daher liegt der Schluss nahe, dass Schöningh im Wintersemester 1922 / 23 und Sommersemester 1923 nirgends immatrikuliert war. Auch eine spätere Studienzeit in Berlin scheidet aus, da sich seine Aufenthaltsdaten gut rekonstruieren lassen.

Jedenfalls ging er zum Wintersemester 1923 / 24 wieder nach München zurück – diesmal als Student der Staatswissenschaftlichen Fakultät. Hier findet man den klassischen volkswirtschaftlichen Studienaufbau, verbunden mit juristischen Grundkenntnissen über allgemeine Staatslehre, Staatsrecht und bürgerliches Recht. Aber auch eine zweistündige Vorlesung über »Uomini e poeti«.

Etliche Vorlesungen und Seminare belegte er bei dem österreichischen Staatsrechtler, Wirtschaftstheoretiker und Sozialpolitiker Otto von Zwiedineck-Südenhorst (1871–1957). Durch Zwiedineck hatte er immerhin theoretisch Gelegenheit, erste Einblicke in seinen späteren Wirkungskreis Galizien zu nehmen, da dieser in den Jahren 1917 bis 1919 sich mehrfach in den *Neuen Jüdischen Monatsheften* zur Assimilation der Ostjuden äußerte. Zwiedineck war Mitglied der Bayerischen Akademie der Wissenschaften und 1936 / 37 Vizepräsident der »Akademie zur wissenschaftlichen Erforschung und Pflege des Deutschtums / Deutsche Akademie«, die 1925 gegründet wurde. Gedacht war, eine Institution zur Zentralisierung und Intensivierung der Kulturbeziehungen zum Ausland ins Leben zu rufen, um wenigstens kulturpolitisch Deutschlands internationale Stellung einzubringen, nachdem der machtpolitische Einfluss aufgrund des Versailler Friedensvertrages dahingeschmolzen war. Diese deutsch-nationale Akademie begrüßte die Machtübernahme der Nationalsozialisten und entledigte sich bereits im Sommer 1933 aller politisch missliebigen und jüdischen Mitglieder des hundertköpfigen Senats, einer Art beratendes Kuratorium (Mitglieder waren unter anderem Thomas Mann, Max Liebermann, Konrad Adenauer).

Schöninghs Hauptinteresse unter den Dozenten galt jedoch dem Wirtschaftshistoriker Jakob Strieder (1877–1936). Dieser war aus Leipzig gekommen, wo er 1904 mit einer Arbeit *Zur Genesis des modernen Kapitalismus.*

Forschungen zur Entstehung der großen bürgerlichen Kapitalvermögen am Ausgang des Mittelalters und zu Beginn der Neuzeit, zunächst in Augsburg promoviert hatte.

Mittelpunkt seiner Forschungen war die Familie Fugger, deren Familienarchiv sich als eine wahre Fundgrube für Einblicke in die wirtschaftlichen Zusammenhänge der Frühneuzeit erwies. 1914 habilitierte er mit *Studien zur Geschichte kapitalistischer Organisationsformen* und übernahm 1920 auf ausdrücklichen Wunsch von Max Weber den neu eingerichteten Lehrstuhl für Wirtschaftsgeschichte.

In seiner Dissertation *Zur Genesis des modernen Kapitalismus* verweist Jakob Strieder im Zuge seiner Untersuchungen über Augsburger Kapitalvermögen an der Schwelle von ausgehendem Mittelalter und früher Neuzeit auch auf eine dort ansässige Familie von Rehlingen. Gesamt maß er dieser Familie historisch offenkundig nur untergeordnete Bedeutung bei, denn er hielt fest: »Die überwiegende Mehrzahl dieser Familien hat in der Geschichte des Augsburger Kapitalismus keine Rolle gespielt. Sie sind für den Stand der ›großen Handelsherren‹ bedeutungslos geblieben.«[8]

Wichtig wurde diese Familie allerdings für Franz Josef Schöningh. Dem ging ein Zufall voraus: Schöningh hatte einen Vetter zweiten Grades, Rolf von Humann, der auf Schloss Hainkofen bei Augsburg lebte und in die Familie von Rehlingen einheiratete. Vermutlich wurde er dort während einer seiner fast wöchentlichen Jagdausflüge auf das vollständig erhaltene Archiv der Familie von Rehlingen aufmerksam und berichtete davon Jakob Strieder. Strieder schreibt, Schöningh habe einen Hinweis eines »entfernten Bekannten« erhalten, dass dort ein Familienarchiv läge, das noch nicht ausgewertet worden sei. Diese Gelegenheit ließen sich beide nicht entgehen, und so entschloss sich Strieder (vermutlich 1925) nach kursorischer Prüfung des Archivs, seinem Schüler eine Dissertation über die Familie von Rehlingen anzubieten. Guten Glaubens hoffte er, das Forschungsergebnis der Promotion in das Umfeld seiner Fugger-Forschungen einbeziehen zu können.

Im Mai 1926 erhielt Schöningh, wohnhaft in der Liebigstr. 15, zweiter Stock, gegen Bezahlung von 120 RM seine Promotionsurkunde für seine Arbeit über *Die Rehlinger von Augsburg. Ein Beitrag zur deutschen Wirtschaftsgeschichte des 16. und 17. Jahrhunderts*, 1927 publiziert im Paderborner Verlag Ferdinand Schöningh seines Vetters Eduard.

Strieders Promotionsgutachten zeigt sich angetan: »Die Arbeit des Herrn Franz Josef Schöningh verdient besonderes Lob, weil er ungeordnetes Archivmaterial in recht geschickter Weise in einer flüssigen Darstellung verwertet hat. Eine Anzahl guter Gedanken (vgl. etwa das Schlusswort) zeigen selbstständiges Denkvermögen.« Er bewertet die Arbeit mit »gut« – ein Ergebnis, das durch die Noten im Rigorosum am 20. Mai 1926 bestätigt wird.

Franz Josef Schöningh versuchte, auch in der Fachwelt Interesse für seine Arbeit zu erzeugen, indem er seinen Wohngenossen und Freund Alois Johannes Lippl, bei dessen Eltern er zur Untermiete am Ritter-von-Epp-Platz 2, dritter Stock (dem heutigen Promenadeplatz) während der Vorkriegszeit wohnte, bat, darüber eine Rezension für das *Hochland* zu verfassen.[9]

Auffällig dabei ist, dass sich Lippls Rezension, die im Grunde eine bloße inhaltliche Wiedergabe ist, nicht unter der dafür im *Hochland* üblichen Rubrik »Neues vom Büchertisch« findet, sondern unter der Rubrik »Rundschau«, wo Verschiedenstes, wie kontroverse Meinungen über Literatur, Musik und eben auch – aus aktuellem Anlass – Wirtschaftsgeschichte, zur Sprache kam.

Jedenfalls war dieser Ort prominenter als die Bücherrundschau. Man weiß nicht, wer für diese Bevorzugung zuständig war, ob es der beginnende Einfluss von Franz Josef Schöningh selbst war oder sein Gönner Carl Muth beziehungsweise dessen Stellvertreter Friedrich Fuchs.

Neben Lippls freundlicher Besprechung findet sich nur noch eine neutral fachakademisch formulierte Rezension eines mit »W. v. P.« zeichnenden Autors in den *Münchner Neuesten Nachrichten* vom 6. November 1927, die von einer »gewandten Auswertung des spröden Materials« spricht und »weiteren Veröffentlichungen des Assistenten erfreut entgegensehen« lassen.

Die Familie Lippl, die Eltern und die beiden ebenfalls kurz nach der Jahrhundertwende geborenen Söhne, muss für ihn so etwas wie eine Ersatzfamilie gewesen sein. Die Korrespondenz zu seinem 50. Geburtstag am 25. Juli 1952 gibt rückblickend einen Eindruck der familialen Nähe. Trotz des distanzierten Tons der Anrede »Sehr verehrter Herr Dr. Franz Josef Schöningh« denkt der Vater Alois Lippl »wehmütig [...] an den lieben Promenadeplatz, welcher von den Türmen des Domes beschattet war, an die hellen und dunklen Stunden, welche Sie [...] in unserer Familie verbrachten«, und für dessen Frau er ihr »dritter Bua« war. Schöningh bedankt sich mit dem Hinweis, dass Frau Lippl für ihn über viele Jahre hindurch »eine zweite Mutter« gewesen sei. Die Beziehung zu seinem Freund Alois Johannes indes muss nach dem Krieg eine Trübung erfahren haben, die 1953 mit Lippls Absetzung als Intendant des Bayerischen Staatsschauspiels im Zusammenhang stand. Vermutlich glaubte der gekränkte Lippl, Schöningh habe dabei seine Hände im Spiel gehabt. Ein Grund für diese Annahme könnte in den kontinuierlichen Verrissen seiner Inszenierungen durch das *SZ*-Feuilleton gelegen haben.

Während seiner Zeit in München hat sich Franz Josef Schöningh in der katholischen (nichtschlagenden) Studentenverbindung Rheno-Bavaria offenbar sehr wohlgefühlt. Die vielfältigen intensiven, zum Teil lebenslangen Freundschaften zu den Mitgliedern der Verbindung legen dies nahe.

Der Kontakt zu der 1903 gegründeten und nach diversen Auf- und Abspaltungen, der Auflösung während des Ersten Weltkriegs (weil fast alle Mitglieder Kriegsteilnehmer waren) und erst 1920 von dem Philosophieprofessor Fritz Joachim von Rintelen (1898–1979) wiederbegründeten Studentenverbindung erfolgte wohl über katholische Bezugspersonen. Die Rheno-Bavaria galt in München als führende katholische Studentenverbindung und passte so auch gut zu Schöninghs Sozialisation.

Über Rintelen ist auch eine pointierte Charakterisierung in einer Broschüre der Rheno-Bavaria erhalten. »Rintelen hatte sie [die Rheno-Bavaria] nach dem Ersten Weltkriege erneut ins Leben gerufen mit der Aufgabe, bürgerliche und adelige Katholiken aus der mißtrauischen Kühle und Zurückhaltung im Staatsleben zu lösen, die ihnen von der Kulturkampfzeit her vielfach immer noch anhaftete, und sie zur staatserhaltenden, traditionsgebundenen Kraft zu verschmelzen.« Der Philosoph hatte seit 1930 den sogenannten Konkordatslehrstuhl für katholische Weltanschauung an der Ludwig-Maximilians-Universität inne, bis ihn die Nationalsozialisten im Januar 1941 aus der Universität ausschlossen, weil er nicht Parteigenosse werden wollte.

Die Rheno-Bavaria verstand sich trotz Eingliederung in den Kartellverband katholischer deutscher Studentenvereine (KV) weniger als Verbindung klassischen Typs, sondern eher als organisierter Freundeskreis in der Art eines Herrenklubs. Ausdruck dieser lockereren Ordnung war auch, dass spätestens seit Ende der 1920er-Jahre auch Nichtkatholiken Mitglieder werden konnten. Die endgültige Suspendierung der Verbindung erfolgte im April 1936 durch die NS-Hochschulverwaltung.

Bis zum Zweiten Weltkrieg führte die Rheno-Bavaria als erste Verbindung innerhalb des Kartellverbandes regelmäßig religiöse und sozialpolitische Tagungen im Kloster Ettal durch. Geleitet wurden diese zum Teil von prominenten Altenherren der Verbindung wie den Patres Richard Freiherr von Aretin, Peter Lippert, Abt Graf Neipperg und auch dem späteren (ab 1951) Abt der Benediktiner Klosterkirche St. Bonifaz in München, Hugo Lang, zu dem Schöningh zeitlebens eine enge Beziehung bewahrte. Mit allen stand Schöningh in regem Briefkontakt. Lang beauftragte er in seiner Funktion als Schriftleiter des *Hochlands* ab 1935 und auch noch nach dem Krieg mit Beiträgen. Nach 1945 suchte Schöningh sich allerdings einen neuen Ansprechpartner, an Stelle seines Freundes Hugo Lang trat der in seinem Habitus recht »barocke« und in der Bevölkerung sehr populäre Stadtpfarrer von St. Bonifaz P. Willibrord Braunmiller.[10]

Die Rheno-Bavaria hatte auch zu Schöninghs Zeiten eine Reihe illustrer Mitglieder, darunter Widerstandskämpfer gegen Hitler beziehungsweise den Nationalsozialismus wie den deutschen Botschafter in Wien, Wilhelm Emanuel Freiherr von Ketteler (am 13. Mai 1938 in Wien ermordet), Max Ulrich Graf von Drechsel (am 4. November 1944 in Plötzensee hingerichtet), Karl Ludwig Freiherr von und zu Guttenberg (am 24. April 1945 ebenfalls in Berlin hingerichtet) und Reichskanzler Franz von Papen. Obwohl Schöningh nach dem Krieg für die SZ hauptsächlich seinen Redakteur und Freund W. E. Süskind zur Berichterstattung über den Nürnberger Kriegsverbrecherprozess einsetzte, ließ er es sich im Fall Papen, der in seiner Korrespondenz immer als »Fränzchen« auftaucht, nicht nehmen, diese selbst zu übernehmen. Etwas muss zwischen beiden vorgefallen sein, sonst hätte Schöningh nicht privat vermeldet, dass er mit »Fränzchen noch ein Hühnchen zu rupfen habe«. »Man kann ihn nur als Jammerkapaun bezeichnen, als eine Schande für den so furchtbar dezimierten deutschen Adel, wie es eine Mitarbeiterin, Fräulein von Kardorf [recte Kardorff] ausdrückte, die zufällig mit mir dort war [...].«[11]

Mitglieder der »Rhenos«, wie sie sich selbst bezeichneten, waren aber auch der ältere Bruder des Hitler-Attentäters Claus Schenk Graf von Stauffenberg, der Völkerrechtler Berthold, der noch am Tage seiner Verhandlung vor dem Volksgerichtshof am 10. August 1944 hingerichtet wurde.

Ehrenmitglied der Verbindung seit 1921 war Kardinal Konrad Graf von Preysing, dritter Bischof des erst 1930 entstandenen Bistums von Berlin in der Zeit 1935 bis 1950. Preysing kämpfte sehr mutig längst nicht nur um sogenannte kirchliche Belange, sondern setzte sich auch offen für rassisch Verfolgte ein. Eng waren seine Beziehungen zur Widerstandsgruppe des Kreisauer Kreises. Helmuth James Graf von Moltke war oft sein Gast und unterhielt sich stundenlang mit ihm über den Neuaufbau Deutschlands nach dem Krieg. Verbürgt ist auch, dass er den Grafen von Stauffenberg und Carl Friedrich Goerdeler empfing. Hitlers Hassausbruch über Preysing im Führerhauptquartier am 11. August 1942 dokumentiert deutlich dessen zähen diplomatisch verbrämten Widerstand, der dem Diktator so sehr zu schaffen machte: »Der Graf Preysing ist ein absolutes Rabenaas. Die größten Rabenaase aber sind die, die zuerst in der demütigen Maske daherkommen. Da muss man sagen: Bestie! Ein pfäffiger Inquisitor ist dagegen eine natürliche Sache. Die Gemeinheit kommt mit der Heuchelei. Das muss einmal ausgeschöpft werden.« Schöningh korrespondierte mit Preysing über viele Jahre hinweg sehr vertraut und besuchte ihn regelmäßig.

Eng befreundet war er mit Rudolf Freiherr von Hirsch (1875–1975), einem promovierten Naturwissenschaftler, der das väterliche Schlossgut bei Planegg im Würmtal bewirtschaftete und dem Hirsch'schen Familienzweig jüdischen Glaubens angehörte. Deswegen wurde er zunächst in Schutzhaft genommen und 1942 zusammen mit seinem Bruder Karl nach Theresienstadt deportiert, wo er 1945 von der Roten Armee befreit wurde. Er starb 100-jährig in Planegg. Wegen seiner beträchtlichen Spenden wurde er Ehrenmitglied der Rheno-Bavaria. Bekannt waren auch noch der bis in die 1960er-Jahre hin amtierende Präsident der bayerischen Schlösser-, Gärten- und Seenverwaltung Levin Freiherr von Gumppenberg und der Mittelalter- und Neuzeithistoriker Götz Freiherr von Pölnitz, der von 1931 bis August 1935 die *Akademischen Monatsblätter*, die Verbandszeitschrift des Kartellverbandes (KV) verantwortete und versuchte, diese an den NS-Studentenbund heranzuführen. Pölnitz trat unmittelbar nach der Machtergreifung in die NSDAP ein und brachte es zum SA-Rottenführer.

Die engste Beziehung bestand indes zweifellos zu Heinrich von Brentano (geboren 20. Juni 1904, gestorben 14. November 1964), Adenauers erstem Außenminister (von 1955 bis 1961). Davor und danach bis zu seinem Tode war er Vorsitzender der CDU/CSU-Bundestagsfraktion. Dies bleibt erwähnenswert, weil es Schöninghs Nähe zum Adenauerschen Machtzentrum zeigt.

Heinrich von Brentano war das jüngste Kind von Otto von Brentano di Tremezzo, Mitglied der Zentrumsfraktion in der Weimarer Nationalversammlung. Clemens und Bernard waren seine älteren Brüder. Nach dem Abitur studierte Heinrich Jura in München und wurde dort im Wintersemester 1922/23, also ein Jahr früher als Schöningh, aktives Mitglied der Rheno-Bavaria. Nach den beiden Staatsexamina in München promovierte er 1930 in Gießen, war ab 1932 Rechtsanwalt am Landgericht Darmstadt, wurde 1943 als Staatsanwalt nach Hanau dienstverpflichtet, ehe er 1945 wieder als Rechtsanwalt und Notar in Darmstadt arbeitete. Brentano lebte als unverheirateter Katholik bei seiner Mutter, die er bis zu deren Tode 1949 pflegte. Es muss eine Fülle von Briefen zwischen beiden gegeben haben, von denen leider nur wenige erhalten sind (»Lieber Heinrich, bei der Fülle der Korrespondenz, mit der wir uns überschütteten ...«).[12] Sie müssen sich menschlich wie politisch sehr nahe gestanden haben, davon zeigt der warme und herzliche Tonfall in den Briefen. Umstandslos bittet Schöningh ihn beispielsweise in seiner Funktion als Vorsitzender der hessischen CDU-Landtagsfraktion, etwas für die Freilassung von

Mogens von Harbou, seinem ehemaligen Vorgesetzten als Kreishauptmann in Tarnopol, aus amerikanischer Internierungshaft in Darmstadt zu unternehmen. Es erstaunt, dass er dabei völlig auf für Brentano sicher wichtige Erläuterungen der Gründe der Inhaftierung verzichtet.

Während seiner Münchner Studienzeit erwuchs darüber hinaus eine lebenslange Freundschaft zu Clemens Bauer.

Der Freiburger Wirtschafts- und Sozialhistoriker Clemens Bauer um 1953.

Bauer, 1899 in Ehingen an der Donau geboren, trat 1927 nach einem Forschungsaufenthalt in Rom mit einer aufsehenerregenden Studie über die »Epochen der Papstfinanz« in der *Historischen Zeitschrift* erstmals wissenschaftlich ins Rampenlicht. Drei Jahre nach Schöningh promovierte er in München über den politischen Katholizismus in Württemberg bis zum Jahr 1848. Beide Themenkomplexe spiegeln seinen Interessenfokus gut wieder: die Wirtschafts- und Sozialgeschichte und die Geschichte des Katholizismus.[13] Habilitiert wurde er 1932 bei Schöninghs Doktorvater Jakob Strieder mit einer Untersuchung zur Geschichte des spätmittelalterlichen und frühneuzeitlichen Finanz- und Steuerwesens.

Die Universität Freiburg war in der Zeit von 1937 bis zu seiner Emeritierung 1967 seine Hauptwirkungsstätte. Das *Hochland* und die Schriftenreihen der Görres-Gesellschaft waren die Plattformen seiner wissenschaftlichen Arbeit. Beide, Schöningh wie Bauer, gehörten der Görres-Gesellschaft an; Bauer leitete ab der sechsten Auflage auch die Redaktion des damals konkurrenzlosen *Staatslexikons* der Görres-Gesellschaft, deren Kernartikel »Kapitalismus« und »Liberalismus« er selbst verfasste. Ab 1962 war er erster Inhaber des neu geschaffenen Lehrstuhls für Wirtschafts- und Sozialgeschichte, das Jahr darauf wurde er zum Rektor der Universität Freiburg im Breisgau gewählt.

Es ist wohl Ausdruck einer auch von außen wahrgenommenen engen Beziehung zu Franz Josef Schöningh, dass die Redaktion des *Hochlands* Clemens Bauer mit dem Nachruf betraute, den dieser dann aus dem Wissen einer langen Freundschaft heraus sehr pointiert verfasste.[14]

In diesem Nachruf zeichnet Bauer ein klares Bild von Schöninghs Münchner Studentenzeit. Es war die »weite, reiche und freie Welt voll von Anregungen, in der die Universität nur eine neben vielen Möglichkeiten war«, die ihn faszinierte. Bauer sieht eine Verbindungslinie des Westfalen, »aufgewachsen in der umhegten und kultivierten Atmosphäre eines großbürgerlich-patrizischen Hauses, aber auch in einem Milieu fest umrissener, oft pedantischer Konvention, klarer Wertmaßstäbe und eines traditionsgebundenen, weithin unproblematischen Christentums« hin zu der »selbstverständlichen Largeheit dieser Stadt, ihrer liebenswürdigen Toleranz, ihrer weltoffenen, von barocker Tradition geprägten Katholizität«. Die Studienzeit war für Schöningh, so Bauer, »ein Durchbruch zur Freiheit, nicht nur zur akademischen«. Er habe sie in Anspruch genommen, aber auch genützt.

Bauer fährt in seinem Nachruf auf Schöningh fort: »Alle Möglichkeiten des menschlichen Wachsens und des geistigen Sich-Ausbildens und Formens in einer solchen Umwelt hat er ergriffen. Verhältnismäßig früh bekam die selbstverständliche Sicherheit des Auftretens, das natürliche Ergebnis seiner Erziehung und Herkunft, einen Zug von Weltläufigkeit: wesentliches Element seiner Eigenart, das sich später zu wirklicher Urbanität weitete. So war Schöningh von Anfang an nicht ›Student‹ im üblichen Sinn, weder im Lebensstil noch in der geistigen Haltung.«

Ergänzend fügt Bauer hinzu, dass angesichts der »Vielfalt seiner Neigungen und der Weite seiner Interessen, freilich auch [durch] das Fehlen eines Zwangs, sich rasch ein Brotstudium zu wählen«, die Entscheidung für ein spezifisches Studium – die Nationalökonomie – erst in München gefällt wurde.

Weiter vertieft er aus naher Kenntnis Schöninghs Studentendasein: »Sein Studium war weniger eine Aneignung von Wissen als eine Begegnung mit andersartigen Denkweisen, mit für ihn neuen geistigen und seelischen Erfahrungsbereichen, deren er sich oft mehr lebens- als verstandesmäßig zu bemächtigen suchte. Und es war auch kein Fachstudium, sondern eine sehr breite Interessens-Nahme fast im ganzen Bereich der Geisteswissenschaften, wie es gerade in den 1920er-Jahren an der Münchner Universität in idealer Weise möglich war.« Leider bleibt Bauers Stimme die einzige über diese Zeit, alle anderen Nachrufe schildern Schöningh nur aus größerer Distanz und weit weniger detailliert.

Schöninghs Studienbuch bricht im Wintersemester 1925/26 ab, denn im Sommersemester 1927 legt er seine Dissertation über die Augsburger Familie von Rehlingen vor. Im Mai desselben Jahres absolviert er das Rigorosum.

Für das folgende Wintersemester 1926/27 gibt er als Tätigkeit »freier Wissenschaftler« an, ehe er sich ab Sommersemester 1927 bis Wintersemester 1927/28 erneut, aber diesmal im Fachbereich Geschichte immatrikuliert. Anders als in den vorangegangenen Semestern belegt er jetzt rein historische Vorlesungen und Seminare. Schöninghs Sichtweise von Wirtschaftsgeschichte und politischer Geschichte im 19. Jahrhundert beginnt sich zu verändern. Mit den Worten von Clemens Bauer: »[...] theoretische Nationalökonomie und auch Philosophie fesselten ihn mit ihren Doktrinen und Richtungen und Sachproblemen nicht als solche, sondern als Ausdruck von Geist und Denken bestimmter Perioden, als Schöpfung bedeutender und interessanter Persönlichkeiten.«[15]

Publizistisch nachweisbar ist Schöningh in dieser Zeit zumindest im *Hochland*. Im Juli 1927 verfasst er eine Rezension zu Jakob Strieders *Jacob Fugger der Reiche*. Unbeschadet jeglicher Bedenken über eine Unabhängigkeit von seinem früheren Doktorvater – immerhin gibt er in der ersten Fassung des Fragebogens nach dem Krieg vom 25. Juni 1945 an, von 1927 bis 1929 Assistent bei Strieder gewesen zu sein – schließt sich Schöningh, ohne auch nur den Hauch einer kritischen Wertung einfließen zu lassen, Strieders Verdikt über Jakob Burckhardt an. Endlich sei nicht nur »Burckhardts Formulierung des Renaissancegeistes, wonach die Kunst den Primat über alle anderen Gebiete des Lebens besaß«, sondern »wie sehr auch der geniale Mensch von der historischen Situation abhängt« zurechtgerückt.

Ob Schöningh von der wissenschaftlichen Leistung Strieders wirklich beeindruckt war, wie es Clemens Bauer andeutet, scheint fraglich. Als späterer Schriftleiter des *Hochlands* überlässt er es auch Bauer, eine wissenschaftliche Wertung des Werkes von Strieder vorzunehmen. Er selbst beschränkt sich in seinem Nachruf im *Hochland* auf seinen akademischen Mentor, der bereits mit 58 Jahren am 24. Juli 1936 starb, lediglich auf den Hinweis, dass dessen Leistung »unbestritten bedeutsam« sei, ohne dies näher auszuführen.

Stattdessen »wurde es [für Schöningh] eine wahrhaft beglückende Erkenntnis – gewichtiger noch als alles übermittelte Wissen –, daß der gelehrte Lehrer [...] ein Christ war. Ja er begriff angesichts dieses schlichten Mannes erst, wie wenig er, übertönt vom Lärm der Zeit, von jenem Christentum gewusst hatte, welches das tragende und e i n z i g bestimmende Fundament eines

Lebens ist [...]. Dieser Gelehrte war nicht auch Christ, sondern hier war ein christlicher Gelehrter [...] erfüllt in der Hoffnung, stark zu sein im Glauben und in der Liebe.« Der Inhalt dieses Nachrufs verblüfft, weil er so gänzlich ohne Bezug auf das wissenschaftliche Werk Strieders auszukommen glaubt.

Schöninghs breite Interessenspalette spiegelt sich wider beim Besuch der Salzburger Festspiele 1927, die er sich wohl nicht entgehen ließ. Auch später noch, bis Ende der 1950er-Jahre, war er regelmäßig in Salzburg zu Gast. Als bloßes Regietheater ohne Tiefgang brandmarkt er die legendäre Inszenierung Max Reinhardts von Shakespeares »Sommernachtstraum« bei den Salzburger Festspielen im *Hochland* vom September des gleichen Jahres. Inhaltlich teilnahmslos steht er allen Regieeinfällen gegenüber, fast so, als würden sie stören. Überbot sich das Feuilleton der großen deutschen Zeitungen in einem wahren Hymnus auf Reinhardt, dem »Vater des Regietheaters«, so meinte Schöningh lapidar, der »Sommernachtstraum« sei »keine venezianische Nacht für reisende Amerikaner [...]. Je größer sie [die Poeten] sind, um so mehr entblößen sie bei Gelegenheit die Eitelkeit einer Regie, und mir scheint, sie werden sich erst mit ihr versöhnen, wenn diese wieder erkannt hat, dass das Wort göttlich ist.«

Diese Einlassungen sind aus zweierlei Hinsicht bemerkenswert. Zunächst einmal in Anbetracht des Mutes, mit dem sich Schöningh trotz Lektüre der Feuilletonaufmacher wie der *Frankfurter Zeitung* über den Beifall hinwegsetzt. Und dass hier vielleicht zum ersten Mal durch die Einfügung der göttlichen Ordo als letzte Sinngebung auch im Theater ein neues ästhetisches Kriterium auftaucht. Aus dieser metaphysischen, im Grunde unangreifbaren Position heraus kann er allerdings jeder Inszenierung den Boden entziehen. Ein Denkmuster, welches sich zeitlebens durch all seine kritischen Würdigungen und Rezensionen ziehen wird, wie wir noch sehen werden.

Schöninghs Studienbuch schließt mit dem Wintersemester 1927/28. In seinem Entnazifizierungsfragebogen vom 25. Juni 1945 gibt er indes an, dass er von 1927 bis 1929 Universitätsassistent gewesen sei, das heißt, er müsste mindestens die beiden folgenden Semester (SS 1928 und WS 1928/29) auch noch an der Ludwig-Maximilians-Universität (LMU) belegt gehabt haben. Weder dieses noch der Nachweis als »Universitätsassistent« konnte seitens der LMU erbracht werden. Auch steht dem entgegen, wenn Clemens Bauer in dem oben zitierten Nachruf davon spricht, dass Schöningh München bereits 1928 verlassen habe, um als Schauspieler eine Karriere in Berlin zu beginnen. In einer späteren Fassung des Fragebogens vom 2. Oktober 1947 ist zu diesem fraglichen Zeitraum erstaunlicherweise überhaupt keine Eintragung zu finden.

Berlin

Es scheint tatsächlich so, als ob der späte Student im Herbst 1928 »seine unglückliche Liebe München«, so ein unbekannter Brieffreund, verließ, um sich in Berlin treiben zu lassen, auch vielleicht mit der vagen Vorstellung verbunden, sich dort möglicherweise als Schauspieler etablieren zu können. Erstaunlich ist auf jeden Fall dieser abrupte Wechsel, weg von einer ihn bislang ja doch ausfüllenden universitären Umgebung hin zu einem völlig anders strukturierten Neuland, der Theaterszene und der Stadt Berlin.

Eine Einstimmung in den unvermittelten Szenenwechsel von München nach Berlin liefert ein undatiertes und nicht genau zu lokalisierendes Feuilleton mit dem Titel »Ungeschminkt«. Schöningh gibt hier recht genau die Empfindungen seiner ersten Theaterakklimatisation wieder. Angefangen von den üblichen Träumen vom Beifall, dem obligaten Blumenstrauß, dem verlockenden Geruch von Requisiten, Hängeböden, Staub, Schminke und Scheinwerfern bis hin zur harten Alltagsrealität einer »steinernen Mauer aus Misstrauen, Neid und Geringschätzung«, auf die er bei seiner ersten Probe stieß. Es muss für ihn – angesichts seiner großbürgerlichen Provinienz ungewohnt genug – deprimierend gewesen sein, nun »unter die große Kategorie der Arbeitnehmer zu fallen«. »Dieses Bewusstsein aber hatte ich nicht wegen meiner Gage, welche die damals niedrigste war, die es gab, denn mit ihr war ich wegen meiner Träume zufrieden, sondern weil alles was ich jetzt tun musste und was die anderen taten, auf die Gage bezogen wurde: sie war der entscheidende Maßstab für Geltung, Anspannung und erlaubte Frechheit, nach ihr wurden sogar die Äußerungen in ihrem Werte bemessen, sodass ich bald begriff, warum jeder seine Gagen in die Höhe log. [...] Da ich mich (für die niedrigste Gage) verkaufte, so war ich = 150 RM, und es stand fest, dass ich bei so geringer Nachfrage eine schlechte Ware war.«

Voll Staunen registriert er das Dasein eines jungen Schauspielschulabsolventen, dessen Rolle in Schillers *Räuber* aus ganzen drei Worten bestand: »Jawohl, Herr Leutnant!« und der »Stunden um Stunden warten musste, bis er diese drei Worte proben durfte«. In seiner Fassungslosigkeit wirkt Schöningh wie aus einer anderen Welt herausgefallen. Es bleibt ein Rätsel, warum er sich das Theaterengagement antat.

Zum ersten Mal in seinem Leben scheint er den Konflikt zwischen einem Angestellten und einem Arbeitgeber zu spüren: »Wir akklimatisierten uns also, wofür der Umstand ein Beweis ist, dass wir uns bald der Theaterdirektion in einer aufrichtigen Feindschaft verbunden fühlten. Der Direktor war nämlich für uns einzig und allein Arbeitgeber, und ich weiß seitdem, dass zwischen diesem und dem Arbeitnehmer immer ein unversöhnlicher feindlicher Gegensatz bestehen muss, wenn beide sich nur mit dem Maßstab des Geldes messen können. [...] Das war nicht nur das Verhältnis von Kindern zu einem etwas bösartigen Lehrer, das war im tiefen Grunde ein von Anekdoten und Witzen begleiteter Klassenkampf.«

Schon im Verweis auf seinen Warenwert in Höhe von 150 RM artikuliert er seine ganze Fassungslosigkeit über die materielle Situation eines Schauspielers. Als reine Ausbeutung beschreibt er die nächtlichen Proben bis drei Uhr morgens ohne Anerkennung etwaiger »Überstunden« oder gar eines Auslagenersatzes und resümiert resignierend, dass »man eben eine Schar von Glücksrittern nicht organisieren kann«. Als besonders entwertend empfand er den vertraglich unterschriebenen Passus, wonach er »angesichts des besonderen Personenreichtums des Stücks auch zwei oder mehrere Rollen zu spielen bereit sei«. Ironisch fügt er hinzu, dass »unter diesem Reichtum auch Personen gerechnet wurden, die jeder Statist hätte darstellen können; es war also reine Ausnutzung.«

»Ich für meine Person hatte im ersten Bilde den Vorsitzenden einer politischen Kommission zu spielen, im zweiten hinter der Bühne mit dem Megaphon einige Sätze zu brüllen, im dritten den stummen, resignierten Begleiter eines Schwätzers zu machen, im vierten oder fünften als Soldat stramm zu stehen beziehungsweise zu singen, im achten, als meine Stimme längst wieder vergessen war, als Rechtsanwalt mit Verve einen Angeklagten zu verteidigen und zum Schluß hinter einer Leinwand die Silhouette eines Soldaten abzugeben.« Die letzte Rolle wurde ihm auf seine nachdrückliche Bitte hin immerhin erlassen, »sodass ich später mit dreimaligem Umkleiden und 2maligem Bartwechsel davonkam. Es war eine unwürdige Schinderei«.

Nur kurz beschreibt er seine erste Berliner Premiere (leider kennt man weder das Datum der Premiere noch das Stück, viel spricht für ein kleineres Privattheater): »Man stelle sich ein paar Dutzend Menschen vor, die sich zu ihrer eigenen Hinrichtung dekorieren und denke sich Zeugen dieser Execution in Clubsesseln, eine Havanna rauchend [...] man sieht nur verglaste Augen und zitternde Hände, keiner versteht mehr, was der andere sagt, [...] so groß ist nämlich die Angst vor den Berliner Theaterkritikern, die ich bei meinem

Debüt durch das Guckloch des Vorhangs zu betrachten die Ehre hatte, sie waren für mich lauernde Ungeheuer.«

In Anlehnung an einen Vortrag mit dem gleichnamigen Titel »Ungeschminkt« des mit Karl Kraus befreundeten Münchner Kammerspielregisseurs und Dramaturgen Heinrich Fischer resümiert Schöningh dann in einem zweiten Teil seine Erinnerungen und konstatiert, dass die Berliner Theaterkritik zu einer Art Börsenbericht geworden sei, dem der Schauspieler ausgeliefert sei.[16] Auch Fischer erlebte eine Berliner Premiere mit ihren Ängsten vor den Starkritikern Alfred Kerr und Herbert Ihering ganz ähnlich: »Wie der Hauptdarsteller, ein Riesenkerl, im letzten atemberaubenden Augenblick, da der Vorhang zur Premiere hochgehen soll, an das Guckloch stürzt, ›Kerr!‹ – › Ihering!‹ ächzt, in einen Sessel fällt und sich von unmenschlicher Aufregung geschüttelt, mitten auf der Bühne erbricht.« Schöningh beklagt die Abhängigkeit des Schauspielers von den vielen Zufälligkeiten einer Premiere: Welcher Kritiker war anwesend, war er objektiv, gibt es überhaupt eine Objektivität? All das bedinge einen nicht kalkulierbaren Kurswert eines jeden Schauspielers.

Überdies sei der Kapitalismus der gefährlichste Feind des Theaters, an dem es auch zugrunde gehen müsse. Nicht nur wegen der Konkurrenz zwischen den Schauspielern, sondern auch zwischen den Theaterintendanten selbst und den »brutalsten Interessengegensätzen« beider Gruppen. Er vermisst im Theater »die ruhige Tiefe, die letzte symbolische Menschlichkeit«. Als Vorbedingung jeder Theaterproduktion sei aber auch die Gesellschaft in einem »organischen, metaphysischen Sinne«, vertreten durch das Publikum, gefragt. Dieses sei aber nicht mehr vorhanden, hingegen gebe es nur noch Zuschauer.

Unbeschadet einer noch heute erstaunlich anmutenden, höchst virulenten Diskussion über Funktion und Stellenwert des Theaters in den 1920er-Jahren in Zeitungen und Zeitschriften – man erinnere sich nur an die Bert-Brecht-Kontroversen – schlägt Schöningh drei Wege vor, um wieder zu einem »Publikum« zu gelangen, ohne sich jedoch für eine Richtung auszusprechen: das satyrisch-kritische Theater im Sinne von Karl Kraus, Bert Brechts politisch-sozial »doktrinäres Gruppentheater« und das »Als-Ob-Theater«, das so tue, als gäbe es noch eine Gesellschaft, repräsentiert etwa durch Carl Zuckmayers *Hauptmann von Köpenick*. Näheres führt er dazu leider nicht aus und schließt lapidar mit der Bemerkung, dass die Theaterkrise vor allem eine Gesellschaftskrise sei.

Wie wenig Schöningh in dieser Szene verankert ist, vermittelt er deutlich. »Aber mir ist, als schriebe ich an einem Epilog, zumindest an einem Bericht einer unheilbaren Krankheit, die sich ihrem Ende nähert.«

Spuren seines Berliner Theaterausflugs findet man indessen erst ab August 1930. Hier wurde ihm eine Angestelltenversicherungskarte ausgestellt, zum 1. September wird Herrn Peter (sic!) Schöningh (so sein späterer Künstlername) bescheinigt, dass er unter der Nummer 51 587 Mitglied der Genossenschaft Deutscher Bühnen-Angehöriger sei und damit auch Anrechte auf die Leistungen der Genossenschaft »Kranzspende« im Falle des Ablebens habe.

Was Schöningh vom Herbst 1928 bis zu den ersten Premieren als Schauspieler gemacht hat, bleibt also im Dunkeln. Geschrieben hat er bis auf ein Porträt im *Hochland* (Mai 1928) über den Fürsten Pückler in dieser Zeit nichts, zumindest ist im vorliegenden Nachlass keine weitere Publikation nachweisbar.

Aber es finden sich immer wieder gerade kleinere Artikel, die er zum Beispiel für das *Westfälische Volksblatt* oder die *Rhein-Mainische Volkszeitung* geschrieben hat, ohne dass sie eigens dokumentiert wurden. Erhalten sind zwei kurze Meldungen über die Rektoratswahl in München 1927, als der berühmte Romanist Karl Voßler sich nicht mehr zur Wiederwahl stellte und als Nachfolger ein unbekannter Kandidat der rechten Professorenmehrheit gewählt wurde. Schöningh schrieb sie für die *Frankfurter Zeitung* (21. Juli 1927) und das *Berliner Tageblatt* (22. Juli 1927), die ihn beide als »unseren Korrespondenten« ausweisen.

Für welche Zeitung oder Zeitschrift Schöningh seinen nur als Korrekturfahnen erhaltenen Rundgang durch Berliner Theater schrieb, muss ungeklärt bleiben. In launischer Manier lässt er die Berliner Theatersaison Revue passieren. Es macht ihm Spaß, seine Wahrnehmungen spielerisch, fast beiläufig, aber sprachlich sehr gewandt wiederzugeben. Diese Intonation bei ihm ist jedenfalls neu, und man hat das Gefühl, nicht mehr weit entfernt vom Duktus des späteren »Streiflichts« der *Süddeutschen Zeitung*, das ja auch seine Erfindung war, zu stehen. Spielerisches offenbart ja auch Unverbindliches. Und so fokussiert der Bühnenscheinwerfer auch nur Momente, die Schöningh aber für wesentlich für die Qualität der Inszenierung hält. Umfassend und gründlich setzt er sich mit den Stücken nicht auseinander, was vielleicht für die Inszenierungen der vielen Kleintheater legitim sein mag, nicht aber für die Arbeit bedeutender Regisseure wie Leopold Jessner, Max Reinhardt (mit dem ihn wohl eine Art Dauerfeindschaft verbunden hat), seinem späteren Förderer und Mentor Ernst Legal oder Heinz Hilpert an den großen Bühnen. Man spürt sein Bemühen, mit ganz wenigen Sätzen alles zu sagen. Der unübertroffene Duktus des Kritikers Alfred Kerr muss dabei so etwas wie eine normative Vorgabe gewesen sein, der sich fast die gesamte Theaterkritikerzunft unterwarf. So geht er etwa sehr locker mit der Gesellschaftskritik Bert Brechts in *Aufstieg und Fall der Stadt Mahagonny* um (Uraufführung Leipzig 9. März 1930, die Inszenierung Caspar Nehers in Berlin wenige Monate später): »Es ist ein drolliger Irrtum, zu glauben, die bürgerliche Gesellschaft, so zerspalten sie auch ist, bezahle auf die Dauer Theaterbillete, um sich ihre Lebensunfähigkeit nachweisen zu lassen. Sie ging nicht mehr zu Piscator, sondern dieser musste nach Moskau gehen.« Die erfolgreiche Aufführungsgeschichte dieser »Oper« sollte diese Einschätzung gründlich widerlegen. Brechts Welt war ihm fremd, inhaltlich hat er sich nie mit ihr auseinandergesetzt.

Es spricht viel dafür, dass Schöningh diese Kritiken in der Zeit zwischen Herbst 1928 und August 1930, also bis zu seiner regelmäßigen Verpflichtung als Schauspieler, schrieb. Alles andere ist aus Gründen einer Interessenkollision kaum vorstellbar.

Schöningh bewahrte immerhin die Programmhefte der Bühnenstücke auf, in denen er mitwirkte. Ob sie vollständig sind, wissen wir nicht. Auch das genaue Datum seiner Mitwirkung an einer späteren Inszenierung der Brechtschen *Dreigroschenoper*, deren Uraufführung am 31. August 1928 stattfand und die der größte Theatererfolg der Weimarer Republik wurde, bis das Stück von den Nationalsozialisten 1933 verboten wurde, wissen wir nicht. Wir wissen nur, dass es sich um eine Neubearbeitung der nächsten Theatersaison unter der Regie von Erich Engel und der musikalischen Leitung von Theo Mackeben handelte.

Die Besetzung der Inszenierung, bei der er mitwirkte, war jedenfalls nicht die der Uraufführung mit Harald Paulsen als Mackie Messer, Carola Neher als Polly, Erich Ponto als Peachum, Kurt Gerron als Tigerbrown, Ernst Busch als Polizist usw. Schöningh, im Programmheft »Peter Schöningh«, taucht in der Inszenierung des schon für die Uraufführung eigentlich als Regisseur vorgesehenen (und dann kurzfristig zurückgetretenen) Erich Engel im Theater am Schiffbauerdamm in der Rolle des Hochwürden Kimball auf.

Davor musste er aber auf jeden Fall eine Prüfung über sich ergehen lassen, vor der ganz Berlins Schauspielerzunft zitterte: Direktor dieses Theaters war bis 1931 der legendäre Ernst Josef Aufricht, der für seine hohen Ansprüche bekannt war. Irgendwie muss ihm Schöningh aufgefallen sein, dass er ihn für diesen mit so viel Renommee beschwerten Welterfolg engagierte. Nun ist die Rolle des Kimball keine tragende, aber angesichts von gut 20 Darstellern ist sie gut wahrnehmbar.

Schöningh hatte, wie auch immer, etwas geschafft, von dem andere Schauspielkollegen nur träumten: Er war in »Zimmer 4« für gut befunden worden. Aufricht hatte als Dramaturgen auf Empfehlung der bekannten amerikanischen Journalistin Dorothy Thompson, die später mit Sinclair Lewis verheiratet war, den noch sehr jungen und völlig unbekannten Robert Vambery sowie den Dramaturgen der Münchner Kammerspiele Heinrich Fischer als engste Mitarbeiter engagiert. »Wir hatten die übliche Linkstendenz. Wir waren Zeugen des Zerfalls des Kaiserreiches und erhofften von der Republik ein neues Zeitalter. Wir waren Pazifisten und Sozialisten. Alle Tendenzen und Personen, die diesen Ideologien widersprachen, bekämpften wir. Wenn wir nur einen Funken der alten Tradition zu entdecken glaubten, trampelten wir blindwütig mit beiden Füßen auf der bereits kalten Asche der Vergangenheit herum und übersahen das Glimmen eines neuen Brandes«, so Ernst Josef Aufricht in seinen Erinnerungen.[17]

Anschaulich wird auch darin das unbeschreibliche Chaos des Theaterbetriebs wiedergegeben: »Im Parterre des Kleinsttheaters lag neben den beiden Stargarderoben und gegenüber einer Tür, die zur Bühne und zur Beleuchtungsbrücke und einer anderen Tür, die in den Zuschauerraum und in meine Loge führte, das ›Zimmer 4‹, so genannt, weil an seiner Tür ein Schild mit der Nummer 4 angebracht war. Ein Eckschrank, in den die Regisseure ihre Garderobe hingen, ein Sofa, zwei Sessel und mehrere Stühle sowie ein Schreibtisch waren die Einrichtung. Auf allen Möbelstücken, an den Wänden entlang und auf dem Fußboden standen leere Kaffeetassen und gefüllte Aschenbecher. Durch dieses ›Zimmer 4‹ ging der Pulsschlag des Theaters. Zu allen Zeiten, auch nachts, wenn in dem Theater gearbeitet wurde, war es vollgestopft von Zugehörigen und Nichtzugehörigen, von Schauspielern und Theaterschülern, Regisseuren, Bühnenautoren und Journalisten, Agenten und Verlegern, Billethändlern, Schwätzern und Parasiten, die alle zusammen das Arbeitsklima des Theaters ausmachten. Von dort verteilte sich die Masse in die Büros, in die Gänge und in den Zuschauerraum und flutete wieder zurück. Wir hatten keine Bürostunden. Wir hielten uns zu jeder Tageszeit und oft auch die Nächte in unserem Theater auf [...].«

Von der Faszination dieses spezifischen Milieus, wie sie uns aus so vielen Biografien immer wieder vor Augen geführt wird und die auch alle Entbehrungen einfach um der Sache willen überdeckt, ist in Schöninghs kleinem Feuilleton »Ungeschminkt« keine Rede. Nur schwer kann man sich deshalb vorstellen, wie er sich mit diesem politischen wie auch dem realen Bühnenumfeld identifiziert haben mag. Zumal er sich ja auch in seinen Theaterkritiken nicht nur vehement gegen das Regietheater ausspricht, sondern noch, um vieles schärfer, gegen das Agitationstheater Brechts und dessen Epigonen. Und beides war die vorherrschende Sprache des Theaters am Schiffbauerdamm.

Ebenfalls in diese Zeit fiel sein Engagement in *Emil und die Detektive*. Das Ensemble des Schiffbauerdamm-Theaters im Deutschen Künstlertheater gastierte in einer Aufführung nachmittags um vier Uhr mittwochs, samstags und sonntags. Die Vorschau vermeldet dabei »Franz Schöningh« in der Rolle des Bankvorstehers. Schöningh taucht in der Folge in weiteren Rollen auf: So spielt »Peter« Schöningh einen Zivilverteidiger in Ernst Tollers *Feuer aus den Kesseln*. Paul Adams schreibt dazu eine Rezension in der *Germania* vom 31. August 1930. Handschriftlich heftig unterstrichen ist der Schlussabsatz der Kritik: »Bemerkenswert das Debüt von Peter Schöningh, der bereits jetzt ein auffallend guter Sprecher ist und den wir hoffentlich bald in einer größeren Rolle wiedersehen werden.« Übrigens der einzige Zeitungsausschnitt, den Schöningh aus seiner Theaterzeit aufbewahrte.

Eine eher kleine Rolle nahm Schöningh in Paul Kornfelds *Jud Süss* als Staatsrat Buchholz ein. Die Uraufführung war am 7. Oktober 1930 wieder im Theater am Schiffbauerdamm, die Regie führte Leopold Jessner, die Bühnenbilder stammten von Caspar Neher. Paul Kornfeld (1889–1941, von den Nationalsozialisten in Lodz ermordet) gehörte in Prag zum Literaturzirkel Franz Kafkas und Max Brods, schrieb 1929 sein historisches Stück *Jud Süss*, um auf die Aktualität des Antisemitismus hinzuweisen. Durch die Geschichte des (zu) reich gewordenen Hofjuden Jud Süss Oppenheimer, der 1738 in Stuttgart erhängt und in einem eisernen Käfig den Vögeln zum Fraß vorgeworfen wurde, versuchte er, die Entstehung und das Wesen des Antisemitismus dramatisch zu erklären. Trotz großartiger Besetzung mit Ernst Deutsch und Christian Wernicke zeigte sich das Berliner Publikum ablehnend. Aufrichts Vorahnungen sollten sich bewahrheiten: »Kitzelt ein Theaterstück die Leute zum Lachen und wird es zum Schluss ernst oder gar traurig, lehnt das Berliner Publikum es immer ab.«

Leider sind keine Aufzeichnungen des eigens für sich im Staatlichen Schauspielhaus eine Loge anmietenden Dauerabonnenten Schöningh erhalten, die beleuchten, wie er die Aufführungen bewertete. Nur ein knapper Eintrag vom 6. November 1931 über seinen Förderer und Mentor, den 1930/31 dort amtierenden Intendanten Ernst Legal: »Legal, sehr geschäftstüchtig, sehr satt. So etwas wie Dämonie des Fauns. Vom Theater her gesehen ein Mensch mit geistiger Haltung, im Wirklichen: Komödiant.« Für das, was er der Theaterlegende Ernst Legal verdankt, eine doch recht abschätzige Bewertung, die – drôle de drame – nach dem Krieg durch Schöninghs Frau Irmgard eine buchstäblich zerstörerische Wirkung erhalten sollte. Als stellvertretende Intendantin an der Staatsoper Unter den Linden spionierte sie ihren Chef als informelle Mitarbeiterin im Auftrag des DDR-Ministeriums für Staatssicherheit aus. Legal musste daraufhin aufgrund diverser politischer Anschuldigungen (»bürgerliches Element«) zurücktreten.

Es findet sich nur ein kleines Wachstuchheft mit sporadischen Einträgen voller philosophischer Bemerkungen vom Januar bis zum 8. Dezember 1931, die aber nur wenig Aufschluss über Schönighs Situation und sein Gefühlsleben zulassen. Typisch darin seine metaphysische Sichtweise: »Als ich heute Abend Kurt Gerron im Nelson-Theater [wegen eines möglichen Engagements, A. d. V.] aufsuchte, fand ich einen Haufen schwitzendes Fleisch. Er fuhr sich mit dem gestreckten Handtuch über die Stirne und versprach, sich meiner zu erinnern. Sein Körper ist ihm eine ständige Qual, aber er liebt ihn, weil er durch ihn berühmt wurde und weil er ihm die Möglichkeit verdankt, diesen Körper zu erhalten.«[18]

Als Nächstes wurde er für fünf auf die Premiere folgende Vorstellungen als »Leutnant« in Ödön von Horváths *Italienische Nacht* vom 21. März bis 25. März 1931 im Theater am Schiffbauerdamm verpflichtet. Entsprechend einem von Aufricht unterzeichneten Vertrag erhielt Schöningh ein Honorar von insgesamt 30 RM. Wahrscheinlich sprang er für einen ausgefallenen Kollegen ein, denn die *Italienische Nacht* hatte von allen in Berlin aufgeführten Komödien die längste Spieldauer. Über den Inhalt dieses »Bierulks« (politischer Grabenkampf zwischen rechts und links in Murnau, dem Wohnsitz Horváths) »lachte sich« Alfred Kerr »krank« [...] – »bester Zeitspass dieser Läufte!«. Doch das große Publikum erreichte diese Komödie Aufricht zufolge nicht, aber »sie beruhigte die Menschen wegen der ironischen Beurteilung der politischen Lage«. Es sollte die letzte Aufführung Ernst Josef Aufrichts im Theater am Schiffbauerdamm gewesen sein. Und auch Franz Josef Schönighs letzter Auftritt. Die letzte geklebte Steuermarke für Dr. Schöningh Franz Josef, Schauspieler, Berlin-Wilmersdorf, Sächsische Straße 64/65, ist datiert vom 20. Juni 1931.

In Berlin begann zwischen 1931 und 1932 das große Theatersterben: Max Reinhardt gab auf, oder musste vielmehr seine fünf Theater aufgeben, und ging nach Wien, die Brüder Rotter, Pächter mehrerer Häuser, flohen vor ihren Schulden nach Liechtenstein, alteingesessene Direktoren wie Erwin Piscator und sein Theater am Nollendorfplatz verschwanden oder machten zu. Die Wirtschaftskrise erfasste auch die Theaterlandschaft voll, sie war nicht mehr zu finanzieren. Aufricht selbst versuchte, sich irgendwie durchzulavieren, ehe er bereits im März 1933 nach Zürich emigrierte. Er wusste, was ihm unter einer NS-Kulturpolitik blühen würde.

Schöninghs fremd anmutendes Berliner Abenteuer schien beendet, die Reise zurück nach München nahm konkrete Formen an. Für den Rest des Jahres 1931 gibt er im Fragebogen I als Beruf »freier Schriftsteller« an, im Fragebogen II und im Entwurf dazu »keine Einkommen«.

Für diese Zeit nachgewiesen ist eine kleinere Abhandlung über den Begründer der modernen Volkswirtschaft, den Vorkämpfer für den Deutschen Zollverein Friedrich List (1789–1846) im Septemberheft des *Hochlands* 1931. Schöningh zeigte sich besonders fasziniert von dem Aspekt des nationalen Systems der politischen Ökonomie, wie auch Lists gleichnamiges Werk aus dem Jahr 1838 heißt. Hier formuliert List seine Gedanken zur Überwindung innerdeutscher Zollgrenzen bei gleichzeitigem Schutz der Nation nach außen durch Einführung moderater Schutzzölle.

In diesem sehr lebendig geschriebenen Beitrag für das *Hochland* gibt Schöningh seine ganze Aversion gegen den Materialismus zu erkennen, indem er Lists Thesen, nicht die Arbeit, sondern der Geist einer Nation sei die tiefste Wurzel ihres Reichtums, hervorhebt. Die Produktivkraft der Individuen hängt von der Gesellschaft ab, in der sie leben, davon, »ob Wissenschaft und Künste blühen, ob die öffentlichen Institutionen und Gesetze, Religiosität, Moralität und Intelligenz, Sicherheit der Person und des Eigentums, Freiheit und Recht produzieren, ob in der Nation alle Faktoren des materiellen Wohlstandes, Agrikultur, Manufakturen und Handel gleichmäßig und harmonisch ausgebildet sind, ob die Macht der Nation groß genug ist, um den Individuen den Fortschritt im Wohlstand von Generation zu Generation zu sichern [...]« (List). Wenn Schöningh schreibt, dass List also dem Individuum die Produktivkraft nehme, um sie ihm über die Nation zurückzugeben, so umreißt er damit bereits in Grundzügen sein katholisch-politisches Weltbild, wonach dies – unausgesprochen – nur mittels einer zentralen katholischen Glaubensunterlegung gewährleistet werden kann.

Er nimmt Friedrich List gewissermaßen als Vehikel für die Darlegung seines politischen Grundverständnisses. Wie sehr ihm dies Thema wichtig war, zeigte auch, dass er den *Hochland*-Beitrag in erweiterter monografischer Form (36 Seiten) dann als Biografie in der Reihe *Colemans kleine Biographien* 1933 im Lübecker Verlag Coleman publizierte.[19]

Unvermittelt muten Schöninghs Parallelwelten an: Eben noch auf der Suche nach Theater- oder Filmengagements, dann binnen Monatsfrist ein Aufsatz über den Wirtschaftstheoretiker Friedrich List.

Es war ihm wichtig, die Episode seiner Zeit als Schauspieler zu verbergen. In allen später nach dem Krieg von ihm vorgelegten offiziellen Dokumenten findet man keinen Hinweis auf seine Schauspielerexistenz. Auch Clemens Bauer schweigt dazu in seinem bereits zitierten Nachruf.

Doch in dieser Zeit in Berlin fand noch etwas anderes, sehr existenzielles, statt, nämlich eine Eheschließung und die Geburt seines ersten Kindes, der Tochter Karen. Darüber finden sich im Nachlass Schöninghs keinerlei private Dokumente wie Briefe, Anzeigen, Glückwünsche.

Irmgard Schöninghs Vater Dr. Wegner.

Kennengelernt hat Franz Josef Schöningh Irmgard Wegner wohl noch in München, wo sie Musik (Geige) an der dortigen Hochschule für Musik studierte. Später nutzte sie diese Kenntnisse als Musiklehrerin.[20] Geboren wurde sie als drittes Kind – die anderen Kinder waren ebenfalls Mädchen – des Kassler Chefarztes für Chirurgie am Diakonissen-Krankenhaus in Kassel am 5. Dezember 1908. Ihre Mutter stammte aus Bergen in Norwegen und war Sängerin. Über Irmgards Kindheit und Jugend weiß man nur wenig, Schöningh schreibt, dass sie »einer sehr unglücklichen Ehe entstammte« und »ihre Eltern sich brennend einen Sohn gewünscht hatten und daher sehr enttäuscht waren, als auch das dritte Kind […] ein Mädchen war. Sie nannten diese ›ihren Bub‹, kleideten sie als Junge und schenkten ihr statt Puppen Soldatenuniformen«.

Sie heirateten nach katholischem Ritus in Kassel am 3. Juni 1929. Er war selbstredend katholisch, sie protestantisch. Andernfalls hätte die katholische Kirche ihre Zustimmung nicht erteilt. Schöningh musste ein ungutes Gefühl gehabt haben, weil sie aufgrund der zerrütteten Ehe ihrer Eltern »von vorne-herein die Ehe mit mir nur unter großen Zweifeln und Vorbehalten einging«. Das Vertrauen der damals 21-Jährigen in die eheliche Partnerschaft und damit auch in die Person Franz Josef Schöninghs war tatsächlich aber so gering, dass sie ihn bereits sechs Wochen (!) nach der Geburt ihrer Tochter Karen am 5. Juli 1930 in Berlin verließ und zu einer Freundin reiste, um von deren Wohnsitz aus die Scheidung zu betreiben. Die von ihr hierfür vorgetragenen Gründe kennen wir nicht, ihr Ehemann willigte in die Scheidung im Februar 1932 mit der Behauptung ein, dass es »zwischen uns niemals eine wirkliche Ehe gegeben hatte und alle meine Versöhnungsversuche obendrein erfolglos waren«. Mit der Einlassung vor dem Scheidungsgericht, dass er seine noch nicht zwei Jahre alte Tochter »ohne eigenes Heim nicht hätte erziehen können«, überließ er Karen seiner Frau.

Irmgard Wegner heiratete Franz Josef Schöningh 1929.

Wichtig war ihm, dass diese katholisch geschlossene Ehe auch kirchenrechtlich geschieden wurde: So erklärte das Konsistorium München-Freising am 20. März 1934 beziehungsweise das Konsistorium Augsburg als übergeordnete Instanz auf seinen Antrag hin die Ehe für nichtig, weil, wie Schöningh sagte, »ich überzeugend nachweisen konnte, dass meine ehemalige Frau niemals einen vollen Ehewillen besessen hatte«. Warum die Ehe unter solchen Voraussetzungen überhaupt geschlossen wurde, bleibt rätselhaft.

Immerhin scheint ihm die Wissensdiskrepanz zu seiner jungen Frau ein Problem bereitet zu haben, was er indirekt kommentiert: »Für die Frau ist es ein Unglück, mit dem Intellektuellen zu leben. Er wird sich leicht im falschen Augenblick beherrschen, um im noch falscheren loszubrechen. Er wird für Gefühle, die er dem Intellekt opferte, ohne es zu ahnen, sogar in einem Moment Rache nehmen, in dem die Frau aller (unleserlich) [...] bedürfte.«[21]

Franz Josef Schöningh lebte, nachdem ihn seine Frau verlassen hatte, bis

Der damaligen Mode entsprechend, schien auch Irmgard Schöningh das Motorrad geliebt zu haben.

auf die Zeit zwischen 1939 bis 1941, als er erneut mit Irmgard Schöningh in München einen gemeinsamen Haushalt führte, nie wieder mit einer Frau im gleichen Haus zusammen.

Das zweite Halbjahr 1931 hat er außer mit dem oben zitierten Aufsatz über Friedrich List nur noch mit kleineren Beiträgen, möglicherweise für das väterliche *Westfälische Volksblatt*, bestritten.[22] Grundsätzlich sinnt er über seine Lebensplanung nach: »Möchte aufs Land an die Niederelbe, mit Wolken, Wind und Erde leben und arbeiten, d. h. Stücke schreiben.« Warum er sein Wunschziel an die Niederelbe verlegt, die bisher überhaupt keine Rolle in seinem Leben gespielt hat, statt nach seinem geliebten Oberbayern, sagt er nicht.

Auch enthalten die Aufzeichnungen keinen Jahresrückblick auf die Zeit in Berlin, keinerlei Gedanken über die Trennung seiner Frau von ihm oder über die nun eineinhalbjährige Tochter Karen.

München

Entsprechend seinen Tagebucheinträgen taucht Franz Josef Schöningh erst wieder am 14. Februar 1932 in München auf. Zeitgleich verfasst er für das *Hochland* im Februar-Heft eine Besprechung des berühmten russischen Films *Der Weg ins Leben* von Nikolai Ekk. Ohne Hinweis auf die Filmografie nimmt er den Inhalt zum Anlass, die in seinen Augen plumpe Sowjetpropaganda zu entlarven: Ein Erzieher gründet mit elf schwerstkriminellen Moskauer Jugendlichen in einem früheren Kloster eine aufblühende Fabrikkommune. Die Delinquenten dürfen eine eigene Bahnlinie bis zur nächsten Station bauen, und in der Schlusssequenz des Films sieht man, wie die erste Lokomotive einer leuchtenden Zukunft entgegenfährt. Anliegen des Films sei der »unbedingte Glaube an das Kollektiv, an die Nationalisierung des Menschen und seine restlose Einordnung in die Gesellschaft. Dieser Glaube beruht auf einer Fiktion, auf dem ›homo oeconomicus‹, der nie existiert hat und nie existieren wird; dennoch wirkt diese pervertierte Religion ungeheuer viel stärker als der europäische Liberalismus und Ästhetizismus, die ihr entgegengehalten werden«. Dies, so Schöningh, sei eine falsche Ordnung und eine mechanische Bindung, die niemals das ganze Individuum erfasste: die ganze religiöse und moralische Persönlichkeit. Die Festlegung Schöninghs auf ein ganzheitliches christliches Weltbild ist in seinen frühen Aufsätzen bereits deutlich spürbar geworden. Diese Grundhypothese des ganzheitlichen christlichen Individuums sollte er nie mehr verlassen.

Seine neue Wohnung lag nur unweit seiner alten Lipplschen am Ritter-v.-Epp-Platz Nr. 11 (heute Promenadeplatz). Berufliche Ziele sind noch nicht zu erkennen, scheinbar ziellos verbrachte er die zweite Märzhälfte in Obergurgl / Ötztal mit einem Skikurs, beklagte zwischen Eintragungen über Skitouren und mittägliche Pausen in namentlich festgehaltenen Gasthäusern »die moralische Zweifelhaftigkeit der meisten Feuilletonisten«. Über Pfingsten weilte er in der kleinen Bischofsstadt Rottenburg am Neckar nahe Tübingen bei dem Ehepaar Schlichter. Mit dem Maler Rudolf Schlichter und dessen Frau Elisabeth, genannt Speedy, verband ihn eine enge Freundschaft, deren Ausdruck auch eine intensive Korrespondenz war. Speedy Schlichter beklagte allerdings nach dem Krieg, dass Schöningh sich kaum mehr um sie kümmere. Kennengelernt hatte er die beiden in Berlin.

Schlichter, Jahrgang 1890, zählte neben Georges Grosz, Otto Dix, Wieland Herzfelde und John Heartfield zu den wichtigsten Vertretern der Neuen Sachlichkeit. Bereits während seines Studiums an der Karlsruher Kunstakademie begann er sich von den tradierten bürgerlichen Wertvorstellungen zu lösen, wendete sich den zeitgenössischen Bohème-Idealen zu. Seine autobiografischen Aufzeichnungen *Zwischenwelt, Das widerspenstige Fleisch, Tönerne Füße* entfalten die Zeitschau einer unterdrückten Kindheit und Jugend bis hin zu einer provokativen Lebenspraxis ohne Tabus – ein selbst zu Beginn der 1930er-Jahre unerhörter Vorgang der Darstellung eines Lebens inmitten von Huren, fetischistischen Obsessionen und Produktion höchst provokativer Kunst. Nach seiner Übersiedelung nach Berlin 1919 schloss er sich dort der Novembergruppe, der Berliner Secession, den Berliner Dadaisten und der KPD an. In seiner ersten Einzelausstellung sorgte seine Skulptur – eine an der Decke hängende Soldatenpuppe mit einem Schweinskopf – für einen großen Skandal.[23] Ende der 1920er-Jahre zog er sich aus der Arbeiterbewegung zurück, wendete sich den sogenannten Neuen Nationalisten (»erstaunlich anständige Menschen«) wie Ernst Jünger zu und trat wieder in die katholische Kirche ein.

Ernst von Salomon brachte Schlichters diverse politischen und künstlerischen Engagements anschaulich in seinem die verschiedenen Zeitströmungen der Weimarer Republik beschreibenden Roman *Der Fragebogen* aus dem Jahr 1951 zum Ausdruck: »Schlichter, der sich im Laufe seiner künstlerischen Entwicklung folgerichtig auch durch eine Reihe politischer Richtungen, durch Nihilismus, Anarchismus zum Kommunismus und von dort zum Nationalismus Jüngerscher Prägung durchgemausert hatte, [...] ich traf ihn, entschlossen, es mit der Rückkehr zum Katholizismus genug sein zu lassen.«[24] Davon berichtete er auch Schöningh ausführlich: »[...] erzählt mir abends aus seiner Kommunisten- und Falschmünzerzeit.«

Schöningh fühlte sich in Rottenburg äußerst wohl, durchstreifte das Alb-Umland bis Urach, genoss die Natur in der für ihn so typischen pantheistischen Sichtweise: »Das Erschlossene und Weltoffene der schwäbischen Landschaft. Gotteswerk und zugleich der Menschen Werk, sie ist vermenschlicht, manchmal wie eine Riesenszene, auf der Götter spielen.«

Wie hochwillkommen sein Besuch in der schwäbischen Wohngemeinschaft – Schlichters hausten zusammen mit dem Berliner Journalisten Richard Masseck in einer Art Ménage à trois – war, zeigen zwei erhaltene Postkartenskizzen Schlichters, die Schöninghs Ankunft am Rottenburger Bahnhof vorwegnehmen (Schöningh entsteigt dem Zug inmitten einer überrascht dreinblickenden

»Wieder ein Ausländer!« So sah Rudolf Schlichter Schöninghs Ankunft auf dem Rottenburger Bahnhof am 13. Mai 1932.

Bevölkerung; Untertitel: »Wieder ein Ausländer!«) sowie seinen triumphalen Einzug in die Stadt am 13. Mai um 15 Uhr 47 auf einer Sänfte, die von Schlichter und Masseck getragen wird, vorangehend Speedy Schlichter mit einem Transparent »Le voilà!!«, im Hintergrund spielt ein Musikkorps zur Begrüßung den Triumphmarsch aus *Aida*.

Inmitten seiner wöchentlichen kunsthistorischen Besichtigungsreisen quer durch Oberbayern findet sich am Donnerstag, 23. Juni 1932, der Eintrag »Mittags mit I. (Irmgard Schöningh) im Schwarzwälder« und tags darauf nach einem Gespräch mit ihr im Salzburger Peterskeller der Vermerk »Sie will zurückkehren«. Nach der Rückfahrt aus Salzburg notiert er im Tagebuch »Entschluß«, am Samstagmorgen trifft er seinen alten Rheno-Bavaria-Korpsbruder, den Eichstätter Bischof Graf von Preysing, um sich mit diesem darüber zu besprechen, am Sonntagmittag, wiederum im Restaurant »Schwarzwälder« in München, »Aussprache (mit Irmgard Schöningh), welche Verantwortung!« Um welchen »Entschluß« es sich handelte, gibt er leider nicht zu erkennen. Doch da ihrer beider Wege auseinanderführten – er schreibt ein gutes Jahr später, dass Irmgard in Berlin »eine Probezeit für ihre neue Ehe (sic!) durchex-

Seinen Einzug in Rottenburg stellte sich Schlichter mit Schöningh auf der Sänfte, getragen von ihm und dem Freund Richard Masseck, vorangehend seine Frau Speedy, begleitet vom Triumphmarsch aus Verdis *Aida*, vor.

erziert« – kann man zumindest von einer weitergehenden Entfremdung ausgehen. Immerhin schloss sich ja 1934 sein kirchlicher Scheidungsantrag an, dem auch stattgegeben wurde, wie wir bereits oben gesehen haben.

All diese Tagebucheintragungen sind durchsetzt mit philosophischen Bemerkungen etwa in der Art von Blaise Pascals *Pensées*, die durchaus Anhaltspunkte für Schöninghs Weltbild geben. So interpretiert er die Anschlusspolitik des österreichischen Bundeskanzlers, des völkisch-nationalen Prälaten Ignaz Seipel anfangs der 1930er-Jahre, wonach dieser auf die Frage nach dem österreichisch-deutschen Zollanschluss geantwortet habe, »das liege bei Gott. Wenn der den Anschluss wolle, nachher werde er schon kommen«, als »katholischen Realismus«. Wobei er einräumt, dass diese Haltung dem Katholizismus so oft den Vorwurf des »Jesuitismus« einträgt. Grundsätzlich stand er dem Anschluss Österreichs an das Deutsche Reich aus Gründen des Minderheitenschutzes positiv gegenüber. Er meinte, bereits das Deutsche Reich sei gegen die Katholiken gegründet worden, die sich fortan als mit der »Rolle nationaler Minderheiten« begnügen mussten. »Erst der Anschluss Österreichs kann den Umstand ändern, wenigstens mildern« (17. Oktober 1932).

Auch die zweite Jahreshälfte verbrachte er mehrheitlich mit Ausflügen in die Berge, kunsthistorischen Besichtigungen und Reisen ins heimatliche Paderborn, wo er *Die Dämonen* von Dostojewskij las, »den Seismographen der russischen Seele, den man zu studieren habe, um den Bolschewismus zu verstehen«.

Aber auch Ernst Jünger: »Wie grauenhaft platt dagegen ›Der Arbeiter‹ von Ernst Jünger, diese Mischung aus Marxismus, preußisch-kantischem Heroismus, Feuilletonismus und der wortreichen Untergangsstimmung des Bürgertums.«

Am 18. September traf er sich in Kassel erneut mit Irmgard, kommentierte dies aber nicht.

Er versuchte, sein Leben in geordnete Bahnen zu lenken, was ihm angesichts seiner vielseitigen Interessen schwerfiel beziehungsweise was er als sehr schwere Probe empfand, die er bestehen wollte: »Außer dem angenommenen Aufsatz über Marx und der Broschüre über List darf ich in diesem Winter nur an meine historische Arbeit denken.«[25] Hier findet sich also erstmals ein Verweis auf die geplante Habilitation über den österreichischen Wirtschaftspolitiker Karl Ludwig von Bruck (1798–1860). Unter dem vorläufigen Titel »Die Idee Mitteleuropa« plante er in Absprache mit seinem vormaligen Doktorvater Strieder eine höchst originelle wie originäre Untersuchung über den Gedanken einer mitteleuropäischen Freihandelszone, konzeptionell maßgeblich erstellt von Bruck.

Karl Ludwig von Bruck wirkte von 1848 bis 1851 als Handelsminister im Kabinett von Felix Fürst von Schwarzenberg in der Ära Kaiser Franz Joseph I. In dieser Funktion reformierte er das Post- und Konsulatswesen, wollte ein österreichisches See- und Handelsrecht schaffen. Aber sein eigentliches Herzanliegen war die Schaffung einer »mitteleuropäischen Zolleinigung«, die nicht nur die Zoll-, sondern auch die Währungs- und Steuersysteme des Deutschen Zollvereins und Österreichs angleichen sollte. Auf dieser Basis, so Bruck, könne man vor allem die Großdeutsche Lösung vorantreiben. Ein Aspekt, der, wie wir gesehen haben, auch von Franz Josef Schöningh noch Anfang der 1930er-Jahre befürwortet wurde. 1851 wurden tatsächlich die Zoll- und Handelsverträge zwischen Österreich und Preußen unterzeichnet.

Originell war Schöninghs Vorhaben insoweit, als er mit dem Nachdenken über eine zentraleuropäische (letztlich) Freihandelszone den Planungen der EWG nach dem Krieg vorgriff. Solcherart Denken war in der Nationalökonomie der 1930er-Jahre unüblich. Interessant aus deutscher Sicht ist auch, dass es eine Fülle von wissenschaftlichem Schrifttum über den, wie Schöningh sagt,

»unglücklichen Zwillingsbruder im Geiste«, Friedrich List, gibt, aber eben nicht über Karl Ludwig von Bruck.

Obwohl er sich nur auf seine Habilitation konzentrieren wollte, verfasste er doch noch bis zum Jahresende über die zitierten Aufsätze hinaus kleinere Beiträge: »Die Träume des Herr von Radowik« für die von ihm gern in Anspruch genommene *Rhein-Main Zeitung* und eine Betrachtung des Manchester-Sozialismus im *Kunstwart*.

Betroffen registrierte er »2 vollkommen misslungene Feuilletons: ›Blattzeit‹ und (Gustav) Schwabs ›Schwaben‹. Endgültiger Beweis, dass für Feuilleton völlig unbegabt«. Eine Einschätzung, die er aber bald wieder, wie noch zu sehen sein wird, revidieren sollte.

Sein vollgefüllter Arbeitsplan verriet, zumindest für einen Tag, den 21. Februar 1933, welche Themenpalette ihn umtrieb:

9–10	Frühstück – Ztg (Zeitung)
10–11	Hörspiel (Franz Josef Schöningh arbeitete an einem Hörspiel über den »Deutschen Zollverein«)
11–12	Speedy (Schlichter)
12–1:15	Hörspiel-Korrespondenz
3–5	Geschichte des Zollvereins (Hinweis auf Erschließung eines Teilkomplexes seiner Arbeit)
6–½ 8	Seminar Zwiedineck »Ottawa«
½ 9–10	Hörspiel
10–12	(Theodor) Haecker im (Restaurant) Schwarzwälder

Auch die ganze folgende Woche wurde dominiert von dem Hörspielentwurf »Zollverein« (»sonst so gut wie nichts«).

Am 28. Februar 1933, also einen Monat nach der nationalsozialistischen Machtergreifung, trug er in sein Tagebuch bedrückt ein: »[...] Aber es geht da etwas zu Ende. Es riecht nach Verfall und der Verzweiflung des Untergangs. O Kirche!« Ein Gefühl, das er anderthalb Monate später noch vertiefte: »Es verwirrt der völlige Umfall der Massen, man kann tatsächlich nicht niedrig genug von ihnen denken. Es war schwer, in diesem Zusammenleben eines Staates den Boden nicht zu verlieren, denn alles schien fraglich geworden zu sein. Aber aus dem Dunst der allgemeinen Feigheit und künstlichen Begeisterung stiegen die Umrisse der Kirche empor, der ich jetzt und immer angehöre.«

Doch auch die Ablenkung durch das Osterfest, das er in Altötting (»der Platz um die Wallfahrtskapelle ist so schön, dass man ihn gleich hinter den schönsten nennen kann. Tillygrab, die Atmosphäre eines nationalen Heiligtums«)[26] und Burghausen verbrachte, verscheuchten nicht seine Gedanken über die neuen politischen Umstände: »Ein neues Bild [...] [der Name Hitler ist durchgestrichen] fiel mir auf durch einen neuen, bis dahin nicht einmal denkbaren Zug in seinem Gesicht: durch einen Zug von Resignation. Als wäre die Macht wie die verbotene Frucht im Paradiese: es werden sehend, die davon essen. Dieser Zug und die Augen, in denen zum ersten Mal statt starren ›Fanatismus‹ eine hoffnungslose Trauer sich bemerkbar macht, geben den Skeptikern einige Hoffnung.«[27]

Unter dem gleichen Datum, 23. April 1933, schreibt er übergangslos: »Ich entdecke, wenn ich an Irmgard [Schöningh] denke, auf dem Boden meiner Empfindungen Hass, gespeist aus der Bitterkeit von Jahren. Mein Gefühl ist missbraucht und misshandelt worden, viel mehr, weit mehr als ich es verdiente wegen meiner disziplinlosen Hingabe an eine Leidenschaft. Aber ich kann in größeren Zusammenhängen den Sinn entdecken. Trotzdem – Hass – wie schwer ist der Weg zum Christentum.«

Rückblickend beklagte er »einen so gut wie verlorenen Monat«, der mit sinnlosen politischen Erörterungen verging. »[...] Was die Menschen, die nicht den Verstand verloren haben, in diesen vier Wochen an Unsinnigkeiten bejubelt haben, wird kein Historiker je ganz fassen können.«

Dann, wieder ohne Übergang, der Eintrag: »Zwischendurch, am Donnerstag, 18.4. Vernehmung im Annulierungsprozess [i. e. kirchlicher Scheidungsprozess] mit seinem Gewissenskonflikt und den Folgen.«

Die politische Entwicklung weiterhin genau verfolgend, konstatierte er am 20. Juli 1933 euphorisch: »Das Konkordat ist unterzeichnet, eine ganz neue Epoche des dt. Katholizismus hat damit begonnen; seit der Reformation. Die erste war das Zeitalter der kath. Territorien, die zweite die des pol. Kath. Welche Macht sich die Kirche in der dritten Epoche sichern wird, um ihre Aufgabe zu erfüllen, ist nicht zu sehen.«[28]

Am darauf folgenden Wochenende besuchte er seinen Verwandten Rolf von Humann in Schloss Hainkofen. Dort arbeitete er die Rede zu dessen Amtsübernahme als SA-Führer des Bezirks Augsburg aus. Humann machte in den folgenden Jahren eine Karriere als Führer des SS-Abschnitts XVII (Münster), Ende der 1930er-Jahre als Bevollmächtigter des Botschafters beim Reichskolonialbund in Berlin und während des Krieges als SS-Brigadeführer. Schöningh nutzte diesen Kontakt, um eine Freistellung von dem obligatorischen Kursus auf der Garmischer Presseschule als Voraussetzung für die Aufnahme in den Reichsverband der deutschen Presse zu beantragen. Humann benannte er im

Fragebogen nach dem Krieg auch als einzigen Verwandten, der eine einflussreiche Stellung innerhalb des Nationalsozialismus gehabt habe. Sein Kontakt zu ihm brach kriegsbedingt 1939 ab.

Inmitten einer Fülle von Naturbeobachtungen der Tagebuchaufzeichnungen Mitte 1933, in denen immer wieder sein pantheistisches Gefühl durchbrach (»Die Mittage, in der geheimnisvollen Stille. Fruchtbarkeit! Heisses, atemlos heisses Leben. Gott ist wirkend in der Natur, er lässt sie nicht aus seinen Armen. [...] Mitten in der Einsamkeit der Wälder: ich war ein Stück Kirche«), blieb aber noch Platz für eine Begegnung mit dem erfolgreichsten Autor dieser Zeit, Ernst Wiechert.[29] »Wiechert, diese Morgengabe des erwachenden Dts [Deutschlands], war eine komische Angelegenheit: er fühlte sich verpflichtet, in jedem Augenblick sein eigenes Monument darzustellen (als wir durch den Park spazierten: ›auch dieses Beet ist bereits unserer Hände Werk.‹).«

Ab Anfang Juli arbeitete Schöningh an seinem Aufsatz über den Mainzer Bischof Wilhelm Emmanuel von Ketteler. Vorab stellte er diesen Kirchenfürsten auf dem Stiftungsfest der Rheno-Bavaria vor.[30] In der Nachzeichnung von Kettelers Gedanken und Wirken spiegelt sich Schöninghs Weltbild wider: »Das gesellschaftliche Leben ist nicht der menschlichen Ratio unterworfen, die es nach Willkür ›ordnen‹ oder umbauen kann, sondern es besitzt sein Fundament in der natürlichen Ordnung der Dinge, wie sie aus Gottes Schöpfungsplan hervorgegangen sind, [...] missachtet der Mensch diesen natürlichen Untergrund, wird er immer in Anarchie oder Despotie enden.«[31] Wie nah »der gute Geist« Ketteler Schöningh stand, wird in einem Eintrag vom 22. November deutlich: »Seit ich Dich kenne, Wilhelm Emanuel, hast Du Deine Hand auf mich gelegt: ich glaube, dass Du ein Heiliger bist [...].«

Ein kleiner Eintrag vom 13. September über die Witwe des im Juni 1934 ermordeten früheren Reichskanzlers Kurt von Schleicher, die er in Dietramszell bei Bad Tölz, wo Hindenburg eine Jagd gepachtet hatte, besuchte, zeigt, wie sehr er sich einer »anderen« Generation verbunden fühlte: »Welch kümmerliche Reste der sog. Elite! Ein Album mit Hindenburg-Bildern: dazu sollte ich ein inniges ›Hurra‹ sagen. Aber ich schwieg.«

Am 15. Oktober hörte er auf dem Rückweg einer Reise nach Freiburg und Rottenburg im Gasthof »Lamm« in Salmendingen vom Austritt Deutschlands aus dem Völkerbund: »Das ist der Anfang des Endes. Entweder Dt. (Deutschland) oder das Abendland zerfällt. Für Dt. auf jeden Fall drohende Katastrophe: tritt sie spät ein, finis Europae.«

Und weiter reflektierte er über diese politischen Umstände: »Ich kann mich der Bewegung nicht anschließen, ich bin Opposition, je mehr, je aufrichtiger ich bin. Ich bin unglücklich, gespalten, wenn ich ihr ›gerecht‹ zu werden versuche. Sie stimmt in ihrem Kern nicht: ihr Kern ist krank, daher alles Lüge, Heuchelei, Größenwahnsinn, Hysterie. [...] Ist dieses Volk mit Blindheit geschlagen, ist es verflucht? [...] Deutschland fiebert, es ist zum Verzweifeln, keine Linderung zu wissen. Das muss in der Katastrophe enden.«

Am 19. Oktober 1933 dann der unvermutete Entschluss, trotz seiner Konzentration auf die Habilitation eventuell als Bibliothekar nach Berlin zu gehen. Zu der Zeit war er an der Münchner Ludwig-Maximilians-Universität als stellvertretender Assistent geführt. Und tatsächlich nahm diese Berliner Unternehmung Gestalt an, am 20. Oktober reiste er in die Hauptstadt, am nächsten Tag besichtigte er eine Wohnung in der Tiergartenstraße 29: »[...] wie gut man in diesen Räumen ausatmen kann. Es scheint sicher zu sein, dass ich Mchn [i. e. München] verlasse.«

Er verbrachte den ganzen November über in Berlin, wo er auch am 6. November Irmgard traf: »Irmgard gesprochen, die anscheinend hier eine Probezeit für ihre neue Ehe durchexerziert. Zum ersten Male begriff sich mein Herz nicht mehr – es ist nicht mehr da – eine leergebrannte Stelle. Und zum ersten Male vermochte ich diesen Menschen zu durchschauen, der sich verzweifelt gegen einen anderen austauschen möchte ohne Religion. Die einzige Kälte dieses Herzens, die sich hinter einer überstarken Sensibilität versteckt! [...] und unglücklicher Egoismus.

Ich bin gerädert von ihr gegangen. Nun wird Karens religiöse Erziehung zum Problem. Da rebelliert das Blut, obschon ich dieses Kind kaum kenne, auch möchte dieses Wesen umfangen. Gegen die Vernunft, die zu einer völligen Trennung rät, um die Jugend des Kindes nicht in den schmerzlichen Zwiespalt zwischen zwei Leben zu reißen. Aber ich werde die Entscheidung in die Hände der Kirche legen und ihr folgen.«

Nur wenige Tage später taucht »E. B.« (Schöningh benennt sie mit dem Kürzel ihres Mädchennamens, obwohl sie zu dieser Zeit bereits mit Dr. Niels von Holst verheiratet war) erstmals auf: »Ich beginne E. B. zu lieben und glaube, dass ich wiedergeliebt werde. Die Begegnung mit I. [Irmgard] hat die letzten Fäden zerrissen und mein Herz ist, wie befreit von langer Fessel, davongeeilt. Es glaubt, nirgendwo besser ruhen zu können als an dem Herzen dieser wunderbaren und starken Frau.«

Er lässt sich voll auf diese Liebesbeziehung ein und »will sie bitten, meine Hände zu nehmen oder sie zu lassen: E. kommt zu mir und geht diesen Weg mit mir, der vielleicht schwer ist, aber den sie segnen wird, wenn sie an seinem Ende steht, [...] lasse mich in diese Leidenschaft hinabgleiten, in den ›schönen

Traum‹, der vielleicht Wochen, vielleicht Jahre dauert, aber aus dem sie und ich erschreckt aufwachen werden.«[32] Er zweifelt aber auch an sich, »statt sie zu führen, führt auch meine blinde Leidenschaft«, und beklagt seine »grenzenlose Sinnlichkeit und Eitelkeit«. »E. sagt, sie hasse das Wort ›Verhältnis‹, man könne das sehr viel schöner ausdrücken.« Schöningh hingegen sieht es als seine einzige Aufgabe an, »sie in den Hafen zu bringen«. Eine Zielvorstellung, die er gleichwohl beschädigt sieht (»Statt dessen begehre ich sie, bin unruhig, wenn ich sie nicht atme. Vielleicht muss ich fortgehen: aber dann sollte man Priester werden.«)[33]

Das Zusammensein mit Edith von Holst während der zweiten Dezemberwoche in München löste seine psychischen Grundkonflikte nicht, er spürte, dass er vielleicht wirklich von ihr geliebt wurde, konnte sich darüber aber nicht wirklich freuen (»Einsamkeit«). Zusätzlich belastete ihn »der Annulierungsprozess mit seinen neuerlichen Widerwärtigkeiten. Kampf um die halb verlorene Sache«. Die Weihnachtstage verbrachte er mit Edith offenbar mit Konflikten (»viel gestritten, [...] die alte Spannung«).

Anfang Januar 1934 reflektierte er anhand eines Vortrages des NS-Schriftstellers Erwin Guido Kolbenheyer im Auditorium Maximum der Münchner Universität über den Lebensstand der geistig Schaffenden und das neue Deutschland die Situation der neuen Machthaber.[34] Die Publikumsresonanz empfand er als zwiespältig, einerseits jubelnd, andererseits erwiderten die offiziellen Nationalsozialisten nicht Kolbenheyers Hitlergruss. Und als Fazit hält er fest: »Du lieber Gott, hast diese ›Revolutions‹-Dilettanten nach oben gebracht, [...] diese Geister sind von dem Zauberwort ›Biologie‹ gerufen worden.« Aber der Mensch »ist eben mehr als die Summe seiner biologischen Gegebenheiten«.

Gründlich räumte er nur wenige Tage später mit dem verhassten Nationalsozialismus auf: »Wann werden die Fieberträume dieses Volkes vorüber sein, wann werden die Spukgestalten sich in das Nichts auflösen, das sie sind? Wann wird dieses Volk sich schütteln in der Erinnerung an diese Gestalten, die aus seinen wüsten Träumen emporstiegen: sadistische Kobolde, heulende Wolfmenschen, Narren, Shakespearesche Narren, nur ohne seine Tiefe? Wann wird dieses Volk sich erheben von seinem Lager aus Elend und Not und abschütteln diese Albträume.«[35]

Zum Jahreswechsel war sein inneres Bemühen spürbar, die Beziehung zu Edith von Holst auf eine tiefere, nicht nur der reinen Leidenschaft verpflichtete Ebene zu verlagern. Diese Leidenschaft sah er als grosse Bedrohung ihrer Beziehung an; er wollte sich im Einklang mit der sittlichen Lehre der Kirche verstehen und hatte überdies Furcht, deshalb von Edith von Holst missverstanden zu werden: »Ich fürchtete, sie möchte das Beugen unter das Gesetz für Kälte und den Gehorsam gegen die Kirche für Lieblosigkeit halten, [...] jetzt aber, da sie besser als ich weiß, dass dieser Verzicht die Liebe stärkt, nach der wir uns sehnen und das Ziel uns näher bringt, das wir sehen, glaube ich, stark genug zu sein, [...] in ›einem keuschen Brautstand‹ mit ihr zu leben und zu warten, wann mir die Vorsehung gestattet, sie meine Frau zu nennen.«[36]

Ostern verbrachte er in Kloster Beuron, wo er am 29. März die Bestätigung eines Paters Deininger erhielt, »dass keine kirchenrechtlichen oder sittlichen Bedenken gegen diese ev. (evangelische) Ehe bestehen. Ich bin dessen ehrlich froh, denn nun ist eine neue Dunkelheit beseitigt«.[37] Am Ostermontag notierte er: »Nun gebe mir Gott den Weg in die praktische Gestaltung meines Lebens unter seinem Zeichen.«

Nach einem Abstecher von Beuron aus nach Rottenburg zu Schlichters wieder nach München zurückgekehrt, findet sich in seinem Tagebuch wie beiläufig der Eintrag: »Am Mittwoch (11.4.1934) zum Referat bei Todt«.[38]

Fritz Todt war zu diesem Zeitpunkt Generalinspekteur für das deutsche Straßenwesen und gab auf Hitlers Anweisung hin eine Ausstellung über »Die Straße« in Auftrag, für deren historische Realisierung Schöninghs Doktorvater Strieder verantwortlich zeichnete. Sie wurde von Juni bis September im Deutschen Museum München gezeigt. Schöningh hatte Todt wohl über den Stand der Vorbereitungen zur Ausstellung unterrichtet. Er bezeichnete ihn als sympathischen Raubautz mit beschränktem Horizont (»innerhalb ihres kleinen Horizonts Bescheid wissen und nicht begreifen, dass es einen grösseren, nicht so feucht-fröhlichen geben soll«).[39]

Diese Wahrnehmung verdichtete er noch ein wenig in einem Resümee über eine Abendeinladung des Ausstellungsleiters Prof. Lechner in Ebenhausen im Isartal: »Gestern Abend bei Lechner in Ebenhausen: Dr. Todt und Frau, [...] kultiviertes Bürgertum, das den Abend genoss. Fühlbar eine tiefe Verstörung, es glaubt keiner mehr. Bei allen die Empfindung, am Anfang einer sehr schweren Entwicklung zu stehen. Das ist der Katzenjammer des falschen deutschen Idealismus.«[40]

Und mit großer Verve schloss er an seine früheren Beobachtungen anlässlich Hitlers Rede zum ersten Jahrestag der Machtübernahme an, in denen er darauf hinwies, dass der ehedem bestandene demokratische Contrat Social durch einen »mysthischen Naturalismus«, den Rassegedanken, ersetzt wurde.[41] Deutlich vermittelt er das Gefühl, auf einem Vulkan mit ungewisser Zukunft zu leben. Er beklagt die Passivität des deutschen Katholizismus (anders als der politisch aktive österreichische) als Gegengewicht zum Nationalsozialismus. Auch dem Protestantismus sprach er die historische Kraft ab, sich gegen die neue Bewegung durchzusetzen.

Seine Hoffnung, dass der Röhm-Putsch das Ende des Anfangs gewesen sei (»H. hat in einem Augenblick verzweifelter Wut seine Bewegung zerbrochen. Sie ist tot. Er hat, in die Enge getrieben durch die Macht der Realitäten mit einem verzweifelten Satz den Sprung getan vom Demagogen zum Diktator. Aber es ist zweifelhaft, ob er einer ist. Jedenfalls haben ihn die Arme der Wehrmacht aufgefangen, und die Frage ist, ob sie […] ihn oder er sie beherrschen wird«)[42], hielt sich nur kurz: »Es wird jetzt bitterernst und man muss genau wissen, wo man stehen wird.«

Es schloss sich ein längerer Diskurs über das Wesen Hitlers und des Nationalsozialismus an, der es wert ist, wiedergegeben zu werden. Den noch eben ausgesprochenen Satz des Sprungs vom Demagogen zum Diktator revidierte er nun mit dem Hinweis auf Reichskanzler Brünings Einschätzung, dass Hitler ein Hysteriker sei, da ihm »Zustände passiver Weichheit und sinnloser Wut zuzutrauen sind: also ist er kein Diktator […]. Wie dem auch sei: die Kluft ist aufgerissen, niemals mehr wird das Volk – die Masse! – in ihm den seinen – den ihren – sehen, es wird – vielleicht – dem Beherrscher zujubeln. Das hängt von den Erfolgen ab, denn die Flitterwochen sind vorüber, die Idealisten sind bestürzt wie aus den Wolken gefallen.« Schöningh meinte, jetzt gäbe es nur noch reale Erfolge, die über die Zukunft entscheiden. Ihre Chancen bewertete er als nicht groß wegen der noch zu bewältigenden Schwierigkeiten.

Hitler hatte sich am 9. August während einer Reise nach München, wo er nachmittags die Mustersiedlung Ramersdorf besuchte, überraschenderweise für 19 Uhr zu einer zweistündigen Besichtigung der Ausstellung »Die Straße« im Deutschen Museum angekündigt. Die *Münchner Neuesten Nachrichten* vom folgenden Tag vermeldeten, dass »das Modell der Reichsautobahn, das die Reichsbahn aufgestellt hat und das Modell vom Irschenberg […] Anlass zu längeren Besprechungen mit Dr. Todt über viele Fragen der Ausführung gab. Dr. Schöningh geleitete die Besucher durch die historischen Abteilungen.« Ein den Artikel illustrierendes Foto zeigt ihn inmitten der Besuchergruppe neben Todt, Ausstellungsleiter Lechner und Adolf Hitler.

Diese Begegnung mit Adolf Hitler hielt er in seinen Tagebuchaufzeichnungen vom 9. August fest: »Somnambuler. Ohne Beziehung zu Dingen und Menschen: fixe Idee, die vorwärts treibt, beiseite schiebt, vernichtet, bis sie am ehernen Widerstand zerschellt. Niemals wird es hier eine Anekdote geben.

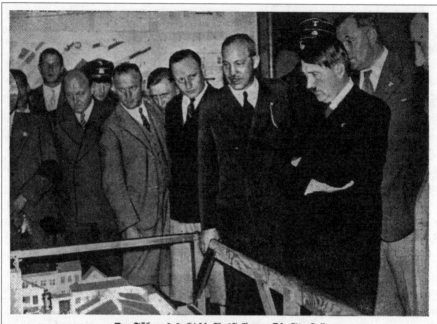

Schöningh (zweiter von links) führte Adolf Hitler am 9. August 1934 durch die Ausstellung »Die Straße« im Deutschen Museum in München.

Völlige Einsamkeit. Ohne Misstrauen nur gegen kleine Leute, daher wüstes Geschwerl als Gefolge. Unheimlich in seiner Art, auf ein niemandem bekanntes Ziel ununterbrochen loszusteuern. Deshalb wahrscheinlich kein Ende ohne schwere Erschütterungen. Man kann nur entschlossen beiseite treten oder mitlaufen. Dies für Leute ohne festen Standpunkt und ohne gesunde Skepsis, für alle Hungrigen nach dem pol. Wunder sehr verständlich [durchgestrichen, A. d. V.] / verführerisch [...]. Ich erinnerte mich an eine Kinderlokomotive, die wir ohne Geleise im Spielzimmer laufen ließen. Sie schnurrte unaufhaltsam, schob Bauklötze beiseite, war unermüdlich, bis die Feder abgelaufen.«[43]

Seine unmittelbare Begegnung mit Adolf Hitler wollte er aber nach außen hin ungeschehen machen. Er zitiert seinen Tagebucheintrag vom 9. August

1934 in einem Artikel für die *SZ* (»Der Mythos Hitler«) am 19. April 1946: »Es muss also erlaubt sein, ein [sic!] Tagebuch aus dem Jahre 1934 zu zitieren, in dem eine mehr als einstündige Beobachtung Hitlers aus grösster Nähe, von einem glücklich unglücklichen Zufall ermöglicht, unmittelbar nachher niedergelegt wurde, zumal diese Aufzeichnung zu einem Zeitpunkt erfolgte, da man den Baum noch nicht an seinen Früchten erkennen konnte, während heutige Urteile auf dem Weg aus dem zertrümmerten Rathaus gefällt zu werden pflegen (Nebenbei: jenes Tagebuch ist von mehreren Seiten auf seine Echtheit geprüft worden).«

Warum Schöningh sich anonymisierte, statt von *seinem* Tagebuch von »einem« sprach, damit seinen Eintrag als den eines Dritten ausgab und diesen überdies stilisierte (»auf Echtheit geprüft«), bleibt unklar. Auch sonst findet man in seinem Nachlass keinen Hinweis auf diese persönliche Begegnung mit Hitler.

Die Skrupel, mit seiner Liebe zu Edith von Holst in eine fremde Ehebeziehung eingedrungen zu sein, machten Schöningh zunehmend zu schaffen: »Welche gemeine Flucht vor dem Gewissen. So geht es nicht, und E. muss begreifen, dass es so nicht geht. Wenn sie zurückkommt, beginnt ein Spiel um mein Leben. Härte, Härte! Sie muss auf meinen Weg kommen oder ich muss ihn allein gehen.« In diesem Zwiespalt erhofft er am Ostermorgen 1934, dass »mir Gott den Weg in die praktische Gestaltung meines Lebens unter seinem Zeichen« geben möge.

Edith ist ihm »so sehr ans Herz gewachsen, dass es bitter schmerzte, Du verließest mich«. Am 22. April stellt er sich ihrem Bruder vor, den er nach langem Suchen in Neubeuern antrifft (»Ich habe wie gelenkt nach ihm gesucht, um einen Augenblick lang ihre Augen zu sehen.«).

Regelmäßig besprach er sich mit Bischof von Preysing (»den ich aufzuheitern versuchte«), so auch am 11. Mai. Den Inhalt des Gesprächs gab er nicht zu erkennen, resümierte aber im Anschluss daran seine Grundhaltung: »Ich wäre wohl auch katholisch, wenn ich es nicht wollte. Das ist eine Prägung, bis in die tiefste Tiefe, unauslöschlich.«

Die Umstände seiner Beziehung zu Edith von Holst spitzten sich zwischenzeitlich zu. »Ich will eine Frau daran hindern, ihr ungeborenes Kind zu töten. Ich will die Pflichten der Vaterschaft auf mich nehmen und auch sie bitten, mir zu helfen. Ob E. (Edith) jetzt erkennt, was Christentum ist. Armes kleines Wesen, von dem anscheinend nicht einmal die Mutter den Vater kennt.«

Am 25. Mai berichtet er von dem Schwangerschaftsabbruch. »Dieses Kind ist getötet worden, ich habe es nicht verhindern können und so nichts gutgemacht. Aber E. scheint etwas davon begriffen zu haben, was Christentum aus einem sehr mittelmäßigen Menschen zu machen versteht.«

Einblicke in die Gedankenwelt der beiden erhält man durch einen Eintrag vom 17. Juni 1934. Gegenstand ihrer Diskussion war der bislang noch ungeklärte Anschluss Österreichs an das Deutsche Reich. Schöningh räumte der Formel, wonach »der NS die Vollendung der Reformation, das System Dollfuß die Gegenreformation sei«, einen richtigen Kern ein. »Eine [...] Vereinigung hätte nun stattfinden können, wenn man die katholischen Kräfte auf beiden Seiten mobilisiert hätte«. Immerhin, so Schöningh, setzte sich der österreichische Katholizismus zur Wehr (gegen den Einfluss des deutschen Nationalsozialismus), wohingegen der deutsche »zumindest Gewehr bei Fuß stand«.[44]

Und so seien es »antiklerikale Kräfte« gewesen, die versucht hätten, diese Frage zu lösen. Damit meinte er den Protestantismus, »der vielleicht erobern und unterwerfen [kann]«, »aber er kann nicht gewinnen und angliedern, er bringt es zum Nationalstaat, niemals aber zum Reich, das nicht sein wird ohne die universale Kirche«.

Eine weitere Korrespondenz zwischen Edith von Holst und Schöningh tauchte erst wieder ein gutes Jahr später auf. Holst schickte ihm aus einem ihr fremden, nordöstlich von Berlin gelegenen Dörfchen Geburtstagsglückwünsche, verbunden mit der Frage, was er an seinem Geburtstag machen werde (»wandert ihr auf den Peißenberg?«), und stellt sich vor, sie wäre ebenfalls in der Mitte seiner Freunde, »der klugen Männer«. Gleichwohl sah sie die Beziehung gefährdet und ertrug es nicht, »dass wir mit Angst und Trauer aneinander und an unsere Begegnung denken müssen«. Sie bat ihn: »Geh nicht fort aus meinem Leben und lass mich in Deinem Herzen bleiben, [...] bleib bei mir, gerade so wie Du selber magst und kannst. Aber bleib.«[45]

Der Trennungsschmerz empfanden beide als belastend, sie glaubte, dass er verbittert darüber sei, dass sie ihn allein gelassen habe, wie sie ebenso die Trennung als »schrecklich bitter« empfand. »Was ich noch tun kann ist nichts als Dir [...] Adieu zu sagen und Dich zu lassen – ganz zu lassen.«[46]

Umgekehrt Schöningh: »E. geht. Bin ich traurig? Manchmal denke ich es, aber es ist mehr Trauer um bevorstehende Traurigkeit.«

In einem zwölfseitigen Brief an Schöningh vom 6. November 1936 führte sie aus, dass sie jetzt ihre eigene Identität erkennen und leben will (»zu meiner Person zu finden, zu meiner eigenen, die mir unter den Händen verloren ging«). Dazu fühlte sie sich unter anderem auch gedrängt, weil sie ihre Zugehörigkeit zu ihrem Mann Niels von Holst »nur noch gespielt habe«. Schöningh bemerkte zur Identitätsfindung von Edith in seinen Tagebuchaufzeichnungen vom gleichen Tag, dass sie »wie ein Blaustrumpf im Raum der Abstraktion sei, […] sie wird nie eine wirkliche Frau sein. Ob sie die katholische Welt findet, wer weiß es außer Gott«.

Ihr Ehemann beklagte an Schöningh fünf Tage später, »um der Gefahr eines Missverständnisses vorzubeugen«, dass seine Frau Edith mit seinem »Wissen und Willen« in München sei, und »wir betrachten beide unsere Ehe keineswegs als im Stadium der Auflösung befindlich«. In einer selbst gefertigten Abschrift der Antwort an Niels von Holst vom 12. Dezember 1936 hielt Schöningh fest, dass er »seit 1933 in aufrichtiger Freundschaft mit Edith verbunden sei und mit ihr verabredet habe, sich vorerst nicht mehr zu sehen«. Der letzte Brief Edith von Holsts, bevor sich zunächst ihre Spur verlor, ist datiert vom 11. Juli 1937 (»die innigsten guten Gedanken und unendlichen Gefühle […] gehören alle Dir«).

Gleichwohl schien Schöningh mit ihr auch noch weiterhin in Kontakt gestanden zu sein, denn am 5. Mai 1952 schrieb er ihr nach Paris, wo seine Tochter Karen weilte und Edith sich um sie kümmerte, und kündigte seinen Besuch im Zusammenhang mit der *SZ* an.

Über seine geschiedene Frau Irmgard lesen wir zwischenzeitlich nichts, der letzte Eintrag datierte vom 22. November 1933. Erst im August 1936, parallel zu der sich abzeichnenden Trennung von Edith von Holst, tauchte sie wieder auf in einem Brief von Schöninghs Freund, dem Verleger Heinrich Wild aus Leipzig: »Wir haben Bauer [i. e. Clemens Bauer] die Nachricht für Dich mitgegeben, daß Irmgard um Ostern ein Kind erwartet. Wir sind glücklich und hoffen, daß alles gut geht. Irmgard ist gesundheitlich sehr wohl.«[47]

Die Freundschaft zum Ehepaar Wild war schon damals sehr eng gewesen, fast kontinuierlich forderten Wilds Anfang der 1930er-Jahre Schöningh auf, sie doch in Leipzig zu besuchen (»Du brauchst doch, um des Himmels willen, nicht ununterbrochen im Seminar sein!«). Und Heinrich Wilds Gefühl trog auch nicht, als er schrieb: »Ich hatte ja immer das Gefühl, dass wir beide noch einmal in irgendeinem gemeinsamen Unternehmen zusammenkommen.« Doch das sollte noch ein gutes Jahrzehnt dauern.

Das *Hochland* in den 1930er-Jahren

Ende Juli 1934 begann sich ein neuer beruflicher Einschnitt abzuzeichnen: Carl Muth, der Herausgeber des *Hochlands*, erwog, den bisherigen Schriftleiter Dr. Friedrich Fuchs zu ersetzen. Am 28. Juli 1934 schrieb Schöningh: »Für mich heute die Frage nur noch: übernehme ich oder ein anderer, vielleicht weniger Befähigter die Leitung?«

Was war die Zeitschrift *Hochland, Monatsschrift für alle Gebiete des Wissens, der Literatur und Kunst?*

Die von Carl Muth (1867–1944) herausgegebene Revue *Hochland* erschien erstmals 1903 in der Kösel'schen Verlagsbuchhandlung.[48] Bei Gründung der Zeitschrift bewegte Muth vor allem der Aspekt, die katholische Literatur aus

Carl Muth (1867–1944) als Fünfundsiebzigjähriger im Arbeitszimmer seines Hauses in München-Solln.

Hochland

Monatsschrift

für alle Gebiete des Wissens, der Literatur und Kunst ·

herausgegeben von Karl Muth ·

Inhalt des ersten Heftes.

· Jof· Kösel'sche Buchhandlung ·
München und Kempten ·

Preis vierteljährig M. 4.—. ════════════ Einzelne Hefte M. 1.50.

Umschlagseite des ersten Hefts des *Hochlands* vom 1. Oktober 1903.

kirchlicher und bürgerlicher Verengung herauszuführen. Katholische Dichtung war für ihn häufig nur »flache Unterhaltungs- und geistlose Tendenzliteratur«. Und so stellte er die Frage, ob es über die christlichen Dichter hinaus auch eine wahre christliche beziehungsweise katholische Literatur gebe. Als Frankophilem war ihm dabei die Diskussion in Frankreich über eine Neuorientierung des Katholizismus gegenwärtig. Vorbild war ihm die große christliche Literatur, die um die Jahrhundertwende entstand und sich in den Jahrzehnten danach fortsetzte. Namen wie Bloy, Péguy, Bernanos und Claudel behalten ihren Rang und Einfluss bis in die Gegenwart. »Auch für die französischen Dichter stellten sich Fragen, die die Debatten im *Hochland* bis zum Ende der Zeitschrift bestimmten: Wie sind religiöser und ästhetischer Stil zu vereinbaren?«[49] Muth zielte also mit der Zeitschrift *Hochland* auf eine Wiedergeburt der Dichtung aus dem religiösen Erlebnis und somit auch auf eine Wiederbegegnung von Kirche und Kultur in Deutschland.

Der Name war dem in den ersten Jahrgängen vorangestellten Motto »Hochland, hohen Geistes Land – Sinn dem Höchsten zugewandt« entnommen. Das Organ sollte thematisch »alle Gebiete des Wissens, der Literatur und Kunst« umfassen.

Die Zeitschrift erschien in dem auf katholisches Schrifttum spezialisierten Kösel Verlag, der seinen Sitz in München hatte.

Das Echo auf die ersten Hefte war, wie Konrad Ackermann im *Historischen Lexikon Bayerns* schreibt, »überwältigend«. Doch Muths Versuch, katholischen Geist und moderne Literatur zu vereinen und die bis dahin vorherrschende religiös-romantische Kulturtradition als Anachronismus abzuwerten, mündete in den sogenannten katholischen Literaturstreit. Die Zeitschrift wurde von der Kirche des Modernismus bezichtigt und 1911 von Rom indiziert. Erst nach Ausbruch des Ersten Weltkriegs verlor dieser Literaturstreit langsam an Bedeutung, das Verhältnis zur kirchlichen Hierarchie blieb jedoch bis in die 1930er-Jahre gespannt.

Nach Kriegsausbruch 1914 vertrat das *Hochland* einen »moderat nationalen Kurs« (Ackermann), die Bedeutung der Zeitschrift nahm ab 1918 zu, als die Sinnfrage nicht nur von den Existenzialisten, sondern auch von den christlich orientierten Gruppen gestellt wurde. Das *Hochland* propagierte dabei eine religiös-moralische Erneuerung mit dem Ziel der »Verchristlichung« der modernen Welt.

Die Weimarer Republik wurde, anders als von diversen national-konservativen katholischen Zeitschriften, grundsätzlich nicht infrage gestellt. Einwände des *Hochlands* bezogen sich aber auf den Parteienstaat, Kritik wurde am Kapitalismus, Liberalismus und Sozialismus formuliert. Sympathisiert wurde mit einem christlich-ständestaatlichen Modell, der aufkommende Europagedanke wurde ebenfalls mit einem christlich-konservativen Ideengut (»das alte Abendland«) unterlegt. Tagespolitische Einlassung vermied das *Hochland*. Um das geistesgeschichtliche Umfeld des *Hochlands* und damit auch Franz Josef Schöninghs über den hier kurz skizzierten Rahmen hinaus zu verstehen, gilt es, einen Blick auf die Zeitschrift während der Weimarer Republik zu werfen.

»In den frühen 20er Jahren regte sich bei deutschen Intellektuellen ein starkes Interesse am Katholizismus, das ein oft diffuses Verständnis vom Katholisch-Sein voraussetzt. Es sind die Nähe zum Sinnlichen und die Ablehnung des Rationalen, die anregen und manchen konvertieren lassen. Nach dem Zusammenbruch der bürgerlichen Gesellschaft des Kaiserreiches erhofften sich Intellektuelle ein ›katholisches Zeitalter‹ (Reinhard Richter) oder wie der Max Scheler-Schüler und *Hochland*-Autor Peter Wust noch 1924 schrieb, eine ›Rückkehr des deutschen Katholizismus aus dem Exil [...] in das Vaterland‹. Die Weimarer Republik brachte für das Hochland eine Zeit soziologischer Neuorientierung.«[50]

Die Orientierungslosigkeit nach dem verlorenen Krieg, die neuen politisch-pluralistischen Rahmenbedingungen wie die der neuen Reichsverfassung waren für den Katholizismus Anlass, seine geistig-moralischen Fundamente wieder stärker in den gesellschaftlichen Diskurs einzubringen. Doch mittels welcher Perspektiven? Den heterogenen gesellschaftlichen Strömungen versuchte die katholische Kirche durch einen vorsichtigen Brückenbau zu anderen konservativen Gruppierungen zu begegnen, um ihr Macht- und Einflusspotenzial zu vergrößern. Vertreter dieser Politik waren auch die *Hochland*-Autoren Romano Guardini, Erich Przywara und Carl Muth.

Wie ist die inhaltliche Position des *Hochlands* bis zu Beginn des Dritten Reichs zu umschreiben? Sie war gekennzeichnet durch die allgemein in der Weimarer Republik breiten publizistischen Raum einnehmende Auseinandersetzung mit den Theorien des dominierenden Staatsrechtlers Carl Schmitt.[51] Er war bis 1930 vielfach diskutierter Autor des *Hochlands* und wurde kontinuierlich von der Zeitschrift rezipiert.[52]

Nicht nur für die katholische Publizistik war Schmitts Gedanke faszinierend, wonach der Staat sowohl der Nation als auch dem Volk übergeordnet ist. In Analogie zur katholischen Theologie (er nennt es »politische Theologie«), wonach Gott unsere Geschicke leitet, ist es bei Schmitt der Staat, in dem der

Volkswille kumuliert (Dezionismus). Um das historisch zu veranschaulichen, führte Schmitt das Werk des bis dahin in Deutschland unbekannten spanischen Rechtsphilosophen Donoso Cortes im *Hochland* ein und löste damit eine große Kontroverse über den Staatsgedanken an sich aus, der sich auch Franz Josef Schöningh nicht verschloss.

Schöningh betonte immer wieder innerhalb dieser Debatte um die Staats- und Ordnungsvorstellungen zu Ende der Weimarer Republik die Bedeutung des Katholizismus als staatstragende Klammer. Im Gegenzug verweist er – auch nach dem Krieg noch – kontinuierlich auf den Protestantismus in Gestalt des preußisch-bismarckschen Staates, der aus seiner Sicht eben kein autoritätsstiftendes Ordnungsprinzip aufweise.[54]

So erklärt sich auch seine Distanz zur Weimarer Reichsverfassung, denn nur ein katholisches Christentum könne für eine »echte Staatsgesinnung« (Carl Muth) sorgen. Pointiert wurde diese Position von Felix Dirsch zusammengefasst: »Muth und das *Hochland* stellten sich auf den Boden der Republik, ohne sie allerdings zu verteidigen. Eine derartige Haltung entsprach der Mehrheitsmeinung des Katholizismus. Es gab keine Alternative zur Republik.«

Weiter würde sich die Grundströmung des *Hochlands* dadurch auszeichnen, dass »alle (der Kreis um Carl Muth, den Kritiker und Schriftsteller Friedrich Fuchs, den Publizisten Theodor Haecker und Franz Josef Schöningh) mehr oder weniger eine Kulturkritik [eint], die dem vom Liberalismus und Sozialismus getränkten Zeitgeist die ›katholische Weltanschauung‹ entgegenstellt.«

Wie weit das *Hochland* von der Verfassungswirklichkeit entfernt war, zeigte sich in der bis 1933 artikulierten Kritik am Parteienstaat. So sah Carl Muth in seiner Sichtweise des Staates die katholische Zentrumspartei als äußere Hülle nur notgedrungen als Teil einer parteienstaatlichen Ordnung. Als christliche Gruppierung habe sie eine besondere Stellung einzunehmen: Sie sei von ihrer religiösen Einstellung her prädestiniert, die staatliche Ordnung nicht zu verabsolutieren, sondern eben nur als relativ zu betrachten.

Den profiliertesten *Hochland*-Autoren wie Romano Guardini und Theodor Haecker ging es nicht nur um ganz praktische Ansätze eines Brückenbaus zwischen Katholizismus und Staat, vielmehr wurde dieser auch theologisch begründet. Guardini griff dabei auf einen alten Topos der mittelalterlichen Philosophie zurück, die *analogia entis*. Kultur und Moderne verhalten sich zu Glauben, Katholizismus und Theologie analog. Sie sind weder wesensgleich noch wesensverschieden, sondern entsprechen einander.

Bei allen Unterschieden zu den Strömungen der modernen Welt wird auf diese Weise ein Dialog möglich. Carl Muth griff dies auf, indem er das *Hochland* als Basis eines breiten gesellschaftlichen Pluralismus begriff, mit dem Ziel der oben benannten »Verchristlichung« der Welt.

Wenn oben gesagt wurde, dass einer der entscheidenden Grundsätze des *Hochlands* lautete, dass Einlassungen in die Tagespolitik nicht zum Gegenstand der Erörterungen werden sollten, so trug dies dazu bei, dass der ohnehin schon verbreitete Gegensatz von Geist und Politik sich noch vergrößerte. Das führte einmal zu einer, auch bei anderen gesellschaftlichen Gruppierungen wie den Liberalen oder der SPD, vorhandenen Unterschätzung des Nationalsozialismus. Darüber hinaus entwickelte sich im *Hochland* eine Tendenz, den Nationalsozialismus rein ideologisch, also nach den eigenen Vorstellungen, zu bewerten. Es dominierten dabei zwei Sichtweisen:

Die eine deutete den Nationalsozialismus auf der symbolisch-eschatologischen Ebene. Eine Interpretation, die, verbunden mit Konzeptionen wie »Totalitarismus«, »Utopie«, »politische Religion«, heutzutage kaum mehr für die Erklärung des Nationalsozialismus herangezogen wird, aber bis in die 1950er- und 1960er-Jahre hinein Diskussionsstandard war. Gleichwohl tauchte diese von Schöninghs engem Freund und *Hochland*-Mitarbeiter, dem Theologen Alois Dempf, in den frühen 1930er-Jahren vertretene Sichtweise auch in der modernen Forschung durchaus noch auf, wenngleich als Teilaspekt.[55] Danach darf der Nationalsozialismus als Hoffnungsträger hinsichtlich vieler eschatologischer und quasireligiöser Wünsche nicht unterschätzt werden, so sehr er auch primär als politisch-soziale Erscheinung zu bewerten sei.[56]

Eine andere Richtung der NS-Interpretation vertrat Ludwig Stahl. Er charakterisierte die »geistige Proletarisierung« als wesentlichen Hintergrund der NS-Bewegung. Damit verwies er als einer der wenigen auf die soziale Komponente, die Deklassierung der unteren Mittelschichten und die Hervorbringung von Ressentiments.[57] Ohne damit die Quelle des Antisemitismus zu erklären, war Stahls Einschätzung aus dem Jahr 1931 erstaunlich weitsichtig.

Ganz unterschiedlich diskutiert wurde im *Hochland* die Einschätzung der Gefährlichkeit des Nationalsozialismus. Die Meinungen reichten von der Annahme, dass der Nationalsozialismus bloß ein harmloses Abbild des italienischen Faschismus sei (Stahl), bis hin zur eingeschränkten Akzeptanz einer Parteiendiktatur bei Ferdinand A. Hermens: »Wenn nun auch die Parteidiktatur nicht dauern kann, so hat sie in Italien doch in den wenigen Jahren ihres Bestehens so Großes geleistet, daß man sie trotz der Notwendigkeit und Schwierigkeit ihres späteren Abbaus für den Augenblick durchaus bejahen kann.«[58]

Nicht nur im staatsrechtlich-rechtsphilosophischen Bereich war die Stimme des *Hochlands* deutlich zu vernehmen, sondern auch in Fragen des katholischen Kulturlebens und der Literaturproduktion – Carl Muths großem Anliegen.

Zusammenfassend kann man sagen, dass das *Hochland* zu Ende der Weimarer Republik wie auch zu Beginn der NS-Ära sich deutlich in Distanz zur NS-Ideologie befand.[59]

Die Zeitschrift sah sich gezwungen, die neue Ordnung zu akzeptieren, sich mit ihr wegen des übergeordneten Interesses am Erhalt zu arrangieren. Alternativen nach der Machtergreifung waren nicht zu erkennen.

Derart repräsentierte sich, hier nur knapp skizziert, das geistesgeschichtlich-politische Umfeld des *Hochlands* etwa bis zur Machtergreifung 1933, in das auch Franz Josef Schöningh eingebunden war.

Nachgefügt sei ein kurzer Exkurs über Schöninghs Eintritt ins *Hochland*. Bis zum 1. März 1935 war er noch als Assistent am Lehrstuhl für Wirtschaftsgeschichte an der Universität München angestellt. Das Ausscheiden aus der Universität begründet er in den Fragebögen der Alliierten Militärregierung vom 25. Juni 1945 beziehungsweise 2. Oktober 1947 damit, »keinen Eid auf Hitler schwören zu müssen«.

Carl Muth unterbreitete Schöningh offiziell in einem Brief vom 21. Dezember 1934 folgendes Angebot: »Ich richte heute und hiermit diesen Ruf an Sie und bitte Sie, sich für die Aufgabe, in der Redaktion des ›Hochland‹ neben mir und stellvertretend tätig zu sein, bereit zu halten.« Die Übernahme im *Hochland* erfolgte zunächst als »Schriftleiter in der Ausbildung« zum 1. März 1935. Dieser Vertrag endete am 30. November 1935, doch bereits am 1. Dezember 1935 wurde ein Vertrag auf unbestimmte Zeit geschlossen als »Schriftleiter und Mitglied der Schriftleitung Hochland«.

Bis zum März 1935 war Friedrich Fuchs Schriftleiter des *Hochlands*. Über die Gründe seiner Ablösung in dieser Funktion gibt es widersprüchliche Aussagen. Fuchs versuchte wie auch immer durch Einflussnahme auf die *Hochland*-Autoren, seine Ablösung zu verhindern. Diese wandten sich wiederum an Schöningh, der sich nunmehr rechtfertigen musste, dass er die Absetzung von Fuchs nicht betrieben habe, vielmehr sei diese Entscheidung ohne sein Zutun schon länger bei Muth gereift.[60]

Wie sehr der redaktionelle Freiraum des *Hochlands* nach der Machtergreifung eingeschränkt wurde, zeigte sich darin, dass seit Ende 1933 jedes Heft des *Hochlands* bis zum Verbot im Juni 1941 vor Auslieferung der Zensur vorgelegt werden musste. Als einen Ausweg sah die Redaktion die Beibehaltung eines sehr hohen inhaltlichen Niveaus der Beiträge an. Sie glaubte, dass das

Verständnis solch philosophisch unterlegter Artikel eine umfassende Bildung voraussetze, die man gemeinhin den NS-Zensurbehörden nicht attestierte, woraus sich ein gewisser Schutz ergeben könnte.

Drastischer beschrieb der bereits oben zitierte Politologe Ferdinand A. Hermens in seinen Erinnerungen die Situation im *Hochland* zu dieser Zeit: »Ein Besuch in München bedeutete natürlich auch einen Besuch bei der Redaktion des Hochlands. Musste man sich sonst immer vorsehen, ehe man sich gab, wie man war, so bestanden bei den Redakteuren und bei den in München ansässigen Mitarbeitern des Hochlands keinerlei Probleme. Man konnte sich offen und frei über alles unterhalten und hatte den weiteren Vorteil, sonst schwer zugängliche Informationen zu bekommen – seit dem 30. Januar und insbesondere seit dem Tage nach dem Reichstagsbrand war es ja ein Problem zu erfahren, was im Lande wirklich geschah. Es kam dann zu einer interessanten Unterhaltung mit Franz Josef Schöningh, Hermann Rinn und Clemens Bauer. Schöningh fragte, wie man das Hochland am besten an den Klippen der Zensur vorbeisteuern könne. Sein eigener Plan, den er später jahrelang durchführen konnte, bestand darin, einfach alles auf einem so hohen Niveau zu diskutieren, dass ein unmittelbarer Zusammenstoß mit den vom Analphabetismus nicht immer sehr weit entfernten Nationalsozialisten vermieden werden konnte. Ich hatte einige Sorgen, eben deswegen, weil mir schien, dass sich der deutsche Katholizismus ohnehin zu sehr dem ergab, was man Geistesgeschichte nannte und was die Aufgabe nie erleichtern konnte, die konkrete politische Realität zu sehen und zu beeinflussen. In dieser Unterhaltung behielt ich meine Einwände für mich – mit Recht; denn unter den bestehenden Verhältnissen war die von Schöningh gekennzeichnete Taktik in der Tat die einzig richtige.«[61]

Ausführlich schilderte der Schriftsteller, Literaturkritiker und Essayist Curt Hohoff, der auch für das *Hochland* schrieb und nach dem Krieg Literaturredakteur der *SZ* war, 1982 rückblickend seine erste Begegnung mit Franz Josef Schöningh im Jahr 1934.[62]

»Ich besuchte ihn in seiner Redaktion am Kaiser-Ludwig-Platz und sah für einen Augenblick den Herausgeber, Carl Muth. Er war ein alter Herr mit Spitzbart und starrte mich mehr griesgrämig als freundlich an; ich war froh, als ich mit Schöningh in seinem Büro saß. Schöningh war eine Vollblutnatur, Trinker und Raucher, dick und behende, mit listigen Augen […], (er) rauchte eine Zigarette, […] wir kamen auf Hitler, die Verständigung war nicht schwer. Schöningh empfahl mir die Lektüre des Kriminologen Hans von Hentig. Der habe über Robespierre, Fouché und Saint-Just geschrieben. Das sei ein Schlüssel zum Wesen der ›Führer revolutionär gestimmter Massen‹: Sie verstanden die Straße [...]. Solche Modelle muß man Hitler unterlegen, sagte Schöningh. Habe Hitler nicht psychopathologische Züge, die auf viele Leute charismatisch wirkten, zum Beispiel auf Frauen, auf gescheiterte Existenzen, auf die nach Göttern suchende Jugend? Ich weiß nicht, weshalb Schöningh so offen war.«[63]

Curt Hohoff fuhr in seinem Rückblick fort: »Schöningh hatte eine liberale Antenne. Er war so modern, daß er Papst Pius XII. zu meinem Entsetzen als reaktionär bezeichnete; er sei wie ein Neapolitaner. Ich ließ ungern etwas auf Neapolitaner kommen, [...] ich war also empört, daß Schöningh dem Heiligen Vater die Verehrung Mariens und des Schutzengels vorwarf und diese Art von Religiosität neapolitanisch nannte. Ich hielt Schöningh eine Philippika über die Macht der Fürsprache Mariens an Gottes Thron. Wenn überhaupt etwas, so könne nur sie uns vor dem Untergang bewahren. Damit hatte ich, ohne es zu ahnen, einen schwachen Punkt bei Schöningh berührt: Er glaubte, der Weltuntergang stehe bevor. (Dieser Gedanke sollte sich nach dem Abwurf der Atombombe auf Hiroshima zu einer Psychose steigern.)

Schöningh war zwölf Jahre älter als ich. Er hatte Soziologie und Philosophie studiert, aber seine Neigung hatte dem Theater gegolten. Er wollte eigentlich Schauspieler werden. Ich habe nie erfahren, warum er, mit starken Neigungen zum Kommunismus der 1920er-Jahre, zum Glauben der Väter zurückgekehrt war. Es hing wohl mit einer gescheiterten Ehe zusammen: Schöningh lebte als Junggeselle. Er wollte das erstarrte Hochland beleben und thematisch erweitern. [...] Schöningh war ein politischer Kopf. Er litt unter den Irrtümern prominenter Katholiken wie Carl Schmitt, Franz von Papen und des in entscheidender Stunde nach Rom verschwundenen Prälaten Kaas. Er war ein entschiedener Gegner Hitlers und brachte es fertig, daß Hitlers Name in seiner Zeitschrift nie genannt wurde.«[64]

Hohoff verdanken wir auch den Hinweis, dass sich Schöningh über die bislang im *Hochland* dominierende französische Literatur (Claudel, Péguy, Mauriac) hinaus um die Vorstellung moderner angloamerikanischer Literatur bemühte. Hohoff war Anglist und konnte ihm so junge Autoren vorschlagen, unter anderem Gerard Manley Hopkins, T. S. Eliot, den damals noch unbekannten Joseph Conrad und Eugene O'Neill. Die Reaktion blieb verhalten: »Das Kopfschütteln der Leser begann bei Carl Muth.«

Schöninghs zeitlebens bestehende große Affinität zur Lyrik konnte er jetzt auch redaktionell umsetzen, indem er Theodor Abele bat, »das lyrische Referat des Hochlands zu übernehmen«. Und in der Tat wurden ab dem Jahrgang 1935 sehr viel mehr Gedichte abgedruckt.

»Die Spannbreite von Schöninghs Interessen vom Theologischen bis zum

Politischen zeigte sich auch in seinem Engagement in dem Ende der 1920er-Jahre als lose Vereinigung gegründeten Akademisch-Politischen Club in München unter Leitung von Clemens Graf von Podewils [1949 der erste Generalsekretär der Bayerischen Akademie der Schönen Künste]. Zum engeren Leitungskreis zählte der zu Beginn der Machtübernahme emigrierte Historiker und Freund der Kinder Thomas Manns, George W. F. Hallgarten, aber auch Schöningh.«[65]

Auf ein anderes Forum verweist Curt Hohoff: den Stammtisch im Café Heck am Odeonsplatz während der 1930er-Jahre. Hier trafen sich hauptsächlich die *Hochland*-Autoren wie Theodor Haecker, Max Stefl, Friedrich Meyer-Reifferscheidt und Sigismund von Radecki bei Kaffee und Mineralwasser: »[...] man konnte offen reden« – »Die Gedanken und Gespräche kreisten damals in jeder Gesellschaft, wo man sich sicher fühlte, um Adolf Hitler« – »Die Herkunft Hitlers erschien den meisten wichtig, sie schien das Wesen des Menschen wenigstens teilweise zu erklären: Herkunft aus dem antiklerikalen und antisemitischen Wien, aus einem Kleinbürgertum, das in Symbiose mit anarchistischen Elementen lebte und sich den Anspruch von Künstlern gab. Dazu kamen die Halbbildung, die rhetorische Verführung und die Entchristlichung. Darüber lag ein Firnis großer Worte aus patriotischen, moralischen, christlichen und militärischen Arsenalen. Daß sie beim Volk verfingen, zeigt die Brüchigkeit: Schablonen blieben in den Köpfen hängen. Man führte nicht zuletzt den Fanatismus [...] auf die politische Manie zurück. Man ahnte nicht, daß die Entchristlichung unter dem Firnis unverbindlicher Worte allgemein geworden war.«[66]

Der Schöningh-Freund und nach dem Krieg spätere bayerische Staatssekretär für die Schönen Künste, Dieter Sattler, erweitert in seinen Erinnerungen diesen wirkungsmächtigen Kreis noch um Werner Bergengruen, Rudolf Schlichter, Joseph Bernhart, Reinhold Schneider, Max von Brück, Levin von Gumppenberg und weitere. Clemens Bauer erinnert sich in seinem Kondolenzbrief zum Tode Dieter Sattlers 1968 an dessen Witwe an die gemeinsame Münchner Zeit, »die vielen durchdebattierten und durchfesteten Nächte, den ganzen Reichtum an geistiger Bewegtheit und die Breite der Interessen, die trotz des Drucks des Dritten Reichs doch glücklichen Jahre, da uns tiefe menschliche Sympathie und gemeinsame Überzeugungen bis ins Letzte verbanden in diesem Kreis, in dem wir uns immer wieder begegneten.«[67]

Auf einen weiteren Stammtisch weist der Freiburger Historiker Hugo Ott hin: »Jeden Dienstag scharte Theodor Haecker einen kleinen Kreis von Freunden um sich im Weinhaus ›Schwarzwälder‹ in München – ein fester

Stammtisch Gleichgesinnter, die meisten auch Mitarbeiter der katholischen Monatsschrift ›Hochland‹ [...] und was da alles beredet worden ist, das Hochpolitische so gut wie die Münchner Lokalpolitik, vor allem aber die geistige Entwicklung – durch die Zeiten der Weimarer Republik und dann seit dem Jahr 1933, [...] die Perversion abendländischer Kultur.«[68]

Wie versuchte nun das *Hochland*, inspiriert durch die vielen Anregungen aus diesen Gesprächen, sich seinen Freiraum inmitten einer gleichgeschalteten Presse zu erhalten?

Es lohnt sich, die von Muth und Schöningh vorgegebene Methodik der Darstellungsformen des geistigen Widerstands gegen den Nationalsozialismus näher zu betrachten, weil sich hieraus das inhaltliche Profil des *Hochlands* besser verstehen lässt. Übergeordnete Themen waren dabei die beklagte Säkularisierung der Welt, die aus Sicht des *Hochlands* dominierende Leugnung der Priorität des Geistes sowie die Ideologisierung des geistigen Bewusstseins.

Man verstand die seit der Neuzeit erfolgte Orientierung hin zu den Naturwissenschaften als ursächlich für die Säkularisierung der Kultur, die letztendlich im Atheismus endete. Auch sei der biologische Materialismus dadurch bedingt. Gegen ihn wandte sich das *Hochland* in zahlreichen Aufsätzen, denn in ihm wird Gott durch einen Menschen ersetzt, der in neuer Gestalt, losgelöst von jeder übergreifenden Sitten- und Rechtsordnung, jenseits der Werte steht.[69]

Diese Proklamierung einer geistigen und religiösen Autonomie des Menschen bewirke aber darüber hinaus auch die Zersetzung aller kulturellen Werte. Aber Kultur sei im Absoluten verwurzelt, umspannt von Transzendenz. Sobald sie sich jedoch aus dieser metaphysischen Bindung löse, gehe sie ihres tragenden Grundes verlustig; mit Gott als absolutem Wert stürzen alle in ihm verankerten Werte. Daraus folgt jener Anarchismus, jenes totale Chaos, das Theodor Haecker leitartikelhaft für das *Hochland* als Urgrund der geistigen, sozialen und politischen Krisen der Neuzeit aufwies.[70]

Wer war dieser Theodor Haecker, der für Muth und Schöningh einer der wichtigsten Mitarbeiter des *Hochlands* war? Haecker, Jahrgang 1879, aufgewachsen in Esslingen am Neckar, ab 1894, nach Abbruch des Gymnasiums, als 15-Jähriger zum Kaufmann ausgebildet und tätig im dortigen Verlag Schreiber, wechselte dann ohne Abitur 1901 zu einem viersemestrigen Studium nach Berlin. Erst 1905 holte er das Abitur nach, ging nach München, wo er studierte und materiell erhalten wurde als wohldotierter ungenannter Mitarbeiter in einer Filiale des Esslinger Verlags. Diese Subvention ermöglichte es ihm, bis 1910 zu studieren (ohne Abschluss) und sich Übersetzungen der

Theodor Haecker war für Schöningh die neben Søren Kierkegaard und John Henry Kardinal Newmann wichtigste intellektuelle Persönlichkeit.

Werke Vergils, Kierkegaards und Newmans zu widmen. Er führte das Dasein eines Privatgelehrten. Unter dem existenzialistisch-katholischen Einfluss Kardinal Newmans konvertierte er 1921 zum Katholizismus. Gleichzeitig trat er erstmals als Essayist und Satiriker in Erscheinung, auch in den Zeitschriften *Der Brenner* und das *Hochland*.

Den Nationalsozialisten war er durch seine entschiedene Opposition bereits früh ein Dorn im Auge. Schon am 20. März 1933 fand eine Hausdurchsuchung statt, die ihn jedoch nicht abschreckte, denn er ging auch weiterhin auf Vortragsreise in zahlreiche Städte Deutschlands, wo er aus seinem Manuskript *Das Chaos der Zeit* las. Ab April 1935 belegte man ihn erst regional, dann ab Ende Mai für das gesamte Reich mit einem absoluten Redeverbot, im Januar 1936 nochmals ausgesprochen für alle geschlossenen und öffentlichen Versammlungen in Bayern.

Haecker nutzte diesen Umstand, um sich nach Fertigstellung seines bekanntesten Buches, *Vergil, Vater des Abendlandes* (1932 im Innsbrucker Brenner Verlag Ludwig von Fickers erschienen), der kleineren Schrift *Der Begriff der Wahrheit bei Søren Kierkegaard* (1932 im gleichen Verlag erschienen) zuzuwenden.

Seine späteren Bücher, die als Ausschnitte vor ihrer Publikation teilweise vorab im *Hochland* gedruckt wurden, waren unter anderem *Was ist der Mensch?* (1933), *Schöpfer und Schöpfung* (1934), *Der Christ und die Geschichte* (1935), *Schönheit* (1936) und *Der Geist des Menschen und die Wahrheit* (1937). All diese Bücher verlegte dann Schöninghs Freund, der Hegner- / Kösel- und spätere *Hochland*-Verleger Heinrich Wild. 1938 erhielt Haecker dann ein totales Schreib- und Publikationsverbot.[71]

Im Laufe des Jahres 1939 begann er in kontinuierlicher Verfertigung von philosophischen Aphorismen, privaten Notaten und Aufzeichnungen, die Zeit des Zweiten Weltkriegs, von ihm als Zivilisationsbruch verstanden, festzuhalten. Er war sich der politischen Brisanz seiner Aufzeichnungen wohl bewusst, immer lagen die Manuskripte griffbereit in einer Mappe, um sie jederzeit aus dem Haus zu schaffen oder verstecken zu können.[72] Sie erschienen posthum 1947 als *Tag- und Nachtbücher 1939–1945* mit einem Vorwort von Heinrich Wild in der Hegner-Bücherei, die nach dem Krieg ein Imprint des Kösel Verlags in München wurden. Die Resonanz darauf war enorm, das Buch erschien in mehreren Auflagen und Ausgaben, es gilt bis heute als eines der bedeutendsten Zeugnisse der sogenannten Inneren Emigration während der NS-Zeit.

Theodor Haecker umgab eine intensive Aura, immer wieder war diese Ausstrahlung, der man sich offenbar kaum entziehen konnte, Gegenstand verschiedenster Empfindungen und Erinnerungen. Tief berührt zeigte sich Sophie Scholl noch kurz vor ihrer Hinrichtung von Theodor Haecker: »Seine Worte fallen langsam wie die Tropfen, die man schon vorher sich ansammeln sieht, und die in diese Erwartung hinein mit ganz besonderem Gewicht fallen […].«[73]

Doch zurück zur publizistischen Ausrichtung des *Hochlands* unter der Schriftleiterägide von Franz Josef Schöningh. Mit dem beklagten Verlust der Transzendenz einher ging die Kritik an der Leugnung der Priorität des Geistes. Haecker schreibt: »Dass der Geist das primum ist im Bestehen und Sein dieser Welt, ist die herrschende Lehre der europäischen Philosophie gewesen.«[74] Aber die völlige Ablehnung und Unterdrückung des Geistigen erfolgte erst durch den Sieg des biologischen Materialismus; das Naturbiologische wurde höchstes Gestaltungs- und Wertprinzip.

Vor allem der Münsteraner Theologe Josef Pieper (den Schöningh über dessen Beiträge im *Hochland* hinaus subventionierte) verwies kompromisslos auf den Funktionswandel hin zur Technisierung und Vermassung als Voraussetzungen für die Entpersönlichung des Menschen (und damit für den Aufstieg der nationalsozialistischen Ideologie).[75] Folgerichtig wandte sich die Diskussion dann dem Zustand des geistigen Bewusstseins zu. Trotz einer Reserve gegenüber dem Begriff »Ideologie«, wie er von Karl Marx verstanden wurde, nämlich als Symptom eines säkularisierten Bewusstseins aufgrund des Verlustes einer religiösen und kulturellen Einheit für Staaten und Gemeinschaften, verwenden die Autoren dennoch überwiegend diesen Begriff.[76]

Gemeinsam heben sie die Entwurzelung des modernen Menschen hervor, die »das echte Realverhältnis zur geistigen und politischen Wirklichkeit« mehr und mehr verlieren ließ«.

Das Bemühen, die durch den Nationalsozialismus geschaffene Ideologie und deren Wurzeln transparenter zu machen, verbanden die *Hochland*-Autoren mit ihrer Absicht, mittels einer historischen Analogie ihrer Kritik am Nationalsozialismus wenigstens indirekt Ausdruck zu verleihen. Durch gezielte Analysen zeithistorisch früherer Erscheinungsformen von Herrschaft, Recht, Demokratie unter anderem mehr versuchten die Beiträger, auf die ideologischen Umdeutungen der neuen Machthaber hinzuweisen. Besonderen Raum nahmen dabei die Politik und Geistesgeschichte des Mittelalters ein. Ein Grund dafür lag in der als vorbildhaft dargestellten christlichen Ordo.[77]

Schöningh als auch sein Vorgänger bis 1935, Friedrich Fuchs, sahen in Abstimmung mit Carl Muth in einer spezifischen Historiografie die wirkungsmächtigste Waffe, um die NS-Ideologie zu schädigen. Die Autoren der genannten Jahrgänge schreckten nicht davor zurück, sogar zeitgeschichtliche Analogien als Medium der Kritik gegen System und Ideologie einzusetzen, was mit einem großen Risiko eines möglichen Verbots durch die Zensurbehörden verbunden war.

Dieses System indirekter Kritik wurde ergänzt durch die Darstellung großer historischer Gestalten wie Thomas Morus, Joseph Görres oder Alexis de Tocqueville. Ihnen galten ausführliche Porträts im *Hochland* der 1930er-Jahre. Ebenso fanden apokalyptische und eschatologische Warnungen ihren Niederschlag.

Als hilfreich im Kampf gegen den Nationalsozialismus erwiesen sich auch die Buchbesprechungen. Pro Jahrgang wurde auf nahezu 200 Bücher hingewiesen, die unter anderem in besonderem Zusammenhang mit der aktuellen politischen Situation standen und dem Leser Argumente für die Auseinandersetzung mit dem Nationalsozialismus liefern sollten. Wie umsichtig die Redaktion bei ihrer Suche nach geeigneten Widerstandsstrategien verfuhr, zeigt überdies die häufige Verwendung von Zitaten in den jeweiligen Artikeln. Ihr Einsatz unter dem Deckmantel von als sakrosankt geltenden Autoren war ein willkommenes Mittel zum Zweck.[78]

Die Darstellung der Struktur und Methode der sich als Opposition verstehenden Redaktion des *Hochlands* soll kontrastiert werden mit der äußeren Situation, in der sich die Zeitschrift während des Nationalsozialismus befand.

Die Zeitschrift *Hochland* musste, obwohl den Nationalsozialisten bereits lange ein Dorn im Auge, erst im Juni 1941 den Betrieb einstellen. Die offizielle Einstellungsverfügung, die der *Hochland*-Redaktion zugestellt wurde, ist nicht mehr erhalten. Die Frage, welche Gründe hierfür entscheidend waren, lässt sich nach wie vor nicht eindeutig beantworten. Offiziell wurde das Verbot »mit Papiermangel« begründet, also nicht mit inhaltlichen Einlassungen.[79]

Konrad Ackermann führt drei mögliche Erklärungen an:

Die Zeitschrift war ein Zugeständnis an die Intellektuellen, wobei man jedoch in nationalsozialistischen Kreisen lange Zeit glaubte, sie werde eines Tages in das nationalsozialistische Lager einschwenken. Dem widerspricht in jeder Hinsicht der Tenor aller Artikel zu allen politisch relevanten Bereichen. Dezidiert stellte Friedrich Fuchs in seinem letzten Artikel für das *Hochland*, »Der Christ in der Zeit« (Juni 1935), die Position klar: »Wer da vermeint hat, das ›Hochland‹ sei fortschrittlich in diesem Sinne [i. e. der nationalsozialistischen Fortschrittsideologie] hat sich geirrt, so ist das Steuer nicht gestellt.«[80]

Vorstellbar ist, dass dem NS-Staat der Erhalt der renommierten Monatsschrift, auch wegen ihrer internationalen Abonnentenschaft, noch Mitte der 1930er-Jahre als Aushängeschild für das Ausland wichtig war. Allgemein dominierte ja die kulturpolitische Linie, dass auch im nationalsozialistischen Deutschland zumindest nach außen die Freiheit von Forschung und Lehre weiterhin gewährleistet sei. So wurde im deutschen Pavillon auf der Weltausstellung 1937 in Paris ein eigener Zeitschriftenstand mit Heften des *Hochlands* bestückt.

Die NS-Zensurstellen waren nicht in der Lage, den verdeckten Inhalt der oppositionellen Beiträge zu erfassen. Liest man die Einstellungsbegründungen zu den beanstandeten Heften, so kann man davon ausgehen, dass die Zensurbehörden intellektuell sehr wohl den Aussagen der Essays gewachsen waren.[81]

Konrad Ackermann versucht, den politischen Stellenwert des *Hochlands* anhand der Auflagenhöhe zu bemessen. Abgesehen von einem Einbruch 1933 / 34 stieg die Auflage kontinuierlich. War sie bis 1933 auf 5000 Exemplare angestiegen, so lag sie 1939 bei einer Stückzahl von 12 000. Für die Zeit von Oktober 1939 bis Mai 1941 fehlen Angaben.

Schöningh selbst bezifferte die Auflage Anfang 1935 mit 6000 Exemplaren: »Jedes Heft wird durchschnittlich von 20 000 Menschen gelesen.«

Die Verbitterung über das endgültige Verbot war tief. Schöningh schreibt in einem Brief an seinen Autor Joseph Bernhart vom 6. November 1941: »[…] es war ein trauriger Sommer, ein trauriges Jahr, wenn man auch den Tag nicht vor dem Abend schelten soll. Im Februar wurde mir noch in Berlin an ›kompetenter‹ Stelle versichert, dass man an der Existenz des ›Hochland‹ interessiert sei, um dann das Aprilheft zu verbieten, ›weil Sie Nietzsche den Mörder Gottes genannt‹ hätten. Und dann kam nur noch Definitives, zuletzt die redaktionellen Auflösungsarbeiten […].«[82]

Den politischen Spielraum des *Hochlands* ab 1935 umschreibt Clemens Bauer in seinem Nachruf auf Franz Josef Schöningh als »völlig eindeutig«: »Es war ein ›Fremdkörper‹ in der gelenkten Publizistik des Regimes und als Widerspruch gegen das Monopolrecht auf Kontrolle des öffentlichen Bewusstseins und auf Gestaltung der öffentlichen Meinung höchstens noch toleriert. [...] Innerhalb eines ständig enger werdenden Spielraums galt es nun, die besondere publizistische Aufgabe der Nichtkonformität zu erfüllen. [...] Denn jetzt begann in der Pressepolitik des Regimes die Phase der ›positiven‹ Auflagen, nämlich in der Anweisung, bestimmte Themen zu behandeln. Aber die Einengung machte sich auch von der Mitarbeiterseite her bemerkbar; die Mitarbeit in der Zeitschrift begann zu ›kompromittieren‹. Das legte zumindest die Verwendung von Pseudonymen nahe, wenn es nicht überhaupt zum Verzicht auf Mitarbeit führte.«[83]

Als Beispiel für eine solche Intervention kann das Schreiben der Geschäftsleitung des Kösel Verlags vom 8. Februar 1940 an Schöningh herangezogen werde. Der Geschäftsführer verweist darin auf die einstimmige Auffassung der Gesellschafter, »daß Hochland aber auch nicht das Mindestmaß von dem erfüllt, was die politischen Stellen des Reiches seit Kriegsausbruch von den Zeitschriften ›im Rahmen ihrer Aufgaben‹ erwarten müssen«.[84] In dem Schreiben wurde moniert, dass der Verlag es nicht verstanden habe, »daß das Hochland des 50. Geburtstages des Führers (20. April) nicht mit einer Zeile Erwähnung tat. Inzwischen sind die Zeiten ernster geworden, das Reich kämpft um Sein oder Nichtsein, die amtlichen Stellen erwarten, wie durch gegebene Informationen und durch öffentliche Reden eindeutig dargelegt wird, daß neben der Tagespresse auch die Zeitschriften der Zeit Rechnung tragen, [...] dieser billigen Forderung hat sich das Hochland bisher verschlossen«. Das *Hochland* habe jetzt die allerletzte Möglichkeit, »seinen guten Willen zu zeigen«, das heißt, »mehr Zeitnähe und mehr Anteilnahme am Zeitschicksal zu bekunden [...] Es trifft uns ja heute bereits der Vorwurf, daß die völlige Distanzierung des Hochland von der Gegenwart einem Protest oder einer offenkundigen Ablehnung des Zeitgeschehens gleichkommt. [...] Wenn die Schriftleitung mehr zeitnahe Themen wählt, die die Anliegen der Zeit über ihr stehend, aber mit ihr fühlend, zu deuten suchen, so kann darin kein Bruch der Tradition gesehen werden.«

Als Beleg dafür verweist die Verlagsleitung auf eine Auswahl von Abhandlungen in den ersten Kriegs-Heften des Ersten Weltkrieges, die in dichter Folge direkt zu den Kriegsgeschehnissen Stellung nahmen.

Die Hartnäckigkeit, mit der Carl Muth und Franz Josef Schöningh sich dieser Einmischung zu erwehren wussten, belegt einmal mehr ihren Widerstandsgeist und ihre intellektuelle Unabhängigkeit, wohl wissend, dass sie das Risiko einer endgültigen Einstellung des *Hochlands* in Kauf nahmen, ganz im Sinne einer Aussage von Karl Schaezler, der von 1925 bis 1941 Mitglied der Redaktion war, ab 1946 Schriftleiter und nach Schöninghs Tod von 1960 bis 1966 Hauptschriftleiter: »Im Übrigen waren wir – Professor Muth, Dr. Fuchs, Dr. Schöningh und ich – uns in der Abwehr des Nationalsozialismus trotz der damit verbundenen Gefahren jederzeit einig, und als Dr. Schöningh etwa 1938 zu mir sagte: ›Sie teilen doch meinen Standpunkt: keinerlei prinzipielles Zugeständnis, lieber mit wehender Fahne untergehen‹, stimmte ich sofort zu.«[85]

Parallel zu seiner beruflichen Existenz in seiner Zeit als Schriftleiter des *Hochlands* lassen sich nur wenige Einblicke in sein damaliges Privatleben finden. Schöninghs Anschrift in München blieb während dieser Jahre gleich: in der Korrespondenz findet sich nach wie vor der (heutige) Promenadeplatz 11. Außerordentlich belastet hat Schöningh offensichtlich die Beziehung zu seiner geschiedenen Frau Irmgard. Über deren Lebensumstände schreibt er, dass sie nach der Scheidung mit einer »ihrerseits geschiedenen Frau zusammenlebte, [die] mit ihr das Schlafzimmer teilte und eine Art Eheleben führte. Doch verließ die Freundin mit Rücksicht auf ihren halbjüdischen Sohn im Winter 38/39 Deutschland. [...] Nach dieser Trennung ging mit meiner ehemaligen Frau, die inzwischen nach Prien (ins elterliche Haus Trautersdorf 22 a) gezogen war, eine auffällige Verwandlung vor. Sie begann sich im Gegensatz zu früher betont weiblich zu kleiden, ließ ihre Haare wachsen, kümmerte sich um den Haushalt und Garten und begann mir zu bedeuten, dass sie ihre Vergangenheit aufrichtig bedaure und nur den Wunsch habe, ihr künftiges Leben mit mir als meine wirkliche Frau zu führen. [...] Da das Kind inzwischen neun Jahre alt geworden war und mich zu entbehren begann, entschloss ich mich, ermutigt von meinen Freunden, die Ehe zum zweiten Male einzugehen. Wir wurden im August 1939 [in der Pfarrei Hl. Familie, München-Harlaching, A.d.V.] zum zweiten Male kirchlich getraut. Zunächst verlief die Ehe durchaus harmonisch, meine ehemalige Frau wurde, wenn auch etwas hastig und überstürzt im Mai 1940 katholisch, sodass ich glauben konnte, ihre lesbischen Neigungen seien endgültig überwunden und meine Ehe werde diesmal Bestand haben. [...] Im Jahre 1941 tauchte jedoch eine Jugendfreundin meiner Frau auf, die deren alte Sympathie für sich zu wecken verstand und die sie eines Tages zu sich auf ihr Gut in Thüringen einlud.[86] [...] Als meine ehemalige Frau nach einigen Wochen zu mir zurückkehrte, war sie völlig verwandelt. Sie kleidete sich wieder maskulin, hatte ihre Haare männlich kurz geschnitten und rauchte Pfeife. Sie berichtete mir, dass sie ein letztes Mal zu beichten versucht habe, aber ohne Ergebnis. Sie könne die katholische Eheauffassung nicht mehr teilen, vor allem nicht die Auffassung, dass es eheliche Pflichten gebe.«[87]

Zu der Einstellung des *Hochlands* im Juni 1941 und zu der neuerlichen Abwendung seiner Frau von ihm kam eine auf der Jagd erlittene Schädelfraktur hinzu: »Als ich mir im Sommer 1941 [Ende Juli, A. d. V.] einen Schädelbruch zuzog, wurde ich ins Schwabinger Krankenhaus eingeliefert und fand dort zu meinem Schrecken ein Bild Hitlers vor. Kurz nachdem ich dieses Bild von einer Schwester hatte entfernen lassen, besuchte mich Professor Bronner [der behandelnde Arzt, A. d. V.]. Dabei konnte ich beobachten, dass sein Blick sogleich auf die leere Stelle an der Wand fiel und dass sich sein Gesicht offensichtlich erhellte. Von da an wandte mir Professor Bronner seine besondere Aufmerksamkeit zu, [...] um sich mit mir etwa über die Meinungen Platos über die Tyrannei zu unterhalten.«[88]

Im Krankenhaus, in dem er drei Wochen lag, erhielt er den Einberufungsbefehl, der jedoch wegen seines Gesundheitszustandes zunächst zurückgezogen wurde. Anfang November jedoch wurde er erneut gemustert, aber bis 1. April 1942 zurückgestellt. Er schreibt: »Da der Krieg mit Rußland nicht zu Ende ging, häuften sich die Einziehungen, so dass auch meine ›Galgenfrist‹ wahrscheinlich abgekürzt werden würde.«

Schöninghs Überlegungen gingen in folgende Richtung: »Angesichts der unvollkommenen Rüstung der Westmächte und des durch die deutschen Eroberungen gewachsenen Kriegspotentials Hitlers konnte der Krieg noch Jahre dauern. Ich war 39 Jahre alt, musste mich jedoch als Rekrut der preußischen Massenbehandlung unterwerfen wie ein Zwanzigjähriger, ohne Aussicht auf Offiziersrang. Vor allem – und das war das Wichtigste – musste ich einen Eid auf Hitler schwören und wahrscheinlich auf Menschen schießen, die ich nicht für meine Feinde hielt, von denen ich sogar glaubte, dass sie im Recht seien. Denn meine Feinde waren nachweisbar die Nazis: meine Lebensaufgabe, das ›Hochland‹, zerstört, der väterliche Verlag bereits weitgehend abgewürgt und vor der völligen Unterdrückung, die Zeitung ›Westfälisches Volksblatt‹, ebenfalls meiner Familie gehörig, von den Nazis fortgenommen. Die christliche Religion bei einem Sieg der Nazis zum Tode verurteilt. Alle Humanität, um derentwillen es sich überhaupt zu leben lohnt, in völliger Ausrottung begriffen. Folgerung: auf keinen Fall Soldat Hitlers werden.« So sah er es jedenfalls 1945 im Rückblick auf seine Kriegszeit (siehe Anhang).

Vermögensmäßig dürfte er weitgehend unabhängig gewesen sein, denn 1938 erbte er von seinem Vater ein Mietshaus in der Münchner Hildegardstraße 11.

Von 1936 bis 1937 gibt er an, als Schriftleiter des *Hochlands* jährlich 8000 RM verdient zu haben. Von 1938 bis 1940 kamen Mieteinnahmen in Höhe von 10 000 RM dazu. Für 1941 listet er 21 000 RM auf, die sich aus einer Schlussabfindung nach Verbot des *Hochlands* ergeben. Sonstiges eigenes Vermögen, wie einen Anteil von einem Zehntel an der Mühle in Bad Sooden-Allendorf, Grundstücksanteile etc. erwähnt er in einem Anhang zu einem undatierten Fragebogen nicht.

Das Generalgouvernement: Sambor und Tarnopol

Ausschnitt Karte »Generalgouvernement« 1942, der Distrikt Galizien.

Schöningh überlegte, wie er der drohenden Einberufung entgehen könn-te: »Verhandlungen mit dem Verlag Callwey, eine ›Biographie‹ Venedigs zu schreiben und wegen dieses italienischen Themas unabkömmlich gestellt zu werden, wurden abgebrochen, da Freistellungen immer schwieriger wurden. Anfrage auf eine Anzeige in einer deutschen Jagdzeitung, ob ich als Jagdauf-seher in den Ostgebieten eingesetzt werden könne, wurde von der deutschen Jägerschaft Berlin negativ beschieden. Da kam die Mitteilung meiner Frau, die im November 1941 zu Besuch bei ihrer Jugendfreundin Frau von Münch-hausen weilte, dass diese sich meinetwegen mit ihrem ersten Mann Harbou in Verbindung gesetzt habe, der Kreishauptmann in Sambor sei. Bald darauf erhielt ich einen Brief von Harbou, der mich dorthin einlud und die grossen jagdlichen Möglichkeiten der Karpaten schilderte. Dies war u.U. eine halbe Lösung, aber es war doch eine. Ich hatte an Verwaltungsaufgaben nie gedacht, aber ich wollte versuchen, mich durchzubringen, ohne den Nazis zu dienen.«[89]

Eine andere Version über den Beginn von Schöninghs Tätigkeit in Galizien findet man in den Erinnerungen des Münsteraner Philosophieprofessors und *Hochland*-Autors Josef Pieper: »Das Tollste von allem war ein Vorschlag von Dr. Schöningh, von dem wir sonst nur noch selten etwas hörten. Er schick-te mir unter Briefkopf des ›Kreishauptmanns von Tarnopol‹ eine dienstliche Aufforderung und einen Blanko-Passierschein, mit deren Hilfe ich, natürlich nur falls ich das wolle, ungehindert zu ihm stoßen könne. Das war mir aber dann doch zu abenteuerlich. Später, wahrscheinlich nach dem Krieg, haben wir die unglaubliche, aber wahre Geschichte erzählt bekommen, wie unser Freund der stellvertretende ›Kreishauptmann von Tarnopol‹ geworden war. Die Geschichte begann, in Dr. Schöninghs Darstellung, mit dem in einer Waidmanns-Zeitung abgedruckten Stellenangebot, worin ein zugleich jagder-fahrener Verwaltungsmann gesucht wurde; und sie endete mit einem polni-schen Gemeindegottesdienst, in welchem gefährlicherweise für den Wohltäter Dr. Sch. gebetet wurde.«[90]

Anfang Dezember 1941 reiste Schöningh zum ersten Mal nach Sambor im ostpolnischen Galizien, um sich ein Bild von seiner zukünftigen Wirkungs-stätte zu machen. Die Hoffnung, dort auf ein Umfeld zu stoßen, das aus »ver-nünftigen Menschen mit Parteinadel« bestehe, die »meine Anschauungen respektieren und ich mich durchmogeln« könne, übertraf seine Erwartungen.

Der Ort Sambor ergab sich nicht zufällig. Der dort amtierende Kreis-hauptmann Mogens von Harbou, Jahrgang 1905, war wie Schöningh nach Kriegsausbruch ebenfalls vor der Frage gestanden, wie er das Beste aus der drohenden Einberufung machen könnte. Sein Schwiegervater aus der ersten

Ehe mit Marie-Louise von Hammerstein, der im Ruhestand befindliche Chef der Heeresleitung bis 1934, Kurt von Hammerstein, wurde zu Beginn des Polenkrieges reaktiviert und erhielt kurzzeitig ein Kommando in Schlesien. Auch sein Vater war kurzzeitig im niederschlesischen Radlowice im Generalstab stationiert. Beide wiesen Harbou auf die Möglichkeit einer Position in der Kriegsverwaltung Polens hin – eine Funktion, die dieser als Jurist als akzeptabel empfand. Wovon alle keine Vorstellung hatten, war die tatsächliche Funktion der Zivilverwaltung im östlichen Polen, dem noch zu k. u. k. (kaiserlich und königlichen) Zeiten dem Habsburgerreich unterstehenden Galizien, einem Teilgebiet des am 26. Oktober 1939 als »Generalgouvernement« (für die besetzten polnischen Gebiete) deklarierten Staatsgebiets. Dieses völkerrechtlich nicht eigenständige sogenannte deutsche Nebenland war nicht identisch mit dem in das deutsche Staatsgebiet eingegliederten Territorium in Polen.

Es enthielt die vier Distrikte Krakau, Radom, Warschau und Lublin, seit dem 1. August 1941 zusätzlich Lemberg, hatte eine Gesamtfläche von 142 000 Quadratkilometern mit etwa zwölf Millionen Einwohnern und bestand bis 1945.

Der Distrikt Galizien mit seiner Bezirkshauptstadt Lemberg (ukrainisch: Lviv) mit einer Einwohnerzahl von 5,3 Millionen Menschen hatte ungefähr die Größe des heutigen deutschen Bundeslandes Niedersachsen. Beim deutschen Einmarsch am 22. Juni 1941 lebten in diesem heute zur Ukraine zählenden, auch Ostgalizien genannten Gebiet etwa 540 000 Juden.

Neben dem Distrikt Warschau befand sich hier der größte regionale jüdische Bevölkerungsanteil in Europa. Dieser wurde innerhalb von nur drei Jahren nahezu völlig ausgelöscht.

Zur weiteren Orientierung zunächst ein kurzer Hinweis auf das Städtchen Sambor: Sambor / Sambir liegt in der Vorkarpatenebene am Oberlauf des Flusses Dnjestr, 74 Kilometer südwestlich der Bezirkshauptstadt Lemberg / Lviv, etwa 40 Kilometer östlich der ukrainischen Grenze zu Polen. Die nächstgrößere Stadt ist Drohobycz. 1939 zählte Sambor rund 20 000 Einwohner, wovon ungefähr 8000 Juden waren. Nach Rückzug der Roten Armee fiel die Stadt am 1. Juli 1941 in die Hände der Deutschen. Unmittelbar danach wurden etwa 100 Juden von Ukrainern mit deutscher Unterstützung ermordet. Im Winter 1941 / 42 wurden alle arbeitsfähigen jüdischen Männer in Zwangsarbeitslager deportiert und zu Straßenbauarbeiten eingesetzt, die viele (genaue Zahl unbekannt) nicht überlebten.[91]

Im März 1942 wurde in Sambors Armenviertel »Blich«, zwischen Friedhof und Marktplatz gelegen, zunächst ein sogenanntes offenes Ghetto errichtet, in das die Juden aus dem gesamten Distrikt und Umgebung eingewiesen wurden. Der erste Massenmord an den Juden (im Behördendeutsch als »Aktion« bezeichnet) fand am 4. August 1942 statt, als 4000 Juden selektiert und mit der Bahn ins Vernichtungslager Belzec deportiert wurden. Am 4. Oktober 1942 wurden ungefähr 100 alte jüdische Bewohner erschossen; weitere 2000 wurden nach Belzec deportiert, am 17. und 22. Oktober 1942 folgten Transporte mit über 3000 Juden. Am 1. Dezember 1942 wurde das Ghetto geschlossen. Arbeitsfähige überlebende Juden wurden in das Zwangsarbeitslager Janowska bei Lemberg eingewiesen. Am 14. März 1943 wurden 900 der letzten Verbliebenen der jüdischen Gemeinde Sambors (vorwiegend Frauen und Kinder) auf dem Gelände des jüdischen Friedhofs erschossen, zwei Monate später wiederum 1.200 Menschen. Die letzten überlebenden Juden wurden noch im Juli kurz vor Rückeroberung durch die Rote Armee im Wald von Radlowice ermordet. Gleichzeitig wurde Sambor als »judenrein« ausgewiesen. Nur eine Handvoll jüdischer Bürger überlebte im Untergrund, eine jüdische Gemeinde in Sambor besteht seitdem nicht mehr.

Schöningh war in seiner Zeit in Galizien Vertreter von Kreishauptmann Mogens von Harbou (Foto August 1938).

Mogens von Harbou, geboren am 24. November 1905 in Oldenburg i. O., hatte nach seiner Schulzeit in Berlin von 1924 bis 1928 in Heidelberg, Greifswald, München und Göttingen Rechtswissenschaften studiert, wo er mit einer Arbeit über »Probleme des privatrechtlichen Firmenschutzes« promoviert wurde. Nach Stationen als Referendar und Assessor war er von 1933 bis 1937 als Rechtsanwalt in Berlin tätig. »Harbou war, angeblich auf Rat seines Schwiegervaters Hammerstein und unter Vermittlung eines Altparteigenossen nach 1933 in die NSDAP eingetreten, machte davon aber keinen Gebrauch und war für die Partei schwer aufzufinden, weil er in der Potsdamer Ruhlaerstraße 10 [...] angeblich auf einem unbebauten Grundstück wohnte.«[92]

Im März 1933 heiratete er die oben bereits erwähnte Marie-Louise von Hammerstein-Equord, die Freundin von Irmgard Schöningh. Ihr gemeinsames Kind Christiane wurde 1934 geboren. Die Ehe hielt aber nur bis Herbst 1936, bereits im Januar 1937 heiratete sie den Mitarbeiter in Harbous Kanzlei, Friedemann Freiherr von Münchhausen. Aus dieser Ehe gingen drei Kinder hervor: Kai, geboren 1936, Bettina, geboren 1940, und Cecil, geboren 1942. Die Münchhausen-Ehe wurde 1951 geschieden, das Ehepaar hatte sich aufgrund kriegsbedingter Abwesenheit Münchhausens entfremdet, und überdies wollte Münchhausen unter gar keinen Umständen in der DDR leben.

Harbou gab seine Berliner Kanzlei am Lützow-Ufer, die er zusammen mit seinem Sozius und Freund Wolfram von Metzler betrieben hatte, 1937 auf. Nach Aussagen von Friedemann von Münchhausen kam er mehrfach mit dem NS-Justizsystem in Konflikt, unter anderem als er nach der Ermordung des Reichskanzlers Kurt von Schleicher die materiellen Interessen der Familie gegenüber Gestapo und SS vertrat (bei der Ermordung waren verschiedene

Marie-Louise Freiin von Hammerstein-Equord (ca. 1928). Sie heiratete in erster Ehe Mogens von Harbou und 1937 Friedemann Freiherr von Münchhausen.

größere Wertgegenstände aus dem Haus gestohlen worden) oder auch durch den Schutz jüdischen Vermögens bei erzwungener Emigration (so das Eigentum Kurt Hahns, des Gründers des Internats von Salem am Bodensee). Er zog sich zurück auf das Schlossgut Henfstädt in Thüringen, was sein Vater 1936 geerbt und ihm 1937 überschrieben hatte. 1938 heiratete er in zweiter Ehe Lili von Ribbeck. Aus dieser Ehe gingen drei Kinder hervor: Andreas, geboren 1939, Mogens, geboren 1942 in Sambor, und Knud, geboren 1946.

Im Januar 1940 wurde er auf Veranlassung seines Vaters, der als Generalstabsoffizier im Stabe eines Korps in Polen stand und für diesen einen juristisch wie landwirtschaftlich ausgebildeten Verbindungsmann innerhalb der dort neu eingerichteten Zivilverwaltung haben wollte, zu dieser Zivilverwaltung einberufen. Zunächst kam er als stellvertretender Kreishauptmann nach Jaroslaw (Februar 1940 bis Mai 1941). Von Ende Mai bis Juni 1941 war er stellvertretender Stadthauptmann und kommissarischer Polizeidirektor in Lublin (er sollte dort eine Polizeiverwaltungsstelle einrichten), Ende Juni bis Anfang August 1941 Verwaltungsberater in Drohobycz (Einrichtung der ukrainischen Stadtverwaltung) und von August 1941 bis März 1942 Kreishauptmann in Sambor.

Über Schöninghs Zeit in Sambor sind Briefe an seine Frau Irmgard sowie an seine elfjährige Tochter Karen erhalten, datiert vom 12. Januar 1942 bis Anfang März 1942. Jedoch enthält dies Briefbündel Lücken. Die Antwortbriefe seiner Frau liegen nicht mehr vor.

Anhand dieser Briefdokumente soll versucht werden, die Struktur und Geschehnisse seiner Tätigkeit zu beleuchten. Sofern die Interpretation dieses Quellenmaterials unergiebig bleiben muss, weil die Textstellen aus Furcht vor der Zensur (was auch für Dienstpost galt) verschlüsselt wurden, müssen im Wege einer analogen Quelleninterpretation gesicherte Erkenntnisse der neuesten Forschung über das Generalgouvernement herangezogen werden.

Franz Josef Schöningh kam erstmals Anfang Dezember 1941 in Sambor an. Sein erster Eindruck von seinem neuen Umfeld war Erleichterung: »Harbous Haltung übertraf meine Erwartungen: ich konnte sofort hemmungslos meine Überzeugungen äußern, auch meine Gewissheit, dass Deutschland den Krieg verlieren werde. Er [Harbou] sagte mir, dass auch sein Vater davon überzeugt sei und dass er es für sehr möglich halte.[93] Es stellte sich heraus, dass er völlig unpolitisch war, ein großer Skeptiker, dass ihm aber die Nazis herzlich unsympathisch waren und dass er entschlossen war, die Prinzipien der Humanität aufrechtzuerhalten. Für diese schwierige und gefährliche Aufgabe suchte er einen Freund und Mitarbeiter.«[94]

Spätestens zu diesem Zeitpunkt wird ihn Harbou auch über den Stand der geplanten »Endlösung der Judenfrage« informiert haben, schon weil dieser Komplex verwaltungsmäßig in den zukünftigen Aufgabenbereich Schöninghs gehörte. Die offizielle Einstimmung der Zivilverwaltung auf den Massenmord an den Juden erfolgte, wie bereits erwähnt, auf einer Regierungssitzung in Krakau am 16. Dezember 1941, an der Gouverneur Lasch und sein Nachfolger Wächter anwesend waren.[95]

Schöningh schreibt in seinem rückblickenden Bericht, der im Anhang 1 abgedruckt ist, über seine Tätigkeit in Polen, dass er zunächst Anfang Dezember als Gast Harbous nach Sambor gekommen war. Die Beschwerlichkeiten der Anreise dürften jedoch auch seine Vorstellungen übertroffen haben. Stundenlange Verspätungen auf der Bahnstrecke Krakau–Sambor, Wechsel des Zuges wegen Achsenbruchs, kalter dunkler Wartesaal, überfüllte Waggons, Chaos, Desorientierung; immerhin gelangt er zusammen mit seinem Dackel Alex heil in Sambor an.[96] Er scheint sich schnell einzuleben, genießt die Annehmlichkeiten bei der notwendigen Beschaffung von Uniform und Stiefeln (»Ich brauche für solche Sachen nicht mein Büro zu verlassen; Telefon und man kommt«), des Zusammenlebens mit den Harbous (»brauche zum Abendessen nur herüberzugehen«) und fühlt sich, was die Beziehung zu Marie-Louise Münchhausen anbelangt, entlastet, »da bei M. [Mogens] eine wohltuende freundschaftliche Atmosphäre« herrscht. Dank einer Lehrerin macht er langsame Fortschritte im Erlernen der ukrainischen Sprache. In seinen ersten Briefen fühlt er sich wie »auf einem anderen ganz unerreichbaren Stern« wohnend und beklagt die unendliche Distanz zu seiner in Prien zusammen mit Marie-Louise Münchhausen und deren damals noch zwei Kindern lebenden Frau und Tochter.

Ein Beispiel dafür, in welche NS-feindliche und mit den Polen durchaus kollaborierende private Welt er in Sambor sofort geriet, ist die Person Dr. Stanislaw Chrzaszczewski. Dieser polnische Aristokrat war Chefarzt des städtischen Krankenhauses von Sambor und wurde zunächst routinemäßig auf Weisung der Regierung in Krakau von Harbou im September 1941 in dieser Funktion abgesetzt. Persönlich kennengelernt hatten sich die beiden indes erst Wochen später. Ende November 1941 holte ihn ein amtlicher Wagen der Kreishauptmannschaft ab, was in seiner Erinnerung nur eines bedeuten konnte. So verabschiedete er sich von Frau und Kind. Ein Gelächter in seinem Ordinationsraum bedeutete ihm aber, dass seine Angst fehl am Platz war, denn er war nur in seiner Funktion als Arzt gefragt (das älteste Kind Harbous hatte eine Nierenbeckenentzündung). Aus regelmäßigen Patientenbesuchen erwuchs eine enge Freundschaft, die noch bis zum Tode von Lili von Harbou andauern sollte. Chrzaszczewski war Verbindungsmann der AK (Armia Krajowa, der Untergrundarmee Polens) in Sambor. Harbou wusste das und holte ihn sogar aus der Gestapohaft heraus. Schöningh beschreibt ein großes Besäufnis aus Freude über die Geburt von Harbous zweitem Sohn an Silvester 1941, an dem auch Chrzaszczewski teilnahm. (Chrzaszczewski vermittelte dem Verfasser einen detaillierten Einblick in die nationalsozialistische Besatzungsherrschaft in Sambor während zweier Besuche Anfang der 1980er-Jahre.)

Am 24. Februar 1942 findet sich die erste Einlassung Schöninghs über sein Arbeitsgebiet als Stellvertreter des Kreishauptmanns: »Heute hatte ich Freude. Da M. mir die delikate Aufgabe der Judenumsiedlung wohl im Vertrauen auf meine Fingerspitzen anvertraut hat, hab ich sie halt angepackt. So etwas ist schwer, wenn ein Drittel der Bevölkerung aus Juden besteht, die Stadt denkbar verbaut ist, so dass geschlossene Viertel schwer, eigentlich gar nicht geschaffen werden können. Aber aus demselben Grunde ist die Bildung rein nichtjüdischer Viertel ebenfalls beinahe unmöglich. Worauf kann man sich, zumal ohne jede praktische Erfahrung, stützen? Auf die Intelligenz [...] nun, ich muss Dir manches erzählen, es würde hier zu ›weit führen‹; das Ergebnis ist verblüffend: ohne Lärm, ohne falsche Hast, ohne Grausamkeit, wenn auch mit Härte wird das Ziel erreicht.«

Um diese Aussagen vor ihrem spezifischen historischen Hintergrund verständlich zu machen, muss auf die Besatzungsorganisation und die Anfänge der Judenverfolgung in Ostgalizien von Juni 1941 bis September 1941 eingegangen werden.

Unmittelbar nach der Besetzung Galiziens wurden in den Städten und Gemeinden zunächst Militärverwaltungen (Stadt- und Feldkommandaturen) eingerichtet.

Erst durch Erlass Hitlers vom 17. Juli 1941 wurde Generalgouverneur Hans Frank angewiesen, »die Zivilverwaltung in den früher polnischen Gebieten Galiziens zu übernehmen«.

Gleichzeitig richteten sich in Ostgalizien im Gefolge der Wehrmacht SS- und Polizeieinheiten ein, die die neu eroberten Gebiete mit einer Welle von Morden überzogen. Die dabei entscheidenden Verbände waren die Einsatzgruppen der Sicherheitspolizei und des Sicherheitsdienstes (SD), mobile Gestapo- und SD-Dienststellen. Ihre Vorgeschichte reicht bis in den Januar 1941 zurück. Ende März begannen die konkreten Vorbereitungen für ihre Aufstellung, im April wurde ihre Integration in das Heer beschlossen. Ihre Weisungen sollten sie direkt vom Reichssicherheitshauptamt (RSHA) erhalten, in ihren Bewegungen aber den ihnen zugewiesenen Wehrmachtseinheiten unterstehen.

Innerhalb dieser Verbände ist besonders auf die Einsatzgruppe C der Sicherheitspolizei und des SD hinzuweisen, die der in der Ukraine agierenden Heeresgruppe Süd zugewiesen wurde. Diese Einsatzgruppe gliederte sich in den Gruppenstab, frontnahe Sonderkommandos (Soko) 4a und 4b sowie für die rückwärtigen Heeresgebiete die Einsatzkommandos (Eko) 5 und 6. Dazu wurden zwischen 700 und 800 Mann rekrutiert, neben ausgewähltem Leitungspersonal des SD auch einfaches Hilfspersonal. Zur Verstärkung wurde der Einsatzgruppe jeweils ein Zug (41 Mann) des Reserve-Polizeibataillons 9 und der

Waffen-SS beigeordnet.[97] Chef der Einsatzgruppe C war seit Mai 1941 Otto Rasch, ein in Sachen Massenmord erfahrener und fanatischer Polizeiführer. Für die Heeresgruppe Süd wurde als HSSPF (Höherer SS-Polizeiführer) Russland Süd Friedrich Jeckeln ernannt, ein ebenso kompromissloser Angehöriger aus Himmlers SD-Dienst.[98]

Welche genauen Weisungen die HSSPF und die Einsatzgruppen vor ihrem Einsatz erhalten haben, ist nicht geklärt. Heydrich hatte die Einsatzgruppenchefs am 17. Juni 1941 in Berlin verabschiedet. Aus den Vernehmungen der Einsatzkommandoführer nach dem Krieg weiß man, dass sie mit der Weisung zur Ermordung der KP-Funktionäre und von Teilen der »jüdischen Intelligenz« in den Osten fuhren. Darüber hinaus wünschte sich Heydrich die Auslösung antijüdischer Progrome in den besetzten Gebieten. Dort sollten die Ekos Milizen aufstellen und die Unterdrückung der Juden durch Registrierung und Kennzeichnung einleiten. Einen generellen Befehl zur Vernichtung aller sowjetischen Juden erteilte Heydrich nach derzeitiger Forschungslage hingegen nicht. »Vermutlich gab er seinen Einsatzgruppen-Führern jedoch eine Art Generalermächtigung mit auf den Weg, alle Maßnahmen zu treffen, die zur Sicherung der besetzten Gebiete dienten, was im nationalsozialistischen Sinne auch die Ermordung der Juden einschließen konnte.«[99]

Der Grund für dieses Minimalziel lag darin, dass allgemein ein Russlandkrieg mit der Dauer von wenigen Monaten angenommen und die endgültige Regelung der Judenfrage auf die Zeit nach dem Unternehmen »Barbarossa« verschoben wurde. Spielten die SS- und Polizeieinheiten in der Frühphase der Besatzungspolitik schon wegen ihrer quantitativen Ausstattung eine eher untergeordnete Rolle, so waren für die Entwicklung Ostgaliziens andere Sicherheitspolizei- und SD-Einheiten bedeutsamer. Diese wurde Ende Juni 1941 in Krakau aufgestellt. Ihre Aufgabe sollte sein, nach dem Abzug der Einsatzgruppen die ehemals ostpolnischen Gebiete zu sichern, das heißt, deren Aufgaben zu übernehmen. Der Befehlshaber der Sipo und des SD (BdS), Schöngarth, stellte drei solcher als Einsatzkommandos z.b.V. (zur besonderen Verwendung) auf, das größte für Lemberg. Diese Einheit umfasste 180 Mann aus allen Kernbereichen der Gestapo und sollte das Zentrum einer stationären Polizeiorganisation bilden. Ein Vorkommando erreichte Lemberg am 2. Juli 1941, kurz danach wurden Teilkommandos auch nach Tarnopol entsandt. Über die allgemeine Tätigkeit der Sicherheitspolizei in Ostgalizien, abgesehen von den Massenerschießungen, geben (soweit erhalten) fast nur die Ereignismeldungen des Chefs der Sicherheitspolizei und des SD Auskunft.[100]

Damit stellt sich generell die Frage nach der Quellenlage in Bezug auf die Mordexzesse in Ostgalizien. Zeitgenössische Quellen zu den Ausschreitungen gegen die Juden sind kaum vorhanden, in den Ereignismeldungen des SD werden die Progrome stark verschleiert benannt (Partisanenbekämpfung unter anderem), in den Militärakten sind sie nur teilweise aufgelistet, also in der Regel nur dann, wenn die Wehrmacht bei diesen Einsätzen zugeschaltet wurde. So bleiben Zeugenaussagen der Opfer die wichtigste Quelle.

Als Auslöser für die Progrome wurden von der deutschen und der ukrainisch-nationalistischen Propaganda Massaker in den NKWD-Gefängnissen angeführt, die beim Einmarsch der Wehrmacht entdeckt worden waren. Das NKWD (der sowjetische Geheimdienst) hatte versucht, seine Gefangenen vor dem deutschen Einmarsch in russisches Gebiet zu evakuieren. Wegen der Geschwindigkeit des deutschen Vormarsches gelang dies jedoch nur teilweise. So wurden ab dem 24. Juni 1941 zumindest jene Gefangenen ermordet, die wegen sogenannter konterrevolutionärer Verbrechen verurteilt waren. So wurden in mindestens 22 Orten Ostgaliziens massenhaft Leichen von NKWD-Häftlingen gefunden. Insgesamt geht man von einer Zahl von ungefähr 5300 Opfern aus, die allein in den Gefängnissen ums Leben kamen.

Die deutsche Propaganda nützte dies wirksam aus, zumal sich auch Frauen und Kinder, überdies von Folterspuren entstellt, unter den Opfern befanden. Aus deutscher und ukrainischer Sicht wurden dafür meist »die Juden« verantwortlich gemacht. Hintergrund war die in der ukrainischen Bevölkerung vorherrschende Meinung, dass sich die jüdische Minderheit stark mit der Sowjetherrschaft identifiziert habe. Gegen die Theorie einer spontanen gewaltsamen Rache der ukrainischen Bevölkerung an der jüdischen Minderheit wegen derer geglaubten Teilnahme an diesen Verbrechen spricht, dass in vielen Orten, in denen es zu Progromen kam, überhaupt keine NKWD-Opfer gefunden wurden. Vielmehr ist darauf zu verweisen, dass traditionell ein ukrainisch-polnischer Antisemitismus herrschte – so sahen sich ukrainische Intellektuelle in freien Berufen und an den Universitäten in Konkurrenz zu Juden und Bauern von jüdischen Agrarhändlern und Geldverleihern bedrängt.

Die Verfolgung der Juden wurde von der OUN (Organisation ukrainischer Nationalisten) und ihren Milizen bereits während des deutschen Vormarsches bei diversen Mordaktionen in die Tat umgesetzt. Flugblätter der OUN wie »Volk! – wisse! – [...] Moskau, Polen, die Ungarn, – das Judentum – das sind Deine Feinde. Vernichte sie« sprechen eine deutliche Sprache. Dieser radikale Antisemitismus fügte sich nahtlos in die Ziele der deutschen Besatzungspolitik.

Mit dem Einsatz der Wehrmacht und der Einsatzkommandos werden die Ursachen der Progrome deutlicher. Heydrichs Weisungen am 29. Juni 1941, einen Tag vor der Eroberung Lembergs, »den Selbstreinigungsbestrebungen [...] antijüdischer Kreise in den neu zu besetzenden Gebieten kein Hindernis zu bereiten«, folgten direkte Kommandos. Das Sonderkommando 4b führte unmittelbar nach der Einnahme Lembergs dort wie auch am 11. Juli in Tarnopol parallel zu den Progromen der antijüdischen Bevölkerung umfangreiche Massenmorde durch.[101] Die schwierig zu ermittelnden Opferzahlen durch die Progrome beliefen sich nach Zeugenaussage in Lemberg auf circa 600 und in Tarnopol auf circa 4000 ermordete Juden. Während in Lemberg die Ausschreitungen des Mobs bereits im Gange waren und die Sicherheitspolizei diese unterstützte (die Wehrmacht schritt bis auf Ausnahmen zwei Tage lang nicht dagegen ein, wiewohl ihr Verhalten anfangs noch lokal differierte), schien in Tarnopol die Sipo initiativ gewesen zu sein.

Ähnliche Progrome sind für Sambor am 1. Juni 1941 festgehalten. Die Zivilverwaltung, die sich ab August 1941 (auch in Sambor) etablierte, »lehnte die Progrome weitgehend ab, da sie der öffentlichen Sicherheit abträglich waren«. Der Zeithistoriker Dieter Pohl bezieht sich dabei auf eine Erörterung der Kreishauptleute, die um den 2. September 1941 stattgefunden habe.[102] Gleichzeitig verweist er darauf, dass eine detaillierte Erforschung der ostgalizischen Progrome noch aussteht. Im Ergebnis kommt er zu dem Schluss, dass, von einigen Dörfern abgesehen, die Progrome nicht als spontane Ausschreitungen interpretiert werden können, sondern von Anfang an durch die Sicherheitspolizei, eventuell auch durch die Abwehr, geplant gewesen waren.[103] Man schätzt, dass dabei über 12 000 Juden ermordet wurden.

Angesichts einer schwer zu kontrollierenden Bevölkerung und der Einsicht, dass die Judenprogrome »leider nicht den erhofften Erfolg« gezeigt haben, so die Meldung der Einsatzgruppe C vom 4. August 1941, entschied Heydrich, dass die Massaker zum Zwecke der »Endlösung« nur noch von der SS und der Polizei zu organisieren seien.

Wie bereits oben erwähnt, nahmen die Einsatzgruppenmorde mit dem Einmarsch in Lemberg ganz neue Dimensionen an. Zwischen dem 2. und 5. Juli ermordeten diese Einheiten in der Stadt und Umgebung zwischen 2500 und 3000 jüdische Männer. Am Morgen des 4. Juli wurden 22 Professoren der Lemberger Universität in einem Park nahe des neuen Sicherheitspolizei-Gebäudes von einem Kommando des Eko z. b. V. erschossen – eine Tat, die zeigt, wie konsequent auch die Richtlinien zur Eliminierung der polnischen Intelligenz umgesetzt wurden. Diese Verbrechen besaßen im polnischen Nationalbewusstsein einen ähnlich hohen Stellenwert wie der Mord polnischer Soldaten in Katyn durch den sowjetischen Geheimdienst.

Von Lemberg aus, wo der Hauptteil des Eko z. b. V. verblieb, wurden Teilkommandos in die ostgalizischen Kleinstädte entsandt. Zunächst waren die Befehle noch eng umrissen: Nur männliche Juden mit angeblich kommunistischer Vergangenheit oder Angehörige der »jüdisch-bolschewistischen Intelligenz« sollten erschossen werden. Die Auslegung der schwammigen Begriffe war den Kommandoführern überlassen. So versuchte man zwar, die Mordtaten scheinbar zu legitimieren, was sich aber als immer vergeblicher erwies, je mehr die Hemmschwelle gegen das Töten herabsank. Die Historiker Pohl und Sandkühler schätzen die Zahl der durch SS- und Polizeitruppen bis Ende Juli 1941 in Ostgalizien Ermordeten auf mindestens 7000 Opfer.

Nur am Rande, weil die Aufgabenbereiche von Franz Josef Schöningh in Sambor und Tarnopol kaum tangierend, soll das Zusammenwirken von SS- und Polizeiführung mit der Wehrmacht erwähnt werden. Deren Ziel war es naturgemäß, das Hinterland der Front abzusichern. Dazu zählte auch die Isolierung der jüdischen Bevölkerung als angeblichem Träger bolschewistischer Ideologie, was erklärt, warum die Wehrmacht den Einsatzgruppen in der Regel keinen Widerstand entgegensetzte. So ist beispielsweise eine enge Zusammenarbeit zwischen dem Oberbefehlshaber des 6. Armee-Oberkommandos von Reichenau und dem Sonderkommando 4a überliefert. Als symptomatisch kann dabei eine Proklamation Reichenaus vom 10. Oktober 1941 gelten: »Deshalb muß der Soldat für die Notwendigkeit der harten, aber gerechten Sühne am jüdischen Untermenschtum volles Verständnis haben.«

Eine einheitliche Einstellung zu den Morden der Sipo lässt sich indes nicht ermitteln. Für Ostgalizien fehlt es überhaupt an Dokumenten, die eine repräsentative Aussage zulassen. Die Meinung pendelt zwischen der Meldung »Wehrmacht erfreulich gute Einstellung gegen die Juden« nach den Massenmorden in Tarnopol und den Aufzeichnungen eines Divisionsoffiziers: »Die dauernden Erschießungen von Landeseinwohnern [Juden] durch die Polizei in einem nahen Wäldchen stören den Frieden und erwecken Widerwillen, einmal aus menschlichen Gründen, dann aber auch wegen der politischen Folgen«; ähnlich das Entsetzen in den Erinnerungen des CSU-Politikers Franz Josef Strauß.[104]

Durch den sogenannten Kommissarbefehl (alle gefangenen Politkommissare der Roten Armee seien zu erschießen) wurde die Wehrmacht auch ideologisch in Hitlers Weltanschauungskrieg einbezogen, denn von der Mehrzahl der Kommissare nahm man an, dass sie Juden seien. Von der Möglichkeit, durch ihre militärische Sonderstellung als einzige Kraft die Massenmorde zu verhindern, hat die Wehrmacht, anders als beispielsweise die ungarische Armee, keinen Gebrauch gemacht.[105] Dazu war sie bereits zu stark von der Mischung aus Antibolschewismus und Antisemitismus ideologisch affiziert.

Bevor auf die Besatzungsgeschichte Sambors bis zum Eintreffen Schöninghs im Januar 1942 eingegangen wird, gilt es, sich des besseren Verständnisses halber auch noch die Struktur des Besatzungsapparats im Distrikt Galizien zu vergegenwärtigen.[106]

Ab 1. August 1941 erhielten die bisherigen vier Distrikte des Generalgouvernements (GG) unter Generalgouverneur Hans Frank mit Dienstsitz Krakau den zusätzlichen ostgalizischen Distrikt Lemberg. Dort war auch die zentrale Behörde, das Distriktamt, also die Regierung des gesamten ostgalizischen Raumes, angesiedelt. Die wichtigsten Abteilungen des Distriktamtes gliederten sich in:

- Gouverneur des Distrikts
- Abteilungen Innere Verwaltung, Arbeit, Wirtschaft, Ernährung und Landwirtschaft, Justiz, Gesundheit und Propaganda

Ideologisch eingebunden war diese Verwaltungsstruktur in das erklärte Ziel der nationalsozialistischen Besatzer, das Generalgouvernement »judenfrei« zu machen und die Polen zu vertreiben, damit sich dort Deutsche ansiedeln konnten. Dazu führte Frank in einer Rede am 26. März 1941 aus: »Der Führer hat mir versprochen, daß das Generalgouvernement in absehbarer Zeit von Juden völlig befreit sein werde. Außerdem ist klar entschieden, daß das Generalgouvernement in Zukunft ein deutscher Lebensbereich sein wird. Wo heute zwölf Millionen Polen wohnen, sollen einmal vier bis fünf Millionen Deutsche wohnen. Das Generalgouvernement muß ein so deutsches Land werden wie das Rheinland […].«

Der Generalgouverneur Hans Frank, Jurist und Weggefährte Hitlers noch aus den frühen 1920er-Jahren, sah sich als uneingeschränkter Herrscher dieses Gebietes. De facto unterlag er jedoch zwei Beschränkungen: Himmler hatte mit dem HSSPF Friedrich-Wilhelm Krüger einen Vertreter des SS- und Polizeiapparates installiert, um sicherzugehen, dass seine Vorstellungen über die Vernichtung von Juden und Polen umgesetzt werden konnten, was zu einem ständigen Kompetenzkonflikt führte, der erst im Mai 1942 gelöst wurde, als Krüger Staatssekretär für das Sicherheitswesen im Generalgouvernement wurde. Damit war er zwar wie schon zuvor formal Frank unterstellt, jedoch aufgrund der geschwächten Stellung Franks innerhalb der NS-Hierarchie zunehmend unabhängiger. So konnte er in direkter Absprache mit Himmler relativ ungestört agieren.

Die andere Einschränkung beruhte auf dem akuten Personalmangel in Ostgalizien, mit der Folge ungeklärter Kompetenzen, sodass manche Institutionen sowohl gegeneinander als auch parallel handelten. Von dem Ziel einer »einheitlichen Verwaltung« war man weit entfernt.

Erster Distriktgouverneur in Galizien wurde im August 1941 Karl Lasch, ein Vertrauensmann Franks. In dieser Funktion war er für die Ghettoisierung in seinem Distrikt zuständig. Das erste Ghetto wurde Ende 1939 in Piotrkow Trybunalski im Distrikt Radom eingerichtet, 1940 folgte die Einrichtung einer ganzen Serie weiterer Ghettos. Lasch ordnete an, dass bis zum 5. April 1941 solche in allen Städten des Generalgouvernements zu bilden seien. Wegen massiver Korruption und auch weil er Himmler im Wege stand, wurde er im Juni 1942 vor Abschluss eines Verfahrens entweder erschossen oder zum Selbstmord gezwungen. Genaueres wurde nie geklärt.

Laschs Nachfolger wurde am 22. Januar 1942 der SS-Brigadeführer Otto Wächter, ein von Anfang an überzeugter Nationalsozialist aus Österreich, der zu Himmler ein ausgezeichnetes Verhältnis hatte. Schon 1940 in seiner Zeit als Distrikts-Gouverneur in Krakau hatte er darauf hingewiesen, »daß eine letztlich radikale Lösung der Judenfrage unvermeidlich sei und daß auch keine Rücksichten irgendwelcher Art [...] genommen werden könnten«. Wächter blieb bis zur Auflösung des Distrikts Galizien im August 1944 Gouverneur.[107]

Unterhalb dieser Ebene fungierte als Amtschef (vergleichbar mit dem Staatssekretär in der Regierung des GG) ab 1. August 1941 Ludwig Losacker, auch er SS-Sturmbannführer und überdies bereits seit 1936 auch für den SD tätig. Von einem seiner engsten Mitarbeiter ist überliefert, dass weder von Wächter noch von Losacker irgendein Widerstand gegen antijüdische Maßnahmen zu erwarten war.[108]

Losackers Nachfolge übernahm am 1. Januar 1943 Otto Bauer. Inwieweit Bauer eine andere Einstellung zur Judenfrage hatte, ist umstritten. Kreishauptmänner (KHM) wie Becker und Kujath bezeugten nach dem Krieg, dass er der »gute Geist« der Verwaltung gewesen sei«. Ähnlich Schöningh in seinem Rückblick: »[...] stützte er Harbou mit allen Mitteln und dadurch auch mich.« Hingegen zeichnen Sandkühler und Pohl ein aktiv judenfeindliches Bild. Bauer wurde als einer der wenigen Zivilbeamten von russischen Agenten am 9. Februar 1944 erschossen.

Innerhalb der von Losacker und Bauer geleiteten Abteilung Innere Verwaltung gab es kein eigenes Judenreferat. Wie überall in der Verwaltung des GG war dies die Angelegenheit des Referats, später Unterabteilung »Bevölkerungswesen und Fürsorge« (BuF) genannt. Deren Hauptaufgabe war die Kontrolle von »Umsiedlungen«, aber auch die Betreuung vor allem der nicht-jüdischen Bevölkerung, sprich in erster Linie der Ukrainer. Über die Bedeutung der Unterabteilung BuF (und ihrer Zentrale in Krakau) wird unten gesondert eingegangen werden. Erst Ende der 1940er-Jahre entdeckten Staatsanwälte die wahre Dimension dieser Einrichtung als Schaltzentrale der Judenvernichtung.

Neben diesen genannten Akteuren der »Judenpolitik« sind in diesem Zusammenhang noch drei weitere Abteilungen in der Distriktverwaltung von Lemberg wichtig. Da ist zum einen die Arbeitsverwaltung, die die Arbeitsämter und ihre Nebenstellen steuerte. Sie war bis zum Sommer 1942 verantwortlich für die jüdische Zwangsarbeit. Daneben gab es die Abteilung Wirtschaft, die mit ihrer Unterabteilung »Treuhand« jüdisches wie nicht-jüdisches beschlagnahmtes Eigentum verwaltete, zuständig für die Verdrängung und Enteignung der kleinen jüdischen Handwerker und Händler, und schließlich die Abteilung Gesundheit, die die medizinische Versorgung der jüdischen Bevölkerung einschränkte. Die Abteilung Propaganda übernahm die antisemitischen Aktionen. Bei der Abteilung Justiz ist festzuhalten, dass diese ab November 1941 in Tarnopol ein Sondergericht einrichtete, welches auf Anweisungen aus Lemberg hin und auf der Basis der Ausnahmeverordnungen des GG drakonische Strafen gegen Ukrainer, Polen und bis zum Herbst 1942 auch gegen Juden verhängte. Ab Oktober 1943 richtete die Polizei eine sogenannte Standgerichtsbarkeit ein, eine, wie Dieter Pohl schreibt, reine Mordmaschine. Die Übergänge zwischen beiden Repressionsformen waren fließend.

Während die Distriktsverwaltung allgemeine Weisungen für die Politik im Distrikt erteilte und in der Stadt Lemberg auch durchführte, waren die eigentlichen Herren in der Provinz die Kreishauptleute. Die Bezeichnung war noch aus der Zeit der galizischen k. u. k. Verwaltung des österreichischen Kaiserreichs übernommen und entsprach in etwa den Landräten im Altreich. Jedoch hatten sie hoheitliche Befugnisse für alle Bereiche der Politik in ihren Kreisen.

Der Distrikt Galizien wurde zunächst in 17 Kreise und die Stadt Lemberg untergliedert, durch diverse Zusammenschlüsse und Auflösungen bestanden zu Ende der deutschen Besatzung aber nur noch zwölf Kreishauptmannschaften und die Stadthauptmannschaft Lemberg. Die Größe der Kreishauptmannschaft Tarnopol beispielsweise belief sich auf etwa 3600 Quadratkilometer (im Vergleich dazu hatten Landkreise im Reich eine Ausdehnung von durchschnittlich 600 Quadratkilometern) und war damit der drittgrößte Kreis des Distrikts Galizien. Nur Czortkow und Lemberg-Land waren größer. Die Stadt selbst hatte 1939 über 34000 Einwohner (1943 stieg die Zahl auf 44000), wovon circa 18000 Juden waren. Die Gesamtbevölkerung des Kreises mit 46 Gemeinden umfasste im September 1942 481221 Einwohner bei einem Anteil von knapp 30000 Juden.

Dem Kreishauptmann oblag die Durchführung der Anordnungen und Maßnahmen, die von der Regierung in Krakau beschlossen wurden. Er sollte »der alleinige Vertreter der Regierung des GG« auf Kreisebene sein und war dem Generalgouverneur Frank unterstellt.

Die Kreis- und Stadthauptleute verfügten von Anfang an über einen großen Handlungsspielraum, der bedingt war durch das Chaos während der ersten Monate des Generalgouvernements, als die Behörden noch nicht eingerichtet waren und noch kaum Verordnungsvorgaben bestanden, sodass der KHM von sich aus selbstständig handeln musste. Er hatte nur den Interessen des Reichs Genüge zu leisten und speziell den vom Generalgouverneur vorgegebenen politischen Richtlinien und den aus seinen Maßnahmen erkennbaren Zielen zu entsprechen. Im Zuge des Verwaltungsaufbaus musste der KHM indes Prioritäten setzen, da er in Teilressorts mit derart vielen Verordnungen und Arbeiten konfrontiert war, dass er sie aufgrund der dünnen Personalsituation kaum bewältigen konnte.

Die Probleme der Anfangszeit wiederholten sich ab August 1941, als zusätzliche Aufgaben durch die verwaltungstechnische Erschließung von Teilressorts entstanden. Der KHM von Kamionka Strumilowa behauptete sogar: »Wir konnten machen, was wir wollten.«

Die Zuständigkeiten der Kreishauptleute waren nicht abschließend geregelt. Somit gehörte all das in ihren Kompetenzbereich, was nicht in die Zuständigkeit einer Sonderbehörde fiel.

Nach der Ersten Verordnung für den Aufbau der Verwaltung der besetzten polnischen Gebiete vom 26. Oktober 1939 bestanden folgende zentrale Aufgaben:

- Sicherung und Festigung der deutschen Herrschaft
- Erfassung der Kontingente der Landwirtschaft und der Arbeitskräfte
- Erschließung der Rohstoffreserven
- Sicherstellung einer funktionsfähigen Wirtschaft
- Aufsicht und Kontrolle über die polnische, ukrainische und jüdische Selbstverwaltung
- Pass- und Meldewesen
- Preisüberwachung
- Bekämpfung des Schwarzmarktes
- Staatliche Fürsorge für Deutsche und Polen

- Straßenverkehrswesen
- Gesundheitswesen (Krankenhäuser, medizinisches Personal)
- Landwirtschaftliche Produktion (Saatgut, Düngemittel, Erfassung der Ernten, Lagerung, Verteilung)
- Schulaufsicht (Volks- und Fachschulen)
- Kulturelle Betreuung der Reichs- und Volksdeutschen

Zwar waren die Aufgaben fixiert, der KHM konnte jedoch seine Behörde nach seinem eigenen Ermessen aufbauen und den jeweiligen Verhältnissen anpassen. So hatten die Kreishauptmannschaften vielfach voneinander abweichende Organisationsstrukturen. Ende März wurde eine Reihe von Sonderbehörden in die Zuständigkeit der Kreishauptleute eingegliedert, unter anderem der Kreislandwirt, Kreisschulrat, Finanzinspekteur, das Arbeitsamt und der Baudienst.

Verschiedene nachrangige Behörden wurden ihnen ebenfalls unterstellt und konnten von »Nichtdeutschen« geleitet werden, so unter anderem das Landvermessungsamt und das Wasserwirtschaftsamt. Diese Sonderbehörden bestanden als selbstverantwortlich arbeitende Ämter weiter, unterlagen aber dem Weisungsrecht des KHM. Erst im April 1941 regelte eine Verwaltungsanordnung die Gliederung der Dienststellen der Kreishauptmannschaften einheitlich, indem sie in die fünf Ämter Innere Verwaltung, Wirtschaft, Ernährung, Landwirtschaft und Schulamt untergliedert wurden.

Der Kreishauptmann konnte einfache Verwaltungsstrafen erlassen (Geldstrafen in Höhe von maximal 10 000 Zloty), konnte aber auch Zuwiderhandlungen gegen Verwaltungsvorschriften mit bis zu einem Monat Arbeitslager bestrafen. Ganz anders seine Kompetenz im Baudienst: Dort konnte er neben Geldstrafen für geringere Vergehen bei Verweigerung der Dienstpflicht sogar die Todesstrafe vollstrecken lassen. Alternativ hatte der KHM die Möglichkeit, Verfahren der lokalen Anklagebehörde zu überstellen. Ein einheitliches Verwaltungsschema ist bei der Verhängung von Verwaltungsstrafen nicht erkennbar. Dazu fühlten sich die Kreishautleute zu wenig von den Verordnungen gebunden. Bezeichnenderweise wurden auch nur Kreishauptleute wegen massiver strafrechtlicher Delikte verurteilt oder zur Wehrmacht abgezogen, so zum Beispiel Claus Volkmann, der wegen offenkundiger Kleptomanie als KHM von Kolomea entlassen und für ein Jahr der Wehrmacht überstellt wurde, um anschließend wieder KHM (in Lowicz) zu werden. In etlichen Fällen wird berichtet, dass die Kreishauptleute von einer Verhängung von Strafen absahen und sich stattdessen durch Erpressung bereicherten. Auch dieser Komplex wirft ein Licht auf die Willkür der Zivilverwaltung.[109]

Im Juli 1943 kam das »Amt für Polizeiangelegenheiten« zu den Aufgaben-bereichen der Kreis- und Stadthauptmannschaften hinzu. Es befehligte eine Truppe uniformierter und bewaffneter ukrainische Polizisten, die »Maßnah-men« gegenüber der nicht-deutschen, vor allem aber der jüdischen Bevölke-rung durchzuführen hatte. Diese fanatische antisemitische Gruppierung hatte freie Hand und fiel deshalb in den Berichten auch immer wieder durch ihre Exzesse auf. Damit unterstand der Gendarmerieführer dem Kreishauptmann als polizeiliches Exekutivorgan, der KHM hatte ein sachliches Weisungsrecht, das auf rein polizeiliche Aufgaben beschränkt war.

Zur Durchführung seiner Arbeit stand dem KHM die Gendarmerie mit einer Stärke von zuletzt je 30 bis 40 Gendarmen zur Verfügung.

Drei Monate später wurde dem KHM »unbedingte Weisungsbefugnis« gegenüber der Gendarmerie zugestanden. Hinzu kam die der Gendarmerie unterstellte polnische Polizei, die vor allem die allgemeine Kriminalitätsbe-kämpfung, Streifen- und Wachdienste zu verrichten hatte. Diese polnische Polizei kam auch bei der Rekrutierung polnischer Zwangsarbeiter und der Eintreibung der Ernteerträge zum Einsatz. Wichtiger noch ist, dass sie als Begleitpersonal sowohl die deutschen SS- und Polizeikräfte bei den Deporta-tionen und der Ermordung von Juden (Absperrung der Tatorte) entlasteten als auch die Ghettos bewachten.

Darüber hinaus unterstand den Kreishauptleuten der sogenannte Sonder-dienst. Dieser paramilitärische Verband wurde von Frank am 6. Mai 1940 gegründet, um den Kreishauptleuten ein Exekutivorgan an die Hand zu geben, das sie von der Gendarmerie unabhängiger machen sollte, da diese auch der Himmlerschen Polizei unterstand, was immer wieder zu Kompetenzstreitig-keiten führte. Er bestand aus Volksdeutschen, also denjenigen, die teilweise aus dem ins Reich eingegliederten Westpolen stammten, sowie aus »Umsied-lern« infolge der Verträge über den gegenseitigen Bevölkerungsaustausch mit der Sowjetunion 1940. Der Sonderdienst sollte in jedem Kreis etwa 20 bis 30 Leute umfassen, in Tarnopol bestand er aus etwa 50 Mann. Die Mitglieder tru-gen graue Uniformen mit einem Band am unteren Ärmel mit dem Aufdruck »Sonderdienst GG«. Die Kreishauptmannschaften setzten den Sonderdienst bei der Bekämpfung des Schleichhandels, der Erfassung von Erntekontingen-ten oder der Eintreibung von Steuern, Gebühren und Strafgeldern ein, aber auch für den Wachdienst für Gebäude und Personen der Zivilverwaltung. Er konnte zudem auch vom Leiter der Gestapo bei »Aktionen« gegen die jüdische Bevölkerung herangezogen werden, beispielsweise bei Erschießungen, beim Zusammenstellen von Transporten oder bei Massenhinrichtungen.

Insgesamt kann man einen festen Kern von rund 200 bis 500 Sicherheits-kräften für jede Kreishauptmannschaft veranschlagen, ohne Berücksichtigung der Wehrmacht und zeitweilig stationierter mobiler Verbände wie Polizeibataillone oder SS-Einheiten.

Zur Verdeutlichung der Grenzen polizeilicher Kompetenz der Kreishauptmannschaften sei auf die Struktur der ebenfalls in den Kreisen tätigen SS- und anderen Polizeiorganisationen hingewiesen, die unabhängig von den Kreishauptleuten agierten.

Die Dienststelle des Kommandeurs der Sicherheitspolizei (KdS) und des SD in Krakau hatte einen ähnlichen Aufbau wie das Reichssicherheitshauptamt (Personal / Verwaltung; Sicherheitsdienst; Gestapo und Kriminalpolizei). Insgesamt arbeiteten dort fast 400 Kriminalbeamte und -angestellte, über die Hälfte von ihnen bei der Gestapo. Für »Judenfragen« war in erster Linie die Gestapo zuständig.

Im September 1941 wurden Außenstellen des KdS mit gleicher Verwaltungsgliederung auch in Tarnopol eingerichtet. Über den Dienststellenleiter Edmund Schöne (Juli bis September 1941) weiß man kaum etwas, im Gegensatz zu dem dortigen Gestapochef Hermann Müller (September 1941 bis Juni 1943), der sich als direkter Gegner des KHM von Harbou und seines Stellvertreters Franz Josef Schöningh erwies. Nachfolger Müllers wurde Wilhelm Krüger (ab Juni 1943). Anfänglich hatten die Außenstellen etwa 40 Mann Personal, das sich aber im Laufe des Jahres 1942 auf etwas mehr als die Hälfte reduzierte.

Das Personal der Außenstellen rekrutierte sich zunächst aus dem bereits erwähnten Einsatzkommando, zum Beispiel V. Ab Frühjahr 1942 setzte eine rasche Rotation ein. Die Angestellten und das Hilfspersonal wurden von Volksdeutschen gestellt. Infolge der schwachen Besetzung bei gleichzeitig vorgegebener Aufgabenteilung des Personals wurde nahezu jeder Funktionär auch bei Razzien und Judenerschießungen eingesetzt. Überdies zog man auch Kripobeamte heran, und der SD übernahm, wie in den Einsatzgruppen, Exekutivfunktionen.

Die Außenstellen verfügten zusätzlich über Hilfspolizeieinheiten, die meist aus Ukrainern rekrutiert wurden. Die Kripoeinheiten hingegen waren überwiegend mit polnischen Kriminalpolizisten besetzt.

Insgesamt, so Dieter Pohl, war der Apparat des SD personell sehr dünn besetzt. Quellen besagen, dass sich nur etwa 600 deutsche Beamte und Angestellte und ebenso viele ukrainische und polnische Kripomänner im Distrikt Galizien befunden haben.

Umso wichtiger war für den Distrikt die andere Polizeiformation, die Ordnungspolizei.[110] Sie unterstand dem SSPF Friedrich Katzmann und wurde von einer kleinen Behörde des Kommandeurs der Ordnungspolizei (KdO) in Lemberg geführt. Im Gegensatz zum KdS leitete der KdO (soweit bekannt) keine eigenen Einsätze, vielmehr wurden offenbar vom KdO Personalsachen bearbeitet, die Berichterstattung der Ordnungspolizei ausgewertet, Rahmenanweisungen erteilt und Großeinsätze geplant. Direkt unterstanden dem KdO die Polizeibataillone. Aus verschiedenen Reserve- und Polizeibataillonen entstanden, hießen diese Bataillone ab 4. August 1942 Polizeiregiment 24, ab 1943 SS-Polizeiregiment 24. Wegen ihrer Personalstärke waren sie von enormer Wichtigkeit für die Besatzungsherrschaft. Ursprünglich nur zu Bewachungsaufgaben herangezogen, wurden sie schon ab Oktober 1941 zu regelrechten Judenmordeinheiten. Ihre Großeinsätze wurden, wie gesagt, vom KdO ausgearbeitet.

In den wenigen größeren Städten, wie Tarnopol, versah die Schutzpolizei den regulären Polizeidienst, im ländlichen Raum dagegen die Gendarmerie. Schutzpolizei wie die Gendarmerie nahmen zunächst dieselben Aufgaben wahr: Verkehrsregelung, Marktüberwachung, Alltagskriminalität. Aber bereits bei der Bekämpfung des Schwarzhandels verfolgten sie vorzugsweise Juden. Erst recht zu Beginn der Massenerschießungen ab 1941 wurde die Ordnungspolizei die massivste Stütze der Gestapo.

In diesem Zusammenhang bleibt noch die ukrainische Hilfspolizei als allerletztes Glied der Polizei im Distrikt Galizien zu erwähnen: In jeder Kleinstadt, in jedem Dorf gab es einen ukrainischen Polizeiposten. Insofern waren diese, um auch Einsätze im rein ländlichen Raum durchzuführen, für die Besatzer unverzichtbar. Zahlenmäßig kamen auf einen deutschen Polizisten fast zwei ukrainische Hilfspolizisten.

Neben der Zivilverwaltung und dem SS-Polizei-Apparat war die dritte Machtbasis der deutschen Besatzungsherrschaft die Wehrmacht. In Tarnopol gab es einen Ortskommandanten (ab Januar 1942 Generalleutnant Beuttel). Ihm unterstanden die Geheime Feldpolizei, Feldgendarmerie, die Kriegsgefangenenlager, zahlreiche Landesschützenbataillone und etliche, aber nur schwach besetzte Wachbataillone. Sie alle spielten im Zusammenhang mit der Judenverfolgung keine Rolle. Lediglich das Rüstungskommando in Lemberg war in dieser Hinsicht bedeutsam, da es die kriegswirtschaftlich wichtigen Betriebe im Distrikt überwachte und diese auf jüdische Zwangsarbeiter zurückgriffen.

Wegen ihrer exzellent funktionierenden Logistik und ihrer Ausstattung mit einer erheblichen Personalstärke, vor allem polnische Bahnarbeiter, war die Reichsbahn (sie firmierte im Generalgouvernement bis 1945 als eigenständige »Ostbahn«) ein wichtiges Vehikel der Besatzungspolitik. Sie spielte besonders bei den Judendeportationen von Tarnopol aus eine zentrale Rolle. Auf die Bedeutung der Ostbahn wies erstmals Raul Hilberg in seinem Buch *Die Quellen des Holocaust* hin, der die erhaltenen Fahrpläne mit ihrer chiffrierten Sprache zum Anlass nahm, sich eine ungefähre Vorstellung über die Dimension der täglichen Deportationszüge und damit auch der Opferzahlen zu machen.

Generell sollte alle Fragen des Distrikts der Gouverneur, alle Fragen des Kreises der Kreishauptmann regeln. Die Durchführung der politisch negativen Maßnahmen wie die Unterdrückung und partielle Ausrottung der Bevölkerung war Aufgabe der Polizei. Insofern ist die Institution des SSPF von zentraler Bedeutung, als sie erstens die Zusammenfassung der personell schwachen Polizei- und SS-Gruppierungen und zweitens die ideologische Verschmelzung von Polizei und SS garantieren sollte. Hinzu kamen die KdS, zuständig für die Bekämpfung echten (zum Beispiel Partisanen) und angeblichen (zum Beispiel jüdischen) Widerstandes wie Boykott von Anordnungen sowie für die Durchsetzung aller Gewaltmaßnahmen, wie die Räumung von Ghettos und die Ermordung vor allem von Juden. Dafür waren in der Provinz wie in Tarnopol die KdS-Außenstellen zuständig, kleinere Einheiten, die von radikalen Gestapo- oder SD-Offizieren geleitet wurden, unterstützt durch ukrainische Hilfspolizei und die bereits erwähnten Einsatzkommandos.

Es handelte sich also um ein recht heterogenes Personal, das überdies als überwiegend unterqualifiziert angesehen werden muss. Dieser ganze Komplex muss so wichtig gewesen sein, dass er in der gesamten Forschungsliteratur einen breiten Raum einnimmt.[111]

Wer waren also die Akteure im Generalgouvernement, wo kamen sie her, und wer wurde genommen?

Im Generalgouvernement waren während des Zweiten Weltkrieges im Jahr 1943 über 17 500 Deutsche in der Verwaltung tätig, nicht mitgerechnet das deutsche Personal etwa der Ostbahn, der Reichspost oder die Angehörigen der zahlreichen SS- und Polizeieinheiten. »Ein einheitliches Muster für die Personalrekrutierung für die Zivilverwaltung des Generalgouvernements hat es zu keinem Zeitpunkt gegeben«, so Markus Roth. Nach der abrupten Auflösung der Militärverwaltung im Oktober 1939 drohte der Zusammenbruch der Zivilverwaltung, als das Reichsinnenministerium die zur Unterstützung abgeordneten 400 Beamten abzuziehen gedachte. Das konnte Frank zunächst abwenden. Doch war der Bedarf an verwaltungstechnisch erfahrenen Beamten und Angestellten angesichts der Größe der neu annektierten Gebiete nicht zu schließen. Im Grunde verkannte man das Problem und ließ Frank mit der Rekrutierung allein, entsprechend Hitlers Vorstellungen, man wolle im GG keine Aufbauarbeit leisten und auch keine Musterverwaltung schaffen. Frank übernahm diesen Gedankengang, indem er als Verwaltungsprinzip »herrschen statt verwalten« ausgab.

Die Mehrzahl der Deutschen in der Verwaltung wurde neu eingestellt. Betrachtet man die Führungsebene der Kreishauptleute, so ist dank der Untersuchungen von Markus Roth und Stephan Lehnstaedt festzuhalten, dass das Diensteintrittsalter bei 37 bis 38 Jahren lag. Drei Viertel bis vier Fünftel hatten die Zweite juristische Staatsprüfung absolviert.

Dennoch waren – wie Schöningh – etwa 30 Prozent aller Kreishauptleute verwaltungsunerfahren. »Die Wege und Methoden der Rekrutierung der Kreis- und Stadthauptleute lassen sich grob in drei Teile fassen: der größte Teil wurde entweder von der Militärverwaltung übernommen (und blieb dort) oder von ihren Heimatdienststellen ins Generalgouvernement abgeordnet. Letzteres wurde als Abschiebung überflüssiger, schlecht qualifizierter oder missliebiger Beamter betrieben, aber auch als ›normale‹ Abordnung. Einige, und das waren die wenigsten, bewarben sich aus eigener Initiative oder gelangten über persönliche Beziehungen, durch Meldung auf Zeitungsannoncen […] in die Besatzungsverwaltung.«[112] Bei den Initiativbewerbungen spielten die ideologischen Gründe eine ausgeprägte Rolle: Manche von ihnen waren in den 1930er-Jahren mit der Partei in Konflikt geraten oder aus anderen Gründen beruflich oder privat gescheitert. Etliche recherchierte Lebensläufe offenbarten den Wunsch, der Wehrmacht zu entkommen, es finden sich aber auch einfach Abenteurer und Drückeberger. Die überwiegende Mehrheit indes wurde von ihren Heimatbehörden ins GG abgesondert.

»Bereits ab Mitte 1940 nahm das Innenministerium kaum noch Vermittlungen aufgrund von Gesuchen vor, vielmehr versandte es ab diesem Zeitpunkt Standardbriefe mit den Adressen der jeweiligen Behörden in Polen, an die sich die Freiwilligen selbst wenden sollten.«[113] Da wegen des enorm gestiegenen Verwaltungsaufkommens schneller gehandelt werden musste, fragte man direkt in den jeweiligen Heimatbehörden nach, womit der personelle Grundbedarf zumindest in Teilen gedeckt war. Die Ämter im GG konnten sich selbst um weitere Stellenbesetzungen kümmern, ohne ständig die Hilfe des Reichsinnenministeriums in Anspruch nehmen zu müssen. Dieses zulässige Vorgehen erklärt auch die Übernahme Franz Josef Schöninghs in die Kreishauptmannschaft Sambor. Der Kandidat hatte nur den Lebenslauf,

Personalfragebogen und ein ärztliches Zeugnis vorzuweisen. Bei Schöningh schien auch eine behördliche Prüfung, ob der Kandidat in einer sogenannten Warnkartei vermerkt war (d. i. eine Art Strafregister, in dem Personen vermerkt wurden, deren Aufenthalt im GG aus verschiedensten Gründen – etwa weil sie politisch »unzuverlässig« oder vorbestraft waren – nicht erwünscht war), unterblieben zu sein. Da er auf Anforderung der Kreishauptmannschaft Sambor eingestellt werden sollte, unterblieb diese zusätzliche Überprüfung. Die Anstellung im GG erfolgte direkt durch die Kreishauptleute.

Grundsätzlich kann festgehalten werden, dass 1941 beinahe jeder genommen wurde und eine Auslese nicht stattfand. »Eine typische, unbedingt erforderliche Mindestqualifikation für den Dienst im Generalgouvernement gab es nicht. [...] Ostraumvorstellungen, die Zuverlässigkeit i. S. der NSDAP oder die Einstellung zu den Einheimischen war nur in den wenigsten Fällen Maßstab für die Auswahl.«[114]

Dieser Exkurs über die Struktur der Besatzungsherrschaft in Ostgalizien war auch deshalb unverzichtbar, weil man ohne ihn nicht die im Folgenden öfters auftauchenden Probleme der Zusammenarbeit von Sicherheitspolizei und Zivilverwaltung verstehen kann. Dieser Komplex hat bis heute die Forschung, Justiz, Tätereinlassungen und Opferberichte gleichermaßen beschäftigt.

Die Kernaussage der Angehörigen der Zivilverwaltung lautete dabei, dass diese »sauber« gewesen sei und mit den Verbrechen der SS- und Polizeieinheiten gegen die polnische und jüdische Bevölkerung nicht das Geringste zu tun gehabt habe. Dagegen wird von den Autoren der wichtigsten Monografien über die »Endlösung in Galizien« darauf verwiesen, dass »diese Männer und Frauen der deutschen Verwaltung maßgeblich bei der Durchführung des Holocaust mitgeholfen, ihn gefordert, gefördert und zu großen Teilen auch selbst organisiert [haben]. Ohne sie wäre der Völkermord an den Juden, aber auch die Massenverbrechen an den Polen nicht möglich gewesen.«[115]

Vor dem Hintergrund dieser Argumentationen soll anhand der Abläufe der Kreishauptmannschaften von Sambor und Tarnopol untersucht werden, inwieweit auch diese in die nationalsozialistische Judenverfolgung verstrickt gewesen sind.

Deshalb zurück zu Franz Josef Schöninghs Briefen aus Sambor an seine Frau in Prien, die wenigstens teilweise Einblick in seine Verwaltungstätigkeit geben.

Die »Judenumsiedlung«, von der er am 24. Februar 1942 schreibt, muss differenziert gewertet werden. In Sambor herrschte eine hohe Bevölkerungsfluktuation, Neuzugänge verlangten nach Wohnungen, die es zu wenig gab. Die Juden deshalb in ein Ghetto (»geschlossenes Viertel«) innerhalb der Stadt zu verbannen, scheiterte an der (»denkbar verbauten«) Altstadtstruktur. Wohin die Juden »umgesiedelt«, das heißt deportiert wurden, ob in noch beengtere Wohnverhältnisse, in eines der Zwangsarbeitslager, in Straflager im Umkreis von Drohobycz, Borislaw oder Lemberg-Land, ob sie zu Straßenbauarbeiten, in Steinbrüchen o. Ä. herangezogen oder auf dem Wege dorthin einfach ermordet wurden, ist für den Fall Sambor nicht ermittelbar. Protokolle darüber finden sich nur lückenhaft, wenn überhaupt betreffen sie lediglich die in größerer Anzahl deportierten Juden. Eher sind Berichte überlebender Opfer verwertbar. Stets spricht die Forschungsliteratur nur von diesen Alternativen, die Möglichkeit einer tatsächlichen Umsiedlung nach unserem Verständnis, also beispielsweise in einen anderen Stadtteil – es sei denn, ein neues Ghetto wurde eröffnet – oder in eine andere Stadt, taucht nicht auf.

Über die Bedeutung des Begriffs »Umsiedlung« besteht aus heutiger Sicht kein Zweifel. So äußerte der Sicherheitspolizeichef von Stanislau, Hans Krüger, bei seiner Vernehmung am 20. Mai 1966: »Es war wahrscheinlich Anfang Oktober 1941. Katzmann [SSPF in Galizien] beabsichtigte, auf Grund der Weisungen des Reichsführers [Himmler] größere Umsiedlungen in Galizien durchzuführen. Mir war klar, daß Liquidation der Juden damit gemeint war.«

Im gleichen Brief zählt Schöningh zu seinem Tätigkeitsbereich auch die Errichtung des »Deutschen Hauses« als gemütliche Lokalität der deutschen Besatzungsverwaltung: »Hotels: Deutsches Haus, Poststraße, mit Gaststätte, Kino- und Theatersaal, 30 B., zu 6-10 Zloty, gut«, so der Baedecker von 1941, der für fast alle Städte Ostgaliziens ein solches »Deutsches Haus« nennt.

Des Weiteren kümmert sich Schöningh um die Beschaffung von Eisenbahnschienen für den Küchenaufgang, einen Spülraum auf höchstem hygienischen Standard und vermeldet, dass er in diesem Zusammenhang viel »Üppi« (Else Michel) zu verdanken habe. Spaß macht ihm auch die Einrichtung einer »bayerischen Stube« in einem von acht Räumen. »Es macht große Freude, etwas zu schaffen, was nachher dasteht und zumindest beweist, daß man da war.«

Es klingt aber auch ein Unwohlsein an, »daß man mit Veränderungen rechnen muß […] alles [ist] so im Gleiten, daß alles möglich ist: daß es einen morgen wer weiß wohin wirft«. Dem gewinnt er aber auch eine positive Seite ab: »Ich kann nicht leugnen, daß diese völlige Ungewißheit auch ihre guten Seiten hat; vor allem bewahrt sie vor jedweder Trägheit.«

Skeptisch betrachtet er die in einem Brief Carl Muths geäußerte »Hoffnung auf übermorgen« und schreibt darüber erstaunlich offen: »Niemand kann das genaue Ausmaß der Tragödie erfassen, aber so weit sind wir doch schon wissen zu können, daß es kein happy end gibt!«

Am 27. Februar meldet er nach Hause, dass Harbou Kreishauptmann in Tarnopol geworden ist: »Zuerst Kummer […], aber bei Licht besehen ist es eine Beförderung, da der neue Kreis mehr als doppelt so groß ist, der fruchtbarste im Distrikt, Tarnopol selbst als Stadt bedeutend, 30-40 000 Einwohner, hat einen eigenen Stadtkommissar. Meine Zukunft ist […] soweit geklärt, dass ich mitgehen kann, ob als eben solcher Kommissar oder als Vertreter, ist noch nicht klar.« Als Nachfolger für Sambor wurde Hans-Walter Zinser zum Kreishauptmann berufen, nach dem Krieg Richter am Bundesverwaltungsgericht.[116] Er war damit für die Einrichtung eines offenen Ghettos im Armenviertel von Sambor, in Blich, das bis zum 12. März 1942 bezogen werden musste, zuständig.

Schöningh konstatiert, dass ihm nun andere und mehr Aufgaben zufallen, und empfindet es als psychologisch wichtig, »schon beim Start dabei zu sein«. »Im übrigen duze ich mich mit M. [Mogens H.], deshalb erwähnenswert, weil ich sein amtlicher Stellvertreter bin [die Bestätigung aus Lemberg erfolgte zunächst mündlich, A. d. V.]. […] nächsten Mittwoch bin ich wahrscheinlich Stadtkommissar von Tarnopol oder irgendetwas, was mich veranlasst, zu fragen, ob ich träume.«

In der Zwischenzeit – es sind nur anderthalb Monate seit seiner Abreise aus München beziehungsweise Prien vergangen – artikuliert er seine Enttäuschung über die Hinwendung seiner Frau zu Marie-Louise Münchhausen: »Ich habe noch einmal alle Deine Briefe gelesen, ehe ich sie schweren Herzens dem Feuer übergab. Was an schöner und großer Liebe darin ist, ist in meinem Herzen und soll nie verbrennen.« Gleichwohl hält er den Kontakt zu »Butzi«, indem er ihr zur Geburt ihres jüngsten Kindes Cecil von Tarnopol aus gratulieren will. Das Leben in der Endphase Sambors empfindet er als »zu lebendig, als daß man nicht äußerst munter wäre«.

Die Privatwohnung des KHM beschreibt er als »feudal«; die abendliche Begrüßungsfeier zieht sich mit »unendlichen Mengen von Eiercognac und Rotwein bis tief in die Nacht hinein.« Diese »heitere Seite der Angelegenheit« kontrastiert mit seiner ersten Wahrnehmung von Tarnopol: »Sehr viele zerschossene Häuser, wenig wieder aufgebaut. Geschlossenes Ghetto, elende Häuser dort, viele darunter halb zerstört. Zersprungene Scheiben, gähnende Fensterhöhlen auch am Hauptplatz.« Dies entspricht auch dem personellen Zustand des Amtes: »Ein paar Greise, ein Haufen mieses Weiberzeug, ein paar ordentlich

Sitz der Kreishauptmannschaft in der Altstadt von Tarnopol war das frühere Gebäude der Provinzialverwaltung der Woiwodschaft (Ansichtskarte 1928).

aussehende Sekretärinnen.« Das Amt selbst ist zu seiner Überraschung kleiner als die Privatwohnung. Entlastend wirkt dabei, dass »sein Verhältnis zu M. gut genug [ist], um eine Reibung ›im engen Raume‹ vermeiden zu können«. Dienstwohnsitz der Kreishauptmannschaft war das zweistöckige Gebäude der früheren Provinzialverwaltung der Woiwodschaft Tarnopol.

Die Dienstgeschäfte Anfang März musste er zunächst allein führen, da Harbou mit seiner Frau 14 Tage Urlaub in Zakopane machte. »Nun steht auf meiner Tür ›Stellvertreter des Kreishauptmanns‹.«

Bereits gut 14 Tage später, am 21. März, verwies er auf bauliche Fortschritte in Tarnopol: »Es ist alles erst im Entstehen: Häuser werden jetzt abgerissen, andere wieder aufgebaut, Grünflächen geschaffen; ein Hotel, ein Kasino für Zivilbeamte wird eingerichtet.« In der Hoffnung, dass seine Frau doch kommt, um ihn in den Ferien zu besuchen, schilderte er unter weiteren Annehmlichkeiten das Gut Myszkowice, »ein sehr hübsches Gut, das der Kreishauptmannschaft gehört«. Dieses mit »aller Passion eingerichtete« Schlossgut lag etwa zwölf Kilometer südlich von Tarnopol am Ufer des Seret und war bekannt wegen seiner Parkanlagen, deretwegen auch Generalgouverneur Frank bei

Das Gut Myszkowice lag wenige Kilometer südlich von Tarnopol und diente als Wochenend- und Sommerrefugium für die Kreishauptmannschaft. Bekannt ist es noch heute wegen seiner Parkanlagen. Bildquelle: www.chinci.com [geöffnet am 30.1.2013].

seiner geplanten Besichtigungsreise durch Galizien vom 28. bis 30. Juli dort Station machen wollte. Harbous Vorgänger Hager hatte dort einen Privatzoo mit Fasanen, Fischottern, Füchsen und Rehen eingerichtet. Letztere wollte er sogar nach Rawa-Ruska nachgesandt haben. Es diente während des Sommers und auch an den Wochenenden der Kreishauptmannschaft als Landsitz. Lili von Harbou verbrachte mit ihren beiden Söhnen dort auch die Zeit unter der Woche: »Inzwischen ist auch diese mit den Kindern und drei weiblichen Wesen eingetrudelt [aus den Ferien in Zakopane, A. d. V.], so daß sich eine beängstigende Menge von Personal angesammelt hat, das sich aber wieder teilt, sobald L. aufs Land, nach Myszkowice hinauszieht.«

Die Lebensumstände in Tarnopol empfand er als so gut, dass er seine Frau bat, keine Sendungen außer Brot mehr zu schicken. »Wir haben alles, sind geradezu verwöhnt.« Hingegen erbittet er, weil »ich öfter KHM spielen muß, [...] um einen schwarzen Seidenschlips (lang) für meine Uniform (!) und ein Fliegerhemd, also blaugrau, im Notfall ein ziviles in ähnlicher Farbe«.[117]
    Bevor anhand von Schöninghs Briefen die Geschehnisse in Tarnopol weiter

chronologisch verfolgt werden, noch ein Hinweis auf die Erinnerungen der jüdischen Opfer. Es wurde oben bereits darauf hingewiesen, dass es über Tarnopol nur sehr wenige erhaltene Quellen gibt. Eine aber kann besonders herangezogen werden zur Illustration des in Sprache kaum mehr zu fassenden Zivilisationsbruchs der deutschen Besatzer. Es ist der im Original zwölf Seiten umfassende handschriftliche Brief einer Jüdin des Ghettos Tarnopol, die im April / Mai 1943 selbst Opfer des Holocaust werden sollte. Er ist im Anhang abgedruckt. Eine andere sind die 1999 erschienenen Erinnerungen von Irene Gut Opdyke. Auch sie schildert das Grauen über die ständige lebensbedrohliche Situation der Juden. Als ein ganz besonderes Stück Literatur sui generis gelten die Erinnerungen von Soma Morgenstern, eines engen Freundes von Joseph Roth.[118]

Am 25. März war Schöningh zusammen mit Harbou auf einer Tagung der Kreishauptleute in Lemberg. Darüber ist kein Protokoll erhalten, aber durch eine Fülle von Einzeldokumenten ist belegt, dass – nachdem bereits Anfang März 1942 SSPF Katzmann die Kreishauptleute instruierte, sie könnten die »arbeitsuntauglichen« galizischen Juden zukünftig in den Distrikt Lublin »umsiedeln«, womit vermutlich das Vernichtungslager Belzec gemeint war – die Kreishauptleute bei diesem Treffen, bei dem auch Katzmann, Losacker und Wächter anwesend waren, über ihre bevorstehende Aufgabe informiert wurden. Sie erhielten Order, sogenannte »Aussiedlungskommissionen« zu bilden, in denen neben dem KHM und seinen Fachreferenten auch Mitarbeiter der Sipo, der Schutzpolizei und des Arbeitsamtes sitzen sollten. Dem Kreishauptmann kam also eine zentrale Rolle bei der Selektion der Juden zu.

Über den Inhalt der Sitzung lässt Schöningh nichts verlauten, er schreibt nur, »es ist ein Jammer, dass ich das alles nicht niederschreiben kann«. Seine Furcht vor der Briefzensur scheint berechtigt, denn schon am 21. März hält er nach Prüfung des Eingangsdatums zweier nacheinander versandten Briefe fest, »dass er eigentlich keine Zweifel mehr [habe], daß sich jemand mit meiner Post […] beschäftigt«.

Stattdessen beschreibt er seinen Eindruck von der Person des Distriktgouverneurs Otto Wächter: »von einer großen, sich selbst gewissenden Intelligenz, sehr unbeweglichen, fast maskenhaften Gesichtszügen, in denen die Augen eine sehr kalte Sprache redeten«.[119]

In welchem Umfeld muss man sich diese Besprechung zwischen Wächter, Katzmann und den Kreishauptleuten nebst deren engsten Mitarbeitern vorstellen?

Als die Massenerschießungen Ende 1941 weitgehend abgebrochen worden waren, weil als Ziel die völlige Abschiebung der jüdischen Minderheit in den Osten – in die Pripjatsümpfe – ins Auge gefasst worden war und auch die Ermordung einer halben Million Menschen sich als Problem einer bis dahin unbekannten Dimension erwiesen hatte, wollte Himmler gleichwohl zu einer Lösung gelangen. Erst als die Chancen für die Abschiebung nach Osten immer mehr schwanden – obwohl die Absicht nicht aufgegeben wurde –, erfolgte die offizielle Einstimmung auf die Massenmorde am 16. Dezember 1941 in Krakau. Bei der Regierungssitzung bestand nicht nur für die Gouverneure Anwesenheitspflicht. Es waren also nicht nur Katzmann und Globocnik, sondern auch Lasch und sein späterer Nachfolger Wächter anwesend.[120] In seiner Rede gestand Frank ein, dass die geplante Abschiebung nun endgültig nicht mehr infrage komme, und kündigte direkte und indirekte Vernichtungsmaßnahmen an.[121] Auf der Wannsee-Konferenz, die eigentlich schon eine Woche vor dieser Rede hätte stattfinden sollen, bat Franks Staatssekretär Bühler im Januar 1942 dann die Sicherheitspolizei, mit der »Endlösung« doch im Generalgouvernement anzufangen. Voraussetzung war allerdings die Einbindung der Zivilverwaltung in diese Pläne zwecks Unterstützung. Dies stieß auf offene Ohren, hatten doch gerade deren Beamte ständig darauf gedrängt, die Juden aus dem Distrikt zu entfernen.

Dieter Pohl resümiert in seiner Studie diese Kausalkette: »Somit war in etwa folgende Linie festgelegt: Direkte Mordaktionen der Sicherheitspolizei und indirekte Vernichtungsmaßnahmen der Zivilverwaltung.«

Am 1. Dezember 1941 und am 9. Januar 1942 wurden die Kreishauptleute durch den Chef des Amtes Bauer dahingehend instruiert, dass unproduktiv arbeitende Juden und Familien zu erfassen und in kleine Landstädte, »abseits der Hauptverkehrsstraßen und in unfruchtbarer Gegend liegend«, oder in die Pripjatsümpfe auszusiedeln seien. Bauer gebrauchte dabei das Wort »Judenumsiedlung« und plante, die wichtigen Arbeitskräfte in ein Ghetto in Lemberg zu pferchen. Gegen diese Ghettopolitik wandten sich aber die Kreishauptleute, die ja gerade diese komplizierte Verwaltung wie auch den massiven Zuzug von jüdischen Neuankömmlingen von sich weisen wollten. Erst als die Errichtung des Ghettos in Lemberg scheiterte, plante man die Verteilung »unerwünschter« Juden im Distrikt. Dieses Vorhaben wurde dann von der Nachricht überholt, eine Abschiebung in den Distrikt Lublin sei nun möglich.

Mit dem Bau des Vernichtungslagers Belzec im Distrikt Lublin hatte man im November 1941 begonnen und um die Jahreswende eine Gaskammer »erfolgreich« getestet. Das Ziel der Deportationen war nunmehr klar.

Die Auswahl der Opfer bestimmte das Arbeitsamt in Lemberg. Nur Facharbeiter sollten wegen des gravierenden Mangels an qualifizierten Arbeitskräften von den kommenden Deportationen im März 1942 verschont bleiben. Sie wurden mit den überlebenswichtigen Arbeitsausweisen ausgestattet.

Die »Umsiedlung«, das heißt die Festnahme von Juden und ihren Transport zu den Deportationszügen, organisierte die Polizei. Zuständig für die eigentliche Durchführung war das Polizeidezernat der Stadt Lemberg. Somit blieb die »Umsiedlung« selbst zunächst in Händen der Zivilverwaltung, deren Bestandteil das Polizeidezernat war.

Der verantwortliche Mann in der Zivilverwaltung Galiziens für die »Judenumsiedlungen«, also der Planungschef, war hingegen der Lemberger Referent für Bevölkerungswesen und Fürsorge, Alfred Bisanz.

Die als »März-Aktion« in die Geschichte eingegangene Festnahme und Ermordung von Lemberger Juden begann am 9. März. Wann der erste Deportationszug ins Vernichtungslager Belzec abfuhr, ist nicht geklärt. Insgesamt wurden etwa 15 000 Juden deportiert. Zehn Tage danach ahnte auch die weitere, nicht direkt in diese Vorgänge eingebundene Verwaltung wie auch die Wehrmacht, dass diese Züge nicht in ein »Reservat« fuhren. Unter der jüdischen Bevölkerung sprach sich das Ziel der »Umsiedlung« unmittelbar herum. Sie wollte es aber zunächst nicht wahrhaben.

Mitte März waren in Belzec drei Gaskammern in einer abgedichteten Baracke eingerichtet. Nachweisbar ist, dass ab dem 15. März Juden aus den Kreisen des Distrikts Galizien dorthin deportiert wurden. Die begrenzte Kapazität der Todesmaschinerie von Belzec bedingte, dass Züge oft einen ganzen Tag – vorzugsweise in der Station Rawa-Ruska – auf ihre »Abfertigung« warten mussten, was zu unbeschreiblichen Szenen führte, die in der Erinnerungsliteratur weniger Überlebender erhalten ist. Manche Kreishauptleute drängten sehr, aus ihren Kreisen die Juden so schnell wie möglich zu deportieren, weil dort ständig neue deutsche und slowakische Judentransporte eintrafen, was zu großen logistischen Problemen führte.

Es waren die Arbeitsämter in den Kreiszivilverwaltungen, die die sogenannten ABC-Registrierungen nach Arbeitsfähigkeitskriterien entwickelten: A = Facharbeiter für deutsche Institutionen, B = allgemein Arbeitsfähige, C = nicht Arbeitsfähige. Ein Erlass des Chefs der Inneren Verwaltung in Lemberg, Bauer, vom 24. März 1942 legte genau fest, wer von den Deportationen ausgenommen werden sollte: »Welche Juden zu dem genannten Kreis der vorläufig noch unentbehrlichen Juden gehörten, bestimmt der *Kreishauptmann* [Hervorhebung d. V.] im Einvernehmen mit der zuständigen Außenstelle des

Kommandeurs der Sicherheitspolizei und des SD.« Somit waren der Kreishauptmann und das ihm unterstehende Arbeitsamt die entscheidenden Institutionen für die Auswahl der Opfer.

Der Erlass fährt fort, dass »alle übrigen Juden in den Städten an der Eisenbahnlinie [Lemberg–Belzec] oder nahe einer solchen Bahnlinie in den jüdischen Wohnvierteln beziehungsweise in geeigneten Sammellagern zusammenzufassen, zu registrieren sind und für die eingangs genannte Aktion so vorbereitet zu halten, daß sie jederzeit [...] zum Abtransport bereitstehen«. Dies führte zur Auflösung kleiner jüdischer Gemeinden, deren Bewohner in die nächstgrößere Stadt mit Bahnanschluss überführt wurden, die nach der Weisung Otto Bauers eine jüdische Gemeinde von mindestens 1000 Mitgliedern haben musste. Durch den ständigen Neuzugang entstand dabei in Ghettos wie Tarnopol eine unbeschreibliche Wohnungsenge, die die Sicherheitspolizei mit den Mitteln direkter Morde sowie der Deportation nach Belzec »beseitigte«.

Am folgenden Tag, 25. März 1942, wurden die Kreishauptleute und ihre Vertreter in Lemberg offiziell über den Zeitplan der »Endlösung« in Kenntnis gesetzt.

Die Kreisverwaltungen waren außerdem für die Versorgung der Bevölkerung mit Lebensmittel verantwortlich sowie für die hygienischen Zustände, die durch kontinuierlich grassierendes Fleckfieber und Typhus katastrophale Ausmaße annahmen.

Neben der Durchführung dieses Deportationserlasses kam es zu einer immer intensiveren mörderischen Terrorwelle, die sich weit über den Kreis Lemberg-Land hinaus (im Süden zum Beispiel Kolomea) ausbreitete und buchstäblich eine jüdische Gemeinde nach der anderen auslöschte, wobei auch kleinste Dörfer nicht verschont wurden.[122]

Die Sicherheitspolizei in Tarnopol verlangte am 23. März 1942 vom dortigen Judenrat die Auslieferung von 1000 »asozialen« Juden. Durch Bestechung konnte die Zahl schließlich auf 630 Personen reduziert werden, die dann zusammen mit den Kindern des jüdischen Waisenhauses in der Innenstadt vor der zerstörten Synagoge mit einem Maschinengewehr erschossen wurden.[123]

Derlei Beispiele gilt es sich zu vergegenwärtigen, wenn man sich ein Bild davon machen will, vor welchem Hintergrund Harbou und Schöningh ihren Amtsgeschäften nachgingen.

Schöningh klagt am 20. April über »das sehr beanspruchende Amt«, das neu aufgebaut werden muss, weil der Vorgänger (Hager) vor der Arbeit »bald kapituliert und überhaupt nichts mehr getan« hat. Er schlägt sich mit Bittstellern, Beschwerdeführern und Ratsuchenden herum und verweist darauf, dass etwa 500 Zivilisten in Tarnopol lebten. »Es ist gar nicht so leicht, nicht vom großen Maelsstrom, der hier fließt, verschlungen zu werden.« Unterstützt wurde er dabei von einer Sekretärin und dem Büroleiter Angermayr. Ebenso, fährt Schöningh fort, sei Harbou durch die Aufgaben des riesigen Kreises, den er für fünfmal so groß wie Sambor einschätzt, in Anspruch genommen. Eine Formulierung Harbous anlässlich der obligaten Rede zu Hitlers Geburtstag am 20. April blieb ihm besonders im Gedächtnis haften: »[...] dass wir die Ukrainer an der *Selbst*verwaltung dieses Landes teilnehmen lassen wollen. Dieser Satz sagt wohl genug über die ideologische und praktische Situation aus.«

Erstmals erwähnt er Lili von Harbou, »die ein sehr gutes Herz hat und mit der ich gern hause«.

An seine Tochter Karen schreibt er berührende Erlebnisse mit seinem Jagddackel Alex, der 1945 sogar den Rückzug auf Harbous Gut überlebte.

Altstadt Tarnopol in den 1920er-Jahren (historische Ansichtskarte).

Auch in Tarnopol scheint Schöningh für die Wohnungsvergabe zuständig gewesen zu sein, denn er berichtet am 30. April von zwei aufdringlichen Bittstellerinnen, die sich an ihn wandten, da sich der Stadtkommissar ihrem Anliegen gegenüber taub stellte, aber »Wohnungen stehen zur Zeit nicht zur Verfügung«. Ebenfalls musste er die Aufsicht über das Ressort Gesundheit geführt haben, denn zu seinem Schrecken fiel ihm ein, »daß da noch eine ganze Menge von Reichsdeutschen gegen Typhus geimpft werden muß: Brief an alle deutschen Dienststellen«.

Sehr bildhaft schildert er die völlig unberührte Natur in der Umgebung der alten k. u. k. Handelsstadt Brody, dem Geburtsort von Joseph Roth, wohin er gerne zum Jagen fuhr. Sein enger Naturbezug schimmert auch in den beiden einzigen Artikeln durch, die er während seiner Zeit in Tarnopol für die *Frankfurter Zeitung* – ebenfalls unter seinem Pseudonym Walter Vonnegut – schrieb: »Auf den Seen Podoliens« (8. Dezember 1942) und »Podolische Winde« (10. März 1943). Podolien beziehungsweise die podolische Platte bezeichnet ein altes historisches Gebiet in der südwestlichen Ukraine östlich der Karpaten.

Im Brief vom 11. Mai 1942 kündigt er vier Wochen Urlaub ab 27./28. Mai an. Hauptgrund war eine komplizierte Zahnbehandlung (seine oberen Zähne mussten dringend geschient werden), »damit ich nicht das Schicksal zahlreicher, hier seit längerer Zeit lebenden Deutschen teilen muß: zahnlos umherzulaufen«.

Erleichternd empfindet er die Nähe zu den Harbous: »Lili H. sorgt rührend für mich, sie hat eine nette Art, mir einen Platz zwischen Familienmitglied und Gast zu geben. Das Zusammenhausen, das ich für schwierig gehalten hatte, geht spielend.«

Einen Verweis darauf, dass er über die Gesamtsituation in Tarnopol genau informiert war, gibt der undatierte Hinweis, dass er den monatlichen Lagebericht selbst erstellen musste, da Harbou am 11. Mai für zehn Tage Urlaub nahm. Auch daraus ist zu ersehen, dass er als Stellvertreter die Aufgaben des abwesenden Kreishauptmanns übernahm. Der nächste Eintrag findet sich erst wieder am 8. Juli nach Rückkehr aus Prien/München, wo er zwecks dieser Zahnbehandlung weilte. Noch während der Rückreise berichtet er aus Krakau vom Wawel, dem alten polnischen Königsschloss und nunmehr Sitz des Generalgouverneurs Frank, und der Marienkirche mit dem berühmten Renaissance-Altar von Veit Stoß.

In seinem Brief vom 11. Juli an seine Frau hält er fest, dass am 1. August »in dem von den Bolschewiken ehemals besetzten Galizien das Privateigentum

Schöningh und seine Tochter Karen in Prien am Chiemsee während seines Urlaubs 1942.

wieder eingeführt [wird], Hausbesitz grundsätzlich, Landbesitz bis 30 Hektar«. Die Regierung des GG versuchte damit, eine der Hauptforderungen der Polen und Ukrainer zu erfüllen und auf diese Weise innenpolitisch zumindest auf diesem Sektor Ruhe einkehren zu lassen.

Dass Irmgard Schöningh im Juli 1942 mit ihrer Tochter in Herrengosserstedt, dem Münchhausenschen Besitz, weilte, ergibt sich daraus, dass Schöningh ihr für ihr eigenes Zimmer dort einen wertvollen Teppich schenkte. Die Bezahlung des Teppichs (2000 RM) wurde über das Konto von Harbou abgewickelt, über Herkunft und Versand – mit einem Gewicht von 35 Kilogramm konnte er noch als Handgepäck aufgegeben werden – bat er seine Frau um strengste Diskretion, obwohl eine offizielle Bewilligung für die Versendung erteilt worden war.

Zwei Tage später findet sich erstmals ein Verweis auf deportierte Juden: »als heute Gestalten des Amtes an mir vorüberzogen, […] als ich diese Gestalten sah, dachte ich, ich sei im Traum.« Vermutlich wurden diese an der Kreishauptmannschaft vorbei durch die Stadtmitte Tarnopols geführt.

Zum ersten Mal taucht auch die Sekretärin Harbous auf, eine Frau Wachta, die den Verwaltungsleiter Angermayr des Ehebruchs bezichtigte und damit in der »Gespensterburg«, der Kreishauptmannschaft, für erhebliche Unruhe sorgte. Die gleiche Frau sollte sich als Spitzel des SD entpuppen, später denunzierte sie auch den Leiter des Wirtschaftsamtes Jindrich Bronner als Juden.

Schöninghs Brief vom 19. Juli beschreibt die Vorplanungen für den für Ende Juli avisierten Besuch Franks in Tarnopol: »[…] an den Straßen teils jubelndes, teil arbeitendes Volk, Volkstrachten, wenn möglich beritten. Aus politischen Gründen: einfaches Essen, drei Gänge, und zwar in Myszkowice (dem Landgut der Kreishauptmannschaft) 40 Personen, 40 Köpfe Begleitmannschaft (von 20–20:15 Spaziergang im Park). Ich habe […] Wildente vorgeschlagen, wir müssen in dieser Woche 50 Enten schießen, die auf Eis gelegt werden.«

Im selben Brief hält er fest: »Er [Harbou] brachte mir Grüße vom Distrikt mit: ich erfreue mich dort eines rätselhaften Wohlwollens. Stellv. KHM Stellung durch Schreiben des Distrikts festgelegt, meine offizielle Bestallung beantragt, nachdem bisher nur mündl. Zustimmung vorlag.«

Am 21. Juli findet sich der verdeckte Hinweis: »Es sind jeweils ›Unternehmungen‹ aber in 14 Tagen hoffe ich doch allein hinaus [zur Jagd] zu können.«

Noch immer war die Kreishauptmannschaft mit der Organisation des Besuchs von Frank beschäftigt. Kurz davor, schreibt Schöningh am 23. Juli, »scheint die Reprivatisierung augenblicklich gestoppt worden zu sein, so dass die Reise des Generalgouverneurs ihren inneren Anlass verliert. […] Die

Macht geht rapide in die bekannte Hand über, ein Prozeß, der bald auch bei uns wohl recht fühlbar werden wird. Sollte die Wiederherstellung des Privateigentums tatsächlich von dorther verhindert werden, so wäre das ein neues, sehr gewichtiges Zeichen für Kommendes.«

Am 31. Juli fühlt er sich in seiner Ansicht bestätigt: »Die Unzufriedenheit der Bevölkerung wächst sehr fühlbar, kam beim Besuch durch völlige Passivität zum Ausdruck. Es wäre so leicht und gut gewesen, diese Geste zu machen, aber man will diesen Siedlungsraum für junge Germanen nicht ›verschenken‹.«

Die Angst um den Machterhalt geht einher mit Repressionen. Ab dem 1. August gilt der Ausnahmezustand zur Sicherung der Ernteerfassung: »[…] die Bevölkerung steht vor schweren Hungerwochen, es mußte der Straßenverkehr bei Nacht untersagt werden, da sich die Felddiebstähle häufen (noch unreife Ähren!). Aber was soll es helfen, zu sprechen und zu schreiben angesichts der unerbittlichen Folgerichtigkeit alles Geschehens.«

Erleichtert vermeldet er am 31. Juli, dass der »Besuch des GGs nun vorüber und, wie es scheint, zu aller Zufriedenheit verlaufen, hätte es elektrisches Licht gegeben, hätte er in Myszkowice geschlafen. So fuhr er zu seinem 300 m langen Sonderzug zurück und wir haben uns 10 Stunden lang ausgeschlafen.«

Mit diesem Brief wird die Korrespondenz mit Irmgard Schöningh bis zum 3. August 1943 unterbrochen.

Analog ist zu ergänzen, was Forschung und Quellen über den von Schöningh beschriebenen Zeitraum sagen.

Am 8. / 9. April fuhr der vorläufig letzte Deportationszug des Frühjahrs 1942 aus Ostgalizien nach Belzec. Die Gaskammern hatten sich als viel zu klein erwiesen für die Menge von Menschen der täglich dort ankommenden Züge, sie wurden umgebaut und erweitert. Zwischenzeitlich übernahm das Vernichtungslager Sobibor die Funktion von Belzec. Dorthin fuhren aber nur Züge aus dem Gebiet Lublin, nach Wiederinbetriebnahme von Belzec am 29. Mai vor allem Juden aus dem Distrikt Krakau. Es kam somit für Ostgalizien zu einer »technischen« Unterbrechung der Deportationen von fast 15 Wochen.

Die Massenerschießungen im Distrikt hingegen wurden fortgesetzt. Noch im April 1942 wurde systematisch Gemeinde für Gemeinde (vor allem in den südlichen Kreisen Stanislau und Kolomea) heimgesucht. Für Mitte Mai ist eine erneute Wiederaufnahme der Erschießungen, die zwischen Ende April und Anfang Mai abflauten, das heißt, nur noch unregelmäßig stattfanden, durch den Gestapochef von Tarnopol, Müller, bezeugt. Die Sicherheitspolizei in Tarnopol erschoss am 15. Juli 50 Juden, die bei einer Razzia nach Zwangsarbeiten gefangen genommen, aber als »nicht geeignet« ausgesondert worden waren.

Nicht eigens in den Berichten und Zeugenaussagen erwähnt werden die alltäglichen Razzien im völlig überfüllten Ghetto von Tarnopol, um dieses personell auszudünnen, auch wegen ständiger Neuzugänge. In diesem Zusammenhang sei gleichsam auf die in der Literatur kaum auftauchende Zahl von täglich etwa 40 bis 50 Hungertoten dieses Ghettos hingewiesen – auch dies ein Problem der Verwaltung der Kreishauptmannschaft.

Überlebenswichtig für Juden wurden die Arbeitsausweise, vermerkt mit einem Buchstaben A auf ihrer Armbinde mit dem Judenstern, wenn sie für eine deutsche Institution arbeiteten. Nur jeder zweite Jude besaß dieses lebensrettende Dokument, das ab dem 30. April obligatorisch war. Diese Kennzeichnung ermöglichte der Sicherheitspolizei einen leichteren und schnelleren Zugriff auf die anderen, gewissermaßen »vogelfreien« Juden.

Mit dieser Kennzeichnungspflicht einher ging der Ausbau von Zwangsarbeitslagern. Die Lemberger Lager Durchgangsstraße IV und Janowska waren dabei die mit Abstand größten. Besonders Letzteres wurde ab August 1942 mit den großen Deportationen aus Lemberg und den Provinzstädten zum zentralen Arbeits- und Vernichtungslager im Distrikt Galizien. Die Sterblichkeitsquote war extrem hoch. So lebte von dorthin deportierten Juden aus dem Kreis Przemysl zehn Wochen nach ihrer Einlieferung nur noch jeder Dritte. Hauptursachen waren die fürchterlichen Lebensbedingungen sowie dauernde Einzel- und Massenerschießungen.

Himmler kündigte in seiner Trauerrede für den in Prag ermordeten Heydrich am 9. Juni den Abschluss der »Endlösung« binnen Jahresfrist an, also bis zum erwarteten Kriegsende.[124] Er wiederholte dies als Anordnung am 19. Juli 1942: »Ich ordne an, daß die Umsiedlung der gesamten jüdischen Bevölkerung des Generalgouvernements bis 31. Dezember 1942 durchgeführt und beendet ist.«

Eine Verschärfung der Vernichtungspolitik bedeutete auch die Veränderung im Machtgefüge der Regierung im Generalgouvernement. Frank bekam im Mai mit Friedrich-Wilhelm Krüger als HSSPF jetzt einen Staatssekretär für das Sicherheitswesen im GG, der de facto ausschließlich Himmler unterstellt war. Dieser war nun für alle »Umsiedlungen« im GG allein verantwortlich, seine Kompetenz erstreckte sich auch auf alle Judenfragen.

In der Folge wurde auf der Tagung der Kreishauptleute am 25. Juni, auf der Schöningh wegen seines Urlaubs nicht zugegen war, den Beamten die »Endlösung« im Distrikt bekannt gegeben: »Die Kreishauptleute waren durch ihre vorgesetzte Stelle im Distrikt davon unterrichtet worden, daß die Judenfrage einer endgültigen Lösung zugeführt werden soll. [...] Immerhin konnte man vermuten, worin sie bestehen würde.«[125]

Dieter Pohl schließt: »Betrachtet man die Judenverfolgung in Ostgalizien bis Juli 1942 rückblickend, so haben sich bis dahin alle Grundmuster herausgeschält, die die Massenmorde ab dem 27. Juli 1942 bestimmen sollten.«[126]

Die Vernichtung der jüdischen Gemeinden von Juli 1942 bis Juni 1943 soll anhand der Forschungsliteratur zumindest in den Grundzügen dargestellt werden. Briefliche Aufzeichnungen von Franz Josef Schöningh über diesen Zeitraum sind dazu, wie gesagt, nicht erhalten.

Dokumentiert ist aber aus seiner Erinnerung eine Begebenheit im Winter 1942/43, in der er eine die Situation flüchtiger Juden in den Wäldern der Kreishauptmannschaft betreffende Anfrage des Stuttgarter Landesamtes für Wiedergutmachung vom Januar 1957 beantwortet: »Im gleichen Winter [1942/43] stand ich bei einer Treibjagd in einer Waldschneise etwa 30 m von KHM von Harbou entfernt. Mit einem Mal hörten wir die Treiber rufen: ›Judenhaus!‹ oder ›Judenbunker!‹ (Ich weiß das Wort nicht mehr genau; der Sinn war uns jedoch sofort klar.) Harbou lief sofort in das Treiben hinein und rief mit schneidiger Stimme mehrere Male: ›Weiter treiben!‹. Das Treiben ging also weiter, ohne daß noch etwas Ungewöhnliches geschehen wäre. Wie mir der altösterreichische Obertreiber nachher sagte, war der Bunker bereits leer. Da es sich um eines der letzten Treiben des Tages handelte, hatten die Juden Zeit gehabt, in andere Teile des ausgedehnten Waldes zu entweichen.« In einem zuvor verfassten Brief an das Landesamt hatte er festgehalten, dass nur ein recht kleiner Bruchteil im Herbst 1942 in die Wälder zu flüchten vermochte. »Ein schwereres, grausameres Leben als dieses in einem galizischen Winter ist kaum vorstellbar.«[127]

Am 15. Juli wandte sich HSSPF Katzmann an die Kreishauptleute und verlangte genaueste Lagekarten der jüdischen Gemeinden in deren Bezirken. (Eine Fotografie dieser Karte ist erhalten im Archiv der Hauptkommission zur Untersuchung der Verbrechen am polnischen Volk im Institut des Nationalen Gedenkens / AKG in Warschau.) Darin waren auch die kleinsten Gemeinden verzeichnet. Am 3. August wurden Gouverneur Wächter und die anderen Gouverneure von Staatssekretär Bühler offiziell über die Judenvernichtung in Kenntnis gesetzt. Am 6. August informierte Katzmann die Spitzen des Lemberger Distriktamtes, »[...] daß es innerhalb eines halben Jahres im Generalgouvernement keine freien Juden mehr geben wird. Die Leute werden teils ausgesiedelt, teils in Lager verbracht. Die vereinzelt auf dem Lande lebenden Juden werden von Einzelkommandos umgebracht. Die in den Städten konzentrierten Juden werden in Großaktionen teils liquidiert, teils ausgesiedelt, teils in Arbeitslager zusammengefaßt.« Somit waren auf jeden Fall auch Amtschef Losacker, der Chef der Innenverwaltung Bauer und der Leiter der Landwirtschaftsabteilung Gareis informiert.

Den Einwänden der Beamten, dass die jüdischen Arbeiter unentbehrlich seien, konzedierte er, »diesem Übel dadurch abhelfen zu wollen, daß in jedem Kreis ein Judenlager errichtet wird, in dem ein möglichst wohl assortiiertes Lager aller notwendigen Handwerker gehalten werden soll«.[128]

Inoffiziell lebten in Lemberg 80000 bis 100000 Juden, die Katzmann zum allergrößten Teil umbringen lassen wollte. Akribisch entwertete man die bisherigen Arbeitsbescheinigungen von Juden und organisierte eine neue Registrierung, um eine bessere Kontrolle über die Opfer zu haben. Am 10. August begann die Menschenjagd der Schutzpolizei und der ihr unterstehenden ukrainischen Hilfspolizei. Teils wurden die Juden direkt bei Razzien erschossen, teils wurden sie in das Lager Janowka, teils vom Vorortbahnhof Kleparow aus ins Vernichtungslager Belzec transportiert. Man zählte den ganzen August über fast täglich bis zu neun Transporte mit jeweils 50 Waggons, in die jeweils 5000 bis 6000 Opfer gepfercht wurden. Um den 25. August fuhr der letzte Zug mit Lemberger Juden nach Belzec. Innerhalb von zwei Wochen hatten 40000 Juden ihr Leben verloren. Die Überlebenden, nach der Zahl der vom Judenrat ausgegebenen Lebensmittelkarten zu urteilen 36000 Juden, mussten in einem neu errichteten geschlossenen Ghetto leben. Sandkühler merkt dazu an, dass »am 10. August v. Harbou in Erholungsurlaub [ging], möglicherweise in der Absicht, bei den von Wächter und Frank angekündigten ›Aussiedlungen‹ nicht zugegen sein zu müssen«.[129]

Was bedeutete der Vernichtungsbefehl für Tarnopol?

Ende August wandte sich Katzmann den Kreisen im Osten des Distrikts zu. Die über 100000 Juden in den Kreisen Czortkow, Tarnopol und Zloczow waren seit den Progromen und Erschießungen des Sommers 1941 nicht mehr so brutal den Massenmorden ausgesetzt gewesen. Die Sicherheitspolizei in Tarnopol unter Hermann Müller startete ihren Einsatz am 31. August. Die »Judenaktion« wurde sogar auf Plakaten angekündigt, damit sollte vor allem die christliche Bevölkerung gewarnt werden, Juden Hilfe zu leisten. Voraus ging die bereits in Lemberg erfolgreich praktizierte Abstempelung der Melde-/Arbeitskarten der Juden. Sicherheits- und Schutzpolizei, eine Polizei-Reiterschwadron aus Tarnopol sowie die Hilfspolizei wurden mobilisiert. Man

sammelte die Juden, Arbeiter wurden ausselektiert, die übrigen zu dem großen Bahnhof von Tarnopol getrieben. 6200 Juden deportierte die Polizei am
31. August ins Vernichtungslager Belzec. Am 30. September kam es im Kreis
Tarnopol erneut zu einer »Judenaktion«, bei der 4800 jüdische Opfer ebenfalls
nach Belzec transportiert wurden.[130]

Im Oktober 1942 stockten die regelmäßigen Deportationen nach Belzec,
das Lager verfügte nicht mehr über ausreichende Kapazitäten, kontinuierlich
weitere Massenvernichtungen durchzuführen. Zudem entwickelte sich eine
Debatte in der Zivilverwaltung, die sich beklagte, dass sie nach den Mordex-
zessen über zu wenig Arbeiter verfügte und einen öffentlichen Ansehens-
verlust befürchtete. Amtschef Losacker berief daher eine Tagung der Kreishauptleute ein, auf der die einzelnen Kreishauptleute über ihre Erfahrungen
mit den Massenmorden referierten, doch führte das zu keinen Konsequenzen.
Lediglich als am 21. Oktober die Deportationen wieder auf Hochtouren liefen,
ordnete Bauer an: »Judenumsiedlungen sind den Krshptlen [sic!] inzwischen
untersagt.« Pohl schreibt, »damit sollte eine gängige Praxis beendet werden.
In Einzelfällen beteiligten sich Kreishauptleute aber weiter an den Vorbere-
tungen« (zum Beispiel KHM Becker in Brzezany).

Am 5. Oktober kam es in den meisten größeren Orten des Distrikts erneut
zu »Judenaktionen«. Ziel war es, die letzten Juden, die bislang überlebt hatten,
zu deportieren. Wegen regelrechter Massenflucht nach den letzten Razzien
musste die Sicherheitspolizei deshalb geografisch immer weiter ausgreifen. Als
Beispiel hierfür sei die Flucht von Juden in schwer aufzuspürende erdbunker-
ähnliche Unterstände im Wald von Bolechów erwähnt.[131] Für den 8. November
ist eine Deportation von 4000 Juden aus dem Kreis Tarnopol dokumentiert.
Vermutlich um den 8. Dezember wurde Belzec endgültig geschlossen. Nicht
mehr festzustellen ist, ob die letzten Züge aus Tarnopol in diesen Tagen durch
Belzec ins weiter nördlich gelegene Vernichtungslager Sobibor fuhren. Im
ganzen Generalgouvernement wurden die Transporte um den 15. Dezember
eingestellt: Wegen der Stalingrad-Krise hatte die Wehrmacht eine Zugsperre
bis zum 15. Januar angeordnet.

Um die Jahreswende 1942/43 lebten im Distrikt Galizien offiziell noch
161 000 Juden, also weniger als ein Drittel der ursprünglichen jüdischen
Bevölkerung. Etwa 300 000 Juden wurden ermordet, die meisten Opfer fanden
im Vernichtungslager Belzec den Tod. Westdeutsche Gerichte gingen in den
Belzec-Prozessen von circa 200 000 Opfern aus.

Die Wiederaufnahme der Massenmorde Anfang 1943 konzentrierte sich auf
die Kreise Lemberg, Lemberg-Land, Stryj und Zloczow. Hier vermutete Katz-

mann die meisten Juden ohne Arbeitsgenehmigung. Der erste Massenmord der Sicherheitspolizei in Tarnopol fand am 2. März 1943 statt, Opferzahlen sind nicht feststellbar. Diese Morde wurden im April zunehmend forciert und auf den ganzen Distrikt ausgeweitet. Dabei wirkten sie nicht mehr systematisch, sondern eher willkürlich. Auch die erhaltenen Mordzahlen standen in keinem Vergleich mehr zu den Exzessen am Jahresende 1942, dazu waren bereits zu viele Juden ermordet worden.

Die Sicherheitspolizei in Tarnopol wütete seit Anfang April nicht minder. Unter Gestapochef Müller rückte sie nun fast täglich aus. Noch Ende März ließ er eine Razzia im dortigen Ghetto durchführen, bei der 150 Angehörige des Judenrats und der jüdischen Polizei festgenommen und anschließend im Petrykow-Wald erschossen wurden. Es folgten Massenmorde am 1. April in Brzezany (das der Sipo Tarnopol unterstand), am 4. April in Zborow, drei Tage später in den Kleingemeinden Skalat und Trembowla. Am 9./10. April teilte sich die Sipo in zwei Gruppen. Die eine ermordete Juden in Zbaraz und Kozowa, die andere in Tarnopol. Dort wurden zunächst alle Jüdinnen und jüdischen Kinder umgebracht. In unregelmäßigen Abständen wurde das Ghetto bis zum 23. April wieder und wieder durchgekämmt.[132] Im Mai/Juni 1943 wurden die meisten Ghettos mehrheitlich aufgelöst.

Im Kreis Tarnopol waren die Juden bereits im April mehrheitlich umgebracht worden. Im Mai sollten die restlichen in Tarnopol befindlichen 800 bis 1000 Juden liquidiert werden. Zuerst traf es die kleineren Ghettos in Trembowla (3. Juni), Zbaraz (8. Juni) und Skalat (9. Juni). Erst am 20. Juni wurden die letzten Insassen des Restghettos von Tarnopol von einem Kommando erschossen. Drei Tage später plakatierte KHM von Harbou, dass Tarnopol »judenfrei« sei. Damit fiel Tarnopol nicht mehr unter die Ghettoliste vom November 1942. Jeder dort noch anzutreffende Jude war entsprechend dem Schießbefehl zu ermorden. In Ostgalizien gab es kein Ghetto mehr.

Genauso wichtig wie die Darstellung der persönlichen Lebenssituation von Franz J. Schöningh in Tarnopol bis zum Frühsommer 1943 ist das Aufzeigen der Organisationsstruktur für die »Endlösung« in Ostgalizien, und hier vor allem das Klären der Frage nach der Einbindung der Kreishauptmannschaften in die Mordaktionen. Teilweise wurde bereits weiter oben auf die Polizeiorganisation hingewiesen. Bislang nicht eingegangen wurde auf die Rolle der Kreishauptmannschaften.[133]

Ein einheitliches Organigramm der Kreishauptmannschaften findet sich nicht, nur ein allgemeiner Runderlass von Gouverneur Wächter über die Aufgaben eines stellvertretenden Kreishauptmanns vom 19. Juni 1942.[134] Darüber hinaus nur ein Muster-Geschäftsverteilungsplan »Kreishauptmann«. Auch die in der Sammlung »Gesetze des GG« enthaltene Gliederung der Behörden der Kreishauptmannschaft vom 18. April 1941 ist unverbindlich. Das hatte zur Folge, dass die 22 Kreishauptmannschaftsämter je nach Größe des Amtes oder begründet durch die Entscheidung des jeweiligen KHM unterschiedliche Strukturen aufwiesen.

In den Kreishauptmannschaften waren in der Regel drei bis vier Beamte mit antijüdischen Maßnahmen befasst. Das waren der Kreishauptmann und sein Stellvertreter beziehungsweise der Leiter des Amtes für Innere Verwaltung, der grundsätzlich in alle Dienstgeschäfte eingeschaltet werden sollte. Daneben sind laut Geschäftsverteilungsplan der Referent für Bevölkerungswesen und Fürsorge (BuF) sowie der Referent für Polizeiwesen zu nennen. Nicht genannt wird in diesem Zusammenhang der Kreislandwirt.

In Tarnopol hatte Schöningh als Stellvertreter neben der allgemeinen Vertretung des KHM die Leitung des Amtes für Innere Verwaltung inne. Dabei hatte er vor allem die Aufgabe der Überwachung der Kommunalverwaltungen in seinem regionalen Dienstbereich; er hatte aber auch die Verbindung zu den Polizeibehörden in der Kreishauptmannschaft zu pflegen; ihm unterstand der bereits oben erwähnte sogenannte Sonderdienst (also die für die Verwaltungsexekutive eigens geschaffene, aus Volksdeutschen zusammengesetzte Hilfspolizei), das Gesundheitswesen, das Veterinärwesen, die Ordnung des Straßenverkehrs und der sogenannte Baudienst. Die Bereiche Lohn- / Gehaltswesen, Reisekostenabrechnungen, »Umsiedlungen«, Wohnungsangelegenheiten, Gesundheitsvorsorge erwähnt er jedenfalls mehrfach in seinen Briefen. Als Unterstützung stand ihm der Salzburger Verwaltungsangestellte Angermayr zur Seite. Ein eigener Referent für Bevölkerungswesen und Fürsorge für die Kreishauptmannschaft Tarnopol taucht namentlich nicht auf. Hingegen ist er für Sambor nachgewiesen. Schöningh schreibt: »ein gewisser Stuffert«. Auch einen Referenten für das Polizeiwesen scheint Tarnopol nicht gehabt zu haben. Wer diese Funktion ausübte, muss offen bleiben. Kreislandwirt war der aus Wien stammende Maximilian Graf von Reigersberg.

Die Referenten für »Bevölkerung und Fürsorge« waren im Grunde für alle Fragen zuständig, die Juden betrafen. Sie bereiteten über den Judenrat Listen für Ausnahmen von Deportationen vor und nahmen bisweilen an den Vorbesprechungen über die »Judenaktionen« teil. Den Polizeireferenten oblag der Einsatz von Gendarmerie, Hilfspolizei und Sonderdienst, aber auch die Verwaltung, Überwachung und Isolierung der Ghettos.

Die Zentrale Stelle der Landesjustizverwaltungen zur Aufklärung nationalsozialistischer Verbrechen in Ludwigsburg (ZStL), umgangssprachlich auch Ludwigsburger Zentralstelle genannt, hat die Beteiligung der Kreis- und Stadthauptleute an nationalsozialistischen Verbrechen aufgearbeitet. Die Ausarbeitung wurde ab 1967 publiziert. Die Grundlage bildete allerdings Material, das sich weitgehend auf Distrikte außerhalb Galiziens stützte. Erst die genannten Autoren Sandkühler, Pohl und Roth haben dies ab 1996 erstmals für den Distrikt Ostgalizien nachgeholt. Ihnen soll in dieser Zusammenfassung gefolgt werden.

Daraus ergibt sich nachstehendes Grundschema für die Beteiligung der Kreisämter an der Vernichtung der Juden:

In einigen Fällen (zum Beispiel Lemberg-Land, Kolomea) ist nachweisbar, dass die Kreishauptleute nach Beginn der Deportationen beim Distriktamt in Lemberg die Bitte äußerten, ihren Kreis möglichst schnell »judenfrei« zu machen. War über die Zuweisung von Deportationszügen entschieden, so war der KHM mit seinen Landkommissaren für die Konzentration der jüdischen Bevölkerung an Orten mit Bahnanschluss verantwortlich. Die Kreishauptmannschaft wandte sich – besonders bis September 1942 – an den Judenrat, der Listen von angeblich Arbeitsunfähigen oder Fürsorgeabhängigen erstellen sollte. Darüber hinaus übten einzelne Kreishauptleute auf Firmen Druck aus, damit diese ihre jüdischen Arbeiter entließen und somit dem Tod preisgaben. Vor den eigentlichen »Judenaktionen« organisierte die Sicherheitspolizei Besprechungen mit allen beteiligten Behörden, an der oftmals der KHM oder sein Vertreter teilnahm, schließlich stellten die Ghettoräumungen einen schwerwiegenden Eingriff in das kleinstädtische Wirtschaftsleben dar. Praktisch war der KHM vor allem für die Festlegung von Straßenzügen zuständig, die »geräumt« werden sollten. Seine Ernährungsverwaltung teilte den Mördern in vielen Fällen Sonderrationen Alkohol für die Erschießung sowie Proviant zu.

Dazu kamen weitere Aufgaben vor und während der »Judenaktionen«: So mussten der der Kreishauptmannschaft unterstehende Gendarmeriezugführer und gegebenenfalls der Sonderdienst instruiert werden. Vor den Massenerschießungen musste der Baudienst oder die Hilfspolizei Gruben ausheben. Am Tage der Razzia mussten einzelne Straßenzüge oder Stadtteile abgeriegelt werden, um die Bevölkerung fernzuhalten, was meistens die ukrainische Hilfspolizei übernahm. Betroffen waren meist der Marktplatz als Sammelpunkt und die Straße zum Bahnhof beziehungsweise zur Exekutionsstätte. Das Distriktamt bat die Kreishauptleute, die zur Ermordung vorgesehenen Juden selbstständig zu versammeln und zu überwachen, um Razzien zu vermeiden. Viele der Kreishauptleute und ihre Beamten waren während der Ghettoräumungen, ja sogar bei den Erschießungen zugegen. Berichtet wird auch, dass Zivilbeamte an den Selektionen am Sammelplatz dabei waren, um jüdische Arbeiter der Zivilverwaltung oder deren Angehörige zu retten.

Nach den Deportationen und Massenmorden wies die Zivilverwaltung den Judenrat an, die Leichen zu bergen, oder auch den Sonderdienst, die Massengräber mit ungelöschtem Chlorkalk zu bestreuen und zuzuschütten. In Zusammenarbeit mit der Stadtverwaltung (Amt für Wohnungswesen) wurde das Ghettogelände verkleinert, die Treuhandreferenten des Distriktamtes übernahmen die leeren Wohnungen und deren Inventar. Häufig wird von unmittelbar auf die »Aktionen« folgenden Plünderungen durch Ukrainer berichtet. Die Kreislandwirte mussten anschließend die Lebensmittelzuteilung neu berechnen, was Rückschlüsse auf die Zahl der Opfer erlaubt. Die KHM hatten die Pflicht, in ihren Monatsberichten, die sie nach Krakau beziehungsweise nach Lemberg sandten, diese »Aussiedlungen«, »Umsiedlungen« detailliert zu dokumentieren. Nach dem Ende der Massenmorde wurde das Distriktamt davon in Kenntnis gesetzt, welche Orte nunmehr »judenfrei« seien.

In den Kreisen waren die meisten Kreishauptleute durch Ghettobildung sowie Konzentrierung und Registrierung der Juden noch Ende 1942 an der Vorbereitung der Morde beteiligt. Dass sie über die »Judenaktionen« im Voraus informiert wurden, ist bei verschiedenen Kreishauptleuten belegt. »In Tarnopol scheint Sipo-Chef Müller den KHM Harbou von den Judenmorden eher ferngehalten zu haben, er pochte hier auf seine ausschließliche Kompetenz.« (Pohl)

Die direkte Beteiligung der Kreishauptleute an »Judenaktionen« ist im Einzelfall schwer nachzuweisen. Dies deckt sich mit den Ermittlungsanstrengungen der bundesdeutschen Justiz bei der Aufklärung von deren Beteiligung an den Verbrechen im GG. Kein einziger der beteiligten Besatzungsfunktionäre der Zivilverwaltung – gleich welche Position er hatte – wurde durch ein bundesdeutsches Gericht rechtskräftig verurteilt, ausschließlich derjenigen, die nach dem Krieg an Polen oder andere Staaten ausgeliefert worden waren und von den dortigen Gerichten zur Rechenschaft gezogen wurden. Ein Grund dafür lag, wie bereits erwähnt, in der sehr schlechten Quellenlage: Die meisten Dokumente der Zivilverwaltung, sowohl der Distriktverwaltung als auch der Kreisverwaltung, waren 1944 vernichtet worden oder waren nicht mehr auffindbar, sodass die Staatsanwaltschaften ihre Beweisführungen zu einem Großteil auf Zeugenaussagen aufbauen mussten. Hierbei aber standen sie einem eng verbundenen Netzwerk sich gegenseitig entlastender ehemaliger Funktionäre gegenüber. Dieses Netzwerk schloss sich nach dem Krieg unter der Führung von Ludwig Losacker zu einem »Freundeskreis ehemaliger Beamten des GG« zusammen. Wer diesem »Freundeskreis« über Losacker hinaus definitiv angehörte, ist bis auf wenige Namen unbekannt.

Aufgrund der seit 1960 eingetretenen Verjährung für alle Verbrechen bis auf Mord und Beihilfe zum Mord ermittelten die Staatsanwälte nur in denjenigen Fällen, bei denen Verdacht bestand, dass Angehörige der Zivilverwaltung an Tötungen beteiligt gewesen waren, die die erhöhten Tatbestandsmerkmale für Mord aufwiesen.

Unberücksichtigt sollen hier die Institutionen der nachgeordneten Land- und Stadtkommissare sowie die Arbeitsverwaltung bleiben, die zwar zur Zivilverwaltung gehörte, aber horizontal gegliedert war und dem Distriktamt unter Hauptabteilung (HA) Arbeit in Krakau unterstand. Auch in die Befehlskette der Deportationen waren die Kreishauptleute nicht eingebunden. Sie wurde vom Reichsverkehrsministerium, dem Judenreferenten des RSHA Eichmann und auch von Himmler selbst kontrolliert. Vereinzelt ist ein aktives Tätigwerden der Zivilfunktionäre bei Massenerschießungen dokumentiert. Wichtig in diesem Zusammenhang ist die Anweisung des Chefs der Inneren Verwaltung des Distriktamtes, Otto Bauer, vom Oktober 1942, wonach den Kreishauptleuten die Teilnahme an den Massenmorden untersagt wurde. Damit gab es immerhin ein wichtiges Indiz für eine solche Mitwirkung – zudem belegt fotografisches Material hinreichend waffentragende Kreishauptleute.

Zur Problematik, warum Harbou und/oder Schöningh keinen Versuch gemacht haben, sich aus dem direkten Umfeld der Judenverfolgung in Galizien versetzen zu lassen – Harbou zumindest als Rechtsanwalt in eine Verwaltungsbürokratie o. Ä. –, findet sich ein Hinweis in einem Brief Schöninghs vom 3. August 1943: »Von einem Ruf nach Brüssel ist nicht die Rede.« Brüssel war der Dienstsitz von Harbous Vater, der dort als Chef des Militärstabs unter dem Befehlshaber für Belgien und Nordfrankreich, General Alexander von Falkenhausen, beschäftigt war. Der Besuch Mogens von Harbous dort im Juli könnte auch das Ziel einer angestrebten Versetzung gehabt haben. Was aber beide, Schöningh und Harbou, nicht wussten, war, dass die Personalverwaltung in Krakau gar nicht daran dachte, eine Versetzung vorzunehmen. So ist in dem sogenannten Schenk-Bericht vom Mai 1943 des Sicherheitsdienstes festgehalten, dass sich eine Ablösung nachteilig auswirken muss, weil kein adäquater Ersatz zu beschaffen sei.

Mogens von Harbou als Kreishauptmann in Tarnopol. Die spezielle Uniform war erkennbar an dem linken Ärmelstreifen.

Schöningh fährt fort: »Ob wir allerdings in Tarn. [Tarnopol] bleiben, ist sehr fraglich. Die Dinge sind in der Schwebe, so daß ich nichts mitteilen kann, was die Umrisse des Definitiven hätte.« Worauf sich seine Einschätzung bezieht, ist unklar, vermutlich war es die sich zuspitzende Kriegslage. Er erwähnt erstmals die Partisanengefahr (neuerdings hat er bei allen Ausfahrten zum Selbstschutz eine MP oder Pistole bei sich), auch den massiven Druck, der wegen der vollständigen Ernteerfassung ausgeübt wurde. So heißt es bei ihm: »vorerst noch keine nennenswerten Sabotageakte«, »Panikstimmung, seuchenartig«. Und dann schreibt er: »Die hiesigen Ukrainer haben große Furcht vor den Russen, so daß sie darüber ihre Abneigung gegen uns fast vergessen.« Auch seine Schwester Lily kommt nicht, wie schon lange geplant, zu Besuch nach Tarnopol, »weil ihr ›Ernstzunehmende‹ in Berlin dringend abrieten«.

Am 21. September 1943 schreibt Schöningh kryptisch: »Ich rechne mit dem Spätwinter« – gemeint war der Frontrückzug. »Unsere hiesigen Pläne stoßen auf Widerstände und unterliegen Verzögerungen, aber es besteht Grund zu der Annahme, daß die geeigneten Schritte getan werden können.« Ferner bittet er seine Frau, in Prien über Barmittel zu verfügen, falls »ich plötzlich dort ankommen sollte«.

Seinen Freund Heinz Wild hofft er am kommenden Sonntag zu begrüßen. Wild war auf einem Offizierskursus in Lemberg.

Wie rasch sich die politische Situation zuspitzte, zeigt der Hinweis, dass er mit einem von seinem Faktotum Knopf besorgten kleinen Fiat noch einige Abschieds- und Jagdfahrten unternehmen wollte. »Kurz: als wenn kein totaler Krieg wäre.« »Dabei sind wir uns ›im Klaren‹ und außerdem: jeden Morgen liegen die Hiobsbotschaften aus dem Kreis vor. Morde, Raubüberfälle, Brände, die uns über die sich stets bessernden Sicherheitsverhältnisse [sic!] orientieren. Aber es wächst das Gefühl, daß alles bestimmt ist und daß jede Erörterung von Eventualitäten überflüssig. […] Der Kreis ist halt *relativ* in Ordnung, so daß man sich in Lemberg nicht leicht entschließt.«

Seiner Frau rät er, die Pläne als Übersetzerin weiterzuverfolgen, ehe das Arbeitsamt sie für eine andere Position requiriert, fragt aber gleichzeitig, ob die Position einer Dirigentin nicht adäquater sei als die einer Übersetzerin.

Am 15. November, also nur wenige Wochen nach seinen Wahrnehmungen im September, hält er wieder seine Eindrücke fest: »Die Stadt ändert langsam ihr Gesicht, wird zum Heerlager, tiefe Flieger, viele. […] Es gibt hier viele graue Gesichter, nervöse Augen. Es amüsiert mich offen gestanden. […] Die Kriminalität wächst rapid. Raub, Raubmord.«

»Seit Mai, da ich Dir erzählte, hat sich alles unvorstellbar geändert. Aber das

Gros der Bevölkerung ist zumindest loyal, hat die 1 ½ Jahre Russen noch zu sehr in den Knochen. Infolgedessen Reiseverbot für Nichtdeutsche seit heute [...] Frauen und Kinder der Deutschen noch hier, [...] alle meine Pläne, nach Lemberg zu gehen, sind unter obwaltenden Umständen ins Wasser gefallen.«

Die Zeit bis Weihnachten hat er brieflich nicht festgehalten, man kann sie aber anhand seines »Berichts über seine Tätigkeit in Polen und Ungarn« rekonstruieren.

Um Weihnachten 1943, schreibt er darin, hatte sich die Verwaltung in Tarnopol praktisch bereits aufgelöst, da die Russen nur noch 60 Kilometer von der Stadt entfernt stünden. Die Kreishauptmannschaft war nur noch mit Räumungsvorbereitungen beschäftigt.

Am 14. Januar 1944 erfährt Schöningh, dass er bei einer Regierungssitzung als Beauftragter der Regierung beim Oberpräsidenten in Kattowitz vorgeschlagen worden war. Nur einen Tag später indes seien alle Pläne umgestoßen worden, er fahre morgen früh als Verbindungsmann zur Heeresgruppe nach Tschenstochau. Im Anhang des Briefes hält er fest, dass das Kräfteverhältnis mit der Roten Armee nicht gut ausschaue – 3 : 37.

Zwischen 14. Januar und 25. Oktober 1944 findet sich eine erneute Lücke, der nächste Brief an seine Frau ist erst wieder vom 25. Oktober 1944 datiert.

In dem oben zitierten Bericht fährt er fort, dass die zivilen Dienststellen die Stadt Anfang März 1944 verlassen würden. »Harbou und ich hielten uns den März über in Lemberg auf, wo Harbou in der Distriktsverwaltung unterkam, während er mir Anfang April einen Platz im ›Räumungsstab Galizien‹ verschaffte, der in Krakau gebildet wurde. Die Aufgabe des Stabes war es, Verwaltungsangestellte aus den geräumten Ostkreisen im übrigen Generalgouvernement unterzubringen, da sie nicht in die Heimat oder zum Heer entlassen werden sollten. Es stellte sich heraus, dass ein Vertreter des Lemberger Personalamtes für diese Aufgabe vollauf genügt hätte, so dass ich in Krakau stille, der Lektüre gewidmete Tage verbrachte, wenn ich mich nicht mit Reigersberg auf polnischen Gütern traf.«

Budapest

Mitte Juli 1944 wurde Franz Josef Schöningh zu seiner Überraschung zu Harry von Craushaar, dem Präsidenten der Hauptverwaltung Innere Verwaltung in Krakau, gerufen, der ihm mitteilte, dass die deutsche Gesandtschaft in Budapest einen Herrn wünsche, der mit den Verhältnissen des Generalgouvernements vertraut sei und sich der Flüchtlinge annähme, die nach Westen und Süden auswichen.[135] Die ungarische Regierung sei bereit, derartige Flüchtlinge aufzunehmen. Da er nicht voll beschäftigt sei, habe er Schöningh für diese Aufgabe bestimmt. Später erfuhr Schöningh, dass Harbou und Craushaars persönlicher Referent Gerhard von Jordan ihn empfohlen hatten.[136]

Schöningh hält fest, dass grundsätzlich nur nicht arbeitsfähige Polen nach Ungarn fahren durften, er sich aber darüber hinwegsetzte und »allen, die sich bei mir meldeten, dass sie zweifellos gebrechlich seien und hierfür später ein ärztliches Attest beibringen würden, eine Bescheinigung erhielten. Man sieht in diesem Fall, wie wenig exakt die deutsche Verwaltung bereits arbeitete [...].« Anfang August 1944 ging der erste von drei Transporten ab. Schöningh meldete sich bei der deutschen Gesandtschaft in Budapest, wurde aber keiner Dienststelle zugeordnet, sondern blieb selbstständig. »Die deutsche Gesandtschaft legte lediglich Wert darauf, von Flüchtlingen aus Polen nichts mehr zu hören.«

In gleichem Maße setzte er sich für Ukrainer, die über die Karpaten nach Ungarn geflohen waren, ein, indem er Unterbringungsmöglichkeiten und Geldmittel für sie beschaffte.

Obwohl seine Tätigkeit im September 1944 eigentlich abgeschlossen war, blieb er in Budapest, wo er viel Zeit mit dem Schwager des Kreislandwirts von Tarnopol, dem Grafen von Reigersberg, Örs Fekete, verbrachte. Auch schreibt er, dass er mehrere Wochen auf dem Schloss des Grafen Batthyány in Magyarszecsöd weilte und dort ungestört seinen Jagdleidenschaften frönen konnte.

Am 25. Oktober kündigt er seiner Frau auf Briefpapier des Budapester Grand Hotels Hungaria an, dass er sich in drei Wochen wieder in Krakau melden wolle, aber der deutsche Gesandte ihn mangels anderen Personals einstweilen doch noch hierbehalten wolle.

Die zügige Eroberung Ungarns durch die russische Armee (mehr als die

Hälfte war Ende November bereits in russischer Hand) wie auch die Wirren des Horthy-Putsches (»ein bißchen Schiesserei«) scheinen ihn wenig tangiert zu haben.

Um einem möglichen Einzug zum Militär zu entgehen, suchte er nach einer geeigneten Anstellung im Gebiet des restlichen Generalgouvernements und avisierte telegrafisch in Krakau seine Rückkehr. Zuvor fuhr er für einige Tage nach Wien und anschließend nach Prien. Dort fand er ein Telegramm Harbous, der ihn sofort nach Krakau rückbeorderte. Er hatte ihm eine Scheinanstellung in der Kreishauptmannschaft Grojec bei Warschau verschafft, wo Schöningh den Bau von Stellungen (Panzergräben) beaufsichtigen sollte. Wegen des früh einsetzenden Frostes musste diese Arbeit jedoch eingestellt werden, was ihm die Gelegenheit gab, über Silvester nach Wien zu Graf von Reigersberg zu fahren.

Auf dem Rückweg nach Grojec begegnete er letztmals Harbou, der einstweilen KHM im nahe gelegenen Lowicz war. In Grojec überlegte er auch, wie er sich »nach Westen« absetzen könnte. Noch am 8. Januar 1945 wünschte Craushaar Schöninghs Versetzung nach Sochaczew als Vertreter des inzwischen dorthin versetzten Harbou und als Leiter der Unterabteilung »Bevölkerung und Fürsorge«. Mit Einbruch der russischen Winteroffensive Mitte Januar plante er dort konkret, sich abzusetzen.

Schöningh empfand es als glücklichen Umstand, als Craushaar – wiederum auf Vorschlag Jordans – ihn als Verbindungsmann zwischen der mittlerweile nach Tschenstochau übergesiedelten Heeresgruppe A und der Restregierung in Krakau einteilte. Als er erfuhr, dass die Regierung in Krakau »abgehauen« sei, gelang es ihm durch Bestechung, in einem Polizeiauto durch die Kontrollpostensperren zu gelangen und wohlbehalten in Breslau anzukommen. Dort erhielt er von einem der verteilten Stäbe des aufgelösten Generalgouvernements einen Marschbefehl nach Prien, wo er weitere Weisungen abzuwarten habe.

Um der Verordnung zu entgehen, wonach sich jeder Flüchtling beim zuständigen Wehrmelde- und Arbeitsamt zu melden habe, andernfalls er als Deserteur zu behandeln sei, fuhr er zunächst auf seine nahe Bernried gelegene Jagdhütte. Der Haunshofener Bürgermeister versah ihn reichlich mit Lebensmittelkarten; er jagte dort ein paar Tage und kehrte dann bei Nacht nach Prien zurück, blieb acht Tage dort, ohne sich sehen zu lassen. Wie er diese wegen ständiger Kontrollen riskanten Fahrten bewerkstelligte, ob mit Zug oder Privatauto, schrieb er nicht.

Anschließend fuhr er nach Wien, »wo ich ein Untertauchen für relativ leicht hielt«. Hier war er den ganzen März 1945 über. Ende März traf er seinen Verwaltungsangestellten aus Tarnopol Angermayr, der ihm bereitwillig mit einem geretteten Stempel attestierte, »dass ich beauftragt sei, Quartier für meine Dienststelle in Hallein [bei Salzburg, dem Wohnort Angermayrs] zu machen«. »Als ich etwa am 20. April durch den englischen Sender erfuhr, dass die Amerikaner die Donau überschritten hätten, fuhr ich schnellstens auf meine Jagdhütte und atmete, ein Deserteur, 8 Tage später bei Erscheinen amerikanischer Soldaten lebhaft auf. Ich hatte mein über 3 Jahre lang zäh verfolgtes Ziel erreicht: Ich war kein Soldat Hitlers geworden.«

Galizische Innenansichten

Im Rückblick auf die Zeit in Tarnopol bleiben noch Fragen offen, die sich weder durch Franz Josef Schöninghs Korrespondenz noch den Bericht über seine Tätigkeit in Galizien beantworten lassen. Um eine Innenansicht der Persönlichkeitsstrukturen der Kreishauptleute und ihrer Verwaltung vorzunehmen, soll der bereits oben erwähnte sogenannte Schenk-Bericht herangezogen werden. Walter Schenk war der Kommandeur der Sicherheitspolizei und des SD in Lemberg. Er referierte am 14. Mai 1943 in einem Bericht für das Berliner Reichssicherheitshauptamt über das Verhalten der Kreishauptleute und ihrer Verwaltungen. Zugrunde lagen wiederum Spitzelberichte, die Schenk auswertete. Offenkundig mussten die verbreitete Selbstherrlichkeit und Kriminalität dieser »Repräsentanten des Deutschen Reiches« für das RSHA Anlass zur Sorge gegeben haben. So stellt Schenk seinem Bericht gewissermaßen als Motto voran: »Es ist nicht eine Minderheit, die sich außerhalb sowohl der geschriebenen Gesetze stellte, in allen Schichten offenbaren sich gleiche Mängel, Vergnügungssucht, Bereicherungspläne, würdeloses Verhalten gegenüber dem Fremdvolk u. a. m.«

Interessant ist dabei die Einsicht des SD-Chefs über den strukturellen Zusammenhang zwischen Judenmord und Korruption: »Die Stellung des Juden spielt dabei eine entscheidende Rolle. In der Tatsache, daß er praktisch für vogelfrei und rechtlos erklärt wurde, ist die Ursache für zahllose Verfehlungen von Reichsdeutschen zu suchen. Diese Zwangslage des Juden wurde in allen Variationen ausgenutzt, von der räuberischen Erpressung über die Beauftragung mit der Beschaffung von Mangelware bis zur offenen Bevorzugung und Förderung des Juden finden sich unzählige Fälle würdelosen Verhaltens Reichsdeutscher. [...] Diese Ausplünderung des Juden zum eigenen Vorteil des einzelnen dürfte wohl zu den würdelosesten Zuständen im Generalgouvernement zählen.«[137]

Der Bericht belegt dies über Hunderte von Seiten hinweg anhand von Verfehlungen ranghoher Funktionäre der Zivilverwaltung. Allein die Sündenliste von Kreishauptmann Hager füllt 19 Seiten, blieb aber – mangels geeigneten Personals – offenkundig folgenlos. Liest man dies, so kann man die Überzeugung gewinnen, dass Hager beispielsweise in einer bestimmten Woche nur an einem Tag für wenige Stunden in seiner Dienststelle war, ansonsten nur seinen Vergnügungen nachging (Frauen, Jagd, Beschaffung von wertvollen Gegenständen für seine Wohnung und auch für die Einrichtung von Myszkowice). »In Tarnopol widmete er sich fast ausschließlich seinem Privatvergnügen, [...] hat in seiner ganzen Amtstätigkeit Feste, nur Feste gefeiert und Jagden besucht.«

Die Wahrnehmungen in dem Schenk-Bericht sollen nur als Illustration für ein weitverbreitetes Verhalten dieser Funktionärselite gelten.

Der Bericht bezieht sich jedoch genauso auf die Kreishauptmannschaft Tarnopol: Minutiös wird die Beschattung von KHM von Harbou aufgelistet. »Am 22.11.1942 mußte der PKW des KHM Dr. von Harbou, der sich zu einer Unterhaltung beim Landkommissar in Zbaracz [sic] eingefunden hatte, plötzlich nach Tarnopol zur Firma Breckwoldt & Co. fahren, um dort einen Celluloidball für Tischtennis abzuholen. Der persönliche Kraftfahrer des KHM hat den Ball geholt, und es wurden 43 km Brennstoff verfahren für nichts und wieder nichts. [...] Wenn der KHM beliebt Skat zu spielen, dann werden diese Fahrten nach Zbaracz [sic], Trembowla und Zborow durchgeführt. [...] Im Sommer hat der KHM täglich mit seinem PKW vier bis sechsmal von Tarnopol zu seinem Gut in Minskulincze [recte Myszkowice] jede Strecke 13 km, und zurück zur KHMschaft befahren. [...] Der KHM erklärte nach Rücksprache mit mir, daß er noch Privatbrennstoff besitzt und diesen für seine Fahrten braucht. [...] Diese Dienstfahrten nach Trembowla wurden gemacht, um seinen Freund, den Landkommissar [Hans] Weber aufzusuchen, um da anschließend ein Freibad zu nehmen oder Skat zu spielen. An diesen Fahrten nahmen auch sein Vertreter Dr. Schöningh, Graf Reigersberg sowie die Gattin des KHM häufig teil. [...] Seine frühere Sekretärin Frau Wachta bezeichnete den hohen Brennstoffverbrauch des KHM als ›Verbrechen am Krieg.‹«[138] Auch die Jagdleidenschaft wird festgehalten: »Seit Beginn der Hasen- und Saujagd ist der KHM mit seinem Stellvertreter Dr. Schöningh u. a. mehr fast jede Woche 2 bis 3 Tage auf einer Jagd innerhalb des Kreises Tarnopol.«

Besonders erbost schien man »in reichsdeutschen Kreisen über die hohen Bezugscheinanforderungen des KHM«. In 34 Posten wird genauestens Buch geführt über die von Harbou bezogenen Lebensmittel, also wie viel Kilo Butter, Stück Eier (am 3. November 1942 »200 Eier für Frau Harbou«) usw. Harbou musste dazu eine umfangreiche Stellungnahme abgeben, die er als Zumutung empfand. Die Menge der angeforderten Lebensmittel versuchte er zu rechtfertigen mit dem Hinweis auf Repräsentationspflichten, Einladungen oder Besuchen wie Franks Besuch Ende Juli 1942. Das sollte allerdings am Vorbehalt der Sicherheitspolizei gegenüber dem Verhalten der Kreishauptmannschaft nichts ändern: »Es dürfte jedoch keinen Zweifel darüber geben, wo die für die Repräsentation notwendige Beweglichkeit aufhört und die Korruption ihren Anfang nimmt. Gerade der Fall Harbou zeigt dies deutlich.«

Noch deutlicher offenbart sich diese Animosität in der ideologischen Bewertung, »wonach es zwischen dem KHM von Harbou und dem Standortführer der NSDAP [Gestapochef Hermann Müller war zugleich Standortführer] zu erheblichen Differenzen [kam], die ihre Ursache in der persönlichen Haltung des KHM hatten und die so weite Kreise zogen, daß sie Gesprächsstoff sowohl für die Deutschen als auch für die Nichtdeutschen des Kreises Tarnopol wurden«.

Schließlich habe sich Harbou »mit einer Clique umgeben, die moralisch als defekt bezeichnet werden muss. Es handelt sich durchweg um Träger adliger Namen, denen man – um mit Harbou zu sprechen – ›die alte Schule anmerkt‹. Das sind der Gebietslandwirt, jetzt Kreislandwirt Maximilian Graf von Reigersberg, der Landkommissar von Braunschweig, der stellvertretende Kreishauptmann von Schöningh, von Bourgois [...] und der von der Wehrmacht entlassene Major Labudda.«

Reigersberg wurde angekreidet, dass er aus dem Alt-GG seinen Leibjuden mitbrachte, der aber nicht etwa die Aufgabe eines Laufjungen oder Hausknechts hatte, sondern »praktisch Verbindungsmann [war] zu jüdischen Kreisen, die im Besitz begehrenswerter Artikel waren«. So ließ er sich durch diesen einen Pelzmantel beschaffen und zahlte ihn mit Lebensmittelbezugscheinen. Die Sipo brachte alle derartigen Vorgänge zur Staatsanwaltschaft in Tarnopol und erhoffte sich baldige Verfahrensabschlüsse beziehungsweise Verurteilungen.

Auch Braunschweig werden Verstöße gegen Kriegsbewirtschaftungsanordnungen schon im Voraus unterstellt, wenn »sein KHM diese legalisiert«. In Jakob Littners Erinnerungen findet sich die Aussage: »[...] der Landeskommissar von Braunschweig fühlt sich als unbeschränkter König in seinem Reich.«

Zur Cliquenbildung der Kreishauptmannschaft hält der Schenk-Bericht abschließend fest, dass diese sich in besonders deutlicher Form in Tarnopol ausgeprägt habe. Gleichzeitig wird aber die Kreishauptmannschaft Tarnopol gewissermaßen exkulpiert, »da ausdrücklich festgestellt werden muß, daß der Kreis Tarnopol nicht nur der wichtigste, sondern gleichzeitig noch der beste Kreis des Distrikts ist. [...] Harbou, Reigersberg, [...] Schöningh und Braunschweig haben in ihrer fachlichen Arbeit, das heißt in Erfüllung der reichswichtigen Aufgaben und der Führung der nichtdeutschen Bevölkerung bewiesen, daß sie über ein überdurchschnittliches Format verfügen. Dementsprechend ergibt sich ihre Handlungsweise nicht als Ausfluß verbrecherischer oder asozialer Gesinnung, sondern dem Bewußtsein ihrer guten Leistung und dem daraus hergeleiteten Anspruch auf Sonderbewertung.«

»Diese Einstellung«, so schließt der Bericht, »ist keine ausschließlich gefühlsmäßige, sondern ein bewußt vertretbarer Standpunkt. Die von Harbou entwickelte Theorie über die Verwaltung nichtdeutscher Gebiete geht dahin, daß dem staatlichen Hoheitsträger lediglich Aufgaben und ein bestimmter Etat zu stellen sind, das Reich an der Verwertung der zur Verfügung stehenden Mittel so lange uninteressiert bleiben muß, als der KHM seiner Aufgabe hundertprozentig gerecht wird. Eine Kontrolle des KHM etwa auf die Frage, wieviel Butter er verbraucht, oder ob er schon wieder ein neues Pferd habe, wird als kleinlich und nicht in die hiesigen Verhältnisse passend verworfen.«[139]

Schenk kommt in seinem Bericht an das RSHA zu folgendem Ergebnis: »[…] da es sich in der Praxis erwiesen hat, daß die weltanschaulich hundertprozentig ausgerichteten Hoheitsträger ihre Aufgabe in diesem Raum nicht gemeistert haben, wurde bisher davon abgesehen, gegen Harbou weitere Schritte einzuleiten, zumal seine Ablösung unter den derzeitigen Umständen sich nachteilig auswirken muß, da ein Ersatz für ihn, für die Führung des landwirtschaftlich wichtigsten Kreises nicht zu bekommen ist.«

Hätte F. J. Schöningh die Möglichkeit gehabt, den Schenk-Bericht zu lesen, hätte er darin sicherlich eine Bestätigung für seine Einschätzung des Nationalsozialismus gefunden – nämlich als ein verbrecherisches Systems in Galizien. Dies wurde ihm im offenherzigen Meinungsaustausch mit Mogens von Harbou jedoch bereits im Januar 1942 in Sambor deutlich …

Im Schenk-Bericht wird im Übrigen auch eigens auf den Fall Bronner verwiesen. Der stellvertretende Leiter des Wirtschaftsamtes in Sambor und danach in Tarnopol, Jindrich Bronner, wie auch seine Frau und deren elf und 20 Jahre alten Kinder werden als »Volljuden« bezeichnet. Harbou und Schöningh wussten dies und auch um die Gefahr im Falle einer Enttarnung. Bronner hatte als Ariernachweis nur eine kirchenamtliche Bescheinigung, die der SD als Fälschung betrachtete. Zur Sicherheit hatte er überdies seine Familie in dem etwa 25 Kilometer südlich von Tarnopol gelegenen Städtchen Trembowla untergebracht. Akribisch vermerkt der Bericht, dass KHM Harbou ihm für die Wochenendbesuche den »Dienstkraftwagen nebst Treibstoff« zu Verfügung gestellt habe. »Dem KHM war das Gerücht, daß Bronner Nichtarier sei, seit längerer Zeit bekannt. Dennoch hat es Dr. v. Harbou unterlassen die hies. Dienststelle entsprechend in Kenntnis zu setzen. [...] In der Zwischenzeit wurde B. jedoch samt seiner Familie flüchtig.« Erst danach informierte Harbou den SD, »daß ihm das Gerücht um die nichtarische Abstammung Bronners bereits seit dem Herbst 1941 bekannt war«.

Bronner taucht in Schöninghs Bericht über seine Ankunft in Sambor erstmals auf: »[...] so an der KHMschaft vorbei, vor der ein Mann vom Wirtschaftsamt stand und sich auf mein freundliches Grüßen verlegen abwandte, [...] er hat mir heute gestanden, daß er mich für einen Inhaftierten gehalten habe.«[140]

Der Enttarnung voraus ging zunächst, dass sich der SD-Chef Tarnopols, Hermann Müller, in die bildhübsche Frau Bronners verliebt hatte, die sich mit ihm aus begreiflichen Gründen nicht einlassen wollte. Daraufhin begann dieser über die Familie Bronner zu recherchieren, auch unter Mithilfe der als Spitzel eingeschleusten Sekretärin Harbous, einer Frau Wachta.[141] Ihrer sicheren Ermordung entkam die Familie, weil Harbou Bronner Blankodokumente überließ, mit denen er und seine Familie flüchten konnten. Er hatte Bronner auf die in seiner Schreibtischschublade abgelegten Dienstpapiere und entsprechenden Stempel hingewiesen und dann sein Büro verlassen, sodass Bronner dort alleine war. Es finden sich keine Hinweise, welche Rolle Schöningh konkret bei der Flucht der Familie Bronner gespielt hat. In dem Brief an den israelischen Landesrabbiner Dr. Aaron Ohrenstein vom 15. Januar 1951 schrieb Bronner ohne Nennung genauer Tatumstände: »Ich kann bezeugen, dass Dr. Schöningh mit eigener Lebensgefahr unseren Glaubensgenossen half, den Häschern der Gestapo zu entkommen.« Franz Josef Schöningh verbrachte den letzten Abend vor der Flucht mit Jindrich Bronner, der sich nach geglückter Flucht am 12. Januar 1943 brieflich aus seinem fingierten Fluchtziel Rumänien meldete, obwohl er sich tatsächlich noch in den Südkarpaten verborgen hielt.

Er versteckte sich mit seiner Frau zunächst in Einöden und Wäldern, bis sie auf Vermittlung Harbous unter dem Namen Ambrozik Unterschlupf bei »einem Adligen auf einem weit abgelegenen Gut« fanden – Bronner war Verwalter auf einem etwa 80 Kilometer südlich von Tarnopol abseits gelegenen Gut –, wie Bronners Sohn Dan Georg im Jahr 2008 berichtete.[142] Um die Dramatik dieser Flucht zu illustrieren, seien die Erinnerungen des damals zehnjährigen Dan Bronner auszugsweise wiedergegeben: »Mich mußten meine Eltern zurücklassen, sie haben mich daher zu meiner Schwester (20 Jahre alt) zurück nach Sambor geschickt. Dort wurde die Situation immer brenzliger. Meine Schwester musste sich pro forma von ihrem Mann trennen, da die Gestapo Re-

Das Ehepaar Bronner nach dem Krieg, erste Hälfte der 1950er-Jahre.

cherchen von Tarnopol bis Sambor durchgeführt hatte. Meine Schwester und ich mußten nun von dort flüchten. Erst gingen wir nach Lwow [Lemberg], [...] dort wohnten wir einige Zeit in einer beengten Wohnung, bis eines Tages meine Schwester bei einer Razzia in einer kleinen Straße verhaftet wurde. Sie rief mir zu, daß ich verschwinden solle. Meine Schwester wurde 10 bis 14 Tage auf einer ukrainischen Wache festgehalten. [Sie entkam gegen Lösegeld, A. d. V.] Während dieser Zeit bin ich immer um unsere Wohnung herumgeschlichen und habe mich im Wald versteckt. Ernährt habe ich mich von dem, was zu dieser Zeit noch auf den Feldern war. In den Wäldern hatte ich ein schockierendes Erlebnis. Die Deutschen hatten die Leichen polnischer Untergrundkämpfer [Partisanen] an den Bäumen aufgehängt, und ich als 10jähriger, kleiner Junge habe dies alles gesehen. [...] Wir flüchteten [nach Freilassung der Schwester] von Sambor nach Gorlice. Dort kamen wir bei irgendeiner Familie unter. Dort wo wir wohnten, waren auf der Straße meine Spielkameraden Kinder aus der Hitler-Jugend. Zusammen haben wir herumgebalgt und Spaß gehabt.«

Die Schwester Bronners brachte ihn aus Angst vor Entdeckung in ein Dorf außerhalb von Gorlice zu einem Mann, der sich um ihn kümmerte. »Jedoch mußte ich mich immer, wenn Besuch kam, in einem Schrank verstecken, da man auf gar keinen Fall von meiner Anwesenheit wissen durfte. Diese Zeit war fürchterlich für mich.«

Die Eltern Bronner hatten sich in der Zwischenzeit zu den Russen durchgeschlagen und kamen mit diesen Ende 1943 durch Vermittlung von Partisanen in das kleine Dorf, wo sie ihren Sohn wiederfanden.

In seiner eidesstattlichen Erklärung für Mogens von Harbou vom 1. Juli 1946 hält Jindrich Bronner eine nicht minder spektakuläre Aktion in Tarnopol fest: In Trembowla verhaftete die Gestapo den mit Bronner befreundeten Dekan der römisch-katholischen Kirche, Paprocki, und neun Ärzte, Ingenieure und Rechtsanwälte, die im Januar 1943 erschossen werden sollten: »Ich erzählte Herrn v. Harbou von dieser neuen Scheußlichkeit und bat zu helfen. Herr v. Harbou erzählte mir von den Schwierigkeiten und Beschwerden des SD gegen ihn, und da dies knapp vor meiner Flucht geschah, ließ er ostentativ sein großes Amtssiegel und sein internes Amtspapier / Amtsbriefpapier offen liegen und verließ mich. Ich verstand, siegelte mir eine Anzahl Briefpapiere und schrieb zuhause eine gefälschte Aufforderung an die Gefängnisverwaltung, dem Überreicher gegen Vorweisung seiner Bevollmächtigung, die ich auch fälschte, die Gefangenen herauszugeben. Die Dokumente wurden auf einen fingierten Namen ausgestellt und ein Mitglied der polnisch unterirdischen [sic!] Organisation übernahm die Gefangenen, welche flüchten konnten und sich bis zum Zeitpunkt der Wiederbesetzung Galiziens durch die Russen verborgen hielten.«[143]

Eine ähnlich enge Freundschaft wie zu dem Ehepaar Bronner bestand auch zum Landkommissar – so hießen die Außenstellen einer Kreishauptmannschaft – von Trembowla, Hans Weber und seiner Frau. Auch Bronners Familie lebte dort. An Wochenenden erfolgten häufige Besuche Harbous und Schöninghs von dem nahe gelegenen Gut Myszkowice aus. Harbou »lieh« sich, wenn seine eigene Frau mit den Kindern auf ihrem Gut in Henfstädt weilte, Webers Frau zuweilen für offizielle Termine aus, sodass diese häufig zu ihrer Belustigung mit »Frau Kreishauptmann« angeredet wurde. Weber wanderte Anfang der 1950er-Jahre nach Kolumbien aus als Kaffeefarmer. Er besuchte Lili von Harbou nach dem Krieg regelmäßig während seiner Kuren am Tegernsee. Auch Schöningh besuchte er zuletzt noch 1949. Karen Schöningh beschrieb ihn in ihrem Tagebuch 1946 als »ungeheuer selbstbewußt und eitel«.

Auf die enge Beziehung zur Familie von Jordan wurde bereits hingewiesen. Die Freundschaft zu Schöningh brach Jordan in den Nachkriegsjahren von sich aus ab. Jordan schrieb im Februar 1951: »Ich passe einfach nicht in euren Lebens- und Gedankenkreis hinein«, und bat Schöningh, seine freundschaftlichen Gefühle »auf Eis« zu legen. Die Erinnerungen Jordans an die Zeit in Galizien *(Polnische Jahre)* sind das einzige erhaltene Dokument, in dem Harbou und Schöningh als Funktionäre und Privatmenschen erscheinen. Obwohl das Buch 1986 in geringer Auflage nur als Privatdruck herauskam, war die Resonanz so groß, dass in Polen eine Übersetzung erschien. Mit der Veröffentlichung von Thomas Sandkühlers Dissertation *Endlösung in Galizien* trat Gerhard von Jordan als Zeitzeuge unter anderem im *Spiegel* und im Fernsehen auf. Auch *Die Zeit* widmete sich mehrfach anhand einer Untersuchung der Funktion Jordans dem Gesamtkomplex der Kooperation zwischen SS und Zivilverwaltung im Generalgouvernement. Jordans Rolle als damaliger Kreislandwirt in Kolomea und stellvertretender Kreishauptmann in Zloczow wurde bekannt, da er in diesen Orten unter dem Kreishauptmann Claus Volkmann amtierte, mit dem er eng befreundet war.

Volkmann wurde 1989 in der DDR als Peter Grubbe – so sein Pseudonym – enttarnt, der vorzugsweise in linksliberalen Zeitungen, zum Beispiel *Die Zeit*, und Zeitschriften über Probleme der Entwicklungshilfe schrieb. Schöningh ließ ihn dreimal in der *SZ* schreiben. Der zweite Artikel vom 3. Mai 1946 war eine kleine Reportage über Henfstädt, das Harbousche Gut in Thüringen sowie erster Anlaufpunkt Volkmanns und seiner Frau Ada gegen Ende des

Krieges. Claus Volkmann konnte seine Identität geschickt verbergen, bis die *taz* Ende der 1990er-Jahre die DDR-Fährte wieder aufnahm und seiner Doppelexistenz auf die Spur kam. Volkmann galt als kompromissloser Nationalsozialist und Antisemit mit dem Ruf eines Kleptomanen, weswegen er auch für kurze Zeit zur Wehrmacht strafversetzt wurde. Das als Interview verfasste Buch des früheren *Stern*-Autors Ulrich Völklein über Volkmann zählt zu den aussagekräftigsten biografischen Einlassungen galizischer Amtsträger, was Selbsttäuschung, Verdrängung und Verleugnungsstrategien anbelangt. Ein Ermittlungsverfahren gegen ihn, unter anderem wegen Mordes an Juden, wurde 1969 in Darmstadt eingestellt.[144]

Wie sah nun Schöningh selbst rückblickend seine Rolle? Als einziges aussagefähiges Dokument dazu liegt der bereits erwähnte »Bericht über meine Tätigkeit in Polen und Ungarn« vor. Das im Nachlass gefundene Exemplar ist undatiert. Da er aber als Adresse den Wohnsitz des Publizisten Wilhelm Hausenstein – des Leiters des Literaturteils der *Frankfurter Zeitung* und späteren Botschafters Adenauers in Paris – in Tutzing angibt, kann man davon ausgehen, dass er diesen Bericht in den Monaten April bis Juli 1945 verfasst haben muss. Danach hatte er wieder eine Münchner Anschrift.

Über seine nur eineinhalb Monate dauernde Zeit in Sambor lässt er sich nur in fünf Zeilen aus: »Ich leitete das Straßenverkehrsamt (Autozulassungen etc.).« Anders als in seinem Brief vom 24. Februar 1942 an seine Frau erwähnt er in diesem Bericht nicht, dass er mit »Judenumsiedlungen« und verschiedenen Baumaßnahmen wie der Errichtung des »Deutschen Hauses« befasst war.

Er beschreibt seine Aufgabe als die »eines vertrauten Privatsekretärs, der in allen wichtigen Fällen berät, aber im Hintergrund bleibt, da er keine Entscheidungen zu fällen hat. So wurden, wenn Harbou im Urlaub war, alle grundsätzlichen wichtigen Dinge bis zu seiner Rückkehr liegen gelassen. Vor allem mussten Konflikte zwischen mir und anderen deutschen Dienststellen unbedingt vermieden werden, da ich im gleichen Augenblick ins Scheinwerferlicht geraten und fortgeschickt worden wäre.«

Dem steht entgegen, dass Schöningh am 27. Februar 1942 durch mündliche Bestätigung aus Lemberg »amtlicher Stellvertreter« des Kreishauptmanns geworden war (die offizielle Bestallung erfolgte mit Schreiben der Distriktsregierung vom 15. Juli 1942) und »sich auch eines rätselhaften Wohlwollens« der Distriktsregierung erfreute und »dass ich öfter Kreishauptmann spielen muss«. Schöningh hatte daher Einblick in alle politischen und verwaltungsmäßigen Vorgänge der Kreishauptmannschaft. Die in seinen Briefen häufig geschilderte Arbeitsbelastung in seinen Verantwortungsbereichen lässt ein Verwaltungshandeln gänzlich ohne Entscheidungen unwahrscheinlich erscheinen. Anordnungen aus Krakau oder Lemberg duldeten keinen Verzug, ihnen galt es unverzüglich Folge zu leisten. Dass er sehr wohl auch in die Ebene der Entscheidungsträger integriert war, zeigt seine Teilnahme an der Tagung der Kreishauptleute in Lemberg am 25. März 1942, wo es unter anderem um das drängende Problem der Versorgung und Unterbringung/Deportation von Juden ging.

Auf die monatlich auch von ihm erstellten Lageberichte – »eine erschöpfende Darstellung unserer Tätigkeit und der Verfassung des Kreises« –, die an den Chef des Amtes der Inneren Verwaltung, bis Ende 1942 also an Losacker, danach bis zu dessen Ermordung im Februar 1944 an Bauer, zu richten waren, wurde bereits hingewiesen. Schöningh musste dazu Kenntnis aller relevanten Vorgänge im Kreis Tarnopol gehabt haben.

Relativ gut dokumentiert sind die Spannungen zwischen den Arbeitsämtern und den Kreishauptmannschaften, denen der Konflikt zugrunde lag, dass das Arbeitsamt nach Vorgaben aus Berlin und Krakau eine möglichst große Zahl von Arbeitskräften aufzuweisen hatte, die dann als Zwangsarbeiter nach Deutschland transportiert werden sollten. Dazu wurden Hochzeitsgesellschaften, Kirchgänger oder einfach irgendwelche Menschengruppen während eines Marktes willkürlich auf Lastwagen geladen und abtransportiert. Das führte zu großer Beunruhigung unter der Bevölkerung, an der die Kreishauptmannschaften kein Interesse haben konnten. So sträubten sie sich auch gegen den ständigen Entzug von Arbeitskräften in der Landwirtschaft oder in kriegswichtigen Betrieben, da dies schließlich eine Senkung der von ihnen geforderten Produktionszahlen zur Folge hatte. Erst im Winter 1943 änderte sich diese Praxis, als die Kreishauptleute durchsetzten, dass das Arbeitsamt nur noch Arbeiter fortschicken durfte, die zuvor von einer Kommission geprüft worden waren. Schöningh schreibt: »Ich behielt das Arbeitsamt im Auge, brachte jeden Übergriff zur Kenntnis Harbous, vor allem bemühte ich mich, so viele Menschen als nur irgend möglich als unabkömmlich oder irgendwie untauglich im Kreise zu halten. Ich habe auf diese Weise Hunderte von Menschen vor der Verschickung bewahrt.«

Noch 1957 tauchte in diesem Zusammenhang ein polnischer Mitarbeiter der Forstverwaltung von Myszkowice auf, der zusammen mit seiner Frau als Zwangsarbeiter ins Reich hatte verschickt werden sollen und Schöningh dafür dankte, dass er dies aufgrund seiner Stellung verhindert habe.[145]

Franz Josef Schöningh erwähnt in seinem Tätigkeitsbericht aber auch seine

Bemühungen, den religiösen Wünschen des polnischen Teils der Bevölkerung entgegenzukommen. So bestand die Sicherheitspolizei auf die Einziehung aller Kirchenglocken als kriegswichtigem Material. Diese Verordnung unterlief er mit der listigen Begründung, dass es aus feueralarmtechnischen Gründen unabdingbar sei, den Dörfern ihre Kirchenglocken zu lassen. Die Intervention der Sipo blieb folgenlos. Überhaupt ging sie offenbar relativ häufig dem Konflikt mit der Kreishauptmannschaft aus dem Wege, wie auch das folgende, von Schöningh berichtete Beispiel zeigt: Tarnopol besaß eine ungewöhnlich schöne Barockkirche der Dominikaner, die aber durch russischen Artilleriebeschuss im Herbst 1939 stark zerstört war. Die Sipo verweigerte kategorisch die Restaurierung der Kirche, weil die Polen sie sonst wieder »in Betrieb nehmen« würden. Daraufhin erstellte Schöningh ein Gutachten über die Kirche, worin er den holländischen Erbauer zu einem Deutschen aus Dresden machte und zu bedenken gab, »was der Verlust einer so urdeutschen Kulturschöpfung in diesem östlichen Land bedeuten würde«. Das Gutachten wurde in Lemberg akzeptiert und die Erlaubnis zur provisorischen Instandsetzung erteilt unter der Maßgabe, dass den Polen die Benutzung der Kirche zu verwehren sei, nicht indes der Wehrmacht. Tatsächlich jedoch zelebrierten auch Polen dort wieder ihre Messe. Auch in diesem Fall vermied die Sipo einen Konflikt mit der Kreishauptmannschaft und der Wehrmacht.

Schöninghs Verhältnis zu den Polen wird durch ein Bonmot Harbous illustriert, wonach »es eigentlich niemals klar ist, ob ich nun zur Kreishauptmannschaft oder zum polnischen Komitee [i. e. die Vertretung der Polen im Distrikt Galizien] gehöre«.

Er hält über sein und Harbous Verhältnis zur Bevölkerung fest, dass »wohl nichts besseren Aufschluß geben [kann] als die Tatsache, daß wir bis zum Schluß, nur mit einem Schrotgewehr bewaffnet, allein auf den Seen und Feldern des Kreises jagten, und daß ich, nur von einem Heger begleitet, bei Mondschein in einsamen Wäldern auf Wildschweine paßte, während 100 km weiter östlich die Vertreter der Verwaltung des Gauleiters Koch nur im Flugzeug ihre Städte verlassen konnten, weil sie sonst unfehlbar von Partisanen umgebracht worden wären«.[146]

Unter Punkt 5 seines Berichts über seine Tätigkeit in Polen hält er auch die Behandlung der Juden fest. Darin verweist er noch auf seine Zeit in Sambor, wo er die Vorschläge des Leiters des Referats »Bevölkerung und Fürsorge«, Stuffert, zu Ghettoisierung der Juden »haarsträubend inhuman« nennt. Er habe versucht, dem zu begegnen, indem er den Kreisarzt bewegte, dieses Vorhaben als »gefährlich für die öffentliche Gesundheit« abzulehnen. In der

Tat waren die Kreishauptmannschaften des Distrikts tief beunruhigt über die fortwährende Ausbreitung von Typhus- und Fleckfieberepedemien über die Grenzen der Ghettos hinweg aufgrund unhaltbarer hygienischer Wohnverhältnisse. Immerhin wurde die Kreishauptmannschaft aufgefordert, in Absprache mit dem Judenrat einen Plan für das einzurichtende Ghetto vorzulegen. Er schreibt: »Es blieb alles beim alten, nur daß die Juden einige wenige Straßen verließen, in denen sie der Sipo allzu sehr auffielen.« Welche tatsächlichen Konsequenzen diese räumliche Verkleinerung für die Juden hatte – Leben in noch größerer räumlicher Enge, Deportation in Zwangsarbeitslager, Ermordung –, muss hier unberücksichtigt bleiben. Festzuhalten ist aber, dass der Vorsitzende des Judenrats in Sambor, Rechtsanwalt Dr. Schneidscher, zum Abschied aus Sambor wörtlich, so Schöningh, sagte: »Ihr und Herrn von Harbous Name wird eingetragen sein mit goldenen Lettern in das Buch von Sambor.«

Im Gegensatz zu Sambor, das Schöningh noch als »Idyll« bezeichnete, weil das Städtchen nicht so direkt unter Beobachtung der Sicherheitspolizei stand, da diese im benachbarten Drohobycz stationiert war, beschreibt er Tarnopol als in jeder Hinsicht »geschlossene« Stadt: Hier habe bereits ein im Herbst 1941 errichtetes Ghetto mit hohen Mauern und Stacheldraht bestanden, separiert von der übrigen Stadt und beherrscht von einer allmächtigen Sicherheitspolizei unter dem bereits oben erwähnten Sturmbannführer, dem »Verbrecher« Hermann Müller. Schöningh schreibt: »Obwohl formell noch ein Judenrat existierte, hatte der Kreishauptmann auf die Behandlung der Juden praktisch keinen Einfluß mehr.«

Diese Aussage, die erstmals auf die von den Kreishauptleuten nach dem Krieg zu ihrer Entlastung vorgetragenen Behauptung einer »sauberen Verwaltung« verweist, wird unten im Zusammenhang mit dem Prozess gegen den Kreishauptmann Nehring von 1950, in dem Franz Josef Schöningh als Zeuge aussagte, gesondert beleuchtet werden.

In Schöninghs Bericht werden die Erinnerungen an die allgemeine Situation Tarnopols für die Zeitphase Juli bis Anfang August 1942 detaillierter: »Als ich Ende Mai 42 in Urlaub fuhr, der wegen einer schwierigen Zahnbehandlung bis Mitte Juli dauerte [auf diesen Krankenurlaub wurde bereits oben anhand seiner Briefe aus dieser Zeit hingewiesen, A. d. V.], war noch nichts Furchtbares geschehen. Aber als ich zurückkehrte, sah ich, daß Juden von der Sipo, schrecklicherweise von jüdischer Hilfspolizei unterstützt, zum Bahnhof Tarnopol geschafft wurden, von wo sie einem unbekannten-bekannten Ziel entgegenfuhren.« Die Feststellung, dass bis Juli 1942 »nichts Furchtbares«

passiert sei, gilt es zu hinterfragen. Immerhin hatte die Verwaltung in Tarnopol seit Herbst 1941 ein geschlossenes Ghetto für die Juden eingerichtet. Was das an sich bereits bedeutete, ist in der Literatur ausführlich beschrieben worden: unmenschliche Lebensbedingungen wie Angst vor dem Verhungern (die Zuteilung von Lebensmitteln durch die Kreislandwirte war reine Alibihandlung, gebilligt durch die Kreishauptmannschaften), vor Erfrierungen, vor Krankheiten, die nicht behandelt werden konnten, oder das Gewahrwerden der Insassen, dass sie oder ihre Angehörigen jederzeit grundlos ermordet werden konnten, sowie die ständige Lebensangst vor Razzien zwecks Rekrutierung in Zwangsarbeitslager, die auch eine kleinere Anzahl von Juden betreffen konnten, oder die Deportation in das Vernichtungslager Belzec beziehungsweise während der vorübergehenden Schließung von Belzec um die Jahreswende 1941/42 nach Sobibor, wobei die zahlenmäßig kleineren Deportationen in der Literatur fast vollständig unberücksichtigt bleiben beziehungsweise kaum mehr nachgewiesen werden können.

Der Brief der Salomea Ochs vom 7. April 1943 (s. Anhang) veranschaulicht sehr eindrucksvoll die infernalischen Lebensbedingungen im Ghetto von Tarnopol. Das Ghetto befand sich überdies nur einen knappen Kilometer vom Sitz der Kreishauptmannschaft entfernt, die alltäglichen Schüsse dort waren also kaum zu überhören.

Auch die Erinnerungen des Münchner Juden Jakob Littner (*Mein Weg durch die Nacht*), die Wolfgang Koeppen später unter dem Titel *Jakob Littners Aufzeichnungen aus einem Erdloch* umgearbeitet zur Veröffentlichung brachte, geben einen chronologischen Einblick in die systematische Vernichtung der Juden durch die SS und den SD bereits unmittelbar nach dem Einmarsch der Wehrmacht in Tarnopol Anfang Juli 1941. Littner überlebte damals in Zbaraz, einer Gemeinde mit etwa 10 000 Einwohnern, 29 Kilometer nordöstlich von Tarnopol gelegen und verwaltungstechnisch zu Tarnopol gehörig, die ständigen Mordorgien. Sämtliche Einsätze zur Ermordung der jüdischen Bevölkerung durch SS, SD, Gestapo, ukrainische Milizen und sonstige Hilfspolizei wurden von Tarnopol aus organisiert. Die Zivilverwaltung wurde darüber auf dem Laufenden gehalten. Schließlich nannten die Kreishauptleute in ihren Monatsberichten an die Distriktsregierung in Lemberg die Zahlen aller getöteten Juden. Auch Schöningh verwies ja mehrfach auf die von ihm erstellten monatlichen Lageberichte. Vermutlich dürfte er auch Einblick in alle Berichte gehabt haben, die vor seiner Ankunft in Tarnopol im März 1942 angefertigt wurden.

Franz Josef Schöningh selbst widersprach seinen Darlegungen in dem zitierten Lagebericht über seine Tätigkeit im Generalgouvernement, dass bis Juli 1942 »nichts Furchtbares« passiert sei, durch eine Zeugenaussage vor dem Landgericht München im Jahr 1948. Der damalige Bürgermeister von Trembowla war wegen von ihm befohlenen Mordes an 40 jüdischen Männern und der eigenhändigen Ermordung von mindestens zwei Juden im Sommer 1941 sowie weiterer Morde und Mordanstiftung im August und Herbst 1942 angeklagt.

Schöninghs Zeugenaussage wurde vor Gericht verlesen. Darin wurde er als »Angestellter der Kreishauptmannschaft Tarnopol« bezeichnet. Zur Entlastung des Angeklagten gab er an, dass ein Mordvorwurf schon deswegen ausscheide, weil »den Zivilisten ein Waffenbesitz strengstens verboten war, [auch] Bürgermeister durften keine Waffen tragen«. Schöningh verwies in einem Brief an seine Frau allerdings darauf, dass er aus Gründen des Selbstschutzes wegen der Bedrohung durch Partisanen stets eine Waffe griffbereit mit sich getragen habe. Auch Gerhard von Jordan schrieb in seinen Erinnerungen, dass er noch bis zum letzten Moment des Rückzugs eine Maschinenpistole mit sich führte. In der Praxis wurde das Verbot des Waffentragens der Zivilverwaltung offenkundig ignoriert, nur bei offiziellen Anlässen schien man davon Abstand genommen zu haben.

Der Text seiner Zeugenaussage fährt fort: »Der Zeuge Dr. Sch. hat bekundet, er könne mit Sicherheit aussagen, daß der Angeklagte weder Juden zusammentreiben noch zu erschießen gehabt habe. Die Gestapo habe die Judenaktion ganz als ihre eigene Domäne betrachtet. Das Zusammentreiben sei so plötzlich und geheim vor sich gegangen, daß nur Eingeweihte davon hätten wissen können. Nicht einmal die Kreishauptmannschaft habe davon gewußt. Auch die deutsche Gendarmerie sei erst sehr spät benachrichtigt worden, da es sehr oft vorgekommen sei, daß deutsche Gendarmen die Juden noch rechtzeitig benachrichtigt hätten, [...] wenn der Angeklagte sich an den ›Aktionen‹ beteiligt hätte, so hätte er dies bestimmt erfahren, da ihm jede Kleinigkeit zugetragen worden sei.«

Anders als die Zeugenaussage Schöninghs sieht die Forschung die praktische Organisation der jüdischen Deportationen. Markus Roth schreibt, dass diese »einem Schema [folgte], das mit gewissen Abweichungen für das ganze Generalgouvernement galt«. Grundlage für die Planung war zunächst die Registrierung der Juden in den Ghettos und Gemeinden unter der Verantwortung der Kreishauptleute. Diese »schufen die Voraussetzungen für die Deportationen in die Vernichtungslager, indem sie die Juden ihres Kreises zuvor in Ghettos pferchten oder [...] kleinere Ghettos auflösten und die Juden in den großen innerhalb der Kreishauptmannschaft konzentrierten«.

Vorbereitet wurden die Deportationen durch eine Einsatzbesprechung, an welcher der SSPF sowie die Kommandeure von Ordnungspolizei und Gendarmerie teilnahmen. Nach Festlegung der Einzelheiten des Ablaufs und der Aufgabenverteilung ergingen die Einsatzbefehle des SSPF an die beteiligten Einheiten. »Auch der zuständige KHM wurde informiert, der beispielsweise einige Tage vor Beginn der Deportation Plakatanschläge aushängte, in denen die Bevölkerung unter Androhung der Todesstrafe vor jeglicher Hilfeleistung für Juden gewarnt wurde. Unmittelbar vor Beginn – in der Regel ein, zwei Tage vorher – kamen die Leiter aller beteiligten örtlichen Dienststellen zu einer Besprechung beim Kreishauptmann zusammen, bei der der SSPF persönlich anwesend war oder vertreten wurde. [...]« Hier wurden nochmals Ablauf und Aufgabenverteilung in allen Einzelheiten geklärt. »Gravierende Kompetenzstreitigkeiten lassen sich nicht nachweisen«, fasst Roth zusammen. »Der KHM konnte, wenn er nur wollte, seinen Anteil auf ein Minimum reduzieren.« Markus Roth ergänzt dies Organisationsschema um die eigentliche Durchführung der »Aussiedlung«. Hierzu sei nochmals auf das Dokument von Salomea Ochs im Anhang verwiesen.

Wenn Franz Josef Schöningh vor dem Münchner Landgericht behauptete, »die Gestapo habe die Judenaktion [sic!] ganz als ihre eigene Domäne betrachtet«, so unterschlug er die Einbindung der Kreishauptmannschaft mit den ihr unterstehenden Einheiten in den Massenmord. Der volksdeutsche Sonderdienst, die polnische Polizei, die ukrainischen Hilfskräfte der Kreishauptmannschaft waren grundsätzlich nur zum Absperrdienst beim Ghetto oder den Erschießungsstätten eingeteilt, doch in vielen Fällen töteten auch sie. Sie plünderten ebenfalls in den zurückgelassenen Wohnungen im Ghetto. Dem Baudienst oblag es, die Gruben für die Opfer auszuheben und wieder zu schließen sowie die zurückgebliebenen Habseligkeiten der Opfer abzutransportieren. Der gewaltsame Transport jüdischer Opfer in Marschkolonnen oder auf Lastwägen aus dem Ghetto heraus durch die Stadt zum Bahnhof von Tarnopol, wo sie in bereitstehende Waggons gepresst oder zu ihrer Hinrichtung in die nahe gelegenen Waldstücke von Janowka oder Petrikow mit Gewehrschüssen getrieben wurden, fand gewissermaßen unter den Augen der Kreishauptmannschaft statt. Folgt man dem Runderlass von Gouverneur Wächter vom 16. Juni 1942 über die Funktionen eines stellvertretenden KHM, so wäre Schöningh beispielsweise für den volksdeutschen Sonderdienst und den Baudienst zuständig gewesen. Belegen lässt sich dies aber nicht, zu häufig finden sich Abweichungen in den dienstlichen Zuständigkeiten der Kreishauptmannschaften.

In den unmittelbaren Nachkriegsjahren folgten die Gerichte der stereotyp vorgebrachten Schutzbehauptung der sogenannten sauberen Zivilverwaltung, deren Widerlegung sich die Historiker Sandkühler, Pohl und Roth zum Ziel setzten. Entgegen der Erinnerung von sechs überlebenden jüdischen Zeugen folgten das Landgericht und als Revisionsinstanz auch das OLG München der Zeugenaussage Schöninghs und sprach den Bürgermeister frei (der im Mai 1947 nach München kam und angab, »Gutsverwalter« zu sein): »Insbesondere auf Grund der Aussagen der Zeugen Dr. Sch. [...] erschien es dem Gericht als unglaubwürdig, daß bei den ›Aktionen‹ der Angeklagte als Zivilist beteiligt sein konnte.«[147]

Schöningh trat, wie gesagt, sein Amt in Tarnopol zum 1. März 1942 an. Bereits für den 23. März ist eine »wahre Bartholomäusnacht« (Ochs) dokumentiert: 630 Juden (ursprünglich hatte die Sipo 1000 Juden angefordert, durch Bestechung hatte sich diese Zahl aber reduziert) wurden zusammen mit den jüdischen Kindern des örtlichen Waisenhauses auf dem Platz vor der zerstörten Synagoge ermordet. Auch wenn Schöningh das erste »große« Massaker der Einsatzgruppen in Tarnopol von Anfang Juli 1942, in dem etwa 5000 Männer umgebracht worden waren, wegen seines Krankheitsurlaubs in Bayern persönlich direkt oder indirekt nicht miterlebte, so war dieser Exzessmord doch präsent in der Erinnerung der Tarnopoler Bürger.[148]

Auch die Tatsache, dass Juden mit Unterstützung der jüdischen Hilfspolizei zum fast überdimensionierten Bahnhof von Tarnopol geschafft wurden, von dem aus grob geschätzt 25 000 Juden allein aus dem Ghetto von Tarnopol zwischen September 1941 und Juni 1943 deportiert wurden mit dem eindeutigen Ziel des Vernichtungslagers Belzec, blendet die Kompetenz der Zivilverwaltung aus. Die jüdische Hilfspolizei unterstand dabei der Kreishauptmannschaft.

Ab Juli 1942 sah Schöningh angesichts der Allmacht von Sipo und SD nur noch die Möglichkeit, einzelnen Juden zu helfen. Er verweist in diesem Zusammenhang auf vier Juden, die im Haushalt von Lili von Harbou beschäftigt waren: »Sie wie auch alle ins Haus kommenden jüdischen Handwerker erhielten von mir regelmäßig freundlichen Gruß und Zigaretten, wurden von Frau v. Harbou nicht nur verpflegt, sondern auch mit Lebensmitteln für ihre Angehörigen im Ghetto versehen, obwohl dies streng verboten war.«

Die Situation verschärfte sich, als die Verordnung erlassen wurde, dass »Hausjuden« nicht mehr erlaubt seien und jeder Deutsche, der einen Juden verberge, mit dem Tode bestraft werde. Von den vier Juden der Harbous blieben danach laut Schöninghs Darstellung nur noch Lili Harbous Schneiderin Libmann übrig, die bis zum Sommer 1943 geschützt werden konnte, »während die übrigen auf Nimmerwiedersehen [sic!] in ein Lager gebracht wurden«.

Wie bedrohlich Schöningh diese Situation empfand, unterstreicht er mit dem Hinweis, »daß die Frau des uns befreundeten Forstmeisters Hassenstein in Brody zum Tode verurteilt worden sei, weil sie eine Jüdin versteckt hatte«.[149]

Es sind aber auch offizielle Belegstellen dafür erhalten, wie er die politische Situation der Zivilverwaltung im Distrikt Galizien sah. Im Oktober 1950, als für die Mehrheit der Deutschen das Kapitel der Entnazifizierung bereits abgeschlossen war, begann der Spruchkammerprozess gegen Joachim Nehring, der von August 1941 bis Dezember 1942 stellvertretender Kreishauptmann in Kamionka Strumilowa und von Januar 1943 bis Juli 1944 dort KHM war. Das Spruchkammerverfahren erfolgte deshalb so spät, weil Nehring sich lange in der Illegalität versteckt gehalten hatte.

Das Besondere an diesem Verfahren in München war, dass hier eine Kammer tagte, die – weit abweichend von der damals üblichen Praxis der Justizbehörden – den Fall genau unter die Lupe nahm, das heißt, es wurden auch organisationstechnische, funktionelle Zusammenhänge der Zivilverwaltung anhand der Tätigkeit des weiterhin aktiven Nationalsozialisten – und bis zu seinem Lebensende rechtsradikalen – Joachim Nehring beleuchtet. Die Spruchkammer stufte ihn als »Belasteten« ein, also in die zweithöchste Kategorie (Hauptschuldiger, Belasteter, Minderbelasteter, Entlasteter). Als Strafmaß setzte die Kammer vier Jahre Haft in einem Arbeitslager fest, von der bis dahin verbüßten Internierungszeit sollte lediglich ein Jahr angerechnet werden. Zudem wurden 25 Prozent seines Vermögens für Wiedergutmachung eingezogen und es wurde ihm für die Dauer von 15 Jahren jedwede Form beruflicher publizistischer oder politischer Tätigkeit untersagt. Darüber hinaus verlor er sämtliche Pensions- und Rentenansprüche. Die Härte des Urteils war für Entnazifizierungsverfahren ungewöhnlich.[150]

Nehring zeigte sich in der Verhandlung kompromisslos, in seiner Funktion als Kreishauptmann keiner Verfehlung bewusst. Vielmehr zeichnete er das Bild einer sauberen, unabhängigen und um Hilfe bemühten Kreisverwaltung. Den Vorwürfen der Anklage, die nur über einen minimalen Bestand von Quellen verfügte, wie das Diensttagebuch Franks, einzelne Akten des Nürnberger Prozesses sowie Fachliteratur, die zum Teil erst aus Privatbibliotheken entliehen werden musste, begegnete Nehring durch den Antrag, Franz Josef Schöningh als Zeugen zu laden.

Im Nachlass Schöninghs findet man inhaltlich zum Prozess selbst nichts. Seinem Brief an Bronner ist nur zu entnehmen, dass er als Zeuge ausgesagt habe. Es findet sich also auch nichts darüber, wie Nehring auf Schöningh als Zeugen kam. Markus Roth zufolge war er »ein Entlastungszeuge, wie er besser kaum zu finden war. Als erster Lizenzträger und Herausgeber der *SZ* konnte er qua Amt mit einer von höchsten alliierten Stellen attestierten Unbedenklichkeit auftauchen.« In der *SZ* fand der Auftritt ihres Herausgebers nur in einer kleinen Meldung vom 12. Oktober 1950 ihren Niederschlag: »Dr. Schöningh, der die Funktion eines stellvertretenden Kreishauptmanns in Tarnopol innehatte, ohne mit diesem Amt offiziell betraut worden zu sein, [...] bestätigte, daß [...] keine Terrorakte durch die innere Verwaltung vorgekommen seien.«

Damit wurde nur unzulänglich wiedergegeben, was Schöningh als unvereidigter Zeuge vor Gericht ausgesagt hatte: »Ich bin von 1942 an in der KHM Sambor, dann ab Sommer [sic!] 1942 in der KHM Tarnopol als Angestellter tätig gewesen. Das Amt eines stv. KHM habe ich nicht [sic!] bekleidet, wohl aber auf Wunsch und im Einverständnis mit dem KHM von Harbou diese Funktion bei ihm ausgeübt.«

Das Gericht wusste nicht, dass diese Angaben falsch waren. Selbst wenn, wären diese strafrechtlich ohne Belang gewesen, da die Spruchkammern ihre Verfahren nur auf der Basis des Strafprozessrechts führten, nicht aber unter strafrechtlichen Gesichtspunkten.

Wie oben festgehalten, war Schöningh seinem Brief an seine Frau vom 27. Februar 1942 zufolge »amtlicher Stellvertreter« in Sambor nach mündlicher Zusage der Distriktsregierung und laut Brief vom 15. Juli 1942 offiziell bestallter »amtlicher Stellvertreter« durch Ernennungsschreiben der Regierung. Diese Funktion hatte er, wie bekannt, ab 1. März 1942 in Tarnopol inne. Das Gericht hielt fest, dass »für den Tatbestand seiner Angestelltenschaft beim KHM Tarnopol vom Zeugen der damalige Dienstausweis 11 288 vorgelegt« wird. Eine mögliche Erklärung für den Status des Dienstausweises könnte sein, dass dieser nie Schöninghs eigentlicher Funktion entsprechend umgeschrieben worden war.

Auch in den »Fragebogen« vom 25. Juni 1945 und 2. Oktober 1947 gibt er als Tätigkeit im Generalgouvernement »Verwaltungsangestellter Zivilverwaltung« beziehungsweise nur »Distriktverwaltung Lemberg« an, in einer Anlage für seine Steuererklärung 1944 bezeichnet er sich gar als »Angestellter beim Kreishauptmann Tarnopol«. Im Entlastungsschreiben für Harbou vom 12. Oktober 1945 gibt er zwar seine aktuelle Tätigkeit präzise als »Mitherausgeber der *Süddeutschen Zeitung*« an, umschreibt hingegen seinen Status in Tarnopol als »engster Mitarbeiter« Harbous.

Diese Umschreibung ist in diesem Zusammenhang insofern von Bedeutung, als er nach dem Krieg auf diese eingeschränkte Zuständigkeit beharrte, die seine dienstlichen Befugnisse minimierte. Auch trat er beispielsweise der

Legendenbildung Hans Habes, des damaligen Chefredakteurs der *Münchner Illustrierten*, einem Ableger der *Süddeutschen Zeitung*, nie entgegen, wonach er »schon deshalb nicht Stellvertreter des Kreishauptmanns sein konnte, weil er niemals ein Mitglied der NSDAP oder einer ihrer Gliederungen war«.[151] Auf die Auswahlkriterien und Voraussetzungen für die Aufnahme in die Zivilverwaltung wurde oben bereits hingewiesen.

Weiter führte Schöningh vor Gericht zur Entlastung Nehrings aus, dass »zwischen den KHM und der Gestapo vielfach außerordentlich weitgehende Spannungen [bestanden], [...] zwischen der inneren Verwaltung und den Exekutiven der Polizeiaufgaben stand eine scharfe Trennung. [...] Alles, was sich an Terror und Mord abgespielt hat, hat sich im Wesentlichen und für den von mir überblickten Bezirk ausschließlich auf der Ebene der Gestapo und SS vollzogen.«

Um seine Behauptung einer »unbelasteten Verwaltung« zu untermauern, verwies er darauf, dass seiner Kenntnis nach kein Kreishauptmann wegen seiner Arbeit im Distrikt Galizien nach 1945 auf einer polnischen Auslieferungsliste gestanden habe.

Dies mutet insofern seltsam an, als er nach dem Krieg in indirektem Kontakt zu Harbou und Craushaar während deren Dachauer Internierung stand, Gerhard Hager ihn persönlich mehrfach besuchte und er somit über deren aktuelle und vormalige Haftumstände zur Zeit des Nehring-Prozesses informiert war. Schließlich lagen gegen alle drei polnische Auslieferungsanträge vor, was er zumindest in den Fällen Hager und Harbou genau wusste. Über sämtliche Ermittlungen der Staatsanwaltschaften gegen die Kreishauptleute nach dem Krieg war er im Übrigen bestens im Bilde, da er noch Anfang November 1959 in einem Brief an seinen Freund Koy »von einem netten Wiedersehen mit Losacker [...] in Wiesbaden« sprach. Auf die Rolle Losackers als zentrale Instanz in Sachen Zeugenabsprachen wie auf seine Position als Amtschef des Generalgouverneurs in Krakau wurde bereits hingewiesen.

Die Münchner Spruchkammer widersprach Schöningh entschieden mit Argumenten, die in vielem den Stand der Forschung der 1990er-Jahre über die Judenvernichtung in Galizien vorwegnahmen: »Wenn dieser Zeuge [Schöningh] [...] beobachtet hat, daß zwischen Zivil- und Polizei-Verwaltung ständig weitgehende Spannungen herrschten, so wird damit nur erwiesen, daß gewiß die SS-Polizei und Gestapo weit unmittelbarer an den schrecklichen Verbrechen im Generalgouvernement beteiligt gewesen sind als die Zivilverwaltung. Der Tatbestand, daß die Zivilverwaltung auch bei relativ humaner Handhabung einfach gezwungen war, völkerrechtswidrige Maßnahmen durchzuführen, wird damit nicht berührt. Die von diesem Zeugen behauptete scharfe Trennung zwischen der inneren Verwaltung und der Polizei-Exekutive bestand zum mindesten von der im März 1942 zwischen Frank und Himmler getroffenen Vereinbarung an nicht mehr, mit welcher u. a. in Ziff. V festgelegt wurde: ›Dem Kreishauptmann untersteht der Kreisgendarmerieführer […]‹.« Die Kammer fuhr fort: »Es ist keineswegs eine dem NS-Gewaltsystem widersprechende Methode, wenn der Amtschef Bauer des Distrikts Galizien dem Zeugen Schöningh erklärt haben soll, daß man auf die Interessen der Bevölkerung, wenn man sie regieren wolle, immer die erforderliche Rücksicht zu nehmen habe. Und ebenso ist der von diesem Zeugen behauptete Unterschied zwischen der seinerzeitigen Regierungspraxis im Generalgouvernement und im Distrikt Galizien nur recht relativ, wenn der Bericht des SS- und Polizeiführers im Distrikt Galizien vom 30.6.1943 ›Lösung der Judenfrage im Distrikt Galizien‹ […] mit seinen nüchternen Feststellungen über die ›Erfassung‹ und ›Sonderbehandlung des gesamten arbeitsscheuen und asozialen jüdischen Gesindels‹ mit sonstigen Berichten aus dem Generalgouvernement verglichen wird. Auch in dem Hinweis dieses Zeugen, daß nach seiner Kenntnis kein Kreishauptmann aus dem Distrikt Galizien von der polnischen Regierung auf die Auslieferungsliste der Verbrecher gesetzt worden sei, ist nur eine sehr relative Wertung für die Gesamthaltung dieser Kreishauptleute enthalten.«

Die Kammer schloss ihre Bewertung von Schöninghs Zeugenaussage mit dem besonderen Hinweis, dass sie nicht nach strafrechtlichen Tatbeständen zu werten habe, sondern nach dem Prinzip der » Verantwortlichkeit« gem. Art.1 des BefrGes., das heißt des Befreiungsgesetzes, das die Grundlage für die Entnazifizierung bildete. Diese Sichtweise bedingte ferner, dass die Kammer in ihrer Wertung der Vorgänge der Zivilverwaltung freier war als die über gleiche Sachverhalte urteilenden Strafrichter.

Um zu demonstrieren, wie Gerichte mit der Funktion eines – auch stellvertretenden – Kreishauptmanns umgingen, soll im Folgenden auf das Urteil gegen Joachim Nehring eingegangen werden. Der Tenor des Schuldspruchs kann durchaus als paradigmatisch für die Vorgänge in Tarnopol gelten.

Zunächst hielt die Kammer die Befugnisse eines stellvertretenden Kreishauptmanns fest, die bereits oben aufgeführt wurden (allgemeine Vertretung des KHM, Leitung des Amtes für Innere Verwaltung, Überwachung der Kommunalverwaltungen in seinem regionalen Dienstbereich, Pflege der Verbindungen zu den Polizeibehörden der Kreishauptmannschaft, Führung des Sonderdienstes, Gesundheitswesen, Veterinärwesen, Ordnung des Straßenverkehrs, Überwachung des Baudienstes).

Besonderes Augenmerk schenkte die Kammer der Verbindung der Kreishauptleute zu den Polizeibehörden: »Bei der Verbindung zu den Polizeibehörden, die formal dem Generalgouverneur, tatsächlich aber auch weitgehend unmittelbaren Weisungen der Obersten SS-Führung im Generalgouvernement unterstellt waren, handelte es sich [...] bei den Kreishauptmannschaften einmal um die Heranziehung von Polizeikräften zur Durchführung von Verwaltungsmaßnahmen, zum anderen um die Zurverfügungstellung des Sonderdienstes des Kreishauptmanns an die SS-Polizeibehörde für deren Maßnahmen. [...] Daneben stand [...] die Ukrainische Miliz, die teils unter Verantwortung des KHM, teils unter Verantwortung der SS-Organe sehr undurchsichtige Funktionen ausgeübt hat.« Kurz werden im Urteil auch noch die Hilfsdienste des Baudienstes erwähnt, der, wie gesagt, dem KHM unterstand.

Einer Anordnung oder Durchführung jeglicher Gewaltmaßnahme will sich Nehring als stellvertretender KHM enthalten haben, hält das Gericht in seiner Tatbestandsermittlung fest.

In ihrem Urteil kommt die Kammer zu dem Ergebnis, dass Nehring sich keiner verbrecherischen Handlungen im Sinne des BefrGes. nach Art. 5, Ziff. 1 (Verbrechen gegen die Opfer oder Gegner des NS aus politischen Gründen), Art. 5, Ziff. 3 (Verantwortung für Verschleppungen oder sonstige Gewalttaten), Art. 5, Ziff. 8 (Grausamkeiten in irgendeiner Form) hat zuschulden kommen lassen.

»Dagegen sieht es die Kammer als [...] nicht widerlegt an, daß er an der völkerrechtswidrigen Behandlung ausländischer Zivilisten zwangsläufig als stellvertretender Kreishauptmann teilgenommen hat. [...] Für die Tätigkeit des Betroffenen als stv. KHM sieht die Kammer es daher als erwiesen an, daß er in die Gruppe der Hauptschuldigen gem. Art. 5, Ziff. 2 BefrGes. einzuweisen ist.«

Damit reihte die Spruchkammer bereits ganz allgemein auch stellvertretende Kreishauptleute in die oberste Kategorie der Belasteten (Hauptbeschuldigten) ein. Dieser Argumentation schlossen sich indes die Strafgerichte in der Regel nicht an, es sei denn, es lagen Exzesstaten vor, die direkt nachgewiesen werden konnten.

In diesem Zusammenhang sei angemerkt, dass die polnischen Justizbehörden als Voraussetzung für ihre Urteile gegen Mitglieder der Zivilverwaltung ein Novum in ihrer Rechtsprechung einführten: »Sie stuften die Verwaltung des Generalgouvernements vom Kreis- und Stadthauptmann aufwärts als ›verbrecherische Organisation‹ ein. Die Kreishauptleute schloß das Oberste Nationaltribunal ausdrücklich darin ein, da diese einen eigenen breiten Zuständigkeitsbereich hatten, in dem sie das Leben der Bevölkerung durch

Anordnungen ›von oben‹ regelten, aber auch nach eigenem Ermessen massiv eingriffen. Den Konflikten zwischen Verwaltung und SS maß das Tribunal keine entlastende Bedeutung bei, denn ihnen hätten häufig Prestigefragen, persönliche Animositäten, Meinungsverschiedenheiten lediglich im Hinblick auf Tempo und Methode der Terrorpolitik und schließlich Machtkämpfe um die Beute dieser Politik zugrundegelegen.«[152]

Die polnischen Justizbehörden folgten damit dem Alliierten Kontrollratsgesetz Nr. 10 vom 20. Dezember 1945, das in Artikel II (»Organisationsverbrechen«) die bloße Zugehörigkeit zu einer verbrecherischen Organisation unter Strafe stellte und nicht die individuelle Schuld zur Tatbestandsvoraussetzung machte.

Wie aber verfuhr das Gericht nun mit Joachim Nehrings Funktion als Kreishauptmann von Kamionka Strumilowa ab dem 1. Januar 1943?

Die Kammer beginnt erstaunlicherweise mit dem Komplex der Versorgung mit Nahrungsmitteln. Sie räumt ein, in welch ungeheurem Umfang das Generalgouvernement zur Gesamtversorgung des Reiches in Anspruch genommen wurde.

Gleichzeitig wurden der nicht-deutschen Einwohnerschaft nicht ausreichend Lebensmittel überlassen. Sie erhielt pro Kopf im Monat nur 2,8 Kilogramm Brot, 100 Gramm Fleisch und übers Jahr nur einen Doppelzentner Kartoffeln. Von den Anfang 1943 statistisch erfassten 1,5 Millionen Juden wurden 1,2 Millionen von jeglicher Versorgung ausgeschlossen und damit dem Hungertod überlassen. »Der Betroffene hat sich daher während seiner Tätigkeit als Kreishauptmann weiterhin und in noch erheblicherem Umfang als während der Tätigkeit als stellvertretender Kreishauptmann völkerrechtswidriger Maßnahmen im besetzten Gebiet schuldig gemacht.«

Auch hier argumentiert das Gericht sehr modern auf völkerrechtlicher Grundlage – eine Methodik, die sonst kaum in westdeutschen Gerichten eine Rolle spielte. Eher nahmen diese ein Scheitern ihrer Einzelermittlungen in Kauf, als darauf Bezug zu nehmen.

Unmissverständlich stellen die Richter fest, »daß die Tatsache, daß der Betroffene unter dem Befehl seiner Behörde und seiner Vorgesetzten gehandelt hat, ihn nicht von der Verantwortung für dieses verbrecherische Handeln befreit«.

Relativ pauschal geht die Kammer konkret mit dem Mord an den Juden um. Sie gestand Nehring zu, dass er weder unmittelbar Exekutionen veranlasst noch an deren Durchführung teilgenommen hat. Weder die ausschließliche Weisungsbefugnis gegenüber den Judenräten, Opfer zu stellen, noch die Durchsetzung des Arbeitszwangs für die jüdische Bevölkerung, der mehrheitlich meist tödlich endete, waren dem Gericht genug, um einen Verstoß gegen Art. 46 der Haager Landkriegskonvention (Verhalten einer Besatzungsmacht auf besetztem feindlichen Gebiet) zu erkennen.

Nehring sei aber Hauptschuldiger nach Art. 5, Ziff. 5 BefrGes., weil er sich in der Verwaltung der damals besetzten Gebiete in einer führenden Stellung betätigt habe, wie sie nur von führenden Nationalsozialisten hatte bekleidet werden können. Es sei völlig irreführend, die Position etwa eines Kreishauptmanns mit der Position eines Landrats zu vergleichen (Nehring hatte diesen Versuch zu seiner Entlastung unternommen).

Doch noch einmal zurück zu dem von den Kreishauptleuten sowie von Schöningh zu ihrer Entlastung vorgetragenen Argument, die Zivilverwaltung sei »sauber« gewesen, Terrorakte seien von ihr nicht vorgenommen worden und die Polizeigewalt habe ausschließlich in Himmlers Administration gelegen.[153]

Ohne erneut auf die allmähliche Einbindung – und auch das selbstständige Tätigwerden – der Kreishauptleute in den Holocaust in Galizien einzugehen, bleibt festzuhalten, dass die Zusammenarbeit zwischen Zivilverwaltung und Sicherheitspolizei auf der höheren Verwaltungsebene im Grunde reibungslos verlief – so der einhellige Tenor der genannten Autoren der Forschungsliteratur.

Bis zum Frühjahr 1942 scheint die Zivilverwaltung weitgehend allein die Initiative bei »Judenangelegenheiten« gehabt zu haben. So fand die erste Welle der Deportationen im März / April 1942 noch unter Gouverneur Wächter statt. Allerdings räumte, wie wir gesehen haben, die Zivilverwaltung dem SSPF zu diesem Zeitpunkt bereits weitergehende Befugnisse ein.[154] Erst ab dem 3. Juni 1942 ging die Zuständigkeit für die »Endlösung« vollständig auf den SSPF über, doch konnte dieser seine neuen Kompetenzen bereits aufgrund der geringen Personalstärke der Polizei nur in den größeren Städten ausüben. Gerade in den Landkreisen war die Sicherheitspolizei weiterhin auf die Zusammenarbeit mit der Zivilverwaltung angewiesen. So konnte der SSPF den Kreishauptleuten auch weiterhin keine Befehle erteilen. Stattdessen waren sie auf freiwillige Mitarbeit angewiesen und mussten sich an die übergeordneten Dienststellen in Lemberg wenden. Interessant in diesem Zusammenhang ist der Hinweis, dass der Stab von SSPF Katzmann aus weniger als zehn Personen bestand, mit deren Hilfe er die Deportationen und Massenerschießungen der ostgalizischen Juden plante. Ohne die direkte Unterstützung der Zivilverwaltung wäre die Ermordung von Hunderttausenden Juden niemals möglich gewesen.

Schon vor Beginn der eigentlichen Operationen zur »Endlösung« in Ostgalizien funktionierte die Zusammenarbeit zwischen Zivilverwaltung und Sicherheitspolizei außerordentlich gut, auch wenn die Angehörigen der Zivilverwaltung dies später gegenüber den Staatsanwaltschaften bestritten. So arbeiteten sowohl Gouverneur Lasch als auch sein Nachfolger Otto Wächter effizient mit SSPF Katzmann zusammen.[155] Nach Dieter Pohl waren alle drei (wie auch die nächst untere Verwaltungsebene, das heißt die Chefs der Inneren Verwaltung Bauer und Losacker) ausgewiesene Antisemiten, die darin übereinstimmten, dass eine endgültige »Lösung der Judenfrage« gefunden werden müsse.

Aber auch auf der untersten Verwaltungsebene lief die Zusammenarbeit mit den Sicherheitsorganen reibungsfrei. In dieser Hinsicht ist eine Fülle von Besprechungen und beiderseitigen Absprachen dokumentiert. Offen bleibt indes die Frage, inwieweit sich die Sipo mit dem KHM vor der »Judenaktion« absprach. Lediglich für einzelne Gemeinden ist dies nachgewiesen, zum Beispiel für Brzezany, das zur Sicherheitspolizei von Tarnopol gehörte. Im Fall Tarnopol wurde bereits darauf verwiesen, dass Gestapochef Müller »den KHMHarbou von den Judenmorden eher ferngehalten habe«.[156] Ebenso ungeklärt bleibt, in welcher Form die Kreishauptleute an den Tötungsaktionen der Sipo überhaupt mitgewirkt haben. Hier können nur abschließende Einzelfallermittlungen eine Antwort geben. Grundsätzlich jedoch bleibt festzuhalten, dass an diesen Tötungsaktionen eine Vielzahl von Einheiten beteiligt war: SS, Sipo, Ordnungspolizei, Waffen-SS, Gendarmerie beziehungsweise Schutzpolizei, Sonderdienst, polnische Polizei, ukrainische Hilfspolizei, Bahnpolizei, Forstaufsicht und der Baudienst. Dabei besaßen die Kreishauptleute in Absprache mit der Sipo eine Verfügungsgewalt über die Gendarmerie, den volksdeutschen Sonderdienst, die polnische und ukrainische Hilfspolizei sowie den polnischen Baudienst, die sie im Wege einer, so Pohl, »pervertierten Amtshilfe« zur Verfügung stellten.

Der volksdeutsche Sonderdienst der Kreishauptleute und die polnische Polizei waren vorwiegend zum Absperrdienst bei den Ghettos oder den Erschießungsstätten eingeteilt. In etlichen Fällen ist dokumentiert, dass auch sie direkt töteten. Der Baudienst hatte in der Regel die Gruben für die potenziellen Opfer auszuheben und wieder zu schließen sowie deren Hinterlassenschaften abzutransportieren.

Es ist auch deshalb wichtig, diese Zuständigkeitsregelung nochmals hervorzuheben, weil die ermittelnden Staatsanwaltschaften erst Ende der 1960er-Jahre Klarheit über diese Kompetenzen hatten. Insofern waren die Kreishauptleute auf jeden Fall zumindest indirekt in den Tötungsprozess eingebunden.

Die Zivilverwaltung diente darüber hinaus auch insoweit als »Erfüllungsgehilfe« dieses Massenmordes an Juden, weil sie bis spätestens Sommer 1942 für die Organisation und Durchführung der Deportationstransporte zuständig war, während die Sipo die Festnahme und Bewachung übernahm, allerdings auch wieder unter Einschluss von durch die Kreishauptleute zur Verfügung gestellten Kräften. Eindeutige Zuständigkeitsregelungen fehlen aber. Daher wissen wir nicht, wie dies oder durch wen dies zum Beispiel in Tarnopol gehandhabt wurde. Hauptverantwortlich für die »Judenumsiedlungen« in der Distriktsverwaltung war Alfred Bisanz, der Abteilungsleiter des Referats »Bevölkerungswesen und Fürsorge« (BuF). In den Kreisen wirkten, wie beschrieben, an den Selektionen und bei der Organisation der Transporte das Arbeitsamt, der Kreisreferent BuF sowie die Kreishauptleute mit.

Welche Konsequenzen hatten diese Handlungen der Kreishauptleute, die so mittelbar wie unmittelbar zum Holocaust beigetragen haben, nach dem Krieg?

Eine große Mehrheit der ehemaligen Kreishauptleute überstand die Entnazifizierung unbeschadet. Dies war vor allem dem Umstand geschuldet, dass die Formalien in den Fragebogen nur sehr grob gefasst waren: Einer gründlichen Untersuchung ihrer Tätigkeit im Generalgouvernement mussten sie sich nicht stellen. Es genügte, einen allgemein gehaltenen Fragebogen auszufüllen, mögliche Entlastungszeugen zu benennen und die Entscheidung der Spruchkammer abzuwarten.

Franz Josef Schöningh wurde nach dem BefrGes. als »nicht betroffen« eingestuft. Markus Roth verweist darauf, dass bei den meisten Zivilbeamten die Einstufung als Entlasteter oder Mitläufer erfolgte. Von den insgesamt 117 Kreis- und Stadthauptleuten waren mindestens 34 nicht mehr von der Entnazifizierung betroffen, da sie vorher gestorben oder an Polen ausgeliefert worden waren. Von den restlichen Fällen liegen noch 44 Spruchkammer- beziehungsweise Entnazifizierungsakten vor. In kaum einem Fall ging der Betroffene in Berufung. Insofern ist der oben geschilderte Fall des KHM Nehring ein Ausnahmefall, auch was das Strafmaß anbelangt. Sehr allgemein hält Roth fest, dass – wenn überhaupt – Sühnemaßnahmen verhängt wurden, welche durch Anrechnung von Internierungszeiten oder symbolische Geldstrafen abgemildert wurden.[157]

Auffällig waren bei den Angaben zur Frage nach dem Grund des NSDAP-Beitritts die stereotypen Begründungen: Angesichts der zugespitzten Lage zu Ende der Weimarer Republik habe man nicht abseits stehen wollen (Karriereaspekt), und dies umso mehr, als die Kommunisten als die eigentlich bedrohliche Kraft angesehen wurden und man sich deshalb für die NSDAP entschieden habe. Etliche führten aber auch das sozialistische Element dieser

Partei als Eintrittsgrund an. Wieder andere nannten familiäre Zwänge oder Beeinflussungen durch ihre Umgebung.

Bezüglich ihrer Tätigkeit in Polen gaben alle an, sie seien ohne ihr Zutun ins Generalgouvernement abgeordnet worden. Ebenso wurden allgemein die Gegensätze zwischen Verwaltung und Sicherheitspolizei als Entlastungsargumente genannt. Verwiesen wird in der bisher einzigen exemplarischen Untersuchung von Markus Roth darauf, dass Betroffene angaben, nur kommissarischer Kreishauptmann gewesen zu sein und niemals eine endgültige Ernennungsurkunde erhalten zu haben. Auch Schöningh leugnete ja eine endgültige amtliche Bestallung. Durchgängig finden sich in den Entnazifizierungsunterlagen der Funktionsträger des Distrikts Galizien als Entlastungsargumente eine ausgesprochen polenfreundliche Haltung und ein angeblich unermüdlicher Kampf gegen SS und Polizei. Angaben, die von den Spruchkammern kaum überprüft werden konnten und wenn ja, dann nur mit großem Aufwand, für den aber personelle Ressourcen fehlten. Auch gab es nur einen minimalen Amtsaustausch deutscher und polnischer Justizbehörden. Überhaupt ließ die Intensität der Entnazifizierung spätestens ab 1948 deutlich nach.

Als schier unüberwindbares Hindernis nicht nur für die Spruchkammern, sondern auch für die ermittelnden Staatsanwälte erwies sich das bereits oben erwähnte enge Netzwerk der in Galizien tätigen Angehörigen der Zivilverwaltung. Zum einen saßen sie sowohl in englischer als auch in amerikanischer Internierung sogar meist in einem eigenen Lagerkomplex zusammen und konnten daher gemeinsame Entlastungsstrategien entwerfen. So gab Schöningh für die Kreishauptleute von Harbou, Hager und den letzten Chef der Inneren Verwaltung in Krakau, Harry von Craushaar, Entlastungserklärungen ab. Losacker beispielsweise ließ sich von Gerhard von Jordan, Kreislandwirt in Kolomea und stellvertretender KHM in Zloczow, eine Bescheinigung ausstellen – wie umgekehrt auch. Beide wiederum deckten in einer die Realität völlig auf den Kopf stellenden Weise auch den früheren KHM Claus Volkmann.

Kontakte hielt Schöningh nach dem Krieg zu KHM Hager, von Craushaar, den Angestellten des Wirtschaftsamtes in Trembowla, Hans Weber und Heinzgeorg Neumann, dem Leiter der Präsidialabteilung beim Gouverneur des Distrikts Galizien, Wächter (Neumann trat ebenfalls als Zeuge im Prozess Nehring auf; in seinem Fragebogen unterschlug er diese Tätigkeit und erreichte so zunächst die Einstufung als Mitläufer), Gerhard von Jordan, Claus Volkmann, Hanns Gareis (Leiter der Abteilung Ernährung und Landwirtschaft im Distrikt Krakau, später Distrikt Galizien), Ludwig Losacker und Lothar Weirauch, dem Leiter der Abteilung »Bevölkerungswesen und Fürsorge« in Krakau. Weirauch war in dieser Funktion von 1940 bis 1945 alleinverantwortlich für die zentrale Planung der Ghettoisierung der Juden und ihre Deportation in die Vernichtungslager gewesen. Über die Bedeutung der Abteilung BuF war sich die Justiz noch bis in die 1950er-Jahre weitgehend im Unklaren. Selbst die Forschung schuf erst Ende der 1990er-Jahre Klarheit über die Rolle dieser Zentrale der Vernichtung.[158] Weirauch hatte Ende 1942 die Aufgabe erhalten, eine vorläufige Bestandsaufnahme der Massenmorde vorzunehmen. Die Abteilung BuF hatte alle diesbezüglichen Dokumente gesammelt und höchstwahrscheinlich auch ausgewertet. Auf der Flucht vor der Roten Armee waren sie im Gegensatz zu anderen brisanten Dokumenten der Regierung in Krakau nicht vernichtet worden, Weirauch hat sie vielmehr in einem Güterwagen nach Coburg, seinem Heimatort, transportieren lassen. Diese Matrikel, die sicher genauen Aufschluss über die Zahl der Opfer hätten geben können, sind bis heute nicht aufgetaucht. Wahrscheinlich hat Weirauch sie vernichten lassen, da sie ihn schwer belastet hätten. Im Nachlass Schöninghs findet sich der Vermerk, dass Weirauch sich für eine Entlastung Harbous während dessen Internierung zur Verfügung stellen wollte. Davon wurde allerdings kein Gebrauch gemacht.

Doch nicht nur die gegenseitigen Entlastungen stellten bei den staatsanwaltschaftlichen Ermittlungen gegen die Kreishauptleute ein großes Problem dar. Eine effektive Ermittlung scheiterte allzu oft bereits an den Ermittlern selbst infolge personeller Unterbesetzung, Überbelastung durch eine fremde, bis dahin nur wenig ausgearbeitete Prozessmaterie, Schwierigkeiten bei der Beschaffung von Dokumenten und Quellen sowie durch den »Kalten Krieg« bedingte miserable Zusammenarbeit mit polnischen und besonders ukrainischen, das heißt russischen, Behörden. Vor allem aber der immer größer werdende zeitliche Abstand zu den Ereignissen ließ Zeugenaussagen zusehends schwer verwerten. Hierzu kam, dass Zeugen entweder oft gar nicht oder nur mit großen Mühen gefunden werden konnten. Eine eindeutige Taten- und Täterzuordnung gestaltete sich extrem schwierig. Selbst die Alliierten führten Beweise für den Tatbestand des Judenmordes im Nürnberger Kriegsverbrecherprozess zunächst anhand der Ereignisse im Baltikum, in Weißrussland, der Ostukraine sowie in den großen Vernichtungslagern durch. Erst ab 1948 konnte das Geschehen in Ostgalizien immerhin halbwegs ausreichend dokumentiert werden.

Leider sind zu wenig aussagefähige private Aufzeichnungen Franz Josef Schöninghs erhalten, um die nötigen Folgerungen ziehen beziehungsweise sein galizisches »Arrangement« besser »deuten« und damit verstehen zu können. So muss insbesondere die Frage offen bleiben, wie ein solcher humanistisch-bildungsbürgerlicher Intellektueller mit starkem kirchlichen Hintergrund diesen mörderischen Dauerterror reflektierte, verarbeitete und für sich bewältigte. Schöninghs Äußerungen nach dem Krieg, seine Entlastungsschreiben und Einlassungen vor Gericht sowie seine publizistischen Beiträge lassen als Grundlinien nur zweierlei erkennen: die stereotype Wiederholung der Schutzbehauptung einer »sauberen Verwaltung« und die pauschale Anklage des verbrecherische NS-Regimes ohne konkrete Auseinandersetzung mit historischen Details. Wobei die historischen Details damals, wie bereits festgestellt, nicht aufgearbeitet waren.

Generell kann jedoch festgehalten werden, dass sich kein einziger Kreishauptmann nach dem Krieg möglicher Verbrechen im Zusammenhang mit seiner Tätigkeit in Galizien für schuldig bekannte. Immer wieder erwies sich dabei die in allen möglichen Variationen dargebotene Legende von der »sauberen Verwaltung« als selbst suggeriertes Alibi. So auch Schöningh, der sich erstmals zu diesem Komplex in einer eidesstattlichen Erklärung für den früheren Sejm-Abgeordneten Wasil Boluch am 16. Dezember 1946 äußerte, indem er sagte, »daß nach Einrücken der deutschen Truppen das Verhältnis der Deutschen zur einheimischen Bevölkerung vorzüglich gewesen sei. Dieses habe sich nach Einzug der Gestapo plötzlich geändert, von ihr sei eine andere Behandlung der Bevölkerung vorgeschrieben und auch gegen die Bestrebungen der dortigen Zivilverwaltung durchgeführt worden.«

Entsprechend äußerte sich der spätere schleswig-holsteinische Arbeits- und Sozialminister Hans-Adolf Asbach, KHM von August 1941 bis Februar 1943 im Tarnopol benachbarten Brzezany. »Im übrigen war in der Verwaltung des Generalgouvernements alles im Aufbau begriffen. Vieles wurde falsch angefaßt, durchweg aber war der Wille vorhanden, saubere Verhältnisse zu schaffen u. Volk u. Land der hart ringenden Heimat dienstbar zu machen. [...] Einzig der SS ist es vorbehalten geblieben, von dieser Linie eines sauberen, gerechten und menschlichen Verwaltungspraxis abgewichen zu sein. Sie war selbstherrlich, keiner Belehrung zugänglich und, wie sich erwies, völlig unabhängig. [...] Rücksichtslos nahm sie ihre Interessen, so wie sie sie auffaßte, wahr und das alles in einem fremden Land, einem seit Jahrzehnten feindlichen Volkstum gegenüber. Aber diese erschütternde Erkenntnis konnte in uns erst langsam reifen, unser Gefühl empörte sich wohl dagegen, man wollte sie innerlich nicht wahrhaben, bis wir sie schließlich dumpf resignierend als gegebene Tatsache hinnehmen mußten.«[159]

Eine prototypische Aussage, die im Tenor den Einlassungen eigentlich aller

Funktionäre entsprach. Eine Selbstreflexion über ihre eigene Verstrickung in die mörderischen Abläufe fand – abgesehen von ganz wenigen Ausnahmen – nicht statt. Eine dieser Ausnahmen ist Gerhard von Jordans viel zitiertes Sonett »Das Progrom« in seinen Erinnerungen. Die historische Wirklichkeit wird darin aber nur sehr schemenhaft erkennbar. Von einer wirklichen Introspektion kann auch bei ihm keine Rede sein, immerhin war es ein Versuch.[160]

Mogens von Harbou wurde auf seinem Gut Üterlande festgenommen, kam dann anschließend im Februar 1946 zunächst in englische Internierung nach Bremen und Ende August in US-Haft nach Darmstadt, ehe er im Oktober in das amerikanische Internierungslager Dachau überstellt wurde. Die Gründe für seine Auslieferung nach Polen sind nicht bekannt, diesbezügliche Recherchen in polnischen Archiven durch die hier genannten Autoren ergaben nichts Verwertbares. Das polnische Auslieferungsbegehren brauchte 1946 auch nicht begründet zu werden, die polnische Regierung konnte summarische Anträge stellen, der die US-Administration widerspruchslos Folge leistete. Das änderte sich erst im Zuge des aufkommenden Kalten Krieges 1947. Zusammen mit Harry von Craushaar sollte Mogens von Harbou am 18. Dezember 1946 nach Polen überstellt werden. Craushaar verschluckte jedoch einen Löffel, um der drohenden Auslieferung zu entgehen – was ihm gelang –, während Harbou mit einem in Brot versteckten Gift, das in das Dachauer Internierungscamp eingeschmuggelt worden war, Selbstmord beging.

Schöningh wusste, dass seitens der US-Militärregierung gegen Harbou in seiner Funktion als Kreishauptmann oder auch als kommissarischer Polizeidirektor in Lublin im Juni 1941 ermittelt wurde. Er wusste auch, so festgehalten in einem Brief an Bronner vom 4. Juli 1946, dass »Mogens qua persona nicht mehr zur Debatte steht«. Später, am 5. Mai 1947, gab er in einem Brief an den später als Presserechtler sehr bekannt gewordenen Rechtsanwalt des früheren KHM Georg Eisenlohr, Dr. Martin Löffler, an, dass »Harbou vor und nach unserer Zeit Ämter innehatte, die der Untersuchungsinstanz offensichtlich zu wichtig schienen, als daß unsere Erklärungen eine andere Entscheidung hätten herbeiführen können.«

Man weiß bis heute nicht genau, weswegen die Untersuchung gegen Mogens von Harbou so lange dauerte. Immer wieder taucht in der Korrespondenz mit und über Harbou eine »US-Sonderkommission« auf, die über seine Freilassung entscheiden müsste. Anhand vermehrter Kassiber aus der Dachauer Haft an seine Frau ab Anfang November 1946, in denen Harbou hektisch Verfügungen traf und Bitten artikulierte, lässt sich schließen, dass er Vorkehrungen für den

Lili und Mogens von Harbou in den 1940er-Jahren.

Fall einer Auslieferung nach Polen traf. Den Termin der geplanten Überstellung nach Polen am 18. Dezember 1946 hat er wahrscheinlich erst zwei Tage vor seinem Tod erfahren. Die Übergabe der Inhaftierten sollte formlos an den polnischen Beauftragten Colonel M. Muszkat erfolgen, der für den Transport verantwortlich war.

Grundlage für die Auslieferungen war eine US-Verordnung vom 13. September 1945 bezüglich »Delivery [...] of Persons Accused of War Crimes and of Witnesses and Evidence Required in the Trial of War Crimes«. In den Ausführungsbestimmungen dazu ist festgehalten, dass eine summarische Begründung ausreicht. So steht in dem von der US-Militärregierung in Sachen Mogens von Harbou am 2. Dezember 1946 erstellten »Wanted Report: 1. Subject served in civil administration of Poland during the German occupation 1940–1945. 2. Subject is wanted for ›murder‹ by Poland and listed in CROWCASS list N-11«.

Crowcass (Central Registry of War Crimes and Security Suspects) war ein alliiertes Verzeichnis der Personen, die verdächtigt wurden, Kriegsverbrechen begangen zu haben. Die Liste diente dazu, die Namen von inhaftierten Kriegsgefangenen abzugleichen. Doch auch diese Liste, die im Archiwum Instytutu Pamięci Narodowej (IPN) in Warschau lagert, enthält nach Einsicht der Zeithistoriker Dieter Pohl, Thomas Sandkühler und Markus Roth in die Archivunterlagen keinen konkreten Tatvorwurf. Lediglich der Name Harbous und seine Funktion während der Zeit des Generalgouvernements sind darin zu finden.

Schöningh war vermutlich bekannt, dass Kreishauptleute alleine wegen ihrer bloßen Zugehörigkeit zur Kreishauptmannschaft verurteilt werden konnten. Jedoch umschreibt er diese Bedrohung in allen den Selbstmord von Mogens von Harbou betreffenden Briefen. In dem oben zitierten Brief an Bronner schrieb er: »Unser Freund lebt nicht mehr. Er ist wohl durch die vielen Aufregungen zermürbt, am 18. Dezember plötzlich verschieden [sic!].« In einem weiteren Brief an Bronner vom 17. Januar 1947 schreibt Schöningh: »Ich füge [...] noch einmal hinzu, daß er [Mogens von Harbou] freiwillig aus dem Leben gegangen ist, weil er fürchtete, in einem Schauprozess agieren zu müssen. Wie ich zuverlässig weiß, ist sein Fall von den hiesigen Stellen nicht geprüft worden, sondern sollte einer anderen Ihnen bekannten überlassen worden.« Mit »einer anderen Ihnen bekannten Stelle« meinte Schöningh die polnische Justiz. Woher Schöningh das Wissen hatte, dass sich Harbou aus Furcht vor einem Mitwirken in einem Schauprozess das Leben nahm, bleibt ungeklärt.

Es erweist sich als schwierig, über die innere Bewältigung der Geschehnisse in Tarnopol durch Franz Josef Schöningh eine Aussage zu treffen. Dazu geben die erhaltenen Primärquellen, die wir gesehen haben, zu wenig her, zumal seine Briefe aus Galizien vom 31. Juli 1942 bis 3. August 1943 im Nachlass fehlen. In eben diesem Zeitraum aber vollzog sich die fast vollständige Auslöschung der jüdischen Bevölkerung. Am 19. Juli 1942 hatte Himmler dazu die formale Ermächtigung erteilt und die sogenannte Endlösung auf das Jahresende terminiert. »Eine Woche später begann der SS- und Polizeiapparat zusammen mit fast allen anderen Zweigen der Besatzungsherrschaft die Deportation der Juden aus allen Kreisen. August und September 1942 waren die schlimmsten Monate für die ostgalizischen Juden«, so Dieter Pohl.

Lediglich zwei bis drei Prozent der ostgalizischen Juden sollten die Vernichtung überleben. Und bis in die 1990er-Jahre sollte es dauern, bis die Organisationsmechanismen und Rahmenbedingungen des nationalsozialistischen Völkermordes von der Forschung aufgearbeitet wurden. Gründe dafür waren unter anderem fehlende inhaltlich-konkrete Aufklärung, Beschönigungen, Verschleierungen und Verallgemeinerungen, aber auch Zeugenabsprachen der Verwaltungsangestellten, die das Handeln der Zivilverwaltung in Ostgalizien jahrzehntelang so unangreifbar machten. Auf der anderen Seite sind die erhaltenen jüdischen Erinnerungen zwar zutiefst verstörende subjektive Quellen, lassen aber kaum Rückschlüsse auf die Funktionsmechanismen der Täterbürokratie zu. Überdies scheint Tarnopol diesbezüglich ein Sonderfall zu sein, da für diese Kreishauptmannschaft so gut wie keine Quellen vorliegen.

Das unmittelbare Miterleben der Vernichtung der jüdischen Bevölkerung fand bei Schöningh während und nach dem Krieg nur ganz indirekt einen Niederschlag. Er steht damit in einer Reihe mit den von Markus Roth untersuchten Kreis- und Stadthauptleuten, die alle versuchten, nach dem Krieg mittels psychischer Abwehrmechanismen die Spuren dieses Grauens und ihrer Schuld zu verwischen.

Kriegsende und Neuanfang

In Schöninghs Erinnerungen ist der 28. April als letztes Datum der Kriegszeit protokolliert. Zunächst hauste er in seiner winzigen Jagdhütte, bewohn-
te daneben aber wohl auch ein kleines Dachzimmer über der Wohnung von
Wilhelm Hausenstein im sogenannten Buchenhaus der Familie von Hofacker
in Tutzing. Cäsar von Hofacker hatte es 1932 an das Ehepaar Hausenstein ver-
mietet.[161]

Als offizielle Adresse hatte er die Wohnung in Prien angegeben, postalisch
war er bis Anfang Juli bei Hausensteins in Tutzing zu erreichen. Danach war
er bis zum 1. Mai 1946 in München-Gern, Pegnitzstraße 10, als Untermieter
gemeldet.

Wilhelm Hausenstein (1882–1957), seines Zeichens Kunsthistoriker, stammte
aus dem badischen Hornberg, lebte aber seit der Jahrhundertwende bereits in
München. Ab 1929 war er Redakteur der *Münchner Neuesten Nachrichten*.
Aus dieser Funktion wurde er am 14. April 1933 auf Weisung der Gestapo
entlassen. Daneben arbeitete er schon seit 1917 als freier Mitarbeiter unter anderem für die *Frankfurter Zeitung*, deren Literaturblatt und Frauenbeilage er
ab 1934 von Tutzing aus leitete. Dass er überhaupt als früherer Sozialdemokrat
und Anhänger der Münchner Räterepublik – Ernst Toller hatte geplant, ihn als
»1. Kunstkommissar« einzusetzen – sowie als Verfasser eines umfangreichen
Artikels über »Barock« in der großen Sowjet-Enzyklopädie von 1926 für die
Zeitung arbeiten durfte, war der Taktik der Nationalsozialisten geschuldet, die
die Zeitung zwar ablehnten, sie aber duldeten, weil sie ihnen als liberales Fei-
genblatt diente. 1943 wurde Hausenstein sowohl aus der Reichsschrifttums-
kammer als auch aus der *Frankfurter Zeitung* ausgeschlossen, wodurch er in
große materielle Bedrängnis geriet. Bis zum Schluss hatte auch er, ähnlich wie
Schöninghs *Hochland*, für das er zuweilen schrieb, keine Konzessionen an das
Regime gemacht. Auch bei ihm dominierten zeitlose philosophische und theologische Themen. Schöningh und er hatten sich über die Zeitung kennengelernt, für die er ja gelegentlich schrieb, und zudem waren sie quasi Nachbarn,
denn seine Jagdhütte lag nur unweit von Tutzing entfernt. Ein gemeinsamer
Freund war Max von Brück, der 1935 zur *Frankfurter Zeitung* kam und ab

1937 bis zu deren Ende Leiter des Feuilletons war. Nach dem Krieg wurde Brück der erste Leiter des außenpolitischen Ressorts der neu gegründeten *Süddeutschen Zeitung*.

Am 30. April 1943 musste die *Frankfurter Zeitung* auch alle nicht-arisch verheirateten Mitarbeiter entlassen. Hausenstein hatte 1919 in zweiter Ehe die belgische Jüdin Margot Lipper geheiratet, Trauzeugen ihrer Hochzeit waren der Bühnenbildner und Zeichner Emil Preetorius und Rainer Maria Rilke, nach dem sie auch ihre 1922 geborene Tochter Renée-Marie nannten. Diskriminierung und Verfolgung hatte das Ehepaar bereits im November 1935 erleben müssen, als unter ungeklärten Umständen das Buchenhaus in Flammen aufging, wobei zahlreiche Manuskripte vernichtet wurden. Die Polizei hatte damals nur recht oberfläch-

Wilhelm Hausenstein und Schöningh kannten sich seit den 1930er-Jahren, als sie Mitarbeiter der *Frankfurter Zeitung* waren.
(SZ-Photo: Renate Riederer)

lich ermittelt, Hausenstein selbst ging von Brandstiftung aus. Nur mit Mühe konnten Hausensteins die NS-Zeit dank einiger weniger sie beschützender Hände wie die des Tutzinger und vor allem des Leutstettener Bürgermeisters überleben.

Margot Hausenstein war als Jüdin bereits »zum geschlossenen Arbeitseinsatz nach Theresienstadt« befohlen, konnte jedoch dank des einsetzenden Behördenchaos im Januar 1945 der Deportation noch geschickt entkommen. Sie galt zwar als Jüdin, doch konvertierten sie und ihr Mann »in einer wahrhaft katakombischen Heimlichkeit« an Ostern 1940 zum katholischen Glauben. Ihre Tochter ging, um der Verfolgung zu entgehen, eine Scheinehe mit einem deutschstämmigen Brasilianer ein und verließ ihre Eltern und Deutschland im Frühjahr 1942. Hausensteins Tagebücher von 1942 bis 1946 (*Licht unter dem Horizont*) geben sowohl den Druck der alltäglichen NS-Repression in der kleinen Gemeinde Tutzing als auch die ersten Wochen amerikanischer und französischer Besatzungszeit mit all ihrer Willkür gut wieder. Heute fast vergessen ist in seinen Tagebuchaufzeichnungen an mehreren Stellen seine Angst vor umherziehenden, marodierenden russischen Banden festgehalten, denen die Bevölkerung schutzlos ausgeliefert war, weil die amerikanische Polizei untätig blieb. Lebendig beschrieb er die Bedrückung angesichts der ausgemergelten überlebenden Juden aus dem KZ-Außenlager Feldafing. Auch das wirft ein Licht auf die Lebensumstände während der ersten drei Monate von Schöninghs Zeit in Tutzing und seiner Jagdhütte am Gallafilz.[162]

Nach dem Krieg kümmerten sich Hausensteins intensiv um Schöninghs Tochter Karen, die sie »wie eine kleine Adoptivtochter behandeln«. Während Margot Hausenstein sie in einem »unüberwindlichen Drang [...] zur Fraulichkeit erzieht« – »ich lerne also wie ein junges Mädchen sich bewegt, wie es geht, wie es sitzt und wie es spricht« –, versucht ihr Mann Wilhelm, sie mit wechselnden täglichen Gesprächen über Themen wie »Der Mensch Goethe«, »Der Kommunismus« oder »Vorstellungen von Gott« intellektuell zu formen.[163]

In der Zeit zwischen April und August 1945 hat Franz Josef Schöningh nur wenige Spuren hinterlassen. Seine Tochter Karen berichtet in ihren Tagebuchaufzeichnungen von verschiedenen Besuchen ihres Vaters in Prien, so in der letzten Januarwoche: »[...] heute Morgen kam plötzlich Vater. Er sah schrecklich aus. Jetzt liegt er im Bett und ist krank. Er behauptet zwar, er hätte Zahnweh, aber Mutter vermutet, dass es mehr ist.« In ihren Tagebüchern taucht er erst in der dritten Aprilwoche wieder auf, Schöningh muss sich also trotz erheblichen Risikos, aufgegriffen zu werden, noch vor Kriegsende nach Prien begeben haben. Erst am 3. Mai besetzten die Amerikaner die Gemeinde am Chiemsee. Die Sorge seiner Tochter um die Sicherheit ihres Vaters findet ihren Niederschlag in einem Eintrag vom 20. Juni: »Vater wahrscheinlich auf der Jagdhütte. Gott sei Dank.«

Schöningh brachte nach seiner Rückkehr nach Bayern im Frühjahr 1946 seine Privatsachen aus Galizien unter anderem in Gestalt von zwei massiven Munitionskisten zunächst im Dachboden des Jordanschen Gutes Deixlfurt oberhalb von Tutzing unter. Deren Inhalt muss brisant gewesen sein, denn er geriet in Panik, als französische Besatzungssoldaten im Mai 1945 das Gut durchsuchten. Aus Galizien brachte er aber auch seine polnische Freundin Elisabeth (Bettina) von Jurystowska mit. Für sie fand er zunächst ein Quartier in Deixlfurt, dann eine Untermieterbleibe in der Mauerkircherstraße in München-Bogenhausen. Häufig nahm er sie sogar mit nach Prien. Sie verließ Deutschland Anfang 1947 (»Vater tut mir sehr leid«, so Karen Schöningh in

Franz Josef Schöningh um 1950.

ihrem Tagebuch vom Neujahr), um zu ihrem Bruder nach England zu ziehen,
wo sie im November 1948 heiratete. Sie taucht in einer späteren Erzählung
Schöninghs »Bea und der Schnepfenstrich« (*SZ* vom 30. / 31. März 1957) auf,
wo sie Mittelpunkt seines idyllischen Jagdrefugiums am Gallaweiher war.

Süddeutsche Zeitung

Dann, am 3. Juli 1945, folgt der erste persönlich dokumentierte Verweis im Tagebuch seiner Tochter – im Nachlass Schöninghs findet sich dazu nichts – auf die Planungen der US-Regierung, in Bayern eine Tageszeitung zu gründen, sowie auf die sich abzeichnende neue Situation in München: »Vater war heute mit einem Amerikaner, der ihn hierher fuhr, bei uns. Ich hab mich furchtbar gefreut, denn ich habe schon lange auf ihn gewartet, um mit ihm zu reden und ihm zu sagen, daß ich, falls Mutter und Marie-Luise zu den Russen wollten [Irmgard Schöningh und Marie-Louise von Hammerstein planten aufgrund ihrer kommunistischen Überzeugung, in den russischen Sektor Berlins überzusiedeln, A. d. V.] nicht mit wollte. Er sagte mir aber, daß das gar nicht in Frage käme und beruhigte mich. In Mutters Gegenwart äußerte ich auch, daß ich mit ihm nach München ziehen wollte. Ob es nun das war, oder etwas anderes, weiß ich nicht, auf jeden Fall sagte sie mir heute Abend, daß ich sie enttäuscht hätte und ein altes Sprichwort sagte, wie man in den Wald ruft, so schallt es zurück und was ich täte, wäre die Gewissenslumperei, die ich bei vielen P. G. [Parteigenossen] beim Mittagessen benörgelt hätte. Ich muß ehrlich sagen, kapiert habe ich das nicht. Ich weiß nur, daß mich beide, vor allem M. L. mit wütenden Blicken strafen. [...] Ich fühle immer mehr, daß ich Mutter nicht mehr lieb habe. Üppi ist meine Mutter.«

Mit »Üppi« meinte Karen Schöningh ihre Patentante Else Michel (1. März 1892–1. Mai 1968), die Frau des Frankfurter Sozialphilosophen und *Hochland*-Autors Professor Ernst Michel, die in einer kleinen Wohnung unterhalb von Trautersdorf wohnte. Die hochgebildete und künstlerisch ambitionierte Frau kannte Schöningh seit 1928, sie war so etwas wie der gute Geist der Familie und kümmerte sich intensiv um die Ausbildung der Tochter Karen. Später sollte sie Schöningh nach München folgen.

Bei dem erwähnten »Amerikaner« in Karen Schöninghs Tagebuch handelte es sich um den 1908 in Fürth geborenen Joseph Dunner, ursprünglich Dünner, der als Jude im Frühjahr 1933 unter abenteuerlichen Umständen mit knapper Not nach Basel entkommen konnte. Er hatte zwei Schweizer Grenzposten mit der Pistole bedroht, die darüber so verblüfft waren, dass sie ihn über die Grenze flüchten

Else Michel (»Üppi«) mit Irmgard Schöningh
in den 1930er-Jahren.

ließen. An der Universität Basel promovierte er (zusammen mit Marion Gräfin
Döhnhoff) in Staatswissenschaften bei
Edgar Salin, wanderte in die USA aus
und lehrte zuletzt als bekannter Politologe am Grinnell College in Iowa.

Als Schöningh mit ihm am 3. Juli in
Prien auftauchte, war er als Gebietslei-
ter der Chief Press Control Section für
die Presse in München und Oberbayern
verantwortlich. Er stand den Lizenzie-
rungseinheiten in Bayern vor und war
zuständig für die Zulassung der neu zu
gründenden SZ. Seine beiden engsten
Mitarbeiter waren ebenfalls jüdische
Emigranten, Ernst Langendorf und
Leonhard Felsenthal.

Der Vater der *Süddeutschen Zeitung,*
Dr. Joseph Dunner, der August Schwingenstein für den Aufbau der SZ gewann.

181

Der deutschstämmige Ernst Langendorf fühlte sich der *Süddeutschen Zeitung* eng verbunden.

Sie residierten in einem für das Nachrichtenkontrollamt requirierten Haus in der Renatastraße 46, später auch im zusätzlich beschlagnahmten Gebäude mit der Nummer 48 im Münchner Stadtteil Neuhausen. Dort sollten sie eine Kartothek über sich in Bayern aufhaltende Verleger und Journalisten anlegen.

Langendorf war von 1930 bis 1932 als Reporter und Redakteur bei der *Frankfurter Volksstimme*, danach für ein Jahr beim *Hamburger Echo*. Nach Hitlers Machtübernahme arbeitete er als Auslandskorrespondent für Schweizer Zeitungen und andere europäische Blätter in Spanien, später in Paris. 1942 trat er in die amerikanische Armee ein und spezialisierte sich in der PWD (Psychological Warfare Division) auf die Publikation von Propagandablättern gegen die deutsche Wehrmacht. Ab 1. Juni 1945 war er Nachfolger Arthur Gereckes als Chef der Presseabteilung München. Als einer der ersten Amerikaner fuhr er am 30. April mit einem Jeep in das noch nicht besetzte München. In seinen Erinnerungen schildert er eindrucksvoll seine Wahrnehmungen des zerstörten Münchens mit allem Chaos und den einsetzenden Wiederaufbaubemühungen.[164]

Leonhard Felsenthal, dritter Pate der *Süddeutschen Zeitung.*

Neben ihm arbeitete der ebenfalls deutschstämmige Leonhard Felsenthal, der in München und Berlin Volkswirtschaft studiert hatte und vor allem für das »screening« zuständig war. Hatten die Presseoffiziere Personen zur Beschäftigung in Presseorganen oder als Lizenzträger in die engere Auswahl gezogen, so mussten diese umfangreiche Fragebogen ausfüllen. Hausenstein schreibt, dass Schöningh 25 Fragebogen beantworten musste mit zum Teil »tüftligsten« Fragen, wie nach dem Postscheckkonto einer näheren Verwandten. Nach einer kursorischen Durchsicht wurden die Angaben von der »Intelligence Branch« in Bad Homburg v. d. H. sorgfältig überprüft. Gleichzeitig ermittelte man in München, ob sich die vorgeschlagenen Personen in politischer Hinsicht etwas hatten zuschulden kommen lassen.[165]

Chef der US-Nachrichtenkontrolle in Bayern war der aus Ohio stammende Berufsoffizier Colonel Bernard McMahon, der Deutschland aus seiner Zeit als Besatzungsoffizier im Rheinland aus den Jahren 1919 bis 1923 gut kannte und leidlich Deutsch sprach.

Die ersten Anweisungen der Amerikaner bezüglich des Umgangs mit den deutschen Informations- und Unterhaltungsmedien waren bereits vor der Kapitulation im November 1944 festgelegt worden. War darin ausschließlich von generellen Verboten die Rede, so tauchte am 12. Mai 1945 der Ausnahmezusatz auf, wonach Presseerzeugnisse ausdrücklich genehmigt werden konnten. Gemäß einem in großer Eile erstellten Handbuch sollte der Wiederaufbau der Presse in drei Phasen ablaufen:

1. Verbot jeglicher besatzungsfeindlichen Informationsmedien
2. Errichtung alliierter Informationsdienste und die Überprüfung deutscher Informationsmittel
3. Übergabe der Informationsmittel an Deutsche, die jedoch zunächst unter alliierter Aufsicht arbeiten sollten[166]

Die notwendigen Lizenzen durften aber nur an Personen ausgegeben werden, die sich zuvor bei der Militärregierung hatten registrieren lassen und sich verpflichtet hatten, alle erlassenen Bestimmungen und Anweisungen genauestens zu befolgen.

Von den Amerikanern prinzipiell abgelehnt wurden die Kategorien Generalanzeigerpresse, Heimatzeitungen und Parteiblätter. Diese waren für die Militärbehörden Ausweis einer absoluten NS-Parteigängerschaft. Vielmehr orientierten sich die Behörden an dem Leitbild einer »Independent Press«, die frei von Parteipolitik, Anzeigenkunden und fremden, großkapitalistischen oder sonstigen Einflüssen sein sollte. Auch sollten bestimmte Praktiken des amerikanischen Journalismus in den deutschen Zeitungen zur Anwendung kommen. An erster Stelle stand hierbei die Behandlung von Nachrichten. Entgegen deutscher Gewohnheit sollte künftig eine strikte Trennung von Nachricht und Meinung gehandhabt werden, wie es schon immer in der angloamerikanischen Presse Tradition war. Neu war für deutsche Verhältnisse auch die Einführung einer »editorial page«. Damit sollten Leitartikel und Kommentare von der ersten Seite verbannt werden und stattdessen einen festen Platz im Inneren der Zeitung erhalten. Diese Grundausrichtung hat sich bis heute in den großen überregionalen Zeitungen gehalten. Nicht durchgesetzt hatte sich die amerikanische Vorstellung, dass dem Feuilleton sein vertrauter Zeitschriftencharakter zu nehmen sei. Ferner sei auch die tief verwurzelte Ressortverantwortlichkeit zugunsten des sogenannten copy-desk aufzuheben. Demnach sollten Inhalt und Stil der verschiedenen Beiträge beim Umbruch so vereinheitlicht werden, dass ein geschlossenes Zeitungsbild entstand.

Neu war auch die Absicht, Lizenzen an Gruppen statt an Einzelpersonen zu vergeben, wodurch man journalistische Unabhängigkeit und Überparteilichkeit besser gewährleistet glaubte. Mehrheitlich wurden die Lizenzen deshalb an Personen vergeben, die sich durch ihre Nähe zu den großen Volksparteien auszeichneten, wie etwa zu den christ- oder sozialdemokratischen Gruppierungen. Auch die angloamerikanische Rechtsform der Lizenz war bis dahin in Deutschland unbekannt. Durch den konstitutiven Charakter der Lizenz wurden dem Lizenzträger personengebundene Rechte verliehen. Nach angloamerikanischem Recht war eine Lizenz daher nicht übertragbar, konnte also weder verkauft noch verschenkt oder verliehen werden. Ebenso war sie weder pfändbar noch verpfändbar. Hingegen konnte sie entzogen werden, ohne dass es eines Formalaktes der Entziehung oder des Widerrufs mit konstitutiver Wirkung bedurft hätte. Vielmehr genügte eine einfache Deklaration über ihr Nichtbestehen. Da die Lizenz nicht vererbbar war, erlosch sie auch mit dem

Tode des Lizenzträgers. Erst 1949 verlor dieses Lizenzsystem seine Gültigkeit. Von da an konnte sich jedermann als Herausgeber einer Zeitung eintragen lassen und die Herausgeberschaft auch auf andere übertragen.

Am 25. Mai 1945 wurde offiziell verkündet, dass von nun an Zeitungen unter deutscher Leitung lizenziert werden konnten. Doch es sollte bekanntermaßen noch bis zum 6. Oktober dauern, bis die *SZ* als erste bayerische Zeitung die begehrte »License Nr. 1« erhielt.

Das Auffinden geeigneter Kandidaten als mögliche Herausgeber erwies sich jedoch als außerordentlich schwierig. Es wurden nach Hurwitz allein in Bayern etwa 2000 Personen geprüft, doch nur 39 genügten den politischen Anforderungen.[167]

So appellierten die Münchner Presseoffiziere über Radio München an die Bevölkerung, dass sich jeder, der an der Herausgabe einer Zeitung oder am Verlagswesen allgemein interessiert sei, im Büro der Press Branch in der Renatastraße melden könne. Das Interesse muss groß gewesen sein, Ernst Langendorf erinnerte sich an lange Warteschlangen.

Einer der Ersten, die ihr Interesse an einer verlegerischen Tätigkeit bekundeten, war August Schwingenstein (9. März 1881–5. November 1968). Er war 1918 bis 1923 Chefredakteur des *Iller-Roth- und Günzboten* im schwäbischen Illertissen und von 1924 bis zur Machtergreifung Landtagskorrespondent gewesen. Danach mit Schreibverbot für politische Nachrichten belegt, hatte er sich bis 1939 als freier Mitarbeiter für verschiedene Lokalzeitungen durchgeschlagen, wobei er über feuilletonistische und wirtschaftliche Themen schrieb. 1935 wurde er für acht Tage in Dachauer Schutzhaft genommen – wohl als Warnung, denn den eigentlichen Grund erfuhr er nie – und war während des Krieges Leiter des belletristischen Teils des katholisch orientierten kleinen Münchner Buchverlags Manz, den er später auch erwarb.

Aus seiner entschiedenen Ablehnung des Nationalsozialismus hatte er nie, auch öffentlich nicht, einen Hehl gemacht. Tief dem katholischen Glauben verpflichtet, stand er der Sozialdemokratie nahe und war Mitglied des republikanischen Reichsbanners Schwarz-Rot-Gold gewesen. Seine öffentlichen Auseinandersetzungen mit den Nationalsozialisten waren Legende. Kaum Erwähnung indes fand ein Vorfall, der seine kompromisslose Einstellung deutlich werden lässt: Am 12. September 1941 wurde die Mutter Heinrich Himmlers auf dem Alten Südfriedhof in München beerdigt. Schwingenstein ging dorthin in der festen Absicht, Himmler zu erschießen, schreckte aber im letzten Moment zurück: »[…] am Grabe einer Mutter […] darfst du nicht zum Mörder werden«[168]. Später sollte er sich deshalb große Vorwürfe machen. Über seinen Sohn Alfred lernte August Schwingenstein den Jesuitenpater Alfred Delp kennen und schloss sich der Widerstandsbewegung an, allerdings ohne aus konspirativen Gründen in die interne Struktur eingeweiht zu werden. Noch nach dem Krieg sollte er den Alliierten gegenüber von einem »Geheimbund des Grafen Stauffenberg« sprechen, wobei es sich um den Kreisauer Kreis handelte, dessen Mitglied Delp war.

Bereits am 5. Mai, also nur wenige Tage nach der Besetzung Münchens, bot er den Amerikanern seine Dienste an und bat sie, »mir den Platz zur Arbeit anzuweisen, für den Sie mich als geeignet halten«. Als Begründung verwies er auf seine politischen Überzeugungen: »Seit 25 Jahren habe ich den Todestag des Nationalsozialismus ersehnt. In meinem festen Glauben an diesen Tag bin ich nie wankend geworden. Und da nun die Zeit gekommen ist, mit den Verbrechern abzurechnen und mit diesen den teuflischen Geist in Deutschland mit allen Wurzeln auszurotten, will ich nicht abseits stehen.«[169]

Um schneller zum Ziel zu gelangen, nahm Schwingenstein am 14. Mai Kontakt zur »Freiheitsaktion Bayern« (FAB) auf, einer noch im April gegründeten Widerstandsorganisation unter Hauptmann Rupprecht Gerngross, die den Kampf fanatischer Nationalsozialisten gegen die heranrückende US-Armee beenden wollte, jedoch bereits Ende des Monats von der amerikanischen Militärverwaltung verboten wurde. Erwies sich dieser Kontakt als nicht weiterführend, so öffnete ihm doch Josephine Gräfin von Wrbna-Kaunitz, bei der er in Obermenzing wohnte, die Tür zu wichtigen Persönlichkeiten wie Prinz Adalbert von Bayern, dem Präsidenten des Roten Kreuzes in Bayern, dem amerikanischen Gouverneur Charles E. Keegan, dem Münchner Oberbürgermeister Scharnagl und zum bayerischen Ministerpräsidenten Fritz Schäffer.

Scharnagl erhielt von ihm am 21. Mai eine »Denkschrift über den Neuaufbau der bayrischen Presse«, die er am 29. Mai um ein Exposé mit seinen Vorstellungen ergänzte, das er dem Ministerpräsidenten und dem stellvertretenden Gouverneur durch Gräfin von Wrbna-Kaunitz überbringen ließ.[170] Eine Antwort darauf erhielt er allerdings nicht. Seine Bemühungen, einen Zeitungs-Romanverlag zu gründen, drohten im Sande zu verlaufen. Es war sein Sohn Alfred, zu dem er am 12. Juni 1945 zog, der ihn bestärkte, nicht aufzugeben, und dafür seine Hilfe anbot. Mit einem weiteren Schreiben des Vaters, datiert vom 14. Juni (»der Unterzeichnete bittet seinen [bisherigen] Zeitungs-Romanverlag weiterführen zu dürfen. Zu meiner persönlichen Legitimierung führe ich Nachfolgendes an [...]«), begab sich Schwingenstein in das Büro des DISCC (District Information Services Control Command) in der Renatastraße in Neuhausen. Als Humanist verunsichert von den ihm fremden englischen Bezeichnungen und Namen, orientierte sich Schwingenstein, wie er berichtet, an deutsch klingenden Namen auf den Türschildern und stieß dabei auf die Sergeants Ernst Langendorf und Leonhard Felsenthal – »Na gut! Die sind nicht so hochrangig. Mit denen kann man normal reden.« Damit begann die andernorts bereits vielfach beschriebene Geschichte der *Süddeutschen Zeitung*.

Schwingenstein berichtete den beiden Presseoffizieren vom unbeantworteten Schreiben seines Vaters – und die »wollten natürlich über meinen Vater einiges wissen«. Den Ausführungen darüber und auch zu seiner eigenen Vita hörten sie aufmerksam zu, doch die Unterhaltung endete mit einem Debakel, weil sie Schwingenstein mangels gültiger Entlassungspapiere aus französischer Kriegsgefangenschaft – aus der er sich davongestohlen hatte – zurück in ein Gefangenenlager bei Bad Aibling bringen lassen wollten. Verzweifelt berieten Vater und Sohn, wie sie dennoch zu ihrer Lizenz gelangen könnten.

Am nächsten Tag aber wendete sich das Blatt, als Ernst Langendorf unvermutet vor der Tür stand, sich entschuldigte und die Schwingensteins um Mithilfe bei der Suche nach geeigneten potenziellen Lizenzträgern bat: »Wir sollten Vorschläge machen! In München allein finde ich keine fünf Journalisten ohne den Parteistempel! Und da soll ich den Amerikanern Vorschläge geeigneter Schriftleiter machen!«

Für den 22. Juni erhielt August Schwingenstein von den Presseoffizieren Felsenthal und Langendorf eine Einladung, über die er eine detaillierte Niederschrift anfertigte, die im umfangreichen Nachlass der Familie im Bayerischen Wirtschaftsarchiv erhalten ist. Die Referenten zeigten sich über ihn und seine Schreiben wohl informiert, und es gelang Schwingenstein, sie davon zu überzeugen, dass für die Neueinstellung von Redakteuren, insbesondere, was eine Mitgliedschaft in NS-Organisationen betrifft, nicht schematisch zu verfahren sei. So sollten »nicht alle mit dem Parteizeichen belasteten Kollegen aus der Presse ausscheiden müssen, sondern es ist klar und deutlich gesagt, daß die anständig gebliebenen Elemente, die in den 12 Jahren der Diktatur Pressekuli-Dienste zu leisten gezwungen waren, Aussicht auf Wiederverwendung haben. Hier wird ausschlaggebend der Vorschlag der (voll verantwortlichen) Vertrauensleute sein.«

Stolz berichtete er in seinem Protokoll, dass seine Vorschläge zur Neuorganisation des Landesverbandes der bayerischen Presse akzeptiert wurden und er darüber hinaus »mit der Betreuung der Leitung des Landesverbandes der Bay. Presse und mit Übernahme der Geschäftsstelle zu rechnen« habe.

Dieses einvernehmliche Gespräch sollte Folgen haben. Bereits am 25. Juni werden Vater und Sohn Schwingenstein auf Betreiben von Felsenthal eingeladen, diesmal vom neuen Chef der »Presseabteilung für München und Oberbayern«, Dr. Joseph Dunner. Auch darüber legte August Schwingenstein eine genaue Niederschrift an. Seine sehr präzisen Vorschläge machten Eindruck auf Dunner, der ihn vom Vorhaben der Militärregierung in Kenntnis setzte, in München eine Tageszeitung zu gründen. Auf die Bitte nach Vorschlägen für die Besetzung der Verlagsleitung nannte Schwingenstein seinen Kollegen Max Kolmsperger. Zu seiner Überraschung erfuhr er, dass die Militärregierung auch schon selbst an ihn gedacht hatte. Zuvor hatte der Intelligence Service seine Wohnung in Obermenzing, die er mit seinem Sohn Alfred und dessen Frau teilte, bereits inspiziert. Zum Erstaunen Dunners winkte Schwingenstein aber zunächst ab und bat um Bedenkzeit, die ihm bis Freitag, 29. Juni, 16 Uhr 30, gewährt wurde. Die Frist verlängerte sich, weil Dunner den vereinbarten Termin auf den 3. Juli, 16 Uhr, verschob.[171]

Nachdem sich Vater und Sohn in der Zwischenzeit darüber verständigt hatten, das Angebot Dunners anzunehmen unter der Bedingung, dass der Sohn Alfred sich am Aufbau der Zeitung beteiligen müsse, wegen der Furcht des Seniors, eine so große Aufgabe in seinem Alter – er war 64 Jahre alt – nicht mehr allein bewältigen zu können. Tatsächlich war die Furcht begründet, denn er erlitt Anfang Juni einen leichten Schlaganfall, ein »Schlagerl«, wie er selbst lakonisch festhielt.

August Schwingenstein erklärte jedenfalls seine »Bereitschaft, bei einer event[uellen] Lizenzerteilung seitens der amerik. Militärregierung, eine neue Zeitung in München zu gründen«.

Dem Protokoll zufolge stellte sich Dunner vor, »daß das engere Verbreitungsgebiet der Zeitung südlich von München bis Weilheim reiche, im Westen vom Lech und im Norden von Landshut begrenzt sei«. Damit sollte die SZ die größte bayerische Zeitung und zugleich die größte Zeitung des amerikanischen Besatzungsgebiets werden. Als Auflage errechnete man, dass auf fünf Personen ein Abonnement kommen würde, weshalb man von rund einer Million Leser für das Verbreitungsgebiet ausgehen könne, was eine Auflage von 200 000 Exemplaren bedeute. Die Zeitung sollte zunächst ein- bis zweimal wöchentlich mit einem Umfang von vier Seiten erscheinen, wobei jeweils halbe Seiten für Anzeigen vorgesehen waren.

Offen zeigten sich die Amerikaner hinsichtlich der Gesellschaftsform: Es war Schwingenstein überlassen, die Zeitung im eigenen Verlag herauszugeben oder eine Kommanditgesellschaft beziehungsweise Offene Handelsgesellschaft zu gründen.

Überdies sollte er in den nächsten acht bis zehn Tagen der Militärregierung einen Organisations- und Finanzierungsplan vorlegen. »Als Chefredakteure benannte [Dunner] die Herren Dr. Schöningh (*Hochland*) und Goldschagg (*Münchener Post*). Was die Haltung der Zeitung betreffe, gelte es, keine nationalistische noch militaristische Politik zu treiben. Kritik an der Militärregierung sei nicht gestattet. Im übrigen sei die neue Zeitung ein ganz freies Organ.«

Nichts einzuwenden hatten die Besatzungsbehörden gegen die gleichberechtigte Einbindung von Schwingensteins Sohn Alfred in das Aufbauwerk der *Süddeutschen Zeitung*. Dem Vater stellte Dunner einen englisch und deutsch geschriebenen Ausweis aus, der ihn provisorisch mit der Gründung eines Zeitungsverlags beauftragte und alle dabei infrage kommenden Stellen um Hilfe bei der Erfüllung dieses Auftrags bat.

In seinen Erinnerungen resümiert Dunner das Ende der historischen Besprechung am frühen Abend des 3. Juli 1945: »Als er und sein Sohn mein Zimmer verließen, sagte ich zu den drei Männern, die unserer Unterhaltung beigewohnt hatten, Sergeant Felsenthal, Sergeant Langendorf und dem gewöhnlich in einer anderen Abteilung tätigen Sergeant Rich: Die ›Süddeutsche Zeitung‹ ist hiermit gegründet. Jetzt gehe ich auf die Suche nach einem geeigneten Chefredakteur.«

Einen, der dafür infrage kam, hatte er allerdings zuvor bereits August Schwingenstein namentlich vorgestellt: Franz Josef Schöningh. Auch hatte er erwähnt, dass ihm mit diesem ein weiterer Lizenzträger an die Seite gestellt werden würde. Dieser Tatbestand fehlt in Schwingensteins Aufzeichnungen.

Unmittelbar nach der Besprechung in der Renatastraße ließ er Schöningh neben sich in den Armeejeep steigen und fuhr mit ihm, wie im Tagebuch von Schöninghs Tochter Karen festgehalten ist, nach Prien am Chiemsee zu Schöninghs Frau Irmgard und deren Lebensgefährtin Marie-Louise von Münchhausen, was auf eher privatere Beziehungen schließen lässt.

Joseph Dunner erhielt über einen Mitarbeiter, einen gewissen Leutnant van Loon, den Sohn des bekannten holländisch-amerikanischen Kunsthistorikers Hendrik Willem van Loon, dessen Bücher er in seiner Bibliothek stehen hatte, Kenntnis, »daß der mir durch seine Kunstgeschichte bekannte Kulturhistoriker der ›Frankfurter Zeitung‹, Wilhelm Hausenstein, in Tutzing am Starnberger See wohnte und uns wahrscheinlich beim Aufbau der bayrischen Zeitungen behilflich sein könnte«.

Hausenstein war auch Ernst Langendorf bereits als Mitarbeiter des Feuilletons der *Frankfurter Zeitung* ein Begriff, als er vor 1933 etliche Jahre in Frankfurt gelebt hatte.

Am Abend des 20. Juni 1945 (Hausenstein datiert die Begegnung irrtümlich auf den 21. Juni) machten beide US-Offiziere auf der Rückfahrt von Garmisch einen Abstecher nach Tutzing, um Hausenstein persönlich kennenzulernen. Dunner schreibt über die nächtliche Begegnung lapidar, dass Hausenstein mit dem Schreiben eines autobiografischen Romans beschäftigt gewesen sei und »mir von vornherein [sagte], dass er keine Lust hätte, einen aktiven Redakteursposten zu übernehmen«. Langendorfs Erinnerung an die Begegnung ist etwas anders: »Wir fragten ihn, ob er Lust habe, in München Verleger einer neu zu gründenden Zeitung zu werden. Er fühlte sich sehr geehrt, lehnte aber ab, weil er gesundheitlich nicht auf der Höhe sei. Er wolle sich diese Verantwortung nicht mehr aufladen.«[172]

Detaillierter äußert sich der Chronist Hausenstein selbst in seinem Tagebuch: »[...] man zeigte sich aufs Genauste über mich informiert und trug mir die Chefredaktion einer in München zu gründenden großen Tageszeitung an. Ich konnte *nicht* annehmen, da ich der Meinung bin, dass es mir obliegt, in meinem autobiographischen Roman [*Lux Perpetua*] die Summe meines Lebens zu ziehen und dem Volk, dem ich angehöre, zu zeigen, was ich im *echten* Sinne des Wortes für *deutsch* halte, und außerdem die drei Bände mit Übersetzungen französischer Lyrik zu Ende zu bringen. Doch habe ich seitdem ein Exposé geschrieben, worin die Namen für die Zusammensetzung eines Redaktionsgremiums gegeben sind (ich habe *Schöningh* als Chefredakteur empfohlen), worin auch einiges Grundsätzliche über die Gestaltung des Blattes niedergelegt ist (Übergewicht des kulturellen Teils über den politischen ...). Am Samstag [23. Juni] wollen die Herren wiederkommen und Schöningh bei mir kennenlernen.«[173]

Den Hinweis auf die Person Schöningh hatte Dunner von Hausenstein demnach spätestens am 20. Juni erhalten. Zuvor hatte bereits der von den Amerikanern befragte Münchner Kardinal Michael von Faulhaber Schöningh als geeigneten Kandidaten benannt und dies in einem Gutachten begründet.[174]

Dunner schreibt, dass er und Langendorf, der diese Fahrt nicht erwähnt, kurz nach der Besprechung mit den Hausensteins »ins Gebirge [fuhren], um Dr. Schöningh aufzusuchen«. Diesen Berichten nach war Schöningh in seiner winzigen Hütte am Gallafilzweiher westlich Bernried völlig entsetzt, als er den sich nähernden US-Jeep bemerkte, weil er glaubte, er sollte wegen des Besitzes verbotener Jadgwaffen verhaftet werden. Gerade noch rechtzeitig konnte er seine Gewehre verstecken.[175] Über den Inhalt der anschließenden Unterhaltung findet sich weder bei Dunner noch bei Langendorf ein Hinweis. Sie muss zwischen dem 20. und 23. Juni stattgefunden haben.

Wann die laut Hausenstein für drei Tage später angesetzte Besprechung über die Zukunft der *Süddeutschen Zeitung* im Tutzinger Hofacker-Haus stattfand und worüber genau gesprochen wurde, ist nicht dokumentiert. Nur nebenbei wird sie später in dessen Tagebucheintrag vom 26. Juli erwähnt, wobei er diese Sitzung als »konstituierende« bezeichnet und festhält, dass er neben der Person Schöninghs »als dem maßgebenden (durch sein persönliches Schwergewicht entscheidenden) Mann« auch den Namen *Süddeutsche Zeitung* durchsetzen konnte. Gleiches reklamierte übrigens auch Joseph Dunner für sich, der ausdrücklich darauf verweist, dass er der *Süddeutschen Zeitung* »seinerzeit den Namen gegeben habe«.[176] Hausenstein war enttäuscht, dass von seinem Konzept sonst nichts übrig blieb.

Zwischen diesen, die Gründungsgeschichte der *SZ* erhellenden Aufzeichnungen findet man wenigstens hier Aussagen über die Person Schöninghs. Ausführlich äußert sich Hausenstein über die Willkürlichkeit der amerikanischen Besatzung, »die sich im nahezu leeren Ablauf eines ungeheuren militärisch-bürokratischen Apparates erschöpft« und damit absolute Lethargie verbreite, und fügt hinzu: »Schöningh versicherte mir allerdings, die deutsche Verwaltung in Polen, an der er selber beteiligt war, sei in seinem Arbeitsbereich viel psychologischer, viel differenzierter, viel klüger und positiver zu Werke gegangen – soweit es sich nämlich um die eigentliche (zum Teil allerdings schon civile) Verwaltung handelte, nicht um die Praktiken der ›SS‹, der ›Gestapo‹, des ›Sicherheitsdienstes‹; selbst das Militär sei unter seinen (Schöninghs) Augen vielfach geschickter verfahren, mit einer *erfahrenen* Hand wenigstens.«

Hausenstein hatte diese Äußerung Schöninghs unter dem Datum vom 28. Juli 1945 eingetragen und direkt im Anschluss daran für sich festgestellt: »Ich glaube nicht, pharisäerhaft zu denken, wenn ich mit Margot hinaustrachte.« Tatsächlich hatte das Ehepaar Hausenstein erwogen, Deutschland zu verlassen, weil es die Verhältnisse nach zwölf Jahren NS-Herrschaft physisch und moralisch unerträglich fand. Dem entgegen aber stand ihre prekäre finanzielle Situation. Hausenstein klagte, dass sein geringer Geldvorrat allenfalls noch bis zum Herbst reichen würde, und das ohne Perspektive auf berufliche Erträge, denn die Mitarbeit an ein paar Zeitungen, die noch nicht einmal existieren, wie er schreibt, würden kaum mehr als minimale Beträge abwerfen; auch von einer Tätigkeit in Buchverlagen sei vorderhand keine Rede. Angesichts dieser Umstände ist seine kategorische Ablehnung, in welcher Funktion auch immer am Aufbau der *SZ* mitzuwirken, doch recht erstaunlich.

Joseph Dunner hält in seinen Erinnerungen fest, dass »wir wussten, daß er

[Schöningh] während der Kriegszeit als deutscher Zivilist in der Verwaltung des ›polnischen Generalgouvernements‹ eingesetzt worden war, hatten aber bei unseren Erkundigungen über ihn nicht das geringste Nachteilige erfahren. Da Kardinal Faulhaber, in dessen Lauterkeit ich unbedingtes Vertrauen setzte, Schöningh empfohlen hatte, da ich überdies gehört hatte, dass Schöninghs Frau seit Jahren mit Luise von Hammerstein [i. e. Marie-Louise von Münchhausen] der ältesten Tochter des Generals, befreundet war, gaben wir Schöningh, was man auf Englisch ›the benefit of the doubt‹ nennt«.[177]

Die Bemerkung Dunners ist aufschlussreich. Zum einen gibt er darin die Version von Schöninghs vier im Nachlass erhaltenen Lebensläufen wieder, der zufolge er im Generalgouvernement bloßer »Zivilangestellter« gewesen sei und nicht stellvertretender Kreishauptmann, zum anderen kann Dunners Feststellung, dass Schöningh als Zivilist in der Verwaltung des Generalgouvernements eingesetzt worden war, durchaus dem historischen Kenntnisstand kurz nach dem Krieg entsprochen haben. Wie bereits erwähnt, erhielt die westdeutsche Ermittlungsjustiz erst ab etwa 1948 genauere Kenntnis über die Vorgänge im sogenannten Generalgouvernement.

Die Frage, wie weit der Intelligence Service in München mit seinen Erkundigungen über Schöninghs Tätigkeit während des Krieges gekommen war, kann nicht abschließend beantwortet werden. Dunner spricht von »nichts Nachteiligem«. Anders der Chef der Intelligence Section der Information Services Division in Bad Homburg v. d. H., Alfred Thoombs: »Ich werde nicht dafür stimmen, diesem Mann eine Lizenz zu geben.«[178] Auf welche Gründe sich Thoombs bei seiner Ablehnung stützte, ist unklar, ebenso, ob er überhaupt von Schöninghs Tätigkeit als stellvertretender Kreishauptmann in Sambor und Tarnopol wusste. Bereits eine rein formale Belastung wegen seiner Amtsstellung wäre für eine Versagung der Lizenz ausreichend gewesen, denn der US Intelligence Service operierte sehr wohl mit den Kriterien des Nürnberger Kriegsverbrecher Tribunals und denen der deutschen Entlastungs-Spruchkammern, wie auch denen der polnischen Justiz. Sie alle klassifizierten, wie oben bereits ausgeführt, die Kreishauptmannschaften als »verbrecherische Organisationen«. Erstaunlicher noch ist Josef Dunners fast beiläufiger Hinweis auf Luise von Hammerstein, die er als weiteren Grund für die Entlastung Franz Josef Schöninghs anführt. Er nennt sie mit ihrem Geburtsnamen und mit der Schreibweise ihres Vornamens, wie sie ihn selbst in den 1920er-Jahren gebraucht hatte, Luise statt Marie-Louise.

Joseph Dunners Vater war Sozialdemokrat und Zionist, der, wie sein Sohn schrieb, vor der Machtergreifung »damals [kaum] ernsthaft daran dachte,

Deutschland, das Land seiner Geburt, mit dem er völlig verwachsen war, zu verlassen und nach Palästina umzusiedeln«. Die Familie wohnte in einer ärmlichen Dreizimmerwohnung im Berliner Osten und ernährte sich täglich in der öffentlichen Volksküche mit einer Schüssel heißer Mehlsuppe. Bereits als kleiner Junge war er Mitglied sozialistischer Gruppierungen gewesen, wie dem »Jüdischen Wanderbund Blau-Weiß«. Zu Beginn seiner Studentenzeit 1927 war er dann Mitglied der »Sozialistischen Studentenschaft«, einer der vielen der Sozialdemokratie nahestehenden Organisationen der Weimarer Republik.[179] Dort hatte er sich in ein gleichaltriges Mädchen verliebt, die ebenfalls 1908 geborene Marie-Louise Freiin von Hammerstein-Equord, älteste Tochter des Chefs der Heeresleitung Kurt von Hammerstein-Equord. In der Folge war er häufig Gast in der Hardenbergstraße in Berlin-Charlottenburg gewesen, der damaligen Wohnung Hammersteins, die sich dieser mit seinem Schwiegervater, General Walther von Lüttwitz, teilte, einem der Akteure des daher auch nach ihm benannten Kapp-Lüttwitz-Putsches von 1920.

Wie es zu der Wiederbegegnung mit Marie-Louise von Münchhausen nach dem Krieg kam, wissen wir nicht. Vielleicht war Dunner durch die Erzählungen Schöninghs über seine Zeit vor dem Kriege, die Schilderung seiner privaten Situation und den Umstand, dass Schöninghs Frau Irmgard mit eben »Butzi« Hammerstein-Münchhausen und deren Kindern in Prien am Chiemsee zusammenlebte, aufmerksam geworden. Zudem hatte ihn die Witwe Hammersteins, Maria, die nach Monaten Dachauer KZ-Haft im Begriff war, wieder nach Berlin zurückzukehren, gleich am ersten Tag seiner neuen Tätigkeit in der Renatastraße aufgesucht. Und schließlich war die jüngste Schwester Marie-Louises, Hildur (genannt »Puppe«), zeitweise Sekretärin des legendären CSU-Politikers Joseph Müller, im Volksmund »Ochsensepp« genannt. Hildur war zusammen mit ihrer Mutter vom 28. Juni bis 6. Juli in Prien gewesen. Die beiden waren kurz zuvor aus Capri gekommen, wo sie sich auf ärztliche Anordnung der Alliierten von den Strapazen ihrer Geiselhaft in den Konzentrationslagern Buchenwald, Flossenbürg, Dachau sowie der Schutzhaft in den Südtiroler Bergen bis zu ihrer Befreiung am Pragser Wildsee am 30. April erholen sollten. Mit ihnen zusammen waren damals etliche Prominente wie der spätere CSU-Politiker Müller, Pfarrer Martin Niemöller, Militärs wie Franz Halder oder Alexander von Falkenhausen sowie Familienmitglieder der Akteure des 20. Juli interniert gewesen. Die SS hatte sie als Geiseln genommen, um sich ihrer – so Himmlers Plan – potenziell als Druckmittel in möglichen Verhandlungen mit den Alliierten bedienen zu können. Maria Hammerstein war zusammen mit ihrer Tochter Hildur und ihrem Sohn Franz nach dem 20. Juli 1944 zunächst im KZ Buchenwald in Sippenhaft genommen worden, da ihre beiden Söhne Kunrat und Ludwig wegen Beteiligung an dem Attentat auf Hitler steckbrieflich gesucht wurden.[180] (Beide wurden zeitweise von Irmgard Schöningh in ihrem Gartenhaus in Prien versteckt gehalten). Die Tochter Helga hingegen war aus ungeklärten Umständen schon früher freigekommen.

Es sind also mehrere Möglichkeiten denkbar, wodurch Dunner Kenntnis vom Aufenthaltsort Butzi Hammersteins erhalten haben könnte, die seit dem Krieg zusammen mit ihrer Schulfreundin aus Kassler Tagen, Irmgard Schöningh, in Prien lebte. Die beiden hatten sich, so Butzis jüngere Schwester Maria Therese, 1920 in »einer blöden, rückständigen Klosterschule« kennengelernt, als Vater Hammerstein Chef des Stabes des Gruppenkommandos II bei der Obersten Heeresleitung in Kassel war.

So bestanden vielfältige, gewissermaßen familiäre Beziehungen, die Schöningh und Dunner miteinander verbanden und die den vertrauten Umgang der beiden miteinander erklären könnten. Überdies waren beide Rotarier, sodass Schöningh ihn immer mit »Freund Dunner« anredete.

Über den ersten gemeinsamen Besuch in Prien am Abend des 3. Juli 1945 schreibt Schöningh: »[...] es gab viele gemeinsame Erinnerungen. Und so konnte Dunner sich in gründlichen Gesprächen über all das orientieren, was ich während meines Urlaubs im vertrautesten Kreise über die Vorgänge in Tarnopol gesagt hatte.« Und er fährt fort: »Das Ergebnis aller weiteren Prüfungen war die Bestätigung dessen, was ich über meine Tarnopoler Zeit in Tutzing, wohin man mich überraschend hatte rufen lassen, in Gegenwart von Herrn u. Frau Hausenstein und Herrn Langendorf – damals noch ganz unbefangen – berichtet hatte.«[181] Schon zuvor hatte Schöningh in einem Brief an Dunner vom 29. Juni versucht, seine Tätigkeit in Bezug auf Jindrich Bronner zu verdeutlichen: »Er [Bronner] war im gleichen Amt tätig wie ich und wir befanden uns in einer ähnlichen psychologischen Situation, wenn es auch für mich leichter war, mich zu tarnen.« Gleichwohl hielt Dunner in seinen Erinnerungen fest, dass für sein »nihil obstat« einer Lizenzvergabe an Schöningh neben dem Gutachten von Faulhaber die Freundschaft zwischen Butzi Hammerstein und Irmgard Wegner ausschlaggebend war.

An Joseph Dunners erstem Arbeitstag im Gebäude der Münchner Informationskontrolle in der Renatastraße war aber nicht nur Maria von Hammerstein aufgetaucht, sondern auch die Ärztin Magdalena Schwarz. Sie sollte fortan nicht nur Dunners, sondern bis 1. April 1957 auch Schöninghs Hausärztin sein. Ihr Onkel, der Grafologe Ludwig Aub, war ein guter Freund von

Dunners Vater gewesen. Dunner hatte als Student Aub in München besucht und dabei die Halbjüdin Magdalena Schwarz kennengelernt. Sie hatte in München Medizin studiert, 1931 eine eigene Praxis eröffnet und 1933 zunächst die Kassenzulassung und 1938 auch ihre Approbation verloren. Bekannt war sie geworden, als sie danach als sogenannte Krankenbehandlerin furchtlos jüdische Patienten betreut hatte, die in den Sammellagern Milbertshofen und Berg am Laim auf ihre Deportation warteten. Sie selbst war der letzten Deportation Münchener Juden im Januar 1945 entgangen, weil ein Kollege sie in der geschlossenen Abteilung der Psychiatrie des Schwabinger Krankenhauses versteckt hatte. Nach dem Krieg sollte sie noch bis 1971 in der Altschwabinger Mandlstraße 7 praktizieren.

Waren mit August Schwingenstein als zukünftigem Verlagsleiter und Franz Josef Schöningh als ursprünglich ins Auge gefasstem Chefredakteur von den US-Behörden zwei Lizenzträger gefunden worden, so kamen Dunner, was Letzteren betraf, allmählich Zweifel: »Nur eines zeigte sich bald in unserer Unterredung – Schöningh war kein Typ des Chefredakteurs. Er konnte seiner Veranlagung nach sicher gut den kulturpolitischen Teil der Zeitung leiten und sich besonders der Feuilletonredaktion widmen. Für diese Funktion wollten wir ihn auch gerne als Lizenzträger und Gesellschafter der Zeitung vorschlagen. Aber als Chefredakteur wollte ich lieber jemand aussuchen, der vielleicht weniger differenziert als Schöningh dachte, aber klarere politische Vorstellungen hatte.«[182]

Seiner Vorstellung nach sollte es ein Mann sein, der »wirkliches Verständnis für politische Probleme« hat und »politische Grundlinien der Zeitung bestimmen und die verschiedenen Ressorts koordinieren« kann.[183] Er suchte offenkundig eine sozialdemokratisch orientierte Persönlichkeit, denn er erwog, einen der Führer der Sozialdemokratischen Partei Deutschlands im Exil, Erich Ollenhauer, in London aufzusuchen, um sich auf dessen Empfehlung hin mit verschiedenen exilierten linken Journalisten zu treffen. Über seinen Mitarbeiter Langendorf erfuhr er jedoch, dass Anfang Juni der in die Schweiz emigrierte frühere SPD-Landtags- und Reichstagsabgeordnete Wilhelm Hoegner nach München zurückgekehrt sei.[184]

Hoegner empfahl ihm für den Posten des Chefredakteurs nachdrücklich den ehemaligen leitenden politischen Redakteur der sozialdemokratischen *Münchener Post*, Edmund Goldschagg.[185] Er selbst lehnte, so Ernst Langendorf, das Angebot Dunners ab, Lizenzträger der *SZ* zu werden.[186] Vielmehr gab er seiner politischen Karriere den Vorzug. Bereits Ende September sollte er denn auch als Nachfolger Fritz Schäffers bayerischer Ministerpräsident werden.

Am 27. Juni bricht Dunner zusammen mit Langendorf und einem Chauffeur auf, um Goldschagg in Freiburg im Breisgau zu suchen, der, wie er in Erfahrung brachte, dort in der Druckerei seines Bruders arbeitete.

Goldschagg, Jahrgang 1886, war seit seiner Jugend überzeugter Sozialdemokrat. Er hatte in München, Berlin und Heidelberg Volkswirtschaft und Geschichte studiert, dann aber beschlossen, Journalist zu werden. 1914 war er Volontär bei der sozialdemokratischen *Chemnitzer Volksstimme* geworden. Deren Chefredakteur war der spätere Reichstagsabgeordnete Ernst Heilmann, den die Nationalsozialisten am 3. April 1940 im KZ Buchenwald ermordet hatten. Im Ersten Weltkrieg war er gleich zu Beginn an der Westfront schwer verletzt worden und hatte ab September 1916 drei Jahre lang in Kriegsgefangenschaft verbracht. Trotz seiner, für Sozialdemokraten damals üblichen, Abneigung gegen Krieg und Militär war er zum Leutnant der Landwehr befördert worden – ein aufsehenerregender Vorgang, denn damit war er der erste sozialdemokratische Offizier in der kaiserlichen Armee.

1920 war er seinem alten Chefredakteur und Freund Heilmann nach Berlin gefolgt, wo dieser die *Sozialistische Korrespondenz für In- und Ausland* und einen parlamentarischen Nachrichtendienst begründet hatte. Für den daraus hervorgegangenen offiziellen *Sozialdemokratischen Pressedienst* war Goldschagg von 1922 an fünf Jahre tätig. Danach holte ihn der Vorsitzende der SPD in Bayern, Erhard Auer, als Redakteur für »Reichs- und Außenpolitik« zur *Münchener Post*, deren Chefredakteur er zugleich war. Die *Münchener Post* blieb bis zur Machtergreifung durch die Nationalsozialisten in München am 9. März ihrer Politik des Widerstands gegen Hitler treu, noch am 3. März 1933 titelte die Zeitung: »Wir lassen uns nicht einschüchtern!« Es gelang Goldschagg, dem Zugriff der Nationalsozialisten zu entkommen und das Dritte Reich als Korrektor und Setzer in der väterlichen Buchdruckerei in Freiburg zu überstehen. Dort sollten ihn Dunner und Langendorf in der total zerstörten Innenstadt nur durch Zufall finden. Goldschagg war – wie zuvor Schöningh in seiner winzigen Jagdhütte – völlig überrumpelt von dem Ansinnen Dunners: »Ich schilderte ihm kurz die Gründe für unser Kommen und bat ihn, gleich mit uns nach München zurückzukehren.« Sowohl um das Auffinden Goldschaggs als auch um die rasche Rückkehr nach München ranken sich Legenden. Tatsache ist, dass Goldschagg sich wohl eine Bedenkzeit ausbat, wenn auch keine vierwöchige, wie Langendorf schreibt, denn bereits am 3. Juli setzte Dunner August Schwingenstein von der geplanten Einsetzung Goldschaggs als Chefredakteur in Kenntnis.

Am 23. Juli verkündeten die Amerikaner dann offiziell Goldschaggs Berufung, obwohl dieser Freiburg gar nicht so schnell verlassen konnte, da er zuvor noch seine Tätigkeit als Leiter des Ernährungsamtes Freiburg-Land – bescheiden bezeichnete er sich in seinem Entnazifizierungs-Fragebogen als »Angestellter bei Landskreisselbstverwaltung« – für den restlichen Monat Juli abwickeln musste, ehe er nach München übersiedeln konnte. Schließlich hatte die französische Militärregierung ihn erst Mitte Juni zum Amtsleiter ernannt. Seiner neue Aufgabe sah er mit gemischten Gefühlen entgegen, denn er hatte an seine Münchner Zeit keine guten Erinnerungen. Am 3. August 1945 traf er in München ein, wo er gleich an einer konstituierenden Sitzung der *Süddeutschen Zeitung* teilnahm, zu der ihn der Chef der Information Control Commission, Oberst Bernard B. McMahon, eingeladen hatte.

Die Grundüberzeugungen Edmund Goldschaggs auch in Bezug auf die Zukunft der Presse in Deutschland konnten die Presseoffiziere unter »Punkt c« des Fragebogens zur »Kandidatur für die Lizenzträgerschaft zu einer deutschen Zeitung« entnehmen: »Aufgabe der deutschen Presse in der Zukunft ist vor allem die Erziehung des deutschen Volkes zu einer demokratischen Weltanschauung, zur Abkehr von jeder Machtpolitik im Innern und nach außen, zu einer Verständigung unter den Völkern auf friedlichem Wege, also vor allem zur Bekämpfung des militaristischen Geistes, wie er im deutschen Volke tief verwurzelt ist und von dem Nationalsozialismus noch besonders groß gezogen wurde.«[187]

In der Zwischenzeit erstellte August Schwingenstein seinen Organisations- und Finanzierungsplan für die zu gründende Zeitung, um deren Zulassung er am 3. Juli gebeten hatte. Bereits am 11. Juli konnte er ein sieben Seiten umfassendes Papier vorlegen, das tags darauf zwischen ihm, seinem Sohn Alfred und Dunner erörtert wurde.

Eingangs stellte Schwingenstein die Frage nach dem Namen der Zeitung und schlug »Münchner Allgemeine Zeitung« vor. Eine solche Zeitung hatte bereits 40 Jahre zuvor bestanden und dem Vernehmen nach einen guten Ruf besessen. Die künftige Zeitung konzipierte Schwingenstein als Abendblatt mit Druckschluss um 14 Uhr. Eingehend widmete er sich dem redaktionellen Teil, dessen Leitlinien er dem demokratischen Aufbau verpflichtete, ähnlich den oben zitierten Ausführungen Edmund Goldschaggs. Fast mantrahaft durchzieht in der Gründungsphase der Nachkriegspresse das Bekenntnis zur demokratischen Grundordnung alle Aufrufe, Reden und Leitartikel.

Wichtig war Schwingenstein der Stellenwert des »wirtschaftlichen Teils«, insbesondere die »Erziehung zum sozialen Denken aller Wirtschaftskreise«. Dabei erwartete er von den Redakteuren eine »populäre Gestaltung« und eine »gemeinverständliche Darstellung der aktuellen wirtschaftlichen Probleme«.

Ebenso forderte er für den »kulturellen Teil« der Zeitung die »Erziehung des Volkes zu einer wahren christlichen Toleranz, Ehrlichkeit im Handeln und Wahrheit im Reden – Erziehung zur objektiven Kritikfähigkeit«. Diese soll durch einen »von Objektivität getragenen Überblick über das kulturelle Denken und Schaffen im In- und Ausland« vermittelt werden, der sich auf alle Gebiete wie die der »Kunst, Literatur, Musik, Wissenschaft, Theater und Film« erstreckt.

Angesichts dieser allgemein gehaltenen Ausführungen konnte Wilhelm Hausenstein, wie er am 26. Juli in seinem Tagebuch beklagte, wohl zu Recht davon ausgehen, dass von seiner Konzeption, die sich in ihrem Anspruch deutlich am Feuilleton der damaligen *Frankfurter Zeitung* orientierte, nur wenig übrig blieb.

Nicht erhalten ist eine solche Programmatik in Bezug auf das Feuilleton von Franz Josef Schöningh. Hausenstein schrieb zwar in seinem Tagebucheintrag zum 6. August: »Schöningh zu Besuch; er arbeitet sehr an der Zeitung und wird, so ist zu hoffen, durch sein natürliches Schwergewicht maßgebend sein«, doch ist, wie gesagt, eine schriftliche Äußerung zum künftigen Kulturteil für die amerikanische Pressebehörde nicht nachweisbar.

Schwingensteins Vorstellungen über den »Lokalen Teil« weisen ihn als tief heimatverbundenen Bayern aus: »Pflege des bodenständigen Kulturgutes, heimischer Tradition [...] Heimatliebe.«

Auch im angedachten Unterhaltungsteil der Zeitung bleibt er dieser Tradition treu: »[...] geistige Entspannung des Lesers durch Vermittlung einer Lektüre, die vor allem Rücksicht auf die Eigenart des bayerischen Volkes nimmt.«

In einem zweiten Teil widmet er sich dem Organigramm mit zwei organisatorisch streng getrennten Einheiten: der Verlagsleitung als dem für die wirtschaftlichen Belange zuständigen Bereich (einschließlich Anzeigen, Werbung, Buchhaltung, Vertrieb) und der Redaktion.

Mit dieser strikten Trennung wollte er von vornerein die Unabhängigkeit der Redaktion absichern. Akribisch kalkulierte Schwingenstein die anfallenden Kosten in jedem noch so kleinen Verlagsbereich und kam zu dem ernüchternden Ergebnis, dass sich Ausgaben und Einnahmen mit gerade einmal 220 000 Mark im Monat die Waage halten, bei einer Auflage von 200 000 Exemplaren »einschl. 5000 Freiexemplare für die Militärregierung etc.«. Unter diesen Umständen erschien es ihm gerechtfertigt, »daß es heute mehr als jemals darauf ankommt, jede Zeile der Zeitung genauestens zu überprüfen [...]«.

Zu Schwingensteins formalen und inhaltlichen Einlassungen seitens der Amerikaner ist nichts erhalten, mit seinem Namensvorschlag »Münchner Allgemeine Zeitung« stieß er jedoch auf Widerspruch. Dunner schreibt in seinen Erinnerungen:»Ich wollte die erste bayerische Lizenzzeitung ›Süddeutsche Zeitung‹ nennen und ihr damit weit über München hinaus ein Verbreitungsgebiet eröffnen. Mir schwebte so etwas wie das ›Berliner Tageblatt‹, die ›Frankfurter Zeitung‹ oder die ›Vossische Zeitung‹ vor«. Die Namensgebung reklamierte Dunner damit ebenso für sich, wie Hausenstein dies für seine Person tat.[188]

Neu war der Name *Süddeutsche Zeitung* nicht, bereits 1838 hatte es in Augsburg und München ein gleichnamiges Blatt gegeben, das Mitte der 1950er-Jahre des 19. Jahrhunderts als Sprachrohr der Fortschrittspartei in Bayern eine gewisse Bedeutung erlangte, diese aber alsbald wieder verlor, mit anderen Zeitungen kooperierte, dabei streckenweise seinen Namen aufgab und 1913 von der rechtsnationalen *Deutschen Reichspost* in Stuttgart übernommen wurde. 1934 fusionierte diese *Süddeutsche Zeitung* mit dem *Schwäbischen Merkur*, und der Name erlosch.

Am 10. Juli 1945, also einen Tag, bevor August Schwingenstein seinen Organisations- und Finanzplan vorlegte, diskutieren die Gründungsväter über den Namen der geplanten Zeitung. An der Sitzung nahmen neben Dunner, Felsenthal und Schwingenstein erstmals auch Georg Lorenz, Dr. Karl Eugen Müller und Klaus Mann teil, nicht aber Schöningh und Edmund Goldschagg, der in Freiburg noch unabkömmlich war.

Georg Lorenz war ein Freund Schwingensteins noch aus gemeinsamen Redaktionszeiten, später war er Redakteur der SPD-Korrespondenz. Seine detaillierten, auf Bitten Schwingensteins gefertigten Niederschriften der Sitzungen mit den Amerikanern, die die Gründungsgeschichte genau wiedergeben, finden sich im Nachlass Schwingenstein.[189]

Klaus Mann, der Sohn des Schriftstellers Thomas Mann, hielt sich zu dieser Zeit als Sonderberichterstatter der Armeezeitschrift *Stars and Stripes* in München auf. In welcher Funktion er, der erst 1943 die US-Staatsbürgerschaft erhalten hatte, an dieser Besprechung teilnahm, ist unklar. Anscheinend war er auch nur an dieser einen Sitzung zugegen.

Dr. Karl Eugen Müller war bis Juli 1920 Hauptschriftleiter der *Münchner Neuesten Nachrichten* gewesen. Major Arthur Gerecke, der Chef der Press Branch für Bayern, hatte ihn als vierten Lizenzträger ins Spiel gebracht. Dunner äußerte sich in seinem Memoiren etwas maliziös über Gerecke, dem er jegliche Kenntnis deutscher Politik absprach. Auch glaubte er, dass ein Film mit der Tochter Müllers, der bekannten UFA-Schauspielerin Renate Müller, auf Gerecke »einen unauslöschlichen Eindruck gemacht haben musste«, was seine Wahl beeinflusst habe. Die Animositäten zwischen Dunner und seinem Chef waren offenkundig, hatte Gerecke doch einen geharnischten Brief an General McClure in Bad Homburg geschrieben, worin er vor Dunner warnte, da dieser versuche, seine Funktion als Chef der Pressekontrolle für München und Oberbayern dazu zu benutzen, »überall« Sozialdemokraten einzuschleusen, womit er die Wahl des Sozialdemokraten Edmund Goldschagg meinte. Dunner sah in dem Vorhaben, Karl Eugen Müller zum vierten Lizenzträger zu ernennen (seine förmlich Ernennung erfolgte am 23. Juli), das Kalkül, ihn als Gegengewicht zu dem ins Auge gefassten Chefredakteur Goldschagg zu etablieren. In diesem Sinne wurde Müller bereits im Protokoll der Sitzung vom 23. Juli als »primus inter pares« der redaktionellen Gesamtleitung bezeichnet.[190]

Die Besatzungsbehörden glaubten in der Tat, auf diese Weise mit jenem dem »Amerikanismus« offen gegenüberstehenden Müller das politische Kräfteverhältnis zwischen dem katholischen Publizisten Schöningh, dem ebenfalls stark katholisch orientierten, aus dem Lager des Bauern- und Mittelstandes kommenden Schwingenstein – der gleichwohl als Verlagsleiter nicht in die redaktionellen Obliegenheiten involviert werden sollte – und dem Sozialdemokraten Goldschagg leichter austarieren zu können. In der Sitzung vom 10. Juli genoss Müller, wie Richardi schreibt, jedenfalls noch das Vertrauen der Presseoffiziere.

Nach Abwägung aller Argumente hinsichtlich des Namens der zukünftigen Zeitung entschied sich die Runde für »Süddeutsche Landeszeitung – Münchener Umschau in Politik, Kultur, Wirtschaft und Sport«. Wie wenig überzeugt die Teilnehmer von diesem Vorschlag waren, zeigt der Protokollvermerk von Georg Lorenz: »Doch auch diese Lösung, an der Claus [sic!] Mann mitgewirkt hat, ist noch nicht endgültig.«[191]

Bis dahin noch nicht entschieden waren also der Name der Zeitung und der Ort, an dem sie gedruckt werden sollte. Gleichwohl sollte nach Dunner die erste Nummer bereits am 1. September erscheinen und nach seinen Vorstellungen acht Seiten umfassen.

Doch auch die endgültige Zusammensetzung der Lizenzträger bereitete Probleme. So ging der am 23. Juli in den Kreis aufgenommene Dr. Karl Eugen Müller seiner Lizenz bereits wieder am 17. September verlustig. Einheitliche Angaben über die Gründe seiner Entlassung gibt es nicht. Richardi zufolge soll schon am 8. August in einer Unterredung zwischen Schwingenstein und Felsenthal die Sprache auf belastendes Material gegen Müller gekommen sein und Dunner am 13. September August Schwingenstein gegenüber telefonisch erklärt haben, dass Müller nicht mehr tragbar sei. Demnach habe Müller mit Karl Fiehler, dem NS-Bürgermeister Münchens, kollaboriert, was er in seinem Fragebogen verschwiegen habe. Zudem sei von dem gerade aus englischer Kriegsgefangenschaft zurückgekehrten Journalisten Werner Friedmann, der in diesem Zusammenhang zum ersten Mal auftaucht, Kompromittierendes über Müller geäußert worden.

Dunner berichtet rückblickend: »Am nächsten Tag begaben wir uns zu einer Sitzung im Rathaus, in der Friedmann einige von Eugen Müller gezeichnete Artikel vorlegte, die eindeutig bewiesen, dass der gute Müller während der Hitlerzeit seine demokratische Gesinnung an den Nagel gehängt hatte.«[192]

Im Gegensatz dazu behauptet Ernst Langendorf, Müller habe einen Entwurf eines Leitartikels für die erste Ausgabe der *SZ* vorgelegt, dieser habe jedoch auf keine Weise den Vorstellungen der Pressebehörde entsprochen.[193]

Joseph Dunner war offenkundig sehr eingenommen von der Person Werner Friedmanns, sodass er den Ereignissen vorgriff, als er festhielt: »Es war anzunehmen, dass Friedmann nunmehr anstelle Dr. Müllers vierter Lizenzträger werde.« Doch bevor es dazu kam, sollte es noch ein wenig dauern.

Zunächst war die Frage zu klären, wo die Zeitung überhaupt gedruckt werden beziehungsweise die Redaktion ihren Sitz haben sollte. Schwingenstein hatte bei seiner Suche im Auftrag der Amerikaner drei mögliche Standorte ausgemacht: den ehemaligen Druckereibetrieb des *Völkischen Bobachters* in der Schellingstraße, die Druckerei der *Münchener Zeitung* in der Bayerstraße und eben den Verlagskomplex der *Münchner Neuesten Nachrichten*, zwischen Färbergraben und Sendlinger Straße. Nach eingehender Besichtigung mit einer detaillierten Aufnahme aller durch den Krieg entstandenen Schäden plädierte er für das Buchgewerbehaus M. Müller & Sohn, in dem der *Völkische Beobachter* gedruckt worden war. Hier sah er die Bombenschäden als nicht so gravierend an, dass sie dem von Dunner vorgegebenen raschen Druckbeginn entgegenstehen würden. Außerdem sei der Betrieb mittlerweile frei von allen ehemaligen NS-affizierten Angestellten. Überdies sah er einen großen Vorteil darin, dass man den gesamten Komplex umso leichter erwerben könne, als er zuvor von den Alliierten beschlagnahmt worden sei.

An der historischen Sitzung in der Renatastraße am 23. Juli 1945 um 14 Uhr nahmen neben Dunner, Langendorf und Felsenthal auf deutscher Seite der Protokollant Lorenz sowie Karl Eugen Müller, Vater und Sohn Schwingenstein, die Journalisten Friedrichs und Dahlmann, der Publizist Wilhelm Hausenstein und – zum ersten Mal – auch Franz Josef Schöningh teil. Edmund Goldschagg fehlte, wie schon bei der Sitzung vom 10. Juli, wegen seiner noch nicht beendeten Tätigkeit in Freiburg.

Dunner ließ den Lizenzträgern bei der Auswahl des Betriebs freie Hand. Doch Schwingensteins Vorschlag, das Buchgewerbehaus für die *SZ* zu übernehmen, wurde jedoch ebenso abgelehnt wie sein neuerlicher Vorschlag, die künftige Zeitung »Allgemeine Zeitung« zu nennen – Ersterer wegen des unpopulären Formats des *Völkischen Beobachters* und auch wegen der Abgelegenheit des Gebäudes. Das Protokoll hielt fest: »Dagegen wurde allgemein der ›Verlag der Münchner Neuesten Nachrichten‹ vorgeschlagen, und zwar wegen des altgewohnten und in München bestens eingebürgerten Formats und wegen der äußerst günstigen Geschäfts- und Verkehrslage des Verlags. Die Bombenschäden seien zwar erheblich, doch könnte der Schaden bei entsprechender Forcierung behoben werden.«

Nicht eigens veranschaulicht werden soll hier die drucktechnische Situation, wie sie sich angesichts der massiven Bombenschäden darstellte. Wesentlich waren eine alte, aus dem Jahr 1925 stammende 64-seitige Rotationsmaschine, die eigentlich schon zur Verschrottung vorgesehen war, sowie sechs Setzmaschinen samt Zubehör, die alle den Krieg überstanden hatten. Sie sollten den Grundstock bilden für die Herstellung der ersten Ausgaben der *SZ*. Angesichts der zunehmenden Bombenangriffe hatte man im Krieg für die Rotationsmaschine eine tiefe Grube ausgehoben und als Splitterschutz eine Mauer aus Ziegelsteinen errichtet, deren Zugang man mit Papier verstellte. Der NSDAP-eigene Eher Verlag als neuer Eigentümer des vormaligen Verlags Knorr & Hirth, den die Partei im Dezember 1935 de facto enteignet und in den Eher Verlag integriert hatte, hatte in jeder Hinsicht Vorsorge getragen, dass der Druck der *MNN* auch bei massivsten Luftangriffen nicht unterbrochen wurde.[194]

Diese Sitzung am 23. Juli 1945 wird in der Literatur allgemein als die eigentliche Gründungsversammlung der *SZ* angesehen. Dementsprechend getragen war auch Dunners Eingangserklärung: »Keine Nazipropaganda, keine großdeutsch-militaristische Propaganda, keine Aktionen, die die Militärregierung in Schwierigkeiten bringen könnten – innerhalb dieses Rahmens können Sie sich frei bewegen.« Offiziell gab er dann die Namen der Lizenzträger bekannt, unter ihnen auch Karl Eugen Müller, der, wie bereits erläutert, allerdings im September abberufen werden sollte. Namentlich ging er auf die kompromisslose NS-Gegnerschaft August Schwingensteins ein und verwies darauf, dass dessen Sohn »die illegale katholische Jugendbewegung führend geleitet« habe. Auch den nicht anwesenden Edmund Goldschagg würdigte er wegen dessen Widerstandes gegen eine Vereinnahmung durch den Nationalsozialismus. Schöningh und Müller sprach er hingegen nicht eigens an.

Kurz streifte er die Erscheinungsweise und den Umfang der geplanten Zeitung. Dunner glaubte dabei noch, dass der Erscheinungstermin 1. September einzuhalten sei und die Lizenzen bereits in wenigen Tagen erteilt würden. Eine rege Diskussion entspann sich über die noch ungelöste Frage des Namens der Zeitung. Der noch am 10. Juli festgehaltene provisorische Vorschlag »Süddeutsche Landeszeitung« wurde schnell verworfen zugunsten von *Süddeutsche Zeitung*. Der Untertitel »Münchener Umschau in Politik, Kultur und Wirtschaft« hatte allerdings keinen Bestand. Vielmehr lautete er in der ersten Ausgabe vom 6. Oktober: *Münchner Nachrichten aus Politik, Kultur, Wirtschaft und Sport*. Und dabei sollte es bleiben.

Die nächste Sitzung, auf der über die Zukunft der *SZ* gesprochen werden sollte, fand am 3. August, nun auch im Beisein von Edmund Goldschagg, statt. Hier traf Goldschagg erstmals seine künftigen Mitherausgeber und die Journalis-

Oberst McMahon, Chef der Lizenzierungsbehörde in Bayern, macht die drei zukünftigen Gesellschafter miteinander bekannt (von links Goldschagg, McMahon, Schwingenstein und Schöningh).

ten Alfred Dahlmann und Georg Lorenz. Den Vorsitz führte diesmal Oberst Bernard McMahon, der Chef der Press Branch Gesamtbayern. Anscheinend war für ihn im Gegensatz zu Dunner die Lizenzvergabe noch keineswegs abschließend geklärt, denn er widmete sich ausführlich der Bewertung von Schwingensteins Fähigkeiten als Verlagsleiter. Weder Goldschagg noch Müller und Schöningh mochten sich hierzu äußern. Im Protokoll ist dazu vermerkt: »[...] auch Dr. Schöningh muß erklären, daß er von der verlegerischen Qualität Schwingensteins nichts wisse.«

Gleichwohl versicherte Schwingenstein, dass er glaube, die Schwierigkeiten trotz der Größe der Aufgabe und der für ihn neuen Herausforderungen in enger Zusammenarbeit mit den jeweiligen kompetenten Mitarbeitern meistern zu können. Dabei bezog er sich auch auf die Zusammenarbeit mit den Mitherausgebern. McMahon wollte dann noch wissen, »ob denn auch die Redaktion glaube, ohne gefährliche Reibung auszukommen, im Hinblick auf die sehr gemischte Einstellung der Herren«. Das Protokoll hielt dazu fest: »Die Herren versichern der Reihe nach, daß im Hinblick auf [...] das gemeinsame demokratische Ziel der Umerziehung des Volkes keine allzu großen Reibungen zu befürchten seien.«[195]

Für die bereits am darauffolgenden Tag einberufene Sitzung, die wieder unter Dunners alleiniger Regie ablief, waren als Tagesordnungspunkte das Finanzproblem, die Rechtsform und die »Besitzverhältnisse« vorgesehen. Zur Sprache kamen allerdings nur die Eigentümerlage und deren Rechtsform. Fassungslos reagierten die Amerikaner auf die von Edmund Goldschagg eingangs aufgeworfene Frage, ob denn die Lizenzträger »auch die finanziellen Träger des Unternehmens seien [...]«. Er, Goldschagg, könne als Sozialdemokrat schlechterdings nicht in der Funktion als Herausgeber zum Kapitalisten mutieren. Entsetzt wehrte er den Gedanken ab, Geld von der Militärregierung, ausbezahlt von einer deutschen Bank, zu erhalten: »Wie stehe ich als Sozialdemokrat vor meiner Partei da! Ich bin [...] ohne einen Pfennig Geld hierhergekommen, und jetzt werde ich plötzlich zu einem der vier Aktionäre dieses recht repräsentablen Unternehmens. [...] Ich möchte am Ende meines Lebens auch als Sozialist [...] auch gegenüber dem linken Flügel innerhalb der deutschen Arbeiterbewegung nicht zu Lasten meiner Partei ein Angriffsobjekt sein und meinen Grundsätzen treu bleiben.«

Dunner versuchte, diesen ideologischen Konflikt zu entschärfen, indem er den finanziellen Aspekt herunterspielte: »Wir haben [...] beschlossen, daß es Ihnen vier [Lizenzträgern, A. d. V.] überlassen bleibt, das Unternehmen entweder als GmbH oder sonstwie aufzuziehen, dann sind Sie alle Kapitalisten, oder

Herr Schwingenstein übernimmt das Unternehmen allein, oder zwei oder drei von Ihnen tun es, oder Herr Schwingenstein macht es mit einem Herrn von außen, und Sie sind nichts anderes als Journalisten, Angestellte, vielleicht mit einem gewissen Anteil am Gewinn – das alles bleibt Ihnen überlassen. Es wird jedem der Herren freistehen, in diesem oder in jenem Verhältnis zu bleiben.« Auch Major Gerecke versucht, Goldschagg umzustimmen: »Wenn Sie heute die Lizenz ausschlagen, kommt die Gelegenheit später nicht wieder.«

Karl Eugen Müller gab noch einen anderen Aspekt zu bedenken: Er wollte sich nicht am Eigentum der Firma Knorr & Hirth in der Sendlinger Straße bereichern, welches die Nationalsozialisten de facto enteignet hatten und jetzt nach dem Krieg als vormaliges Eigentum der NSDAP von den Alliierten für die SZ konfisziert wurde. Dieses Argument akzeptierten die Amerikaner aber nicht, weil sie der Auffassung waren, NS-Eigentum beschlagnahmt zu haben.

Im Protokoll dieser wie auch der Sitzung vom 3. August sind von Franz Josef Schöningh nur kleine Wortmeldungen erhalten, darunter ein Beitrag über den neuen Namen *Süddeutsche Zeitung*.

Dunner schloss die Sitzung, indem er nichts festlegte und den Betroffenen nahelegte, in aller Ruhe darüber nachzudenken: »Es steht für Sie alle frei, ob Sie Angestellte oder finanziell Beteiligte sein wollen.« Etwas süffisant fügte er hinzu, dass der Leitgedanke nicht die Kapitalisierung sei, sondern die Umerziehung der Deutschen in Richtung Wiedererweckung der Demokratie, Zerschlagung des Nationalsozialismus, Militarismus und Imperialismus.[196]

August Schwingenstein strebte eine alleinige Übernahme des Verlags durch seine Person an mit der Begründung, dass seine ungleich größere Verantwortung als Verlagsleiter auch mit mehr Rechten abgegolten werden müsse. Während Dr. Müller für eine Gleichbehandlung aller vier Lizenzträger plädierte, machte Edmund Goldschagg den Vorschlag, 50 Prozent der Anteile an Schwingenstein und die restlichen 50 Prozent unter den übrigen Herausgebern aufzuteilen.

Bemerkenswert ist der im Protokoll enthaltene Verweis auf Franz Josef Schöningh. Diesem zufolge brachte Müller eine Idee des bei der Sitzung vom 4. August nicht anwesenden Schöningh ins Spiel, wonach ein Teil des Eigentums so anzulegen sei, dass auch die Gesamtbelegschaft »ähnlich wie bei Zeiss in Jena« beteiligt werden könne. Inwieweit dies auch eine inhaltliche Mitbestimmung der Belegschaft der SZ implizierte, ist unklar, zumal sich Schöningh gegen jede Art kollektivistischer Tendenzen aussprach (vgl. dazu unten Tagebucheintrag, 7. Oktober 1945). Diesen Vorschlag lehnten die amerikanischen Presseoffiziere jedoch als Einmischung in ihre Entscheidungskompetenz ab.

Auf die Frage Schwingensteins, was geschehen würde, wenn er trotz gegenteiliger Meinung der anderen Lizenzträger den Verlag allein übernehmen würde, wurde von Arthur Gerecke in der Übersetzung Dunners unmissverständlich geantwortet: »Sie sind alle vier gleichberechtigt als Konzessionäre. Wenn Sie sich nicht einigen, wird Ihnen die Konzession entzogen. Sie müssen sich also einigen. Wir diktieren Ihnen keine Form des Eigentumsverhältnisses, wir kümmern uns nicht darum, aber wir setzen Ihre Einigung voraus.«

Goldschaggs Frage, wie verfahren werden soll, wenn ein Lizenzträger abweichend von den anderen eine Rechtsform ablehne, erhielt die lapidare Antwort: »Dann ist er eben überstimmt, er kann austreten oder sich der Mehrheit unterordnen.«

Am 26. September 1945 hatten die nach dem Ausscheiden Karl Eugen Müllers nur noch drei Lizenzträger einen »Verlag Süddeutsche Zeitung OHG August Schwingenstein & Co., München« gegründet. Im Dezember wurde dieser in eine »Süddeutscher Verlag OHG August Schwingenstein & Co., München« umgewandelt, weil neben der Zeitung auch die Druckerei von Knorr & Hirth sowie der Buchverlag und der Romanvertrieb übernommen wurden.[197]

Eine letzte Sitzung über alle noch ungeklärten Rechts- und Besitzfragen fand am 31. Oktober 1945 statt. Diese bezogen sich vor allem auf die Rechtsbeziehung von Knorr & Hirth, vertreten durch deren Rechts- und Steuerberater Lueb, der später auch Schöninghs Steueranwalt werden sollte, zur *SZ*. Dunner sah indes keine Probleme: »Als Treuhänder von Knorr & Hirth ist Herr Schwingenstein Vertreter der Militärregierung und hat Knorr & Hirth zu liquidieren. Alles was für die Zwecke der Süddeutschen Zeitung verwendbar ist, soll der Verlag übernehmen […].« Die laufenden Zahlungseingänge bei Knorr & Hirth sollten auf einem Konto der Militärregierung gesammelt werden, aus dem den Lizenzträgern kurzfristige Darlehen zur Verfügung gestellt wurden. Aus ihren eigenen Rücklagen brachten die Lizenzträger zur vorübergehenden Finanzierung teilweise auch eigene Beträge ein, diese wurden aber nicht als Gesellschaftskapital verbucht, sondern stellten Darlehen an die Gesellschaft dar.

Da der Verlag Knorr & Hirth 1935 nicht zu 100 Prozent in den Besitz der NSDAP gegangen war, bestanden seitens der Restrechtseigentümer, einer Finanzgruppe aus dem Rheinland, noch Ansprüche auf Vermögenswerte. Ernst Langendorf erläuterte 1982 den Sachverhalt dahingehend, dass die Militärregierung eine Verordnung erwirkt habe, nach welcher die Druckereien, die der NSDAP gehört hatten und vom Staat verkauft werden konnten, zunächst den Lizenzträgern angeboten werden mussten, da diese das Vorkaufsrecht hatten.[198]

Von diesem Recht sollten die Gesellschafter 1950 Gebrauch machen, als sie die Gebäude und Maschinen vom Freistaat Bayern rückwirkend zum Stichtag 6. Oktober 1945 erwarben. Dies hatte zur Folge, dass die von ihnen finanzierten Wiederaufbauleistungen als Investitionen angerechnet werden konnten.

Um den Kauf tätigen zu können, erhielten die Gesellschafter einen Kredit von einer halben Million DM aus Mitteln des Marshallplans. Die Höhe des Kaufpreises lag bei fünf Millionen Mark. Der *SZ*-Anwalt Dr. Otto Gritschneder schrieb dazu im *Rheinischen Merkur* vom 20. Mai 1960, dass »von der Kaufsumme von fünf Millionen DM eine Anzahlung von einer Million geleistet werden [musste], die restliche Summe sollte innerhalb der nächsten sieben Jahre entrichtet werden«. Die Ansprüche der Voreigentümer wurden vom Freistaat Bayern mit 604 500 DM entschädigt. Bankkredite wurden erstaunlicherweise nicht in Anspruch genommen, »da längerfristige Finanzierungsprojekte wie beispielsweise Investitionen zu diesem Zeitpunkt weder notwendig noch möglich waren«.[199] August Schwingenstein jedenfalls behauptete um die Jahreswende 1981 / 82, dass sich das Unternehmen mit dem ersten Erscheinen der Zeitung und dem daraus resultierenden »Geldumlauf« selbst getragen habe.[200]

Das zerstörte Verlagsgebäude des Süddeutschen Verlags in der Sendlinger Straße 80, kurz nach dem Krieg, wo auch die Redaktion der *SZ* ihren Sitz hatte.

Aus heutiger Sicht ist dies schon eine erstaunliche Einschätzung angesichts der gewaltigen Aufbauarbeiten der zu 70 Prozent zerstörten Druckerei und des Verlagsgebäudes. Die dringendsten Arbeiten bestanden zunächst in der Beseitigung des Schutts und der Instandsetzung der Maschinen. Beispielsweise waren sämtliche Kunststofftasten der Setzmaschinen verbrannt. Da neue nicht zu beschaffen waren, wurden Presswerkzeuge und eine chemische Masse besorgt und 1200 Tastknöpfe selbst erzeugt. Nur 20 der insgesamt 3500 Quadratmeter umfassenden Büro- und Betriebsräume lagen überirdisch, der Rest war im Keller des Komplexes Sendlinger Straße / Färbergraben untergebracht. Werner Friedmann sprach von »bergwerksähnlichen Bedingungen«, unter denen die Zeitung anfangs hergestellt werden musste. Außer mit mangelhafter beziehungsweise fehlender technischer Ausstattung hatte die Redaktion mit Kälte und Nässe zu kämpfen. Da alle Dächer zerstört waren, stand das Regenwasser »zentimetertief in den notdürftig hergerichteten Räumen, durch die der Wind pfiff und man die Arbeitstische nur auf Brettersteigen erreichen konnte«. Telefone gab es nicht oder waren kaputt, die notwendige Kommunikation musste zu Fuß oder mit dem Fahrrad erfolgen. Selbst die Alliierten litten unter den harten Bedingungen. So schreibt Ernst Langendorf: »[...] der Jeep war damals ein Kommunikationsinstrument erster Ordnung.«

Erst im Frühjahr 1946 konnte mit einem einigermaßen organisierten Wiederaufbau begonnen werden. Im Januar 1950 verfügte die Zeitung wieder über 9700 Quadratmeter technische Räume und 6000 Quadratmeter Büro- und Schalterräume. Erst drei Jahre später wurde der Wiederaufbau als abgeschlossen erklärt.

Bereits am 26. August 1945 konnte August Schwingenstein seiner Frau eine erste, fünfspaltig umbrochene Probenummer schicken, die eigentlich nur für die Amerikaner gedacht war. Den Zeitungskopf hatte der Rektor der Technischen Hochschule und Professor für Schrift, Hans Döllgast, gestaltet. Er war dabei von der traditionellen Frakturschrift abgewichen und hatte mit der modernen Antiqua der Kopfzeile das noch heute so auffällige Gesicht der *SZ* kreiert. Schwingenstein bestand indes auf einem Austausch der Anfangsbuchstaben »S« und »Z« und der Eliminierung des Bildes der Münchner Frauenkirche, was zu einem Zerwürfnis mit Döllgast führte. Knapp einen Monat später konnte Schwingenstein den Presseoffizieren stolz mitteilen, dass »die großen Schwierigkeiten des Betriebes als überwunden angesehen werden dürfen«.

Von den Amerikanern erhielt er zudem die Einwilligung, den neuen Verlag, der bisher Knorr & Hirth hieß, ab 2. Oktober 1945 unter dem Namen

Lange wurde über den Zeitungskopf gestritten. Oben der Entwurf von Hans Döllgast, unten die Überarbeitung (Ausdruck vom 4. Oktober 1945).

Am Samstag, 6. Oktober 1945, nehmen Schöningh, Goldschagg (am Rednerpult) und Schwingenstein (Rückenansicht) im Münchner Rathaus die Lizenz für die SZ entgegen.

»Verlag der Süddeutschen Zeitung« oder einfach »Süddeutsche Zeitung« laufen zu lassen.

In der Sitzung am 20. September kam Joseph Dunner auf den feierlichen Rahmen zu sprechen, in dem die Lizenzen an die mittlerweile nur noch drei Herausgeber – die Lizenz an Karl Eugen Müller wurde, wie oben beschrieben, am 17. September zurückgezogen – übergeben werden sollten.

Gedacht war an eine feierliche Übergabe der Lizenzen im Rathaussaal, die Präsentation des Andrucks der ersten Nummer der *SZ* – symbolisch gesetzt aus dem erhaltenen Originalbleisatz von Hitlers *Mein Kampf* – und die Einweihung des Betriebs durch den alliierten Oberkommandierenden für die amerikanische Zone, General Patton. Alles sollte filmisch dokumentiert werden. Die endgültige Übergabe der Lizenzen sollte am Samstag, 6. Oktober 1945, erfolgen. Auch die Funktionen der neuen Herausgeber hatte Dunner geklärt: »Herr Schwingenstein ist der Verleger, Herr Goldschagg ist der politische Redakteur, und Herr Dr. Schöningh hat die gesamte Leitung der Kulturpolitik und des Feuilletons.«

Nochmals erklärte Dunner die inhaltlichen Bedingungen für das Erscheinen der *Süddeutschen Zeitung*: »Sie haben ein Organ, eine Waffe, die sie überparteilich benützen wollen. Sie müssen versuchen, einen Kurs zu steuern, der Ihnen erlaubt, antinationalsozialistisch, antimilitaristisch zu sein, ohne Parteipolitik zu machen. Wenn wirklich politische Parteien aufkommen, dann müssen Sie ihnen das Wort geben. Man darf jedenfalls nicht meinen, dass diese Zeitung ein sozialdemokratisches Organ ist. Das sage ich Ihnen, wobei ich bemerke, dass ich selbst die Sozialdemokratie wählen würde. Es muss ein überparteiliches Organ werden, das braucht aber nicht verwaschen sein. Man kann sehr klar reden. Die Kluft besteht ja nur zwischen den Nationalsozialisten und allen anderen.«[201]

Die Feier lief entsprechend den Vorgaben minutiös organisiert ab. Lediglich General Patton fehlte als oberster US-Repräsentant: Präsident Eisenhower hatte ihn als Militärgouverneur für Bayern und Oberbefehlshaber der 3. Armee am 3. Oktober von seinem Amt entbunden. Der Grund lag im wachsenden Unmut der amerikanischen Öffentlichkeit über seinen laxen Umgang mit den Nationalsozialisten beziehungsweise seine Art der Säuberung der öffentlichen Ämter bis hinauf in die Ministerialbürokratie. Immerhin hatte die *SZ* Grund für zwei aufsehenerregende Schlagzeilen: »General Patton scheidet aus Bayern« und »Neue Regierung Bayerns unter Dr. Högner« (sic!). An Pattons Stelle trat am 6. Oktober Dunners Vorgesetzter, Oberst Bernard B. McMahon, der seine Rede auf Englisch hielt, die Dunner übersetzte. Danach übergab McMahon an Goldschagg die Lizenzurkunde Nummer 1, die dieser in Vertretung seiner Kollegen entgegennahm, sich für das ihm und seinen Kollegen entgegengebrachte Vertrauen bedankte und die Einhaltung des von Dunner skizzierten politischen Konzepts zusicherte. Der Rundfunk übertrug die Feier zeitgleich, sodass auch Schöninghs 15-jährige Tochter Karen diesen Augenblick miterleben konnte. Zuvor hatte sie schon stolz vermeldet: »Vater ist jetzt endgültig 1. Redakteur der Süddeutschen Zeitung. Gestern [29. September 1945, A. d. V.] wurde er immer im Radio genannt. Ein ganz hohes Tier ist er nun. Ich finde das herrlich! Wenn Mutter dann erst stellvertretende Direktorin der Krankenkasse Rosenheim ist [Irmgard Schöningh war zuletzt stellvertretende Leiterin der Finanzabteilung der AOK Rosenheim, A. d. V.]. Na – dann hab ich ein Elternpaar, auf das ich ganz gewaltig stolz sein kann.«

6870th District Information Services Control Command

Third United States Army

requests the pleasure of your company at the

LICENSING CEREMONIES

of the ,,Süddeutsche Zeitung''

6 October 1945

10.45 hours:
Presentation of license in Kleiner Rathaussaal, Rathaus Marienplatz, Munich

11.30 hours:
Motor procession to plant of ,,Süddeutsche Zeitung'' Färbergraben 23, Munich, for starting of the presses

B. B. McMAHON
Colonel, Infantry Commanding

This invitation is transferable only to your personal representative
SEAT NUMBER (Kleiner Rathaussaal): 26

Die Einladung zur feierlichen Lizenzübergabe.

Bei strömendem Regen zog die Festversammlung anschließend vom Rathaus in den Hof des von trostlosen Ruinen umgebenen Verlagsgebäudes der ehemaligen *Münchner Neuesten Nachrichten.* Dort empfing sie August Schwingenstein mit einer ähnlichen Ansprache wie die Goldschaggs. Auch er war gewiss: »[...] die Süddeutsche Zeitung wird zeigen, daß noch echte demokratische Gesinnung und sozialer Geist in unserem Land leben.« Die Begrüßung endete damit, dass ein »Münchner Kindl« in Gestalt der Schauspielerin Adele Hoffmann mit eigens für diesen Anlass von dem Journalisten Hermann Roth gedichteten Versen McMahon eine frisch eingeschenkte Maß Bier überreichte, die dieser, wie sich Werner Friedmann erinnerte, unter dem Jubel der Umstehenden und mit sichtlichem Behagen in einem Zug, ohne einmal abzusetzen, leerte. Danach wurden die Originaldruckplatten von *Mein Kampf* und des *Völkischen Beobachters* eingeschmolzen, die kurz zuvor von den Amerikanern aus der Druckerei in der Schellingstraße geholt worden waren; Friedmann kam es vor, als wohne er einer heiligen Handlung bei. Eine Viertelstunde später drückte Oberst McMahon auf den Knopf der elektrischen Rotationsmaschine. Die erste Nummer der *SZ*, die McMahon in Händen hielt, hatte einen Umfang von acht Seiten, die Auflage betrug 357 000 Exemplare. Das Impressum weist als verantwortliche Redakteure für »Politik und Wirtschaft« Edmund Goldschagg, für »Kultur und Feuilleton« Dr. Franz Josef Schöningh, für »Lokales« Georg Lorenz und für »Nachrichten aus Bayern« Werner Friedmann aus. Ein Chefredakteur ist entgegen früherer Absprachen nicht benannt. Verlagsleiter ist August Schwingenstein, der zugleich neben Goldschagg und Schöningh als Herausgeber fungiert.

Heute kaum mehr vorstellbar sind die Bedingungen, unter denen die *SZ* noch ein Jahr später, als sie vom 1. November 1946 an immerhin dreimal wöchentlich erschien, produziert wurde. Ein unbekannter Autor hielt die Umstände in der Jubiläumsausgabe *Fünf Jahre Süddeutsche Zeitung* fest: »[...] wir konnten unseren Lesern bereits mitteilen, was vorgestern geschah. Was die Politik betraf, fiel diese Verspätung nicht sehr ins Gewicht, denn damals war sie nicht so rasch veränderlich wie heute. Auch die Tatsache, daß es nichts zu essen gab, war ziemlich gleichbleibend. Unsere kleinen Eisenöfen aber wurden in diesem Winter überhaupt nicht mehr warm. Der Verlagsleiter, die Chefredakteure, Redakteure, Mitarbeiter, Sekretärinnen [...] saßen in Mäntel gehüllt und in Wolle eingestrickt in den Zimmern. Es gab nur noch einen warmen Flecken im ganzen Haus: das Kesselhaus im Keller. Dorthin zog die gesamte Redaktion mit Schreibtisch, Schreibmaschine, Papier und Bleistift. Unter dem Dröhnen der Maschinen und geringer Luftzufuhr wurde einen Winter lang Zeitung gemacht. [...] Im Sommer 1947 ging's aufwärts. Zunächst allerdings nur bis zum ersten Stock des Gebäudes an der Sendlinger Straße und nur für einige Redaktionen. Etwas befangen betraten wir die weißen Räume mit den großen Fensterscheiben; es fielen keine Gipsbrocken vom Plafond herunter, und es gab keine Wandritzen, durch die man mit den Kollegen nebenan plaudern konnte. Zwar ratterten die Pressluftbohrer und Mörtelmaschinen Tag und Nacht, aber es klang uns wie die Ouvertüre zu einer festlichen Aufführung. [...] Es gab in dieser Zeit nicht nur fast kein Fleisch und fast kein Gemüse, sondern auch fast kein Papier. Ab 1. November 1947 blickten wir betrübt auf unsere beiden

Der Kellerraum mit den Heizungskesselm war im Winter 1946/47 der einzig warme Arbeitsraum für die Redakteure. Hintere Reihe von links: Edmund Goldschagg, Werner Friedmann, Gerhard Kreyssig, Max von Brück, Wilhelm Saekel; vordere Reihe: Alois Hahn, Heinz Tebbe.

wöchentlichen Ausgaben, auf die wir uns wegen des Papiermangels wiederum beschränken mußten, bis wir vom 1. November 1948 an wieder eine zulegen konnten. Erst am 19. September 1949 wurden wir eine ›richtige‹ Zeitung – die SZ erschien täglich, wie es sich gehört.«

Vom 5. Oktober 1945 bis 18. August 1946 finden sich im Nachlass Schöninghs nur spärliche Tagebucheintragungen, immer wieder von langen Pausen unterbrochen. Immerhin geben seine Aufzeichnungen im unmittelbaren zeitlichen Umfeld der Lizenzvergabe einen kleinen Einblick in den neuen redaktionellen Alltag:

5. Oktober 1945: »Die Arbeiten an den neuen Red.räumen gehen nur schwerfällig vorwärts. Das alte Desinteressement der ›Geschäftsführung‹ am Wohlergehen der Mitarbeiter, obwohl diese die Zeitung gestalten. Auseinandersetzung deswegen mit Sch. jun. [i. e. Schwingenstein junior], Auseinandersetzung mit Dahlmann [Feuilletonchef], der ganz in ästhetischen Kategorien lebt und das Gesamt der ›Kulturpol.‹ [Kulturpolitik] nicht im Auge hat.«

7. Oktober 1945: »Arbeit in der Red., während die Schreiner an der Tür hämmern, Kampf um Büroeinrichtung, Benzin, um primitive Voraussetzungen. Nachmittags bei dem ein wenig egozentrischen, neurasthenischen Brück' [Max von Brück wurde im Sommer 1946 Leiter der Außenpolitik]. Der Abend mit Schaeffer [Fritz Schäffer, Mitbegründer der CSU, bis 28. September 1945 bayerischer Ministerpräsident, später Finanzminister unter Adenauer] und Hundhammer [Alois Hundhammer, Mitbegründer der CSU, von 1946 bis 1950 Kultusminister, Landtagspräsident, Vertreter des katholisch-konservativ-altbayerischen Flügels der CSU]. Glaubte eine Geschlossenheit mir gegenüber zu finden, stieß dagegen bei Sch. auf überraschend großes Verständnis. H. wurde ›mitgenommen‹.

Gemeinsame Anschauung: nur *eine* bürgerl. Partei, Ablehnung monarch. Tendenzen, konservativer Sozialismus, schärfste Front gegen totalen Staat, gegen alle kollektivistischen Tendenzen. Ablehnung pol. Prälaten.«

9. Oktober 1945: »Meine Redaktionsräume beginnen wohnlich zu werden; die Besuche, nicht mehr so zahlreich wie zu Beginn der Arbeit, lassen in der Red. immer noch keine ruhige Arbeit zu. Die Arbeit absorbiert mich so vollständig, dass ich oft in einem Traum zu leben glaube.«

Eine Bereicherung erfuhr die *SZ* durch den für die Zeitung bereits tätigen Redakteur für »Nachrichten aus Bayern«, Werner Friedmann. Dieser war Dunner bereits im Zusammenhang mit Karl Eugen Müller aufgefallen, als er über diesen recht Kompromittierendes geäußert hatte, in deren Folge der Intelligence Service der Amerikaner in Schloss Seeburg in Müllers Fragebogen tatsächlich Unstimmigkeiten fand, die ja dann zum Lizenzentzug für Müller führten. Schon damals hielt Dunner fest, dass anzunehmen sei, dass Friedmann anstelle Dr. Müllers vierter Lizenzträger werden würde.

In seinen fabulierfreudigen wie ungenauen Erinnerungen hat Ernst Langendorf hingegen festgehalten, wie Friedmann Mitte 1946 in sein Büro kam und sagte: »Hören Sie mal, die ganzen Leute in der ›Süddeutschen‹, das sind doch eigentlich gar keine richtigen Journalisten. Der Schöningh war bei dieser katholischen Zeitschrift ›Hochland‹, der Schwingenstein hat Heimatschnulzen vertrieben und Goldschagg war zwar bei der ›Münchener Post‹, aber [...] wirkliche Journalisten sind das nicht. Aber solange ich keine Lizenz habe, habe ich dort auch nichts zu sagen. Wie wär's mit einer Lizenz für mich? Ich fand das ein bißchen schwierig, wo doch schon drei da waren. Ich kam dann auf die Idee, die Lizenzträger sollten mir einen Brief schreiben, in dem sie darum baten, Herrn Friedmann noch eine Lizenz zu erteilen. Es dauerte gar nicht lange, da kam Friedmann mit diesem Brief. Da konnten wir ihn nachlizensieren. So kam er im Juni 1946 zu seiner Lizenz.«[202]

Friedmann wurde von vielen als der »Motor« der gesamten SZ-Redaktion empfunden, der sich schon bald über sein ursprüngliches Ressort »Nachrichten aus Bayern« hinaus in die Belange anderer Redaktionen einmischte. Hermann Proebst würdigte Friedmanns Fähigkeiten anlässlich der Übernahme des Amtes als Chefredakteur und dessen Nachfolger in einem Beitrag für die SZ vom 2. Juli 1960: »Was er persönlich einbrachte in den Jahren ihres Aufstiegs, das war vor allem ein ganz ursprüngliches Temperament, ein untrüglicher Sinn für Aktualität, [...] ein ungewöhnliches Geschick in der Bewältigung aller Regieprobleme, eine unbändige Freude am Zeitungmachen und eine stets wache Eifersucht im Hinblick auf die Geltung und das Ansehen der Zeitung selbst.«

Werner Friedmann, Jahrgang 1909, war Sohn eines jüdischen Kinderarztes, der im Ersten Weltkrieg als Stabsarzt fiel. Er war damals sieben Jahre alt, die Familie kehrte nach dem Krieg nach München zurück, wo Friedmann Philosophie studierte und einer der ersten Studenten am neuen Zeitungswissenschaftlichen Lehrstuhl bei Prof. Karl d'Ester war. Dort lernte er Walter Tschuppik, den Chefredakteur der Süddeutschen Sonntagspost, kennen, dem er auffiel, sodass er von 1929 bis 1933 sowohl dort als auch von der im gleichen Verlag erscheinenden Münchener Telegrammzeitung als Reporter fest angestellt wurde. Im Zusammenhang mit der Übernahme von Knorr & Hirth durch die Nationalsozialisten unmittelbar nach der Machtergreifung wurde er Ende März verhaftet, verbrachte den Rest des Jahres in verschiedenen Gestapo-Gefängnissen, unter anderem in Stadelheim, wo er schwer misshandelt wurde. Die Nationalsozialisten hatten noch eine alte Rechnung mit Friedmann offen, denn dieser hatte 1932 zum großen Ärger des Völkischen Beobachters, wie er in seiner Biografie behauptete, als Erster entdeckt, dass der Österreicher Hitler sich die deutsche Staatsbürgerschaft durch Übernahme eines Wachtmeisterpostens bei der Gendarmerie im thüringischen Hildburghausen hatte erschleichen wollen. Tatsächlich waren es aber Meldungen aus Weimar und Berlin gewesen, die den Schwindel an die Öffentlichkeit gebracht hatten. Friedmann hatte lediglich eine Nachfrage unternommen. Unter der Auflage, seine Vaterstadt München zu verlassen und seinen Beruf nicht mehr auszuüben, war er wieder nach Berlin zurückgegangen, hatte sich einen zweiten Pass beschafft, der ihn als »Arier« auswies, und sich als Übersetzer in der Bildagentur eines Freundes durchgeschlagen, bis er 1940 einberufen wurde. 1945 war er kurz in englische Kriegsgefangenschaft geraten und hatte dann als politisch Verfolgter

Feier anlässlich der Lizenzübergabe an Werner Friedmann am 6. August 1946. Hintere Reihe von links: Bernhard Pollak (Lokales), Alfred Schwingstein (Prokurist), Elly Staegmeyr (Wirtschaft), ein Chauffeur, Frau Werner (Sekretärin bei der Press Branch), Leonhard Felsenthal (Presseoffizier), August Schwingenstein (Gesellschafter), Heinz Tebbe (Nachrichten), Nathan Rich (Presseoffizier), Edmund Goldschagg (Gesellschafter). Sitzend vorne: Franz Josef Schöningh (Gesellschafter), Elisabeth Schütte (Bayern), Werner Friedmann (Gesellschafter), Ernst Langendorf (Presseoffizier), Oberst McMahon, Max von Brück (Außenpolitik), Alfred Dahlmann (Feuilleton).

seine Rückkehr nach München durchgesetzt, wo er sich, wie oben beschrieben, im passenden Moment in die Aufbauarbeit der *SZ* einbrachte.

Vermutlich stand seine Intervention gegen Karl Eugen Müller im Zusammenhang mit seinen eigenen Karriereplänen. Dunners Sympathie – »er machte auf mich den Eindruck eines hochintelligenten Menschen, der es verstand, seine Gesprächspartner durch seine überzeugenden, humorvollen Bemerkungen und seinen natürlichen Charme rasch zu gewinnen« – ausnützend, sollte er ja auch sein Ziel erreichen, vierter Lizenzträger der *SZ* zu werden. Offiziell war Edmund Goldschagg Chefredakteur, aber bereits 1947 sahen viele in Werner Friedmann den kommenden Redaktionschef.

Damit war auch eine politische Ausgewogenheit unter den Gesellschaftern hergestellt: Friedmann und Goldschagg galten als sozialdemokratisch orientiert, während die Katholiken Schöningh und Schwingenstein der CSU zugerechnet wurden.

Joseph Dunners Einsatz für Werner Friedmann sollte sich jedoch rächen: Wurde er noch anlässlich der ersten Betriebsfeier im Kantinensaal der SZ am 7. Oktober von August Schwingenstein mit einem besonderen Dank für seine »tatkräftigste Unterstützung« bedacht, so hatten seine obersten Vorgesetzten wie General McClure, der Chef der ICD (Information Control Division) für die amerikanische Zone in Bad Homburg v. d. H., eine andere Meinung über den streitbaren Presseoffizier, denn Dunner hatte auf den wöchentlichen Besprechungen der bayerischen ICD in Schloss Seeburg bereits mehrfach darauf hingewiesen, dass seiner Meinung nach bei der Besetzung von Schlüsselpositionen in der Presse Sozialdemokraten die beste Gewähr für echte demokratische Gesinnung böten. Diese Einschätzung wurde direkt an General McClure weitergegeben, indem gewarnt wurde, dass Dunner »überall« Sozialdemokraten einzuschleusen versuche. Inwieweit sich hier schon die Anfänge des McCarthyismus abzeichneten, mag dahingestellt bleiben.

Allgemein war Dunner für seine linksliberale Personalpolitik bekannt. So hatte er sich die Feindschaft des Generals wegen seiner massiven Kritik an der Berufung zweier Lizenzträger der *Frankfurter Rundschau* zugezogen, die beide Frankfurter Parteikommunisten waren. Noch am 13. November 1945 schrieb er an den US-Botschafter Murphy: »[…] in der amerikanischen Zone, in der anfänglich reaktionäre Elemente […] das Wort führten, haben jetzt Leute das Oberwasser, die das Wort ›Demokratie‹ zehnmal in einer Minute aussprechen, in Wahrheit aber denjenigen besondere Förderung angedeihen lassen, die auf die totalitäre Diktatur Moskaus hinarbeiten. […] Anstatt die Armee auf rein militärische und polizeiliche Funktionen zu begrenzen, erlauben wir Leuten wie Brigadier General McClure, Politik zu machen. Für diese Tätigkeit fehlt diesen Militärs, trotz besten Willens die Vorkenntnis auch der elementarsten deutschen Faktoren.«[203]

Jedenfalls veranlasste McClure Ende Dezember 1945 Dunners Versetzung nach Bad Homburg. Der Zwist war so tiefgreifend, dass der »Begründer der SZ«, wie er in seinen Erinnerungen Schwingensteins Charakteristik stolz festhielt, bei seinem Weggang in der SZ keine Erwähnung fand. Schöningh schrieb ihm am 29. März 1946, wenige Tage nach seiner Rückkehr in die USA: »Wenn Sie keinen Abschiedsgruß für Ihre Person in der Süddeutschen Zeitung gefunden haben, so bitte ich die Ursache dafür nicht etwa in der Interesselosigkeit oder gar Undankbarkeit auf unserer Seite zu suchen. Die Renatastraße legte uns dringend nahe, mit Rücksicht auf *Unbekannt* [so hatte Dunner stets

General McClure genannt, A. d. V.] von einem derartigen Beitrag abzusehen. Sie verstehen, daß wir unter diesen Umständen, widerstrebend zwar, von unserem dankbar gehegten Plan Abstand nahmen.«[204]

Schöningh und er sollten zeitlebens Freunde bleiben, ihre Korrespondenz ist bis zu Schöninghs Tod erhalten. Dieser versuchte, Dunner noch in den 1950er-Jahren eine Gastprofessur an der Münchner Universität zu vermitteln, was aber scheiterte. Als späten Rehabilitierungsversuch kann man einen Brief Schöninghs an Dunner vom 27. Main 1957 interpretieren, in dem er nochmals die ihm seinerzeit von Dunner berichteten Widerstände gegen seine Lizenzierung als Mitherausgeber der SZ wegen seiner Tätigkeit in Polen anspricht. Er weist die Vorwürfe erneut zurück – »inzwischen gab es mehr als einen Beweis für Ihre gute Menschenkenntnis« – und fügt als Beweis seiner im Generalgouvernement praktizierten Polenfreundschaft das Schreiben des in der Kreishauptmannschaft Tarnopol beschäftigten polnischen Försters Marian Partyka bei, aus dem hervorgeht, dass er dessen Verschickung mitsamt Frau als Zwangsarbeiter ins Reich verhindert habe.

Dunners Nachfolger für die Stadt München wurde Leonhard Felsenthal, für Gesamtbayern Ernst Langendorf, der von der Bevölkerung als der eigentliche Gründervater oder »Patenonkel« der SZ gesehen wurde. Dunner, der diesen Bedeutungsverlust als sehr kränkend empfand, war umso berührter, als Wilhelm Hoegner sich am 9. Februar 1955 anlässlich seiner zweiten Amtsperiode als bayerischer Ministerpräsident in großer Dankbarkeit seiner erinnerte. Richardi verweist zu Recht daraufhin, dass Ernst Langendorf bei allen entscheidenden Besprechungen über die Gründung der SZ nicht zugegen war. Sein Name findet sich in keinem der Protokolle. Dennoch war er als Begleiter Dunners ein wichtiger Augenzeuge. Schöningh hatte zu ihm ein enges, vertrauensvolles Verhältnis; Ausdruck dessen war ihre – zuweilen gemeinsame gelebte – Jagdleidenschaft in der Bauerbacher Jagd.

Doch wer waren die Redakteure, auf die sich die Herausgeber stützen konnten?

Nach den Anweisungen der Militärregierung vom 4. September 1945 sollten auch die Redakteure sowie das Zeitungs- und Verlagspersonal auf ihre politische Vergangenheit hin überprüft werden. Aber bereits um die Jahreswende 1945/46 delegierten die Alliierten die Personalauswahl an die Lizenzträger selbst. Allein die leitenden Redakteure wurden, wie die Lizenzträger, von den Alliierten genauestens durchleuchtet.

Das erste Impressum der SZ vom 6. Oktober 1945 wies E. Goldschagg (Politik und Wirtschaft), Dr. Franz Josef Schöningh (Kultur und Feuilleton),

G. Lorenz (Lokales) und W. Friedmann (Nachrichten aus Bayern) aus. Georg Lorenz sollte kurze Zeit später ausscheiden, um Lizenzträger des *Hochland-Boten* in Garmisch zu werden. Ab September 1946 zeichnete Dr. Elly Staegmeyr für den Handelsteil verantwortlich. Lorenz' Nachfolger wurde Bernhard Pollak, der zum Bekanntenkreis von Alfred Schwingenstein gehörte und zunächst im Feuilleton beschäftigt war. Gleichfalls diesem Kreis zuzurechnen waren Ludwig Koppenwallner, der bis 1981 das Sportressort verwaltete, und Hans Arbinger, der nach Friedmann den Bayernteil übernahm. Das Wirtschaftsressort gab Goldschagg indes im August 1946 ab an den Sozialdemokraten Dr. Gerhard Kreyssig, der das Ressort bis 1951 verwaltete, ehe er Mitglied des Bundestags wurde. Erster Leiter der Außenpolitik wurde der Schöningh-Freund und frühere *Frankfurter Zeitung*-Feuilletonchef Max von Brück. Schöningh kannte ihn aus seiner Frankfurter Zeit, während der er auch für das *Hochland* schrieb. Brück verließ die *SZ* jedoch schon 1947 wieder. Später wurde er Italien-Korrespondent des Westdeutschen Rundfunks in Rom. Ihm folgte Dr. Heinz Holldack, ein gelernter Diplomat, der die Ressortleitung 1954 abgab, um in den auswärtigen Dienst zurückzukehren.

Besondere Aufmerksamkeit erfuhr das Netz der ersten Auslandskorrespondenten. Curt Geyer berichtete von 1947 bis 1963 aus London, dort war er als Emigrant bereits während des Krieges Chefredakteur des *Neuen Vorwärts* gewesen. Vor der Machtergreifung arbeitete er als innenpolitischer Redakteur des *Vorwärts*. Den Posten in Paris hatte sich die *SZ* mit der *Neuen Zeitung* ab 1948 mit Willy Oscar Somin geteilt. Die iberische Halbinsel wurde mit dem schon für die NS-Zeitung *Das Reich* und *Die Allgemeine Zeitung* tätigen Heinz Barth besetzt, der seiner Sympathie zu Franco geschickt den Anstrich einer objektiv-neutralen Berichterstattung gab (Barth hatte bis 1948 für den Informationsdienst der Falange gearbeitet). Erstaunlicherweise wurden Barths Berichte parallel mit den überaus kritischen Kommentaren Heinz Holldacks, der Francos Regime als Neofaschismus geißelte, abgedruckt. Aus Rom berichtete der schon seit 1940 dort für die *Kölnische Zeitung* arbeitende Dr. Gustav René Hocke, ein rheinländischer Bildungsbürger, der auch viel für das Feuilleton schrieb. Ab 1950 war Immanuel Birnbaum, Jurist und Geisteswissenschaftler sowie der SPD zuzuordnen, beauftragt, von Wien aus die Politik der osteuropäischen Länder zu beobachten. Birnbaum war Korrespondent sowohl für die *Vossische Zeitung* als auch der *Frankfurter Zeitung* in Warschau gewesen. Nach Kriegsausbruch war er als Jude nach Schweden geflohen, wo er während des Krieges für verschiedene Schweizer Zeitungen berichtete. Außerdem hatte er als Lektor für den nach Stockholm ausgewichenen S. Fischer Verlag gearbeitet, der sich dort Bermann-Fischer Verlag nannte. Ab 1946 lebte er wieder in Warschau, ab 1949 in Wien.

Die geringe personelle Besetzung war anfänglich der nur zweimal pro Woche mit einem Umfang von 14 Seiten erscheinenden SZ geschuldet. Mehr brauchte man nicht. Die Zahl der fest angestellten Redakteure und Volontäre belief sich 1945 auf 13 Personen bei immerhin 382 fest angestellten Mitarbeitern. 1950 wies die Zeitung bereits 30 weitere feste Redakteure aus. Die Gesamtbelegschaft umfasste 1.774 Personen.

Bedeutende Redakteure, die das Bild der SZ wesentlich prägen sollten, waren vor allem Immanuel Birnbaum, Hermann Proebst, W. E. Süskind, Erich Kuby und Ernst Müller-Meiningen. Auf sie wird im weiteren Verlauf noch hingewiesen.

Schwingenstein, Goldschagg und Schöningh während einer Redaktionsbesprechung.

Besonderes Augenmerk gilt hier allerdings der Feuilletonredaktion, für die Franz Josef Schöningh zuständig war. Eine übersichtliche Darstellung aller festen und freien Mitarbeiter des Kulturteils fehlt bis heute. Der anfangs engste Mitarbeiter Schöninghs war Alfred Dahlmann, der schon von 1933 bis 1941 für die *Münchener Neuesten Nachrichten (MNN)* als Feuilletonredakteur gearbeitet hatte. Die Amerikaner hatten ihn nach Kriegsende als Chefredakteur der von ihnen herausgegebenen *Bayerischen Landeszeitung* eingesetzt, von der er dann zur *SZ* wechselte, wo er – mit einer kurzen Unterbrechung, weil man in den *MNN* belastende Artikel von ihm gefunden hatte – bis zu seinem Tod im Jahr 1950 als Leiter des Ressorts Literatur und Kunst fungierte. Eigentlich war Dahlmann Theaterkritiker. Diese Aufgabe aber wurde in freier Mitarbeit von Gunter Groll übernommen, der überdies für die Filmkritik zuständig war. Groll, Jahrgang 1914, war bis 1933 Mitglied der KPD gewesen und dann nach Österreich geflohen, wo er im Kampf gegen die dortigen Nationalsozialisten schwer verwundet wurde. 1934 befand er sich als Mitbegründer einer illegalen antifaschistischen Studentengruppe in München, die dort bis 1937 oppositionelle Flugblätter druckte. Von 1938 bis 1945 arbeitete er als Dramaturg untergetaucht bei der Bavaria-Film. Seine legendären Kritiken wurden in den Sammelbänden *Lichter und Schatten* und *Demnächst in diesem Theater* publiziert und erinnern in ihrer Pointiertheit, Kürze und Sprachwitz stark an Alfred Kerr, der auch sein großes Vorbild war.

Grolls Arbeit als Theaterkritiker wurde ergänzt durch den Grandseigneur Hanns Braun, Jahrgang 1893, der während des Krieges bis 1943 als Kulturpolitiker mit Schwerpunkt Theater bei der *Münchner Zeitung* angestellt war und nebenher auch für die *MNN* und die *Frankfurter Zeitung* schrieb. Wilhelm Hausenstein hatte ihn nachdrücklich empfohlen. Schöningh schätzte Brauns Meinung sehr, häufig besuchte er ihn in dessen Haus im Stadtteil Geiselgasteig. Von Oktober 1943 bis zum Frühjahr 1944 war Braun fest angestellter Theaterkritiker der *MNN*, erhielt dann aber Schreibverbot. Dies diente als Legitimation für seine Mitarbeit bei der *SZ*, die allerdings nur kurze Zeit währte, weil er 1949 Honorarprofessor für Theaterkritik an der Universität München wurde. Ab 1954 war er Ordinarius für Zeitungswissenschaft an derselben Universität. Keine Rolle bei diesen Berufungen spielten offenbar Äußerungen wie die in einem Aufsatz aus dem Jahr 1940 über Ideen zur Rückgewinnung deutscher Kolonien in Afrika, in dem er schrieb, man müsse »der Herrenrasse den notwendigen höheren Lebensstandard erhalten«.

1957 veröffentlichte der rechtsradikale Publizist Kurt Ziesel das Buch *Das verlorene Gewissen* mit einer umfangreichen Sammlung von Zitaten bekannter *SZ*-Redakteure aus der NS-Zeit. Auch das Zitat aus dem Aufsatz von Hanns Braun ist diesem Buch entnommen. Diese Textsammlung ist nicht nur ihres ideologischen Gehalts wegen bemerkenswert, sondern sie ist gleichsam ein wichtiges Dokument für Überzeugungen und den Opportunismus etlicher *SZ*-Autoren.[205] Zwar wurde seitens der *SZ* überlegt, ob man gegen dieses Buch strafrechtlich zu Felde ziehen sollte, de facto geschah indes nichts. Wilhelm Emanuel Süskind (der Vater des Autors von *Das Parfum*, Patrick Süskind) stellte zwar tatsächlich Strafantrag gegen Ziesel, zahlte aber den Prozesskostenvorschuss nicht ein, sodass die Klage unwirksam war. Triumphierend veröffentlichte Ziesel sogar zwei Jahre später eine Dokumentensammlung über die Beschuldigungen der Redakteure. Eine andere Frage lautet, wie 1945 die alliierte Pressekommission im Wissen über diese Texte gehandelt hätte. Legt man deren eigene engen Entnazifizierungsvorgaben zugrunde, kann man davon ausgehen, dass das Ergebnis für viele Feuilletonredakteure der *SZ* verheerend gewesen wäre.

Betroffen war auch Karl Ude, der Vater des späteren Münchner Oberbürgermeisters Christian Ude, der im Gründungsjahr kurze Zeit als Redakteur im Feuilleton arbeitete. Ude war bis zu seiner Einberufung 1940 Mitarbeiter der *MNN* gewesen und hatte beispielsweise alljährlich die Münchner Kunstausstellungen in Haus der Kunst begleitet und sie systemkonform über alle Maßen gelobt. Auch Dr. Fritz Nemitz, in den Anfangsjahren der *SZ* freier Kunstkritiker, taucht bei Ziesel als besonders aggressiv antisemitisch und gegen »entartete Kunst« eingestellt auf. Gründervater der berühmten Musikredaktion der *SZ* war Karl Heinz Ruppel, Jahrgang 1900. Auch bei ihm sind NS-affine Textstellen aus den 1930er-Jahren zu finden, die zumindest als geschickt opportunistisch gedeutet werden können. Neben K. H. Ruppel beschäftigte das Feuilleton auch den Schwager Thomas Manns, den Musikkritiker Klaus Pringsheim. Der Kunstkritiker Hans Eckstein verstärkte die Kunstredaktion, die, wie gesagt, hauptamtlich bis 1950 in den Händen von Alfred Dahlmann lag.

Problematischer hingegen sind ab 1950 die Vorgänge um den Feuilletonchef Hans-Joachim Sperr, der auf den nur kurz amtierenden Hans Mollier folgte, und W. E. Süskind, der sowohl für die Politik als auch das Feuilleton schrieb.

Sperr, der von 1934 bis 1941 die Städtische Nachrichtenstelle in München geleitet hatte, war für seine NS-Propaganda auch als stellvertretender Chefredakteur der städtischen Zeitschrift *Münchner Mosaik* bekannt. Gleichzeitig war er aber auch mit führenden lokalen NSDAP-Politikern in Konflikt geraten. Diese Tatsachen hätten aber in jedem Fall den Herausgebern der *SZ* bekannt sein müssen, auch wegen Sperrs umfangreicher Spruchkammerakte. Offenkundig schenkten sie dieser jedoch keine Bedeutung.

Wilhelm Emanuel Süskind, Jahrgang 1901, war von Wilhelm Hausenstein empfohlen worden, Schöningh kannte ihn bereits seit Ende der 1920er-Jahre über seinen Freund George W. Hallgarten. Süskind war als Jugendlicher nicht nur mit den Brüdern Rikki und George W. Hallgarten befreundet, sondern auch engstens mit den Kindern Thomas Manns, die zu dieser Zeit alle am Rande des Münchner Herzogparks wohnten. Schöningh war er überdies ein Begriff, weil er als Literaturkritiker für die *Frankfurter Zeitung* arbeitete, deren Literaturblatt er vom Mai 1943 bis zu deren Verbot im August desselben Jahres leitete. Davor war er seit Juli 1933 bei der von der Deutschen Verlagsanstalt in Stuttgart verlegten Zeitschrift *Die Literatur* gewesen, als deren Herausgeber er sich zwar vordergründig der nationalsozialistischen Kulturpolitik angepasst, in seinen eigenen Beiträgen als Literaturkritiker allerdings keinerlei Affinität zum Nationalsozialismus gezeigt hatte. Vom 1. November 1943 bis Februar 1945 redigierte Süskind zudem den Literaturteil der *Krakauer Zeitung*, in dem er nicht nur häufig die alten Autoren der *Frankfurter Zeitung*, sondern auch sonst Beiträger zu Wort kommen ließ, die zum Nationalsozialismus in Distanz standen. Deutlich spürbar war jedenfalls die Tendenz, sich unpolitisch zu äußern und die NS-Terminologie möglichst zu vermeiden.[206] Auch war er, wie aus dem Diensttagebuch des Generalgouverneurs Frank hervorgeht, Mitherausgeber der *Krakauer Monatshefte*, eines Propaganda-Periodikums der deutschen Besatzungsherrschaft, dessen Anliegen es war, deutsches Sprach- und Kulturgut im Gebiet des sogenannten Generalgouvernements wachzuhalten.[207] Gegen beide Medien sind seitens des so kulturengagierten Hans Frank keine Interventionen bekannt. Süskind erledigte diese Aufgaben mehrheitlich von seinem Wohnsitz in Ambach am Starnberger See aus, sodass er auch noch nebenher als Münchner Theaterkritiker für die stramm linientreue Wochenzeitung *Das Reich* schreiben konnte. Gleichwohl war er, wenn auch unregelmäßig, wiederholt in Krakau und konnte so direkt Einblick in die Zustände unter der deutschen Besatzungsverwaltung gewinnen. Die Person W. E. Süskinds ist unter mehreren Aspekten bedeutsam. So hatte Schöningh ihn Dunners Presseabteilung empfohlen und sich auch seinen Mitherausgebern gegenüber für ihn eingesetzt. Auf diese Weise wurde Süskind im Herbst 1945 zuerst Sonderberichterstatter beim Nürnberger Prozess gegen die Hauptkriegsverbrecher – seine gesammelten Reportagen erschienen 1963 unter dem Titel *Die Mächtigen vor Gericht* und wurden ein großer Erfolg – und danach Leitender Redakteur für Politik der *SZ*, wobei er aber auch viel für das Feuilleton verfasste.

Schöningh bewahrte in seiner Privatablage die Kopie eines Briefes von Thomas Manns Tochter Erika vom 3. Juni 1946 auf, den sie vom Mannschen Wohnsitz Pacific Palisades in Kalifornien aus an Alfred Neumann geschrieben hatte. Neumann, Autor mehrerer zeithistorischer Romane, darunter *Der Teufel* (1926), war 1933 über Italien und Frankreich in die USA ins Exil gegangen, wo er Nachbar von Thomas Mann wurde, mit dem ihn ein sehr freundschaftliches Verhältnis verband, wie der umfangreiche Briefwechsel zwischen beiden dokumentiert.

In dem erwähnten Brief bat Erika Mann Neumann um Auskünfte über Süskind. Neumann lag ein Schreiben Süskinds an den Berliner Kritiker, Essayisten und Thomas Mann-Verehrer Heinz Stroh vom 22. April 1946 vor.

In diesem Schreiben versuchte Süskind, seine Position als Literaturredakteur der *Krakauer Zeitung* zu erklären: »Über die Politik des Generalgouverneurs Frank habe ich nie, weder befürwortend noch ablehnend geschrieben. Ich hatte dazu weder Gelegenheit noch Kenntnisse. Aus Gründen, die darzulegen hier zu weit führen würde, habe ich [...] die Bearbeitung einer Literaturbeilage der ›Krakauer Zeitung‹ übernommen. [...] Ein Einblick in Franks Politik war dabei nicht zu gewinnen; sie soll übrigens nach übereinstimmender Aussage meiner Gewährsleute damals auf Versöhnung und Zusammenarbeit mit den Polen abgezielt haben.«[208]

Erika Mann zeigte sich empört über diese Anmaßung Süskinds: »Was soll einer dazu sagen? Die ungeheuerliche Aufführung des Frank in Polen seine ›Politik‹ zu nennen; anzudeuten, daß man diese – den Mord an Millionen – ja auch hätte ›befürworten‹ können; dem inhaftierten Vieh seinen Titel zu lassen – den ›Generalgouverneur‹ ohne Anführungszeichen – und all dies in einem kurzen Satz: es ist gar zu ekelhaft. Genug. Der Mensch glaubt, man sei ihm böse, weil er einem persönlich etwas angerichtet habe – weiter reicht es nicht bei ihm. Er sollte einsehen, dass gewisse Dinge einander ausschließen. Man konnte (oder er konnte doch) ein Freund und Schützling unseres Hauses gewesen sein und dennoch im ›Generalgouvernement‹ ein Naziamt bekleiden. Nicht aber konnte man dies letztere tun und weiterhin unser Freund heißen.«

Besonders empört zeigte sie sich, »daß, allerdings, man ihn gar als Sonderberichterstatter nach Nürnberg schickte, bleibt trotz allem ein starkes Stück; ein umso stärkeres, als, weit davon entfernt, sich seiner Krakauer Vergangenheit zu schämen, der Handlanger des Angeklagten Frank selbst heute noch den ›Unpolitischen‹ spielt, der nicht wußte und nichts hätte wissen müssen, als was von seinen ›Gewährsleuten‹ kam und wonach freilich Frank ein Ehrenmann war.«[209]

Die Mann-Kinder waren sich in ihrer Einschätzung Süskinds einig. Golo Mann, der im Dezember 1945 für den Hessischen Rundfunk über den Nürnberger Kriegsverbrecherprozess berichtete, hielt fest: »Süskind saß hinter mir und er tippte plötzlich an meine Schulter: ›Du willst mich wohl nicht mehr erkennen?‹ Später sagte er, um sich nett und versöhnlich zu zeigen: ›Die Leute vergessen meistens, daß Dein Vater nicht wirklich emigriert ist. Er befand sich lediglich außerhalb Deutschlands, als diese Dinge passiert sind!‹ Er glaubte, daß ich dies wirklich hören wollte, denn er legte Wert darauf, dass ich zwischen ihm und Erika vermittle! Aber, worüber können wir mit Leuten dieser Art diskutieren!«[210]

Die unnachgiebige Tochter Thomas Manns verlängerte sogar noch W. E. Süskinds Sündenregister, indem sie ihm vorhielt, mit der ersten von ihm redigierten Nummer der *Literatur* einen Angriff auf ihren Vater platziert zu haben, »und das zu einer Zeit [Juli 1933, A. d. V.], da derlei noch ›Fleißaufgabe‹ war, freiwilliger Beitrag zur ›nationalen Erhebung‹«.

Harsch zerpflückt sie Süskinds scheinbar unpolitische Position und das Konstrukt der während des Krieges und danach so häufig vertretenen sogenannten Inneren Emigration. Voll Abscheu verweist sie auf einen früheren Brief Süskinds an Thomas Mann, worin er diesen gebeten hatte, aus dem gerade begründeten Küsnachter Exil wieder nach Deutschland zurückzukehren. »In Deutschland«, schrieb er, »stehe alles zum lustigsten, interessantesten und aufregendsten und er hoffe doch sehr, daß wenigstens die Neugierde uns heimtreiben werde«. Süskind hatte dies 1933 geschrieben – wohlgemerkt in voller Kenntnis der Umstände der Vertreibung der Familie Mann aus München. »[…] Es war nicht amüsant – nicht auf die Dauer. Süskind, zwar, schrieb, publizierte und redigierte nach Herzenslust. Ohne aber je mit den Machthabern aneinander zu geraten, […] langweilte er sich doch mit den Nazis und galt schließlich als ein Mitglied der ›Inneren Emigration‹ – schon seines sauberen Stiles wegen, der, so fanden die ›Stillen im Lande‹, den Geschmack der Obrigkeit kühn verletzend, eine geistige Waffe von Rang und Widerstandes genug war. Selbst als er am 1. November 1943 die Literatur-Redaktion der ›Krakauer Zeitung‹ übernahm, eine Gründung des blutigen Frank, vergab er sich nichts in den Augen der ›Inneren‹. Mochte sein Chef sich besudeln, mochten unter diesem Regime Millionen von Polen und Juden gräßlich zugrundegehen, W. E. Süskind war waghalsig genug, dem ›Generalgouverneur‹ in kultiviertem Deutsch zu kommen und die ›Innere‹ dankte es ihm. Es war mehr, als andere ihrer ›Kämpfer‹ – mehr, als die von Molo, Bonsels und Thiess beim besten Willen hätten leisten können.«

Nach dem Krieg blendete Süskind sein Verhalten in der Zeit des National-sozialismus aus, kaum einem Leser im »Reich« war die *Krakauer Zeitung*, ein nationalsozialistisches Hetzblatt, ein Begriff, Er bemerkte lediglich in einem Brief vom 23. Mai 1946 an Katia und Thomas Mann, dass seine Tätig-keit »handwerklich nicht ganz so übel gewesen« sei.[211] Thomas Mann verhielt sich ihm gegenüber erstaunlich langmütig.[212] Er hielt ihm nach Kenntnis des Briefes an Heinz Stroh zwar eigentümlich distanziert sein »hinnehmendes, abwartendes, zum Sympathisieren und Mittun bereites Verhalten« vor, fragte, »Was ist das alles? Verbesserung des Gewissens? Künstliche, gewollte Unwis-senheit? Bequemlichkeit, Stumpfheit oder was?«, bedankte sich aber bereits im Oktober 1948 überschwenglich für dessen Rezension seiner *Lotte in Wei-mar*. Hinsichtlich der mit seinen Kindern aufgeflammten Kontroverse mein-te er nur: »[...] aber genug, und keine neue Polemik!«, mit einer, wie Klaus Harpprecht in seiner Thomas-Mann-Biografie schreibt, »vielleicht auch nur wurschtigen Versöhnlichkeit«. Was die Bewertung von W. E. Süskind durch die Kinder Thomas Manns betrifft, schienen nicht alle der Meinung von Erika und Golo gewesen zu sein. So hatte Klaus Mann nach dem Krieg nie den Kon-takt zu seinem Kinderfreund Süskind abbrechen lassen.

Es ist unvorstellbar, dass die alliierten Militärbehörden in Kenntnis dieser Vorgeschichte einer Beschäftigung W. E. Süskinds als Leitenden politischen Redakteur der *SZ* zugestimmt hätten. So schwankte die Besetzung der ersten Generation der *SZ*-Redakteure zwischen Zufall, Duldung, Opportunismus, Legendenbildung und Unwissen. Immer wieder zeigte es sich, wie schwierig es für die alliierte Militärbehörde war, völlig unvorbelastete, qualifizierte Jour-nalisten zu finden. Ein Phänomen, das in allen drei Westzonen verbreitet war, wie Peter Köpf nachgewiesen hat.[213]

Wie sah nun das Produkt *SZ* aus, das diese Redakteure täglich schufen? Dies soll zunächst anhand eines Überblicks über die politischen Themenschwer-punkte der Nachkriegsjahre geschehen. Anders als bei den anderen frisch lizenzierten Tageszeitungen wie der *Frankfurter Rundschau* war der *SZ* der Leitartikel als »Gesicht der Zeitung« eher unwichtig. Er fehlte in vielen Aus-gaben, häufig überließ die Zeitung Gastkommentatoren das Feld. »So kom-men Vertreter verschiedenster Parteien, Weltanschauungen, Berufsgruppen und Organisationen zu Wort, so daß streckenweise der Eindruck einer Kon-zeptionslosigkeit, mindestens der einer politischen Orientierungslosigkeit ent-steht.«[214]

Die Themenkomplexe »Reeducation / Demokratisierung« wurden ohne gro-ßes Engagement, gewissermaßen pflichtschuldig, abgearbeitet. Die anhand von Einzelfällen immer wieder auftauchende »Entnazifizierung« beispielsweise fand im Feuilleton der Anfangsjahre kein einziges Mal Beachtung in Gestalt einer gesellschaftlich-soziologischen Betrachtung. Der ebenso dominante Komplex »Kollektivschuld« wurde ebenfalls individualisiert und damit minimalisiert, erörtert zudem von Autoren, die nicht Redakteure der *SZ* waren. Lediglich Schöningh selbst in seinem offenen Brief an Franz Werfel (»Die Galeere« in der *SZ* vom 12. Oktober 1945) und W. E. Süskind in seinen Reportagen zum Nürnberger Kriegsverbrecher Tribunal deuteten die Brisanz dieses Themas an. Das Trauma der Konzentrationslager – sowohl von den anderen frisch lizenzierten Printmedien wie der *Neuen Zeitung* oder der *Frankfurter Rundschau* als auch von den Rundfunksendern von Anfang an auf breiter Ebene diskutiert – tauchte in der *SZ* hingegen erst im März 1946 auf der Titelseite beziehungsweise auf Seite 2 in Form persönlicher Erinnerungen auf. Anders die *Frankfurter Rundschau (FR)*, die nicht nur in dieser Hinsicht einen Sonderfall in der Nachkriegspublizistik repräsentierte. Sie verstand sich einer antifaschistischen Tradition verbunden. Von daher war sie in allen NS-Fragen kompromisslos, was wiederum zu häufigen Reibungen mit der alliierten Pressezensur führte. Von allen deutschen Tageszeitungen bemühte sich die *FR* von Anfang an am intensivsten um eine Aufarbeitung der Ursachen des Nationalsozialismus und tat dies eindrucksvoll auch durch Erinnerungen von Zeitzeugen auf den ersten Seiten der Zeitung.

Besonderes Anliegen der *SZ* – und hier allen voran Schöninghs – schienen der Erhalt und der Ausbau der föderalen Struktur bei gleichzeitig entschiedener Absage an den Zentralismus gewesen zu sein. Sehr engagiert, wenn auch eher allgemein gehalten, wurden die Fragen »Föderalismus«, »Europa«, »nationale Identität«, »Deutschland in territorialer und rechtlicher Hinsicht« und natürlich die Wiedervereinigung diskutiert, diesmal mit Stimmen der Redaktion als auch von freien Autoren. Im Vergleich mit den anderen Zeitungen stellte die *SZ* in ihrer thematischen Ausrichtung auf diese Weise einen Sonderfall dar, vergleicht man sie zum Beispiel auch wieder mit der SPD-orientierten *FR*, die bereits sehr früh konkrete Vorstellungen eines gemeinsamen Deutschlands innerhalb Europas artikulierte. Die häufig kritisierte »Provinzialität« der *SZ* wurde zudem verstärkt durch eine intensive Lokalberichterstattung. Diese war allerdings der regionalen Bindung geschuldet, denn die meisten Leser kamen aus München und Umgebung.

Erstaunlich mutet auch das Fehlen von Kommentaren zur Weltpolitik in der *SZ* in den Jahren 1945/46 an. Erst mit Etablierung von Auslandskorrespondenten wurde dieser Mangel behoben.

Starke Beachtung erfuhren Artikel der neu konzeptionierten »Seite Drei«, besonders ab 1957 die spektakulären Interviews und Berichte von Hans-Ulrich Kempski. Da Franz Josef Schöningh sowohl für Feuilleton als auch für den politischen Teil der SZ schrieb, soll im Folgenden kurz der Umgang beider Ressorts mit den für eine Demokratisierung so wichtigen Themenkomplexen wie Ursachen des Nationalsozialismus, dessen Verbrechen und deren Verfolgung, Kollektivschuld oder individuelle Schuld sowie Entnazifizierung in beiden Ressorts vorgestellt werden. Auch das Anliegen der Redaktion, so etwas wie eine deutsche Identität nach dem Krieg zu definieren und daraus Wege sowohl für eine neue Verfassung als auch für den Handlungsspielraum einer neuen Außenpolitik mit dem Ziel der Wiedervereinigung abzuleiten, stand zuoberst auf der Prioritätenliste der SZ.

Im Rahmen der Skizzierung der politischen Entwicklung Deutschlands nach dem Zweiten Weltkrieg soll der Versuch erfolgen, dabei Franz Josef Schöninghs inhaltliche Position herauszuarbeiten. Als Erklärungsmuster für die Entstehung und den Aufstieg des Nationalsozialismus dienten der SZ im Wesentlichen drei Theorien: die marxistische Faschismustheorie, wonach »imperialistische Elemente des Finanzkapitals« Hitler an die Macht gebracht hätten; die Einschätzung, dass Defizite der Weimarer Verfassung (Wahlrecht, Notstandsverordnung) ursächlich für die Machtergreifung gewesen seien, und drittens, dass preußische Traditionen wie Militarismus, Nationalismus und ein »autoritärer Charakter« als Produkt einer spezifisch preußisch-familialen Sozialisation zu Hitler geführt hätten. Die marxistische Einschätzung und die Deutung der sogenannten Frankfurter Schule mit ihrem familialen Aspekt spielten in der SZ nur am Rande eine Rolle. In erster Linie beschäftigte man sich hauptsächlich mit dem Versagen der Weimarer Republik als Grund für das Aufkommen des Faschismus. Deshalb sah man auch im engagierten Eintreten für den Föderalismus die beste Gewähr für das Entstehen einer stabilen Demokratie.

1949, im Laufe des Kalten Krieges, verschwand dann die Ursachenforschung vollständig, weil man sich den vermeintlichen Ähnlichkeiten zwischen Nationalsozialismus und Kommunismus zuwandte. Vielmehr suchte man nun nach historisch positiv besetzten Ereignissen für eine neue Standortbestimmung der BRD, da man nicht mehr wisse, »wie oder was Deutschland heute ist« (Friedmann in der SZ vom 26. Mai 1950). Es lag nahe, dass man sich der Revolution von 1848 entsann und überlegte, deren Embleme Schwarz–Rot–Gold zu übernehmen.

Der Blick richtete sich also nach vorne, während die Aufarbeitung der NS-

Zeit in den Hintergrund trat. Dem steuerten die amerikanischen Besatzungsbehörden entschieden entgegen. Sie nahmen den – schon für die *SZ* als Präambel artikulierten – Auftrag zur Erziehung zur Demokratie in der Hoffnung auf ein positives Umdenken erneut zum Anlass, die Deutschen mit dem Nationalsozialismus zu konfrontieren. Dies sollte in Gestalt der Berichterstattung über den Nürnberger Hauptkriegsverbrecherprozess geschehen. Dafür wurden für die Zeitungen eigens zusätzliche Seiten freigegeben. Auch der Rundfunk sendete täglich umfangreiche Berichte.

Die »Reeducation« der Amerikaner zielte auf einen heilsamen Schock der Bevölkerung durch eine individualisierte, sprich täterbezogene Berichterstattung. Die angeklagten NS-Größen sollten ihres Nimbus beraubt werden, um sie als »normale« Verbrecher zu entlarven. Den zu diesem Zweck von der *SZ* nach Nürnberg entsandten Berichterstattern W. E. Süskind und Ursula von Kardorff gelang dies auch, obwohl die Bevölkerung weiter in Apathie verharrte, was sich erst bei der Urteilsverkündung änderte.[215]

Die *SZ* erfüllte die alliierten Vorgaben genau und verwies dazu immer wieder auf die Bedeutung des Internationalen Militärtribunals. Eine eigene Position bezog sie hinsichtlich der Frage, ob auch deutsche Anklagevertreter wünschenswert wären. W. E. Süskind verneinte dies mit dem Hinweis auf den völkerrechtlichen Charakter des Prozesses, ein namentlich nicht ausgewiesener Beiträger wiederum relativierte dies im »Streiflicht« vom 24. September 1945, indem er zwar die Berechtigung dieser Forderung einräumte, aber zu bedenken gab, dass die Deutschen schon nach dem Ersten Weltkrieg die Möglichkeit dazu gehabt hätten. Die Chance eines solchen »Prozesses unter Deutschen und für Deutsche« hätten sie freilich vergeben.

Nachzutragen ist in diesem Zusammenhang auch das Konzept des »Streiflichts«. Es war die Idee von Franz Josef Schöningh, der damit eine »Art Leuchtturm im Sturmgebraus der täglichen Hiobsbotschaften« schaffen wollte, so seine Worte in der *SZ im Bild* vom 7. Oktober 1950, wo es heißt: »Einen Nachrichtenteil, einen Leitartikel, tiefschürfende und munter dahinplätschernde Glossen hat schließlich jede Zeitung. Wir hingegen aber wollen noch ein besonderes Merkzeichen haben.« Die Beiträge im »Streiflicht« sollten also Sig-nalcharakter im politischen Meinungsfeld haben. Regelmäßig erschien das »Streiflicht« erst seit dem 12. Juni 1946. Nur in den ersten Wochen zeichneten die Autoren noch mit einem Namenskürzel, später verzichtete man ganz darauf. Auch ist es Schöningh zuzuschreiben, dass das »Streiflicht« als jahrzehntelanges Markenzeichen der *SZ* einen Funktionswandel erfuhr. War es anfangs noch, durch die Titelzeile besonders hervorgehoben, Ort pointierter Meinungsäußerung, entwickelte es sich Anfang der 1950er-Jahre zu einer Glosse eigener Art. Anknüpfend an ein aktuelles Ereignis aus allen möglichen Gebieten, wird dies mit scheinbarer Ernsthaftigkeit und damit voller Ironie in einen ungewöhnlichen Bezug gesetzt. Dieser kann ebenso ironisch, absurd wie völlig überraschend sein. Schöningh hatte eine große Affinität zu dieser heiteren, spielerischen, ironisierenden Schreibform, weswegen er, oft sogar im Zweitagesrhythmus, von Mitte 1946 bis Ende 1952 insgesamt 229 »Streiflichter« verfasste. Den Rekord mit etwas über 2000 »Streiflichtern« hält bis heute der Politikredakteur Fred Hepp.

Wenn oben von den Vorgaben der alliierten Militärbehörden für die neu zugelassenen Zeitungen die Rede war, so bezog sich dies auch auf die Entnazifizierungsverfahren als eines wesentlichen Mittels zur Förderung des Demokratisierungsprozesses im Nachkriegsdeutschland. Lediglich unter der Hand wurde Kritik an der Praxis der Amerikaner laut, besonders an deren Personalpolitik. Wiederholt tauchen beispielsweise in den Tagebüchern Wilhelm Hausensteins groteske Beispiele auf für Entlassungen bewährter, dem NS-System gegenüber kritischer Personen, wohingegen Einstellungen alter NS-Funktionäre kaum überprüft wurden. Vehement beklagte Hausenstein das Unwissen der Besatzungsbehörden über Deutschland.[216]

Als symptomatisch für dies Unwissen sei hier nochmals auf die Entlassungen von General Patton und des ersten bayerischen Ministerpräsidenten Fritz Schäffer verwiesen. Beiden wurde von Präsident Eisenhower der Vorwurf eines zu laxen Umgangs mit früheren Nationalsozialisten gemacht. Patton hatte sogar ganz offen mit den Nationalsozialisten sympathisiert und die Meinung vertreten, dass »diese Naziangelegenheit das gleiche [sei] wie ein Wahlkampf zwischen Demokraten und Republikanern in den USA«, weshalb er auch den teilweisen Boykott der Entnazifizierung durch die Regierung Schäffer unterstützte. Schäffer seinerseits argumentierte, dass er sonst nicht wüsste, woher er seine Beamten nehmen sollte. Pattons Verhalten scheint sich im Einklang mit der Einstellung der Mehrheit der Besatzungssoldaten befunden zu haben, schenkt man Hausenstein unter Berufung auf Franz Josef Schöningh Glauben: »Die Amerikaner haben ihre Soldaten darüber abstimmen lassen, was vom Hitlertum zu halten sei. 80 % hätten, so versichert mir Schöningh, mit dem Stichwort geantwortet: ›o. k.‹.«[217]

Wenn, wie gesagt, Kritik an den Amerikanern zunächst aus der Furcht heraus unterblieb, dass dies Konsequenzen wie Entzug der Lizenz, Reduktion der Auflage oder Verringerung der Papierzuteilung zur Folge haben könnte, so wurde diese immerhin ab Mitte 1949 artikuliert. Als Franz Josef Schöningh als einer von 30 deutschen Journalisten zu einem 14-tägigen Besuch in die USA in der zweiten Junihälfte 1949 eingeladen wurde, versäumte er es nicht, die Probleme der Entnazifizierung anzusprechen. In einem Interview mit der *Washington Post* vom 20. Juni 1949 kritisiert er sehr offen die aus seiner Sicht untauglichen Vorstellungen der US-Behörden über eine Entnazifizierung (»Denazification fails«). Alternativ unterbreitete er detaillierte Vorschläge zur gegenwärtigen Praxis in Deutschland und zeigte sich von der Einsichtsfähigkeit der Deutschen in das Verbrechensregime des Nationalsozialismus überzeugt. Während der Reise hatte er auch noch ein wenig Zeit für private Besuche. So suchte er die Familie Hoerlin in Binghampton nördlich von New York auf, um sich zu erholen. Ein sehr liebevoller Briefkontakt zu Kate Hoerlin veranschaulicht, wie sehr er an dieser Frau Gefallen fand. Kate Hoerlin war Jüdin, und es gelang ihr 1938, mit ihrem Ehemann Hermann, einem bekannten Bergsteiger und Physiker, mithilfe von Hitlers Adjutanten Fritz Wiedemann aus Deutschland zu entkommen. Hermann Hoerlin arbeitete in den 1950er-Jahren als Pysiker im Kernforschungszentrum Los Alamos in New Mexico.

Im weniger prominenten Lokalteil wurde deutlich Kritik an der Spruchkammerpraxis der deutschen Stellen geübt. Sowohl die zu milde Bestrafung der Hauptschuldigen wie auch die als ungerecht empfundenen Einstufungen der Kollaborateure mit dem Naziregime durch die Spruchkammern standen im Fokus. Diese Kritik wurde in der *SZ* nur im Zusammenhang mit bekannt gewordenen Einzelfällen und nicht als strukturelle oder inhaltliche Kritik am Gesamtkonzept geäußert. Die Herausgeber mussten zwischen ihrem Entnazifierungsauftrag und einer schrittweisen Rehabilitation der Deutschen vorsichtig agieren. Auch von Schöningh findet man in der *SZ* der Jahre 1945 bis 1949 keine grundlegende Behandlung des Problems der Entnazifizierung.

Eng verbunden mit Entnazifizierung und Rehabilitation der Deutschen stand die Frage nach der sogenannten Kollektivschuld.[218] Die Ansicht, alle Deutschen seien durch die Verbrechen des Nationalsozialismus schuldig geworden, wurde von den Alliierten zu keinem Zeitpunkt vertreten. Es war von ihnen nie beabsichtigt, das gesamte deutsche Volk für die Untaten des NS-Regimes zu bestrafen. Während der Konferenz von Potsdam am 2. August 1945 wurde daher auch ausdrücklich betont: »It is not the intention of the Allies to destroy or to enslave the German people. It is the intention of the Allies that the

German people be given the opportunity to prepare for the eventual reconstruction of their life on a democratic and peaceful basis.« Für Norbert Frei ist der Vorwurf der Kollektivschuld mithin eine deutsche Konstruktion. Dennoch hatten viele Deutsche das Gefühl, sie säßen auf der Anklagebank.

Psychologisch deutet Aleida Assmann diesen Sachverhalt, wenn sie darauf hinweist, dass die Deutschen sich in einem Rechtfertigungszwang gegenüber den Alliierten befunden hätten, denn diese hielten es im Rahmen ihrer Umerziehungsarbeit für unabdingbar, dass die Deutschen für die Verbrechen des Nationalsozialismus Verantwortung übernehmen. Dies wurde mittels Fotografien aus KZ-Lagern mit der Aufschrift »Diese Schandtaten – Eure Schuld« oder auch durch Zwangsvorführungen von KZ-Filmen zu erreichen versucht. Dieses Kollektivurteil erzeugte, so Assmann, einen großen Rechtfertigungsdruck gegenüber den Alliierten. In diesem Zusammenhang ist zu erwähnen, dass selbst 1948 noch 57 Prozent der Westdeutschen »den Nationalsozialismus für eine gute Idee, die schlecht ausgeführt wurde« hielten und nur 28 Prozent dies verneinten, wie eine Allensbacher Umfrage belegte.

Franz Josef Schöningh hat sich in der SZ dazu mehrfach geäußert. Bereits in der dritten Ausgabe der SZ vom 12. Oktober 1945 beklagte er in Erwiderung auf eine Botschaft Franz Werfels, in der dieser eben ein Kollektivurteil aussprach, dass Werfel so nie hätte argumentieren dürfen, wenn er während des Dritten Reichs in Deutschland geblieben wäre. Damit tauchte schon recht früh der später so beliebte stereotype Begriff des »Nichtdabeigewesenseins« auf, wonach der, der nicht dabei war, kein Recht hat, über die zu richten, die dabei waren: »[...] insgesamt ein Urteil ausgesprochen haben, das Sie nicht gefällt hätten, wenn Ihnen als Miterlebendem die deutsche Wirklichkeit bekannt gewesen wäre«, so Schöningh wörtlich.

Zum anderen verweist Schöningh in diesem Artikel als Beweis, dass es sehr wohl ein anderes Deutschland gegeben habe, auf eine Reihe von Widerständlern wie Hans Scholl und Kurt Huber sowie auf 435 im Jahr 1942 in Dachau inhaftierte katholische Geistliche. In diesem Zusammenhang sei darauf verwiesen, dass er angab, Hans Scholl im Hause Carl Muths kennengelernt zu haben. Sein SZ-Artikel war mit »Die Galeere« überschrieben, und bei dieser Metapher blieb er auch, indem er schrieb: »[...] Sie wussten dies alles nicht, Franz Werfel; Sie hatten, als Sie Ihre Botschaft schrieben, nur von weitem die Umrisse der schrecklichen Galeere gesehen, die das Meer der Weltgeschichte durchfuhr. Auf ihrem Deck machte die Lüge ›heroische‹ Musik, umso lauter, je heftiger der Orkan wurde, kommandierte bellend ein wahnsinniger Kapitän, gab gewissenlosen und besessenen Gehilfen seine Befehle weiter, umso toller, je mehr die tödliche Klippe sich näherte. Auf dem Deck drängte sich, verblendet von Angst, jene ›verschworene Volksgemeinschaft‹, die einstmals mit Jubel diese Fahrt ins tausendjährige Paradies angetreten hatte. Aber im Bauch der Galeere stöhnte das Heer der Rudersklaven, angeschmiedet, von Peitsche und Pistole der Aufseher ständig bedroht, ächzend und stumm. [...] Das war die prahlerische Volksgemeinschaft, die Sie aus der Ferne zu sehen glaubten. Gebe Gott, daß anderen Völkern ähnliche furchtbare Erfahrungen erspart bleiben. Dem deutschen Volk aber möge ER seine Seele zurückgeben um deretwillen, die für die Freiheit und Gerechtigkeit gelitten haben oder gestorben sind. Um ihretwillen bin ich heute stolz, ein Deutscher zu sein. Um ihretwillen möge Ihre Botschaft, Franz Werfel, für immer vergessen sein, damit Ihr Werk auch fürderhin von uns ohne Bitternis behütet werde.« Hinzugefügt werden muss, dass Werfel bereits im August 1945 gestorben war.

Damit gab Schöningh sehr plastisch den oben erwähnten Rechtfertigungsdruck wieder, wenngleich auch er, wie damals üblich, das Mitwirken der Deutschen am und im NS-System nur unscharf und allegorisch zeichnet. Ihm genügte die verschwindende Minderheit der bekannten Vorkämpfer des Widerstands.

Völlig anders wurde diese Debatte in Zeitungen und Zeitschriften wie *Die Neue Zeitung*, *Frankfurter Rundschau*, *Frankfurter Hefte* oder *Der Ruf*, aber auch in den intellektuellen Nachtprogrammen der Hörfunksender, insbesondere den Vorgängern des *Hessischen Rundfunks*, *Südwestfunks*, *Westdeutschen Rundfunks*, *Norddeutschen Rundfunks* geführt. Hier dominierte ein Mut dahingehend, die Wirkungszusammenhänge des NS-Systems schonungslos aufzudecken.

Scharf griff Schöningh die Position Martin Niemöllers an, der bezüglich der Kollektivschuld argumentierte: »[...] daß wir unsere Schuld vor Gott *und* den Menschen bekennen [müssen]«[219]. Schöningh kritisierte in der *SZ* vom 22. Februar 1946 die Niemöllersche Verwechslung der politisch-juristischen mit der metaphysisch-religiösen Ebene der Kollektivschuld. Die erste Ebene, schrieb Schöningh, sei nicht tauglich, das »hat Oberrichter Jackson [Vorsitzender Richter des Nürnberger IMT, A. d. V.] in erfreulicher Eindeutigkeit gesprochen, indem er erklärte, man dürfe nicht das ganze deutsche Volk für die Untaten des Regimes verantwortlich machen«. Gleichwohl wolle »Niemöller jedoch diese juristisch gar nicht faßbare Schuld auch vor den Menschen bekennen«.

Damit verwies Schöningh auf die zweite Ebene: »Und nur vor der höheren, der letzten Instanz, vor Gott, kann uns die schreckliche und beseligende

Erkenntnis Dostojewskis durchdringen, daß die Menschheit nur Eine ist und daß wir Alle an Allem schuldig sind.« Durch die Einführung dieser metaphysischen Ebene würde aber ein konkreter historisch-politischer Zugang zu den Mechanismen der NS-Herrschaft versperrt, kritisierten die von der Frankfurter Schule beeinflussten Medien wie *Der Ruf*, *Radio Bremen* die Auffassung der *SZ*.

Wenig zu beeindrucken vermochte die *SZ* in dieser Hinsicht auch die andere Münchner Zeitung, *Die Neue Zeitung (NZ)*, die von 1945 bis 1955 existierte. Chefredakteur der *NZ* war zunächst Hans Habe, danach Hans Wallenberg, kontinuierlicher Leitartikler Stefan Heym. Zwar setzte sich die *NZ* wesentlich direkter mit der Frage der Kollektivschuld auseinander als die *SZ*, aber auch sie verharrte in »einer Art instinktivem Berührungsverbot« (Wilfried F. Schoeller), das heißt, die Schuld wurde wenig spezifiziert: Weder die Kriegsschuldfrage noch der Massenmord an den Juden oder die Verbrechen der SS wurden im Einzelnen erörtert.

Gegen Niemöller und damit gegen dessen Identifikation mit dem Stuttgarter Schuldbekenntnis der Evangelischen Kirche aus dem Jahr 1945 polemisierte Schöningh nochmals sehr scharf in einem »Streiflicht« in der *SZ* vom 14. Dezember 1946. Er warf ihm »geistige Anspruchslosigkeit« und »theologische Halbbildung« vor und bestritt, dass er im Namen aller Deutschen spreche. Mit der konkreten Aussage der Evangelischen Kirche über die Mitschuld der Deutschen setzte er sich nicht auseinander.

Der These von der Kollektivschuld versuchte Schöningh auch in einem kleinen »Streiflicht« in der Ausgabe vom 2. September 1948 den Boden zu entziehen, indem er die sogenannte Verführungsthese vertrat, wonach es die nationalsozialistische Staatsführung gewesen sei, die den Krieg bewusst angezettelt habe, das deutsche Volk aber freizusprechen sei, weil es Opfer von Hitlers Täuschungspolitik geworden sei: »So wurde ein Volk zur Schlachtbank geführt, das wie jedes andere nur den Frieden gewünscht hätte, wenn man es nicht grenzenlos belogen hätte. Nun müssen wir im Elend lernen, daß auch die bitterste Wahrheit noch besser [ist] als die verlockendste Lüge.«

Als Argument für seine These führte er die Propagandaaktionen der Nationalsozialisten vor dem Einmarsch nach Polen 1939 an, den die deutsche Bevölkerung seiner Ansicht nach nicht gewollt habe. Abgeschwächt wurde die Auseinandersetzung über die Kollektivschuld auch durch den beginnenden Kalten Krieg. Die Introspektion der Deutschen ließ nach als Folge der Debatte über den »Totalitarismus«. Vergleiche zwischen Nationalsozialismus und Kommunismus rückten in den Vordergrund. Das Prädikat »totalitär« verschleierte zunehmend die realen historischen Zusammenhänge; die Frage nach einer spezifischen Genesis des Nationalsozialismus wurde abgelöst von der allgemeinen Frage, wie Menschen überhaupt zu Verbrechern werden können.

Mit der Totalitarismuskritik einher gingen simplifizierende Vorstellungen von der Person Hitlers als eines Dämons und den Deutschen als einem Volk, das von einem Schicksal ereilt wurde. Schöninghs Artikel »Friede mit Israel« in der *SZ* vom 28. September 1951 ist dafür ein Beleg. Darin gestand er den Deutschen zwar zu, dass sie angesichts der aktuell drohenden weltpolitischen Probleme Auschwitz vergessen wollten, forderte aber zu dem öffentlichen Bekenntnis auf, dass man sich schäme, einen Hitler oder Himmler hervorgebracht zu haben. Das sei »kein Bekenntnis zu Kollektivschuld – die es nicht gibt – aber ein Bekenntnis zur Pflicht, sich für alles, was im deutschen Namen geschehen ist, mitverantwortlich zu fühlen, auch wenn man selbst sich in dieser Hinsicht nicht der geringsten Schuld bewußt ist«. Die Totalitarismusdebatte relativierte die Analyse des NS-Systems auch dadurch, dass sie es ermöglichte, schneller auf die diktatorischen Elemente des Kommunismus zu verweisen und damit vom eigentlichen Problem abzulenken.

Stattdessen rückte dank der Fülle autobiografischer und monografischer Literatur über das Dritte Reich als neues Thema der Vergangenheitsbewältigung die Frage nach dem deutschen Widerstand in den Vordergrund. Die *SZ* brachte den Widerstand gegen Hitler zwar anhand von Einzelfällen relativ häufig zur Sprache, verlagerte die Debatte aber auf eine andere Ebene, indem sie den 20. Juli 1944 gleichsam exemplarisch als Ausdruck der Einstellung der gesamten Bevölkerung darstellte. So Schöningh neben den bisher zitierten Äußerungen im *SZ*-Kommentar am 20. Juli 1950, worin er das Attentat Stauffenbergs als »Notschrei eines vergewaltigten und irregeleiteten Volkes« bezeichnete, was angesichts der in den 1950er-Jahren noch lebhaften Diskussion über die Widerständler als Vertreter einer winzigen Minderheit beziehungsweise als »Adelsclique«, »Landesverräter« oder »Eidbrüchige« reichlich fremd anmutet.

Schöningh übernahm in der *SZ* deutlich die Regie über die Berichterstattung über den (bürgerlichen) Widerstand. Dies belegen sowohl der Sonderdruck mit den Profilen der Mitglieder der Gruppe um die Geschwister Scholl vom 1. November 1946 als auch sein zweiteiliger Kommentar zum 20. Juli 1944 in den Ausgaben vom 16. und 19. Juli 1946 mit der Überschrift »Gab es ein anderes Deutschland?« oder die vom Feuilleton bei Hans von Hülsen in Auftrag gegebenen Artikel über »Helden gegen Hitler« (*SZ* vom 23. Oktober 1945) – der erste, wie die *SZ* titelte, authentische Bericht über die Geschwister

Scholl – sowie ein Artikel über »Ulrich von Hassell contra Hitler« (*SZ* vom 4. Dezember 1945) vom selben Autor. Viele Artikel der *SZ* setzten der Verurteilung Deutschlands durch die Alliierten leuchtende Beispiele des Widerstands entgegen. Alle diese Beiträge indes waren, wie veranschaulicht, nur Einzelfalluntersuchungen. Eine Gesamtdarstellung des deutschen Widerstands in der *SZ* unterblieb; bereits ab 1947 tauchten Artikel und Hinweise auf den 20. Juli nur noch vereinzelt auf oder beschäftigten sich mit diesem Thema nur noch in Form von Buchrezensionen.

Von zentraler Bedeutung für die *SZ* war naturgemäß die Innenpolitik mit ihren Fragen nach dem Demokratiebegriff und in diesem Zusammenhang zwangsläufig nach der Struktur des politischen Systems. Diese Fragen waren ebenso Anliegen der anderen, ebenfalls neu lizenzierten Printmedien. Dennoch lohnt es sich, diesen Themenkomplexen vor allem in der *SZ* nachzugehen, weil Franz Josef Schöningh im politischen Teil selbst häufig dazu Stellung genommen hat, wobei er dies vorzugsweise im »Streiflicht« tat.[220] Größere Aufsätze oder Essays dazu verfasste er in der *SZ* nicht.

Der Demokratiebegriff entwickelte sich in der *SZ* zunächst aus dem Problem der nationalen Identität. Wie neu sich diese Frage stellte, wird deutlich an Werner Friedmanns Beitrag in der Ausgabe vom 26. Mai 1950, wonach »der Boden für verbindliche Traditionen nicht mehr vorhanden« ist und die Tradition »ein Land heimsucht, welches einmal Deutschland hieß«. Friedmann konstatierte also noch 1950, man wisse nicht mehr, »wie oder was Deutschland heute ist«. Markus Kiefer bemerkte dazu: »Wichtiger als die Prinzipien war der *SZ* das menschliche Vorbild.«[221] Nur mühsam tastete man sich an das Problem der nationalen Identität heran, etwa anhand der Frage nach einer neuen Nationalhymne. Die Überlegung, ob man sich ein neues Lied suchen solle, wurde bald abgelöst von der Einsicht, dass man mit der dritten Strophe des Deutschlandliedes durchaus gut leben könne. So gesehen, fand »keine Restauration in der Gegenwart, aber auch kein Total-Verriß für die Vergangenheit« statt.[222] Eine klarere Einordnung des Identitätsproblems fand erst durch die Einbeziehung in die Diskussion über eine gesamteuropäische und somit internationale Identität statt.[223]

Für die Alliierten wie für die Deutschen stellte sich praktisch jedoch zunächst die Frage nach dem politischen System. Die Vorstellungen der Amerikaner waren geprägt von ihrer Einschätzung des Systems der Weimarer Republik, aber auch von ihren eigenen demokratischen Prinzipien. Als wesentliche Hindernisse für den Aufbau einer Demokratie sahen sie die als traditionell deutsch eingestufte Neigung zur Verabsolutierung des Staates und zur Autoritätsgläubigkeit. Hierauf bezog sich auch Schöninghs erster größerer Artikel in der *SZ* vom 23. Oktober 1945 mit der Überschrift »Löst Preußen auf!«, denn Preußen war für ihn Inbegriff dieser beiden Grundeigenschaften. Vor allem jedoch stand Preußen seinem Föderalismusverständnis im Wege. Die Amerikaner sahen in der Reeducation in erster Linie ein Mittel, mit dem man sowohl die deutsche Obrigkeitsorientierung und Staatsfixierung als auch das aus ihrer Sicht unpolitische Verhalten der Deutschen in Richtung auf ein aktives Demokratieverständnis beeinflussen konnte. Nicht mehr nur der Staat sollte ihren Vorstellungen nach für die Einhaltung demokratischer Grundrechte und -pflichten Sorge tragen, sondern auch der aktive, politisch bewusste Bürger. Allein auf diese Weise ließen sich aus ihrer Sicht die demokratischen Grundrechte bewahren.

Die *SZ* sah es als eine ihrer zentralen Aufgaben an, den Parlamentarismus im Bewusstsein einer unabhängigen und urteilsfähigen Bevölkerung zu etablieren, so Schöningh am 8. Oktober 1946 in einem »Streiflicht«. Immer wieder wurde darauf verwiesen, dass es gelte, die politische Apathie der Bevölkerung zu überwinden und die »enttäuschte Kriegsgeneration von der Demokratie zu überzeugen«, so Friedmann in der *SZ* vom 30. Dezember 1947. Dem aber stand Friedmanns eigene Einschätzung des Parlaments als Ort freier politischer Auseinandersetzungen entgegen. Deprimiert hielt er für das Jahr 1947 fest, die junge deutsche Demokratie entbehre »jeder Inspiration, sie erstarrt im Dogma der Parteien [...]. Die Parlamente haben uns enttäuscht. Sie entbehren der Köpfe und des Niveaus.« Deshalb forderte die *SZ* – anknüpfend an das klassisch-liberale Verständnis des 19. Jahrhunderts – auch ein Parlament als Repräsentanz der Eliten, die sich in freier Rede gegenseitig überzeugen. Von welchem Idealismus diese Haltung geprägt war, zeigt Hermann Proebst in seinem Kommentar »In den Wind gesprochen« in der *SZ* vom 3./4. Februar 1951, erschienen unter seinem Pseudonym »Junius«, in dem er die Verlagerung der Bundestagsarbeit in Ausschüsse und Fraktionen als Fehlentwicklung brandmarkte. Auch Schöninghs Artikel waren geprägt von einem idealtypischen Menschenbild sowohl des Parlamentariers als auch der Institution des Parlaments.

Der deprimierenden sozialen Situation der Bevölkerung 1945/46 geschuldet war die Frage nach dem besten sozialen System. Unter Begriffen wie »Sozialismus« und »Planwirtschaft« verbargen sich 1945 Selbstverständlichkeiten, mit denen die Redaktion ausdrückte, dass sie eine wirtschaftliche Machtkonzentration ablehnte, gleichzeitig jedoch Kontroll- und Planungsmaßnahmen für erforderlich hielt, um die sozioökonomischen Probleme auf gerechtere Weise zu lösen.

In einem Leitartikel der *SZ* vom 30. November 1946 forderte Ernst Müller-Meiningen jr. ein planwirtschaftliches System, meinte damit aber nur, dass »hemmungsloser Privatkapitalismus und wirtschaftlicher Liberalismus [...] sich als ewige Krisenquelle erwiesen und die Entwicklung bis zum Sozialismus und zu gelenkter Wirtschaft« vorgezeichnet hätten. Zuvor hatte der Leiter der Wirtschaftsredaktion, Gerhard Kreyssig, in seinem Artikel »Wirtschaft und Verfassung« (*SZ* vom 6. September 1946) die Meinung vertreten, dass »wirtschaftliche Planung ein für alle Mal jene privatkapitalistische Wirtschaftswillkür« ablösen müsse, die durch die Monopole entstanden sei. Planwirtschaft wurde also überhaupt nicht als Gegensatz zu einer freien Wirtschaftsform – der späteren »freien Marktwirtschaft« – gesehen. Sie sollte lediglich dazu dienen, die soziale Absicherung der Gesamtbevölkerung zu gewährleisten. Daher rückten zunehmend Begriffe wie »Gemeinwohl« und »soziale Gerechtigkeit« ins Blickfeld. Diese Diskussion wurde allerdings immer pointierter, als sich die Versorgungslage im Winter 1945/46 dramatisch zuspitzte und sich deutsche und alliierte Stellen gegenseitig für die Versorgungskrise verantwortlich machten.

Gleichwohl blieben die Begriffe »Sozialismus« und »Sozialisierung« auch weiterhin in der Diskussion, wobei Werner Friedmann vor einer wirtschaftlichen Festlegung warnte, weil damit die Spaltung in West- und Ostzone festgeschrieben würde.

Franz Josef Schöningh ging erst im Oktober 1947 konkret auf dieses Problem ein und übernahm dabei Eugen Kogons in den *Frankfurter Heften* formuliertes Plädoyer für eine sozialistische Wirtschaftsform. In seinem »Streiflicht« vom 11. Oktober 1947 richtete er an die USA den Appell, dass Deutschland einen »freiheitlichen Sozialismus« brauche, um eine stabile Wirtschafts- und Sozialform entwickeln zu können, was ja letztlich auch im Interesse Amerikas liegen müsse. Schon zuvor, in der *SZ* vom 16. August 1947, hatte er in einer abstrakten Positionsbestimmung von »Christentum und Sozialismus«, den Jesuiten und Sozialtheoretiker Oswald von Nell-Breunig zitierend, versucht, seine Auffassung darzulegen: »Soweit das öffentliche Wohl Maßnahmen irgendwelcher Art, wie sie unter dem Sammelnamen ›Sozialisierung‹ zusammengefaßt werden, erfordert, sind die betroffenen Eigentümer kraft der in ihrer Gliedschaft in der menschlichen Gesellschaft gründenden Bindung an das Gemeinwohl gehalten, diesen Eingriff in ihr Eigentumsrecht zu dulden, und sind die für die Wahrung des öffentlichen Wohls verantwortlichen Stellen berechtigt, im Rahmen ihrer Zuständigkeit diesen Eingriff zu vollziehen.« Dieses berühmte Zitat Nell-Breunings sollte dann auch Kernstück des vom

Parlamentarischen Rat formulierten Artikel 14 des Grundgesetzes werden, wo es in Absatz 2 heißt: »Eigentum verpflichtet. Sein Gebrauch soll zugleich dem Wohle der Allgemeinheit dienen.« Wie sehr Schöningh das Thema »Freiheit und Sozialismus« beschäftigt hat, geht auch aus seiner Teilnahme an einer Tagung vom 19. bis 21. August 1947 im nordhessischen Imshausen hervor. Dort hatte der ältere Bruder des von den Nationalsozialisten hingerichteten 20. Juli-Verschwörers Adam von Trott zu Solz auf seinem Gut etwa zwei Dutzend namhafte Persönlichkeiten zu einer offenen Aussprache über dieses Thema eingeladen. Die Mehrzahl der Teilnehmer waren Kräfte, die sich allesamt im Widerstand gegen den Nationalsozialismus ausgezeichnet hatten. Nie wieder fand sich in der frühen Nachkriegszeit ein solch heterogenes Spektrum illusterer Repräsentanten von rechts bis links zusammen, um über die zukünftige politische Grundordnung Deutschlands zu diskutieren (darunter Eugen Kogon, Walter Dirks, Ernst Jünger, Carlo Schmid, Werner Krauss, Viktor von Weizsäcker).

Das Herrenhaus Imshausen in den 1970er-Jahren. Hier diskutierte Schöningh im August 1947 mit führenden Repräsentanten aller publizistischen Lager die Erneuerung Deutschlands.

Es ist immer wieder darauf hingewiesen worden, dass der Versuch, die ehemaligen Monopolgesellschaften Deutschlands zu entflechten, scheiterte. Aus diesen Gesellschaften entstanden lediglich anders strukturierte Großunternehmen, die mit Duldung der Alliierten sofort marktbeherrschende Stellungen einnahmen. Zeitgleich verstummte in der *SZ* die alte Forderung nach einer sozialistischen Wirtschaftsform, für die Schöningh plädiert hatte.

Begünstigt wurde diese Entwicklung durch die Währungsreform im Jahr 1948 und das sogenannte Lastenausgleichsverfahren. Zusammen führten beide zu einem Wirtschaftsaufschwung, der überdies noch vom Marshallplan begünstigt wurde. Damit war die Bevölkerung zufriedengestellt. Den weiterhin bestehenden Problemen der Notlage einzelner gesellschaftlicher Gruppen glaubte man durch die Steuerungsmechanismen der neu konzipierten sozialen Marktwirtschaft begegnen zu können. »Wir müssen jetzt ernst machen und eine soziale Lösung auf *unsere* Weise suchen, indem wir weder vom westlichen noch vom östlichen Wirtschaftssystem das Heil erwarten. Das Gesicht, das wir dem Lastenausgleich geben, wird beweisen, ob wir noch Kraft genug haben, unseren eigenen, den europäischen Weg in die Zukunft zu gehen«, schrieb Schöningh in seinem »Streiflicht« vom 29. Juni 1948. Nur ein Jahr nach seiner weitaus radikaleren Forderung nach einer »freiheitlichen sozialistischen Wirtschaftsform« glaubte er an eine sozial gebundene Marktwirtschaft, die den freien Wettbewerb ermöglichen und nur dort kontrollieren sollte, wo er durch Monopolbildung zu einer Gefahr wurde (*SZ* vom 21. August 1948). Zudem trug die soziale Marktwirtschaft zu einer Nivellierung der Klassengegensätze bei: Bereits in den 1950er-Jahren sah die *SZ* die materiellen und sozialen Probleme nicht mehr in der Arbeiterschaft, sondern in den nicht-organisierten Bevölkerungsgruppen. Die gesellschaftlichen Gegensätze wurden durch den Begriff »Gemeinwohl« austariert, Sonderwünsche von Interessengruppen hatten sich dem unterzuordnen (vgl. *SZ* vom 2. / 3. Februar 1952). Die letztlich entscheidende politische Kompetenz wurde dem Bundestag zugesprochen.

Die ökonomische Ausgangslage Deutschlands nach dem Krieg war aber wesentlich auch von der Einbindung in das westliche Bündnis bestimmt. Eine wichtige Funktion hatte dabei nicht zuletzt der Marshallplan der USA gespielt.

Das Hineinwachsen in das westliche Allianzsystem sollte die entscheidende Determinante in der Entwicklung eines neuen staatlichen Selbstverständnisses werden. Dieser Weg führte zur Gründung der BRD und schrieb die Zugehörigkeit zum westlichen, demokratisch-parlamentarischen Wertesystem fest. Als schwierig erwies sich dabei die Einschätzung der militärischen Bedrohung durch die Sowjetunion und des Stellenwerts eines geeinten Deutschlands im Prozess einer europäischen Einigung.

Für die *SZ* zeigte sich bereits 1946, dass die ehemalige Kriegsallianz im Grunde zerbrochen war und sich die Furcht vor einem Bedeutungsverlust Europas ausbreitete: »Mitteleuropa ist zum politischen und strategischen Vorfeld außereuropäischer Staaten, nämlich Amerikas und Rußlands herabgesunken«, schrieb die *SZ* am 3. September 1946. Die Stuttgarter Rede des US-Außenministers Byrnes drei Tage später ließ indes schon erkennen, dass die Amerikaner begannen, die Deutschen als potenzielle Bündnispartner zu sehen. Byrnes hatte darin eine konstruktive Deutschlandpolitik gefordert, womit er, ohne es auszusprechen, allein die Westzonen gemeint hatte, während Molotow, zumindest nach außen hin, eine Zerstückelung Deutschlands entschieden ablehnte.

Die *SZ* hatte über diese amerikanische Grundsatzansprache nur nebenbei berichtet, was ihr eine Rüge der Pressebehörde einbrachte. Friedmann und Goldschagg bemühten sich daraufhin beflissen, die Vorwürfe zu entkräften, indem sie die Rede als »Meilenstein« und »das Verständnis des Außenministers für das Elend des deutschen Volkes« priesen. Die *SZ* wurde auch später noch gerügt, weil sie die weltpolitischen Nachrichten zu sehr vernachlässige, was vielfach als Ausdruck der Unsicherheit im Umgang mit der US-Politik und den US-Behörden gedeutet wurde.[224]

Schöningh rechtfertigte diese »Provinzialität« (Ernst Langendorf) damit, dass »nicht die deutsche Presse der einen Zone die Militärregierungen der anderen kritisiert«, wodurch »außenpolitische Mißhelligkeit« produziert würde (*SZ* vom 8. Januar 1946). Als besonders problematisch erwies sich die Kritik der *SZ* an der Sowjetunion. Schöningh hatte im Februar 1946 darauf hingewiesen, dass die Sowjetunion die deutsche Kriegsindustrie mit Rohstoffen beliefert habe, was, obwohl es sich dabei um eine direkte Zitatübernahme aus der Schweizer Tageszeitung *Die Tat* handelte, zu einer, wenn auch folgenlosen, Démarche des Alliierten Kontrollrats führte. Der Hinweis in der *SZ* vom 17. Mai 1946 während der Leipziger Messe auf die sowjetische Demontage der Industrie der Ostzone hatte hingegen eine direkte Rüge zur Folge.

Eine empfindliche Sanktion hatte Werner Friedmanns Vergleich der Methoden der gewaltsamen Vertreibung der Deutschen aus der Tschechoslowakei mit denen Hitlers und der Eliminierung der Ortschaft Lidice als Rache für die Ermordung Heydrichs zur Folge: Auf Intervention der tschechoslowakischen Militärmission beim sowjetischen Vertreter im Alliierten Kontrollrat in Berlin ordnete Pressechef Oberst McMahon an, dass die *SZ* für die Dauer von 30 Tagen nur mit vier Seiten erscheinen durfte. Bei weiteren Verstößen sei die Lizenz gefährdet.[225] Das neue Bayerische Pressegesetz, das die alliierte Kontrolle aufhob, trat erst am 3. Oktober 1949 in Kraft. Damit wurde auch die Nachrichtendienstabteilung der Militärregierung aufgelöst. Erst ab da konnte sich die *SZ* unzensiert artikulieren. Schöningh hatte Oberst Bernard B. McMahon indes bereits am 18. Februar 1947 sehr freundschaftlich verabschiedet.

Ab Frühjahr 1947 deutete alles darauf hin, dass aus dem schleichenden ein offener »Kalter Krieg« zu werden drohte. Schöningh interpretierte Präsident Trumans Aufgabe einer amerikanischen Defensivhaltung gegenüber der Sowjetunion als Zeichen einer »aktiven Weltpolitik«, hinter der strategische und wirtschaftliche Interessen stünden (*SZ* vom 15. März 1947). Die *SZ* befürwortete diesen Kurs und schwenkte fortan auf eine vollends antisowjetische Linie.

Max von Brück, damals Leiter der außenpolitischen Redaktion, brachte dies auf den Punkt, indem er schrieb, die UdSSR sei eine Macht, die aufgrund ihrer ideologischen Ausrichtung das Ziel einer Machterweiterung auf dem Wege eines deutschen Zentralstaates anstrebe, während die USA der Welt »Ruhe und Gesundung« brächten (SZ vom 3. Mai 1947). Brück unterstrich dies nochmals, als er in der SZ vom 5. Juli 1947 unter der Überschrift »Eine Tür wird zugeschlagen« Moskaus Ablehnung des Marshallplans kritisierte. Damit zeige die Sowjetunion nicht nur, dass sie sich gegen die einzige Möglichkeit, die wirtschaftliche Krise zu beheben, stelle und damit nicht zu einer gesamteuropäischen Wirtschaftsübereinkunft bereit sei, sondern auch, dass »Moskau [...] damit die Teilung Europas [bejahe], noch ehe dessen Einheit, ohne jede Gefahr für die sowjetische Politik, greifbare Gestalt annehmen könnte«. Der Akzeptanz der Gründung der BRD und einer fortschreitenden Einbindung in das westliche Bündnissystem durch die SZ stand nichts mehr im Wege. Werner Friedmann hielt sogar in einem Grundsatzartikel fest, dass die SZ den »Standpunkt kühler Neutralität« aufgeben müsse (SZ vom 4. Mai 1948).

Mit der Berlin-Blockade im Juni 1948 und dem Ersticken jeglicher Opposition im Machtbereich der Sowjetunion begann in der SZ die Diskussion über die Blockbildung und ihre deutschlandpolitischen Konsequenzen.

Brücks Nachfolger Heinz Holldack nannte Neutralität in Zeiten von Weltkonflikten einen Anachronismus und gleichbedeutend mit einer Einbeziehung in den sowjetischen Machtbereich (SZ vom 3. Februar und 22. März 1949). Um wenigstens einen Teil der Argumente zu retten, die für die Neutralität sprachen, verwies Erich Kuby als freier Mitarbeiter der SZ darauf, dass ein Europa als eine sogenannte dritte Kraft ohne Osteuropa nicht möglich sei, weil dann Gesamtdeutschland für seine westlichen Nachbarn zu mächtig wäre, Westeuropa hingegen zu schwach, um eine selbstständige Kraft zu sein.

Die Verschärfung des Ost-West-Konflikts führte in der Redaktion zu der Überzeugung, dass man Deutschlands Position als Spielball fremder Mächte am besten in einem vereinten Europa aufgehoben sah. Nur dort sei eine Rückkehr in den Kreis gleichberechtigter Nationen möglich. In diesem Zusammenhang bringt Franz Josef Schöningh den kulturhistorischen Aspekt Europas ein. Er redet von einer »leidenschaftlichen Unterstützung des Europa-Ideals in Anknüpfung an die christlich-abendländische Tradition [das Wort], in welcher man eine große deutsche Überlieferung sah und von dem man bedauerte, dass es im Zeitalter des Nationalismus zum Schaden Deutschlands verschütt gegangen war«. Bereits im nationalstaatlichen Prinzip habe, so Schöningh, der »Todeskeim des alten Europa gelegen« (SZ vom 22. / 23. April 1950). Einig war sich die *SZ* in der Ablehnung des Nationalismus. Hermann Proebst definierte diesen in einer berühmten Formulierung als »mit der Nation multiplizierten Egoismus des Einzelnen«.

Immer wieder kam Schöningh in diesem Zusammenhang auf seine Kernanliegen zu sprechen: Ablehnung des Nationalismus, besonders des preußisch gefärbten (»Löst Preußen auf! Bemerkungen zum deutschen Föderalismus«, *SZ* vom 23. Oktober 1945, »Was ist preußisch?«, *SZ* vom 30. November 1945), Ausbau des staatlichen Föderalismus, durch den er vor allem den Schutz und Bestand des christlich-katholischen Glaubens gesichert sah, sowie die europäische Einigung (»Die alte Kaiserkrone und das neue Europa«, *SZ* vom 19. März 1946, »Europas Strom – nicht Deutschlands Grenze«, *SZ* vom 6. September 1947, Bericht über den Kongress der Union europäischer Föderalisten in Rom, dessen Mitglied er war, *SZ* vom 16. November 1948, »Wo ist Europa im Jahr 1952?«, *SZ* vom 12. April 1952).

In die Politik der Westintegration hingegen mischte er sich nicht ein. Konkrete Erörterungen dazu lieferte die politische Redaktion der *SZ*, namentlich Werner Friedmann, Heinz Holldack, Erich Kuby und Hermann Proebst. Mit der zentralen Frage, wie die Westintegration zu bewerkstelligen sei, war auch diejenige nach der Ausgestaltung der nationalen Souveränität verbunden. Von Anfang an wurde in diesem Zusammenhang auch über eine Remilitarisierung diskutiert. Die *SZ*, vertreten durch Heinz Holldack, lehnte eine solche entschieden ab (»Remilitarisierung«, *SZ* vom 18. Dezember 1948), zu stark war der unsägliche Militarismus Preußen-Deutschlands noch in der Erinnerung.

Auch herrschte die Angst vor einer Gefährdung des neuen demokratischen Aufbaus durch deutsches Militär. Bereits knapp ein Jahr später, unter dem Eindruck der Zündung der ersten sowjetischen Atombombe am 29. August 1949, trat Erich Kuby für eine strikte militärische Neutralität nicht nur Deutschlands, sondern auch Gesamteuropas ein: »[…] wenn es überhaupt eine Hoffnung gibt, den Krieg zwischen den Titanen in Europa zu vermeiden, so besteht sie darin, dass es ihnen beiden an europäischen Bundesgenossen gebrechen wird« (*SZ* vom 30. September 1949). Proebst ergänzte die Argumente für eine militärische Abstinenz mit dem Hinweis auf das Besatzungsstatut, wonach es Deutschland verwehrt sei, überhaupt über eine Wiederbewaffnung selbst zu entscheiden (»Werwolfsgrube für Deutschland«, *SZ* vom 12. / 13. November 1949).

Ein Meinungsumschwung erfolgte unter dem Eindruck des Ausbruchs des Koreakrieges. Die *SZ* empfand den hegemonialen Druck des kommunistischen Machtblocks als so bedrohlich, dass zumindest der Neutralitätsaspekt zur Disposition gestellt wurde. Entscheidend aber war der Druck vonseiten der USA, denn »[...] dass das amerikanische Volk sich eine deutsche Teilnahmslosigkeit nicht gefallen lassen wird, ohne Konsequenzen zu ziehen, das ist gewiss«, so Friedmann in der *SZ* vom 19. Dezember 1950.

Allerdings knüpfte man deutsche Zugeständnisse an die Bedingung der Schaffung einer europäischen Armee und einer staatsrechtlichen Souveränität. Bis dahin sollten verstärkte Polizeikräfte einen Sicherheitsbeitrag leisten. Unbestritten blieb in der Redaktion, dass die Westalliierten den Deutschen keine Wahl ließen. Aber innerhalb dieses geringen Handlungsspielraums wurde Adenauers Akzeptanz des General- und EVG-Vertrags massiv kritisiert. Hauptsächlich mit dem Argument, dass »12 Millionen Menschen jenseits der Zonengrenze einem ungewissen Schicksal überlassen« [würden], wie Holldack in der *SZ* vom 21. Mai 1952 schrieb. Noch deutlicher wurde Hermann Proebst in seinem berühmten Leitartikel »In den Wind gesprochen« in der *SZ* vom 2./3. Februar 1952, als er fragte, ob denn die Prämissen der seit August 1950 sich abzeichnenden Remilitarisierung überhaupt richtig seien: »[...] es gibt hunderte [...] Fragen [...]. Aber wer stellt sie denn überhaupt noch?« Seine Kritik an Adenauers »Entweder-Oder-Haltung« schloss allerdings gleichsam die Position der SPD ein, bei der er bemängelte, dass sie keine Alternative anzubieten hätte.

Interessant ist ein empörter Brief des *Hochland*-Autors Alfred von Martin an Schöningh vom 2. Januar 1951, weil dieser einen Beitrag Martins zugunsten einer Volksabstimmung über die Wiederbewaffnung ablehnte. Martin, der sich auf die Seite Gustav Heinemanns und Martin Niemöllers schlug, bezeichnete in diesem abgelehnten Artikel Adenauer »als Marionette mit Diktatorenallüren«. Leider ist der Brief Schöninghs an Martin, woraus man seine Position zur Wiederaufrüstung genauer hätte herauslesen können, nicht mehr erhalten.

Schlussendlich begrüßte die Zeitung die Aufnahme der BRD in die Westeuropäische Union und die NATO, weil hiermit – umfangreicher, als es mit der Europäischen Verteidigungsgemeinschaft geschehen wäre – »eine Art von dritter Kraft zwischen den beiden Großmächten erreicht sei, die jede Angriffslust zu bremsen vermag«. Die Wiederbewaffnung mutierte bei Werner Friedmann zu einer »bitteren Notwendigkeit«, die Wiedervereinigung zu einem »Wunschtraum«, der sich auch auf dem Wege der Bündnisintegration nicht realisieren lasse (*SZ* vom 9./10. Oktober 1954). Wiederum war es Friedmann, der die neue Akzeptanz des »dauerhaften Provisoriums« auf den Punkt brachte: »Wir wollen und müssen das Beste aus unserer neuen Souveränität machen. Beispielsweise, dieser Staat – im Grunde nur ein Teilstaat, wirtschaftlich aufgeblüht, aber sonst voll ungelöster Probleme – soll uns zur politischen Heimat werden« (*SZ* vom 7. Oktober 1953). Vergleicht man diese Meinung mit der noch im September 1950 von der *SZ* umschriebenen Situation »zwischen dem Nichts des staatlichen Zusammenbruchs und der wahrscheinlich in der Zukunft liegenden Einheit des deutschen Volkes«, kann man anschaulich die Entwicklung der jungen BRD verfolgen.

Nur vereinzelt findet man bei Franz Josef Schöningh Einlassungen zur Teilung der Nation. War das Jahr 1946 noch geprägt von der Hoffnung auf einen Friedensvertrag und eine Verschmelzung der Zonen, so drückte sich dies als Angst vor der Spaltung in der *SZ* lediglich indirekt aus. Eindeutig hatten die alliierten Militärbehörden eine außen- und innenpolitische Kommentierung, die sie als Kritik empfanden, verboten. Erst langsam begann man sich aus diesen Kommentierungszwängen zu befreien und freundete sich mit einer Teillösung an: »Man muss sich jedoch fragen, ob es nicht besser ist, wenn wenigstens ein Teil Deutschlands einen konstruktiven Frieden erhält, falls Russland auf die Dauer für die Ostzone eine Sonderregelung vorsieht, als wenn ganz Deutschland auf absehbare Zeit in der tödlichen Schwebe hängt« (*SZ* vom 31. Mai 1947).

Mit dem Scheitern der Moskauer Konferenz 1947 gab die *SZ* die Hoffnung auf eine Einigung der Alliierten auf und favorisierte ein Zusammengehen der Westmächte. Noch glaubte man, dadurch die Sowjetunion isolieren zu können. Ein Trugschluss, denn schon auf der Londoner Konferenz desselben Jahres wies man der Sowjetunion die alleinige Verantwortung für ihre Zone zu. Damit gestand man ein, dass die Teilung Deutschlands aufgrund der sowjetischen Politik bereits ein Faktum sei, so die *SZ* vom 1. Mai 1948. Schwierigkeiten bereitete die Definition des neuen, noch so konturlosen Staatsgebildes, das für die *SZ* ein »dürftiges wie bedürftiges Geschöpf« war, das sich nicht von innen heraus entwickelte, sondern nur aufgrund von Kräften, die außerhalb von ihm lagen (*SZ* vom 7. August 1948).

Schöningh sprach in einem kurzen »Streiflicht« vom 10. Mai 1948 von der Bundesrepublik als »Schicksalsgemeinschaft« und schrieb »unser junges Staatswesen«, was zumindest auf eine Teilidentifikation hindeutete (*SZ* vom 10. Mai 1949). Bezüglich der neuen Nationalfarben meinte er: »Auch wenn die Farben Schwarz-Rot-Gold keine Herzensangelegenheit des deutschen Volkes sind, so können sie es doch werden« (*SZ* vom 24. / 25. September 1949).

Franz Josef Schöningh 1948, Kreidezeichnung von Walter Klier.

Mit der Staatsgründung der Bundesrepublik tauchte auch die Frage nach dem Staatsgebiet auf – welche Grenzen sollte Bonn für sich reklamieren? Mehrheitlich ging man in der *SZ* von den Grenzen von 1937 aus. Eine Meinung, die sich auf dem Hamburger Juristentag 1947 durchgesetzt hatte und der sich auch das Bundesverfassungsgericht anschloss. Dennoch fand in der *SZ* auch die sogenannte Untergangsthese, wonach das Deutsche Reich auch mit seinen territorialen Ansprüchen untergegangen sei, einen Niederschlag.

Der Umgang mit der ebenfalls neu gegründeten DDR kulminierte in der *SZ* vor allem in der Behandlung der Wahlfreiheit. Die *SZ* meinte, in dieser Frage ständig neue Vorstöße unternehmen zu müssen. Doch der Eindruck, dass sich die DDR in der Frage freier und geheimer Wahlen bewegen würde, erwies sich als illusionär. So verneinte Friedmann in der *SZ* vom 22. April 1951 die Möglichkeit gegenseitiger Gespräche, solange die Bereitschaft für eben diese demokratischen Wahlen nicht erkennbar sei. Auch der Nachfolger Holldacks, Immanuel Birnbaum, setzte als Bedingung, falls die Sowjetunion tatsächlich ein demokratisches Gesamtdeutschland wolle (Hintergrund war der im Westen als unglaubwürdig angesehene Wiedervereinigungsvorschlag Stalins an Adenauer), dann müsse sie sich in der Wahlfrage bewegen. Ähnlich Schöningh im »Streiflicht« vom 22./23. Oktober 1949: »Sie [die Bevölkerung der Sowjetzone] werde dann gefühlt haben, daß sie von den Brüdern und Schwestern im Westen nicht ›abgeschrieben‹ worden sind, sondern daß Regierung und Parlament der Deutschen Bundesrepublik sich als legitime Vertreter des ganzen Deutschland betrachten, solange nicht überall freie Wahlen die wirkliche Meinung des Volkes zur Geltung gebracht haben.«

Unterhalb dieser conditio sine qua non sah die *SZ* als einzigen möglichen Weg einer Verständigung allein den privaten Brückenbau. So gewährte die *SZ* als einzige deutsche Zeitung DDR-Politikern ein Forum in Gestalt von Gastbeiträgen und durch den Abdruck von Interviews. Der noch 1950 als bestechende Lösung angesehene deutsch-deutsche Friedensvertrag wurde 1953 von der Redaktion als nicht praktikabel, ineffizient und zu riskant angesehen. Ebenso wurde eine Neutralitätsvorstellung, etwa in der Art Österreichs, abgelehnt. Die Gründe hierfür wurden oben bereits angedeutet, in der Hauptsache hatte man Angst vor dem russischen Hegemonialstreben.

Nachdem man sich von der Vorbedingung der freien Wahlen 1952 verabschiedet hatte, mischte sich ein pragmatischer Ton in die Kommentare der *SZ*. Der Aspekt eines politischen Geschäfts mit der Sowjetunion trat zutage. Unter welchen Bedingungen, welchem Preis, kann man die Wiedervereinigung erreichen? 1954 sprach Werner Friedmann zum ersten Mal von einer

Lockerung der Westverträge, die für ihn kein »starres Dogma« seien. Neue Angebote wie Aufschiebung der Wiederbewaffnung, entmilitarisierte Zone, Nichtangriffspakt mit der Sowjetunion und Lockerung der NATO-Mitgliedschaft wurden erörtert. So erhielt auch Gustav Heinemann in der SZ einen Platz, der ihm anderswo nicht gewährt wurde. Heinemann war prominenter Gegner einer Wiederbewaffnung gewesen, sah die Abrüstung als Mittel zur Verständigung und stand einem Neutralitätsdenken nahe.

Doch all diese Überlegungen verschwanden nach der Genfer Folgekonferenz im Oktober 1955, als die Leitartikler der SZ die Einsicht gewannen, dass die östliche Seite voll auf einen Status quo abziele und die Wiedervereinigung auf absehbare Zeit ausgeschlossen sei. Den einzigen Hebel sah die SZ in militärpolitischen Konzessionen. Die vorläufige Einordnung in die NATO solle so flexibel gestaltet werden, dass man sie später gegebenenfalls wieder lockern könne. Unter den deutschen Zeitungen attackierte die SZ Adenauer in Sachen Wiedervereinigung am schärfsten. Sie hielt ihm vor, dass er die Westintegration der BRD so hartnäckig verfolge, dass für flexiblere Lösungen für eine Wiedervereinigung kein Platz sei. Der Kanzler solle, so die SZ, sein simples »Entweder-Oder« sein lassen, was nichts anderes heiße als Folgendes: Wer die Westverträge nicht ratifiziere, sei für Stalin. Vielmehr, so forderte Schöningh schon am 17. September 1951, müsse die deutsche Regierung ihre Politik »immer von neuem vor der deutschen Öffentlichkeit [...] rechtfertigen [...], je mehr man die inneren Auseinandersetzungen spürt, unter denen jene Entscheidung getroffen wurde, um so überzeugter wird man von ihrer Richtigkeit sein, auch unter den Deutschen in der Sowjetzone, die für jedes Wort aus Bonn ein waches und erwartungsvolles Ohr haben. Dort wird man ernste Zuversicht begrüßen, von jovialem Optimismus jedoch befremdet sein.«

Die sich verschärfende Ernährungslage in der DDR wie auch die gesamte materielle Situation, die beruflichen Restriktionen, die nicht einzuhaltenden Planvorgaben und die entstandene Fluchtbewegung in den Westen standen im Fokus der SZ-Berichterstattung. Der Arbeiteraufstand am 17. Juni 1953 überwog alle anderen Themen. Friedmann hielt es am 27. August 1953 sogar für möglich, dass der Kreml den Aufstand zunächst als Ventil gegen Ulbrichts Politik geduldet hätte, und hielt freie Wahlen in der DDR als Konsequenz für möglich. Kurzzeitig schöpfte die SZ Hoffnung auf eine politische Lockerung in der DDR. Als sich aber herausstellte, dass Ulbricht den Aufstand politisch überleben werde, sanken die Hoffnungen in sich zusammen. Sämtliche Verständigungsversuche mit der DDR-Staatsführung blieben auf der Strecke. Alle Erörterungen mit und über die DDR unterlagen dem Vorbehalt der sowjetischen

Zweistaatentheorie – nur wenn man sie akzeptierte, waren Verhandlungen möglich. Danach sollte die Annäherung eine Sache der DDR und BRD sein. Die Folge war eine weitere Entfremdung beider deutscher Staaten. Die *SZ* erkannte, dass sich zur Westintegration keine Alternative bot, und hoffte auf eine weltpolitische Klimaverbesserung, die sich dann auch auf die Beziehungen beider deutschen Staaten übertragen würde. Doch die internationale Aufwertung der DDR durch die Sowjetunion blockierte bis weit in die 1970er-Jahre hinein eine Verständigung mit der DDR. Erst der durch Egon Bahr auf der Tutzinger Akademietagung am 15. Juli 1963 eingeführte Begriff »Wandel durch Annäherung« signalisierte einen grundsätzlichen Kurswechsel der deutschen Regierung in Gestalt Willy Brandts. Die Fronten des Kalten Krieges wurden zumindest durchlässiger.

Direkt war Schöningh bis zum 2. November 1951 in das Feuilleton eingebunden. Als Werner Friedmann ab diesem Zeitpunkt die Chefredaktion übernahm, wechselte er in die Leitung des Verlags. August Schwingenstein und Edmund Goldschagg zogen sich ihrerseits aus der aktiven Geschäftspolitik der Zeitung zurück und waren nur mehr als Gesellschafter und Herausgeber tätig. Davor teilten sich Schöningh und Friedmann den Vorsitz in der täglichen Redaktionskonferenz, was offenbar von beiden nur stumm ertragen wurde. Wenn Friedmann redete, schwieg Schöningh, und wenn Schöningh redete, wandte sich Friedmann ab, so der damalige Nachrichtenchef und Chronist der *SZ*, Herbert Heß.[226]

Schöninghs Einstand im Feuilleton der *SZ* am 6. Oktober 1945 war überschrieben mit »Lohnt es sich noch zu leben?«. Man sei es seinen Enkeln schuldig, sie über die skrupellose Lüge der Nationalsozialisten aufzuklären, »den beginnenden Genesungsprozeß als ihr Werk hinzustellen und dem politisch so unerfahrenen und allzu leicht verführbaren deutschen Volk zu suggerieren, daß bis zum Regierungsantritt Hitlers das Leben in Deutschland eine Hölle gewesen sei. [...] Wie wollen wir vor unseren Enkeln bestehen, wenn wir nicht alles daransetzen, den moralischen und physischen Trümmerhaufen zu beseitigen, den unsere Generation geschaffen hat? Unsere Enkel werden nie begreifen, was wir getan haben, aber sie werden uns wenigstens nicht verachten, wenn wir jetzt die Schuld sühnen, die wir ihnen gegenüber tragen, indem wir arbeiten, unter schwersten Opfern arbeiten. Die Aufgabe ist hart, aber von einem tiefen Sinn. Es lohnt sich, in ihrem Angesicht zu leben.« Im Keim legt Schöningh hier bereits eine Sichtweise dar, die eben von dieser Kinder- beziehungsweise Enkelkindergeneration nur 20 Jahre später so vehement kritisiert werden sollte wegen ihres Pathos, der Verlagerung auf eine metaphysische Schuld, der umstrittenen sogenannten Verführungsthese und einer Ausklammerung historisch vieler bedeutsamer Geschehnisse wie des Angriffskrieges samt seiner Verbrechen, all der Zerstörung und des Leids, der Judenvernichtung.

Die ersten Feuilletonseiten der *SZ* vom Samstag, den 6. Oktober 1945, waren voll von grundsätzlichen Artikeln wie eben »Lohnt es sich noch zu leben?«; Wilhelm Hausenstein forderte einen seriösen Journalismus ohne »blutrünstigen Querbalken«, also Schlagzeilen, »ohne all jene drucktechnischen Manöver, hinter derem geschäftigem Lärm sich je und je die bare Leere verbarg«; W. E. Süskind stellte in einem Nachruf auf den Autor Bruno Frank Thomas Manns Zweifel infrage, »ob es jemals wieder möglich sein werde, in der deutschen Sprache das Wort Menschlichkeit erklingen zu lassen«, indem er sich auf Franks zentrale Forderung nach dem »Menschenfreundlichen« und seinem »Appell an die Menschlichkeit« bezog. Süskind verwies dabei auf Thomas Manns »Brief an Deutschland«, den die *SZ* ebenfalls am 6. Oktober abdruckte. In einem Grundsatzartikel derselben Ausgabe wollte Alfred Dahlmann die moderne Kunst als Hoffnung verstanden wissen.

Breiten Raum nahm in der *SZ* die Aufarbeitung des Dritten Reichs ein, die von Schöninghs Rechtsanwalt und Freund Dr. Hermann Kapphan mit seiner Serie »Der Verfall des Rechts im Dritten Reich« eingeleitet wurde. Das Unrechtssystem sollte vor allem anhand von Einzelschicksalen des Widerstands gegen Hitler aufgezeigt werden. Verwiesen wurde bereits auf Hans von Hülsens »Helden gegen Hitler« in der *SZ* vom 23. Oktober, dem »ersten authentischen Bericht« über die Geschwister Scholl. Derselbe Autor porträtierte eine Woche später Ulrich von Hassells Widerstand gegen Hitler. Berichte über das NS-Grauen (W. E. Süskind »Von der Macht des Entsetzens«) und ein Rückblick auf die Berliner Kriegszeit Ursula von Kardorffs (»Wiedersehen mit Berlin«) finden sich in den Novemberausgaben der *SZ* und versuchten so, eine öffentliche Diskussion über das Wesen des Nationalsozialismus anzustoßen. Der *Hochland*-Autor F. Adama van Scheltema ging in derselben *SZ*-Ausgabe vom 2. November auf die NS-Ideologie ein: »Nordische Vorzeit durch die braune Brille«; der katholische Germanist Karl August Meissinger beleuchtete den Zusammenhang »Deutschland und Preußen« wegen der preußischen Dominanz ganz im Sinne von Schöninghs Kommentar vom 23. Oktober 1945 (»Löst Preußen auf! Bemerkungen zum deutschen Föderalismus«). Erstaunlich war der Abdruck dieser Artikel im Feuilleton, weil ihr Ort eigentlich ausschließlich im politischen Teil der Zeitung war.

Einen Ansatz, erneut die Frage deutscher Schuld im Dritten Reich zu diskutieren, lieferte ein Artikel des Hausenstein-Freundes und späteren Studienleiters der evangelischen Akademie Tutzing, aber auch *Hochland*-Autors Heinz Flügel in der *SZ* vom 4. Dezember. Unter dem Titel »Genesung des deutschen Wesens« widersprach er indirekt Schöninghs Schuldbegriff, wenn er sagte: »[...] wenn wir auch nicht in den Fehler, vor dem uns Karl Barth zu bewahren bemüht ist, verfallen wollen, uns nämlich durch metaphysische Spekulation über die allgemeine menschliche Daseinsschuld der eigenen Verantwortlichkeit zu entledigen [...].« Deutlich waren bei diesem Thema viele *Hochland*-Autoren präsent (neben den bereits Genannten Autoren wie Adolf Fleckenstein, Elias Hurwicz, Friedrich Meyer-Reifferscheidt, Max Picard, Peter Dörfler).

Vielen Artikeln des Feuilletons merkte man die Suche nach einer Ortsbestimmung an, insofern wies die Zeitung eine ganz ähnliche Tendenz wie die übrigen Blätter auf. Ob es sich um »Die Frau in der Demokratie« oder um die Bewertung deutscher Literatur im Dritten Reich handelte, die Behandlung beider Themenkomplexe war von einer vorsichtigen Einschätzung geprägt. Carlo Schmid (»Manuskripte in deutschen Schreibtischen?«, *SZ* vom 14. Dezember 1945) bezweifelte, ob die Texte Brauchbares enthalten: »Die Nazis haben alles erstickt, [...] die Unterdrückung kam auf die Allgemeinheit nicht wie eine Mauer zu, sondern wie eine Wand aus Federkissen, [...] wer rennt aber gegen eine Matratzenwand an, ohne sich selbst lächerlich zu machen?«

Hausenstein nahm in der Weihnachtsausgabe hingegen deutlicher die Literatur in Schutz (»Bücher – frei von Blut und Schande«). Er bezog sich damit auf Thomas Manns Verdikt vom 6. Oktober 1945 in der *SZ*: »Es mag Aberglaube sein, aber in meinen Augen sind Bücher, die von 1933 bis 1945 in Deutschland überhaupt gedruckt werden konnten, weniger als wertlos und nicht gut in die Hand zu nehmen. Ein Geruch von Blut und Schande haftet ihnen an. Sie sollten alle eingestampft werden.« Auf diese Sätze ging Hausenstein in seiner ersten Veröffentlichung für die *SZ* ein. Darin führte er an die 100 Bücher auf, mit denen er beweisen wollte, »dass in Deutschland trotz der ungeheuerlichen Sabotage, die im Zeichen der Hitler und Himmler, Bormann und Goebbels alles Gute zu zertreten suchte, eine große Anzahl von Büchern entstanden ist, die auch jetzt standhalten, wo die Hölle vorbei ist, und inskünftig bestehen werden – deshalb nämlich, weil sie in der Tat echte Substanz enthalten«. In seiner Erwiderung auf Thomas Mann führte er dazu ergänzend aus: »Sie bildeten zusammen, so inwendig gelesen, wie sie inwendig geschrieben waren, das Gefüge, das Labyrinth, die Nischen einer Katakombe. In der summarischen Perspektive, die sich über das Meer notwendig ergab, blieb Ihnen wie manches andere Concretum der Eingang verborgen.«[227]

Thomas Mann hat darauf nie geantwortet. Aber in einem Brief an Emil Preetorius vom 14. Januar 1946 kam er allerdings auf Hausensteins Kritik zurück: »[...] Was tut Hausenstein? Er stellt in der Zeitung einen endlosen Katalog von Bücher-Herrlichkeiten zusammen, die unter Goebbels erschienen sind, sodaß man den Eindruck gewinnt, als habe es eine solche Blüte überhaupt noch nie gegeben. Alle Vorstellungen von der kulturellen Wüste, in die Hitler Deutschland verwandelt habe, sind offenbar ganz irrig. Gilt es das III. Reich zu verteidigen und zu verherrlichen, oder was gilt es?«[228] Gleichwohl entspann sich im Feuilleton keine Diskussion über diese prominente Kontroverse, wohl auch, weil man den Komplex Thomas Mann einfach aussparte.

Noch »getragener« zeigte sich das Feuilleton im ersten Vierteljahr 1946. Eine konventionelle Erzählung der Frau des SZ-Kunstressortleiters Dahlmann, Gertrud Dahlmann-Stolzenbach, eröffnete das Jahr, aber auch ein Autor namens Peter Grubbe (»Kinder zwischen den Mühlsteinen der Zeit«, SZ vom 26. März 1946) tauchte mit einer Kurzerzählung über die Wahrnehmung unmittelbarer Nachkriegszeit aus Sicht eines 14- und 15-Jährigen auf. Hinter dem Pseudonym Grubbe verbarg sich kein anderer als der frühere Kreishauptmann von Kolomea und Lowicz, Claus Volkmann, der zusammen häufig mit seiner Frau Ada Gast in Tarnopol war. Volkmann / Grubbe wurde bezichtigt, Menschen seines Amtsbezirks ausgeplündert, zur Zwangsarbeit verpflichtet und auch selbst Juden ermordet zu haben beziehungsweise sie durch ihm unterstehende Polizeikräfte ermordet haben zu lassen. Die Enttarnung Volkmanns / Grubbes in der Presse Ende der 1990er-Jahre löste großes Aufsehen aus, zeigte doch seine Biografie, wie umstandslos zwei psychische Ebenen miteinander harmonieren können. Die aggressive unterdrückerische, zutiefst antisemitische Seite mit einer Nachkriegsvita, die von großer Aufgeschlossenheit beispielsweise in Fragen der Entwicklungspolitik und auch einem sozialen Denken gekennzeichnet war – besetzt von einer psychischen Spaltung, was die mörderischen Vorgänge in Galizien anbetraf.[229]

Dieser soziale Aspekt bei Volkmann / Grubbe offenbarte sich in seinem Artikel (»Zur inneren Verankerung der Jugend«) anlässlich des 200. Geburtstags von Pestalozzi und der Gründung eines Kinderdorfs in der Schweiz. Grubbe verweist darin auf Vorschläge, Kinder aus zerstörten Städten hinauf aufs Land zu Pflegefamilien zu geben, nur dort sei noch eine intakte werthaltige Umwelt zu spüren, die auf die Jugend günstig abfärben könne.

Einen weiteren Artikel für die SZ verfasste Grubbe am 3. Mai mit einer kleinen Reportage über ein Dorf im sowjetisch besetzten Thüringen (»Land zwischen Grenzen«), an der Werra gelegen, also in unmittelbarer Nähe der

US-Zone. Den Namen des Dorfes erwähnt er nicht, doch unzweifelhaft handelt es sich um Henfstädt, das Gut von Mogens von Harbou, das er im Frühjahr 1945 als ersten Zufluchtspunkt mit seiner Frau ansteuerte. Danach schrieb er nie wieder für die SZ.

Wenn sich, wie oben beschrieben, das Feuilleton 1946 vor allem als grundsätzlich orientiertes Forum begriff, dann zeigte sich dies auch in Beiträgen wie »Erfurcht und Verantwortung« oder einem Porträt von Constantin Frantz, einem Vordenker des von der Form des Hl. Römischen Reiches inspirierten mitteleuropäischen Staatenbundes und erklärten Gegners von Bismarcks nationalstaatlich konzipierten Deutschen Reichs – ein Thema, das wie keines sonst Franz Josef Schöningh zeitlebens stark beschäftigte. Verstärkt wurde dies von Wilhelm Hausenstein, der (allerdings im politischen Teil) sich über den Sinn des Föderalismus Gedanken machte (SZ vom 8. Januar 1946). In eine ähnliche Richtung zielte ein Beitrag von Andreas von Wolcknitz, »Großpreußens problematische Gründung«, welcher der antipreußischen Grundhaltung der SZ entsprach. Immer wieder finden sich 1946 neben historisch-politischen auch literaturgeschichtliche Aspekte der Preußen-Ablehnung. So Hans Poeschels Gedanken zu einem neuen Geschichtsbuch (SZ vom 10. Mai), in dem aus seiner Sicht Preußen zu positiv dargestellt wird, Hanns Brauns Anmerkungen zum »bayrisch-preußischen Gegensatz« oder wieder Poeschel über Theodor Fontane »Ein preußischer Kritiker Preußens« (SZ vom 18. Juni). Poeschel referierte darin Fontanes Wandlung vom »einstigen Sänger des preußischen Militäradels« zum Gegner des Militarismus, der für ihn der »Weltfeind« war. Poeschel sah diesen in Bismarck verkörpert. So wurde im Feuilleton aus verschiedenen Aspekten heraus versucht, die Position Preußens als des »deutschen Grundübels« zu untergraben. Damit bereitete auch die SZ ideologisch den Boden der dann am 25. Februar 1947 erfolgten formalen Auflösung Preußens durch den Alliierten Kontrollrat.

Es waren allgemeine Artikel, wie die von Hanns Braun über den Streit über Groß- und Kleinschreibung, Abwägungen von Alfred Dahlmann über »Kunstkritik oder Kunstbetrachtung«, allgemeine Artikel über die Herkunft der Kurzgeschichte, »Die nordamerikanische Lyrik«, »Was wird aus Münchens Gemäldesammlungen?«. Sie alle erfüllten sicher den Auftrag einer Kulturvermittlung. Doch im Gegensatz vor allem zu den Rundfunkprogrammen entbehrten sie eines gewissen aktuellen kulturpolitischen Esprits. Tauchten gerade in den Rundfunksendern neue, junge, streitlustige Autoren auf, so bestand das Reservoir des SZ-Feuilletons neben den fest angestellten Redakteuren vielfach eben aus Hochland-Autoren, die den höchsten Altersdurchschnitt in den deutschen Medien aufwiesen. Dass die Zurückhaltung der *SZ* bei politischen und ästhetischen Fragen mit drohenden Eingriffen der US-Zensur zusammenhing, wie häufig behauptet wurde, wurde von Uta Hallwirth anhand der wesentlich unabhängiger agierenden *Nürnberger Nachrichten* widerlegt.

Nur noch bis Oktober 1946, als die Urteile im Nürnberger Kriegsverbrecherprozess verkündet wurden, widmete sich das Feuilleton der Aufarbeitung der Geschichte des Nationalsozialismus. So rezensierte die *SZ* vom 14. Juni 1946 die vom Münchner Weihbischof Johannes Neuhäusler herausgegebene Dokumentensammlung *Kreuz und Hakenkreuz* als Geschichte der nationalsozialistischen Verfolgung der katholischen Kirche und des kirchlichen Widerstands; Hermann Kapphan resümierte den Verlauf des Nürnberger Kriegsverbrecherprozesses »Nürnberg und der deutsche Geist« (*SZ* vom 13. August): »Es geht um *unser* Seelenheil. [...] Der tragische Held des Nürnberger Gerichts ist der

Die Urteile des Nürnberger Kriegsverbrecherprozesses druckte die *SZ* am 1. Oktober 1946 in einer Sonderbeilage ab.

deutsche Geist, sein ›Fall‹, sein Abfall vom göttlichen Geist, der Abfall aber auch des Lebens von Gott, der Vitalität vom Geist ist der eigentliche Inhalt der so schmerzlichen Tragödie. […] Sollte der deutsche Geist wieder gesunden, so muß er seiner Schande voll ins Gesicht sehen. […] Und der wahre Genius der Deutschen, alle guten Geister unserer Vergangenheit werden gegenwärtig sein und mit zu Gericht sitzen über die Verräter am deutschen Wesen und Namen.« Kapphans Ursachenforschung definiert diesen »Geist« nicht, er bleibt im Ungefähren, ganz im Gegensatz zu der besonders von den Rundfunksendern versuchten konkreten Analyse des Faschismus. Nach den Urteilen des Nürnberger Kriegsverbrecherprozesses erfolgte eine ruckartige Zäsur, die SZ legte ihren Fokus nun ausschließlich auf die Zukunft. Es sollte bis in die 1960er-Jahre dauern, bis eine erneute Wiederannäherung an dieses Thema stattfand.

Dominiert wurde das Feuilleton 1947 auch weiterhin zunächst von grundsätzlichen Artikeln wie über die Presse und ihre Verantwortung für die Wahrheit, Humanismus und Gymnasium, fiktive Briefe über Schuld und Sühne von Stefan Andres, über die Vorbildung des Staatsbürgers von Franz Schnabel (»Jugend ohne Geschichtsbild«). Nur einmal noch taucht das Internationale Militärtribunal auf: Cola Beaucamp referierte über den Nürnberger Ärzteprozess. Das Thema »Nationalsozialismus« fand an sich nur noch in Form von Buchbesprechungen statt.

Ab Mai entfielen die Themenaufmacher im Feuilleton völlig, es wird noch die Tagesaktualität der Sparten (Premieren im Theater, Kino, bedeutende Münchner Konzerte, Nachrichten) abgewickelt. Dies war auch der drastischen Papierknappheit geschuldet, die SZ musste sich auf das Notwendigste beschränken; ab Februar schrumpfte der Umfang zwischenzeitlich auf zehn Seiten bei nur noch zwei wöchentlichen Ausgaben (Dienstag und Samstag).

Diese Tendenz behielt das Feuilleton auch im Jahr 1948 bei. Dominant war der Kulturspiegel, Grundsätzliches ersetzte die aktuellen Themenaufmacher. Hans Egon Holthusen widmete sich den Nachkriegsproblemen der Literaturkritik in Moskau, der Historiker Franz Schnabel würdigte Joseph Görres zu seinem 100. Todestag mit dem Resümee, »daß die Aktualität des alten Görres in der Synthese der christlichen Offenbarung mit dem gesamten neuzeitlichen Geistesleben« liege. Werner Bergengruen untersuchte die geistigen Grundlagen des Abendlandes; auch Schöningh forderte anlässlich des Todes von Georges Bernanos ein menschliches Abendland (»Das Abendland wider die Roboter«, SZ vom 10. Juli 1948); Hedwig Conrad-Martius fragte: »Wie hängen Leib und Seele zusammen?« In allen diesen Beiträgen vermisst man eine Aufbruchsstimmung, eine Streitkultur, vielmehr ist ihnen eine Art

»Erhabenheitsgestus« (Monika Boll) eigen, der nur wenig kontrovers agierte. Dadurch unterschied sich das Feuilleton der *SZ* vielleicht am deutlichsten von den anderen Zeitungen, Zeitschriften und Sendern.

1949 wurde die Thematik des Feuilletons umgreifender, stark gewann der Stellenwert des Buches an Bedeutung. In einem soziologisch angenäherten Verfahren untersuchte der Schriftsteller Rudolf Schneider-Schelde »Literatur für zweierlei Leser«. »Das Ideal der guten Literatur ist der wirkliche Mensch, die Wirklichkeit. Dazu gehört Oberfläche und Anschein so gut wie Tiefe und Wahrheit, Traum so gut wie Realität. Sie hat infolgedessen eine reichere Skala, aber dieser Reichtum bewirkt auch, daß sie mit größeren Schwierigkeiten zu kämpfen hat. Die Folge davon ist, daß sie viel häufiger Stückwerk bleibt als die mindere Literatur.« Ein solches Textbeispiel soll demonstrieren, wie anders in der *SZ* das Wesen von Literatur diskutiert wurde als beispielsweise in den ersten Protokollen der »Gruppe 47«.

Einen Hinweis, wie kontrovers anderswo Ästhetik und Politik diskutiert wurden, unternahm Erich Kuby in einem launigen »Nachruf« auf die kulturpolitische Zeitschrift *Der Ruf,* die den programmatischen Untertitel »Unabhängige Blätter der jungen Generation« trug. Alfred Andersch und Hans Werner Richter zeichneten als Herausgeber für dieses Periodikum verantwortlich, dessen politische Ausrichtung sich einem sozialistischen Humanismus verpflichtet fühlte. Vielleicht traf dies den Nerv der Zeit, sodass später vom *Ruf* als *dem* Leitmedium der frühen Nachkriegszeit gesprochen wurde. Die erreichte Auflage von 70 000 Exemplaren zeigt ihre große Resonanz. Gegründet wurde sie im August 1946, eingestellt im April 1949 auf Druck der Alliierten Militärbehörde. Kuby lässt auch die bedeutenden Mitarbeiter, deren einer Teil zu den Gründungsvätern der »Gruppe 47« gehören sollte, Revue passieren – nur wenige waren gleichzeitig im *SZ*-Feuilleton vertreten.

Welche Bedeutung den legendären Nachtprogrammen der Rundfunkanstalten beigemessen wurde, offenbarte sich in einem Beitrag von Rolf Didczuhn »Oase vor Mitternacht« (*SZ* vom 14. April 1949): »Das Ziel aller Nachtprogrammgestalter wird es sein müssen, ihre nächtlich Funk-Oase aus der Isolierung zu befreien und zu einem organischen Bauelement, wenn nicht gar zur Spitze der Programmpyramide werden zu lassen.«[230]

Auf die gewachsene Bedeutung des Buches, der Gründung vieler neuer Verlage, dem Nachdenken, wie man die Leser erreichen kann, geht das Feuilleton in verschiedenen Artikeln ein. Sah Hans Eberhard Friedrich (»Ausweg aus der Blockade des Geistes«, *SZ* vom 9. April 1949) den Buchmarkt noch in einem

Stillstand, was Programme oder Vertrieb anbelangte, so erwiderte darauf ein anderer Autor vor allem unter Bezug auf Möglichkeiten eines modernen Vertriebs. Darin schloss er auch eine eingeforderte staatliche Subvention ein, um alles zu versuchen, was der Verbreitung des Buches nützen könne. Ähnlich der Germanist Egon Vietta (»Schöpferischer Alarm«, *SZ* vom 2. Juni) zum Thema »Verleger und Autor«. Flankierend dazu druckte die *SZ* Viettas Artikel »Literatur als Macht. Eine soziologische Studie« (*SZ* vom 25. August) ab, in dem es heißt, der wahre Dichter verfüge über das »arcanum«, über ein Geheimnis, das der Wirtschafts- und Tagespolitik versagt ist. Dies arcanum ermächtige sein Werk zur Dauer. Darum widersteht das dichterische Gespräch der Zeit. »Denn es wird mit den Mächten geführt, die […] letzterdings über unser Schicksal als Mensch entscheiden. Wir wissen über die dichterische Stiftung des Menschen so gut wie gar nichts.«

Immer wieder sind im Jahr 1949 Artikel zu finden, die sich mit der Lage, der Situation eines Fachgebiets beschäftigen. Der *SZ*-Karikaturist und Architekt Ernst Maria Lang (»Die große Chance, von keinem genutzt«, *SZ* vom 2. Juli 1949) über Probleme des Städtebaus und der Architektur, »[…] auch München braucht die Planung«; der Bibliothekar Franz Babinger über die katastrophale Lage der Staats- und Universitätsbüchereien (»Kann man das noch Bibliotheken nennen?«, *SZ* vom 14. Juli 1949); Alfred H. Jakob (»Warum schlechte Filme für teures Geld? Die Lage der deutschen Filmproduktion«) sinnt über neue Möglichkeiten und Wege der Filmfinanzierung nach.

Eine ganze Seite wurde der Musikredaktion am 3. September 1949 eingeräumt, überschrieben mit »Streit um die Neue Musik«. Die legendäre Musikredaktion der *SZ*, K. H. Ruppel, Walter Panofsky, Klaus Pringsheim (der Schwager Thomas Manns), tauchte hier erstmals geschlossen auf.

Ab 19. September 1949 erschien die *SZ* nunmehr täglich, sie hatte unter anderem Büros in den Städten Nürnberg, Frankfurt, Bonn, Berlin und eigene Korrespondenten, die aus Washington, New York, London, Paris, Rom, Madrid, Genf, Wien, Den Haag, Stockholm, Kopenhagen, Istanbul und Triest berichteten. Als Zeichen einer gestiegenen Nachfrage und auch finanziert durch eine ausreichende Anzeigenschaltung kann die Einführung neuer Seiten gewertet werden. So lagen der Zeitung die »Seite für die Frau« (von Ursula von Kardorff betreut), die »Alpine Seite«, eine Literaturbeilage (von Curt Hohoff verantwortet), anderthalb Seiten »Reise und Erholung« sowie die Wochenendbeilage »SZ im Bild« bei. 92 Prozent der Leserschaft beantwortete die Frage, ob die *SZ* den Anforderungen an eine moderne und gut redigierte Zeitung entspreche, mit einem uneingeschränkten Ja.

Die 1949 zart keimende Tendenz, zumindest ab und zu Themenaufmacher auf die Aufschlagseite des Feuilleton zu stellen, wie etwa Rudolf Goldschmits Befund »Generation und Lebensstufe« in der *SZ* vom 7. Juli 1949, sollte sich bereits im nächsten Jahr wieder verflüchtigen. Die Feuilletonleitung entschied, statt allgemeiner Themenaufmacher lieber Erzählungen, Rezensionen, Gedenktage voranzustellen. So findet man am 2. Februar 1950 das erste große Interview mit der älteren Schwester von Hans und Sophie Scholl, Inge Aicher-Scholl, unter der Überschrift »Ein Neubau der Zwischengeneration«. Inge Aicher-Scholl charakterisiert darin ihre Generation als in einer bestimmten Prägung geformt, als »aufgeschlossene, vorurteilsfreie und kritikstarke Menschen, die ebensolche Partner ertragen können. Sie stehen mit geöffneten Poren in der Gegenwart und ahnen eben, welche Entwicklungen gerade anheben, [...] sie sind Wünschelrutengänger der Zeit.«

Am 1. Juni 1950 übernahm Hans Joachim Sperr das Feuilleton von Hans Mollier, der dies aber nach Alfred Dahlmanns Tod Anfang des Jahres nur kurze Zeit verwaltete. Franz Josef Schöningh musste Sperrs Vorgeschichte im Dritten Reich (siehe dazu oben) bekannt gewesen sein, sie stand aber seiner Berufung als Leitenden Redakteur durch die Herausgeber nicht im Wege. Es schien, als ob man die »alten Geschichten« ruhen lassen wollte. Ähnlich verfuhr die Politikredaktion mit der Personalie Hans-Adolf Asbach.[231]

Die *SZ* stellte am 1. Juli 1950 das neue Landeskabinett Schleswig-Holstein vor, dem Asbach als Landessozialminister angehörte. Zu seiner Vergangenheit schrieb die *SZ*, dass er »Kreishauptmann« wurde und sich aus politischen Gründen 1943 ins Militär zurückzog. Asbach war KHM in Brzezany, das an die Kreishauptmannschaft Tarnopol angrenzte. Die Mordeinsätze gegen die Juden wurden von der Einsatzzentrale in Tarnopol aus geleitet. Schöningh kannte ihn aus gemeinsamen Besprechungen. Asbachs Nachfolger dort war der Hamburger Rechtsanwalt Werner Becker, der mit Harbous auch noch nach dem Krieg befreundet war und häufig mit seiner Frau zu Besuch in Tarnopol beziehungsweise Myszkowice weilte. Die Ernennung Asbachs zum Minister schlug hohe Wellen, die *New York Times* beschuldigte ihn unter Berufung auf Zeugenaussagen direkt der Ermordung von Juden im Generalgouvernement. Erich Kuby ignorierte diese Umstände in der *SZ* völlig. Das später in den 1960er-Jahren gegen Asbach eingeleitete und sich lange hinziehende Strafverfahren wurde schlussendlich eingestellt. Die Zeitungen berichteten ausführlich darüber. Schöningh war über die Ermittlungen durch den in München lebenden Bundesnachrichtendienstmitarbeiter und ehemaligen persönlichen Referenten von Gouverneur Wächter, Dr. Heinzgeorg Neumann (der schon im Nehring-Prozess wegen Unglaubwürdigkeit als Entlastungszeuge abgelehnt wurde, siehe oben) informiert, mit dem er auch nach dem Krieg noch in Verbindung stand.

Ein ebenfalls von Kuby in der *SZ* vom 24. November 1950 verfasstes Porträt des Senders Radio Bremen (»Das Modell eines Senders – Radio Bremen«) kann man implizit auch als Kritik an der *SZ* lesen. Kuby weist insbesondere auf die anregende Themenvielfalt und große Diskussionsfreudigkeit im Nachtprogramm hin.

Einen großen Erfolg verbuchte die *SZ* (das Feuilleton hingegen hatte damit nichts zu tun) mit der Einrichtung eines Fortsetzungsromans; der erste Roman dieser Art war Mary O'Haras *Mein Freund Flicka*, eine Pferdegeschichte, die besonders unter dem Aspekt, jugendliche Leser an die *SZ* zu binden, ausgewählt wurde. Um sich eine Vorstellung über den Lesergeschmack der 1950er-Jahre zu machen, sei auf eine Umfrage der *SZ* verwiesen, wonach Weihnachten 1950 die Lieblingsbücher der Kinder Antoine de Saint-Éxuperys *Der kleine Prinz*, Erich Kästners *Emil und die Detektive* und Karl Mays *Winnetou*-Bände waren; die Erwachsenen votierten für James Caldwells *Melissa*, Thor Heyerdahls *Kontiki*, C. W. Cerams *Zwischen Göttern, Menschen und Gelehrten*, wie die Erstausgabe von *Götter, Gräber und Gelehrte* damals noch hieß, und Desmond Youngs *Rommel, der Wüstenfuchs*.

Erst 1951 wendete sich das Blatt, und das Feuilleton zeigte sich einer diskursiven Tendenz aufgeschlossener. So begann das neue Jahr mit einer sechsteiligen Serie »Hat die Bildende Kunst unserer Zeit eine Chance?«. Aufmacher wie die des Rowohlt-Lektors Kurt Marek (Ceram) »Wie entdeckt man die Vergangenheit?« oder Bertrand Russells »Heilmittel Philosophie« ließen die Leser an den neuesten Erkenntnissen über Archäologie und Philosophie teilhaben.

Auf Curt Hohoffs provokative Frage »Schweigen die Dichter?« erwiderten am 24./25. März der »Gruppe 47«-Mitbegründer Hans Werner Richter, die Autoren Luise Rinser, Kasimir Edschmid, Erich Kästner, der *FAZ*-Feuilletonchef Karl Korn und der Politologe Dolf Sternberger mit Beiträgen.

Immer am Samstag eröffnete das Feuilleton auf einer ganzen Seite mit großen Themen, unter anderem mit »Überall herrscht Ordnung« (zur Lage der Philosophie), *Finnegans Wake* von James Joyce in einer Besprechung des Anglisten Curt Hohoff, am 23./24. Juni Richard Kaufmann über »Die Technik des Bestsellers« oder Walter Panofsky »Deutscher Film – was nun?« (*SZ* vom 15. Januar) – Panofsky beklagte darin die »unselige Verquickung von politischen und filmwirtschaftlichen Ambitionen«. Diese Auflistung soll hier nur einen kleinen Einblick in die neue Tendenz der *SZ* im Jahre 1951 geben.

Gleichwohl bleibt die Frage bestehen, weshalb sich das Feuilleton beziehungsweise dessen zuständiger Herausgeber Schöningh so wenig mit Fragen beschäftigte, die andere Zeitungen und Radios als ganz zentral erachteten. Beispielsweise widmete sich der Nordwestdeutsche Rundfunk (NWDR) in seinem Abendprogramm ausführlich dem Existenzialismus. Dessen Bedeutung hob Programmchef Jürgen Schüddekopf hervor: »Der Existentialismus [...] sei eine der respektabelsten, aber auch anstrengendsten Versuche, durch die Watteschicht der ewigen Illusionen zum Kern unserer Wirklichkeit zu kommen [...].« Zu festen Wochenterminen wurden Sartres *Das Sein und das Nichts, Die Fliegen* und auch das philosophische Umfeld des Existenzialismus vorgestellt. Gleiches galt für Albert Camus. Eine der aufwendigsten Sendungen, die zwischen November und Dezember 1948 im NWDR produziert wurden, bestand in einer siebenteiligen Reihe zum Nationalsozialismus.

Die abendlichen Sendungen wurden am nächsten Tag zwischen 9 Uhr und 10.30 Uhr sogar wiederholt. Der Programmchef begründete das Vorhaben mit den unzureichenden Versuchen einer NS-Aufarbeitung in der ersten Folge am 27. Dezember 1948: »Es ist immer noch ein höchst ungewisser Boden, auf den man gerät, wenn man sich dem Phänomen NS nähert. Nach über drei Jahren ist erstaunlicherweise noch nicht einmal der Versuch zu einer Darstellung des Nationalsozialismus gemacht worden. Den Versuch einer ersten freimütigen Darstellung und Klärung wollen die Autoren unserer Sendung unternehmen.«

Die ausgewiesenen Autoren analysierten in einer für heutige Verhältnisse sehr modernen Art die wesentlichen Aspekte des Nationalsozialismus; selbst das Allensbacher Institut für Demoskopie hatte man für die Frage nach persönlichen Gründen für einen Beitritt in die NSDAP beauftragt. Wie spektakulär diese Sendung war, zeigte sich auch in der Aufforderung an weiterhin überzeugte Nationalsozialisten, ihre Meinung zum Thema »Nationalsozialismus« heute zu artikulieren.

Ohne hier weiter auf den Inhalt einzugehen, soll lediglich demonstriert werden, wie andere Medien in der Aufarbeitung des NS konkret bereit waren zu gehen. Das Nachtprogramm des NWDR unterließ denn auch nicht die Kritik an der Mehrheit der Zeitschriften (das *Hochland* wurde allerdings ausgenommen) und Zeitungen wegen ihrer nebulösen und verschwommenen, oftmals auch zufälligen Artikel. Jürgen Schüddekopf sprach sogar vom »Don Quichotthaften« dieser Erzeugnisse, deren Autoren »unermüdliche geistige Wanderer im Lande Nirgendwo, Allzulanggeher oder Utopia« seien. Artikel, die überdies von einer Generation von Autoren verfasst wurden, die mehrheitlich 20 Jahre älter waren als die Beiträger des *Ruf* oder der Rundfunksender.

Zum Beweis wurden dafür auch Grundsatzartikel der *SZ* zitiert, unter anderem Franz Josef Schöninghs »Christentum und Sozialismus«.

Das Feuilleton der *SZ* wie auch die politische Redaktion zeigten sich nicht irritiert von diesen Vorwürfen, auch nicht von der auffällig gestiegenen Auflage beispielsweise des *Merkur* (40 000 Exemplare bei geschätzten 5000 Stammlesern) oder Hinweisen, dass die *Frankfurter Hefte* im Buchhandel höchstens noch am Erscheinungstag zu bekommen seien. Diese sich darin manifestierende Aufbruchsstimmung schien die *SZ* nicht zu berühren.

Ähnlich verhielt es sich mit der Reetablierung der Soziologie nach dem Krieg. Wissenschaftler wie Theodor W. Adorno, Arnold Gehlen, Max Horkheimer, René König, Helmuth Plessner und Helmut Schelsky erfuhren im *SZ*-Feuilleton nahezu keine Aufmerksamkeit, obwohl ihre Artikel und Bücher in aller Munde waren und die Soziologie zu *der* modernen Wissenschaftsdisziplin machten.

Aus der Soziologie und der von ihr praktizierten Gesellschaftsanalyse entwickelte sich eine äußerst populäre Kulturkritik (»ein bevorzugtes Kind des geschriebenen wie gesprochenen Feuilletons«). Monika Boll verwies in diesem Zusammenhang auf den damals vorherrschenden Kulturpessimismus als einer Art self-fulfilling prophecy, der sich durch Begriffe wie Vermassung, Technizismus, Krise, »Verlust der Mitte« u. Ä. ausweise.[232]

Prominentester Vertreter der Kritik an dieser Form von Kulturkritik war Arnold Gehlen, der diese als »sehr weitgehend um die als Kritik auftretende Ideologie einer Schicht von Kulturträgern im überkommenen europäischen Sinne, welche in der technischen Gesellschaft in Gefahr gerät, sozial funktionslos zu werden«, begriff.[233] Die heftige Diskussion über die »Klagemauer der Kulturkritik« (Schelsky) fand, wie gesagt, keine Resonanz im Feuilleton der *SZ*.

Ähnliches galt für die Wirkungsgeschichte des 1951 neu gegründeten Instituts für Sozialforschung, den Ort der sogenannten Frankfurter Schule.[234] Das Institut wurde 1923 in Frankfurt gegründet, 1933 von den Nationalsozialisten geschlossen. Seinem prominenten Lehrkörper, unter anderem Horkheimer, Adorno, Marcuse, Pollock, gelang es, in die USA zu emigrieren. Nach dem Krieg erging an Max Horkheimer die Einladung, das Institut neu zu gründen. Dies geschah 1951 als private Stiftung innerhalb der Universität Frankfurt mit Horkheimer als neuem Rektor. Das Institut griff, wie schon vor dem Krieg, auf die Theorien von Hegel, Marx und Freud zurück, was später als sogenannte Kritische Theorie bezeichnet werden sollte. Schwerpunkte waren von Anfang an die Auseinandersetzung mit der Schuldfrage, die Probleme der politischen Neuordnung und der Nationalsozialismus als »Katastrophe der Humanität«.

Adornos *Dialektik der Aufklärung* (1947), *Minima Moralia* (1949), *Studien zum autoritären Charakter* (1950) vermitteln einen guten Einblick in das Denken der Frankfurter Schule, dem die deutschen Medien zunächst reserviert gegenüberstanden, weil sie sich mit der Akzeptanz der Verbindung von soziologischem und kulturkritischem Diskurs schwer taten. Auch stand das Institut während der Adenauer-Ära wegen seiner »Linkslastigkeit unter Generalverdacht«. Erweitert wurde das Spektrum des Instituts für Sozialforschung um die empirische Soziologie, vertreten besonders von Ludwig von Friedeburg, dem Nachfolger Max Horkheimers.

Das Interesse der Medien bezog sich denn auch mehr auf den Musikphilosophen Adorno statt auf die mentalitäts- oder sozialgeschichtlichen Denkansätze zur Erforschung des Nationalsozialismus. Erst spät, nämlich zwei bis drei Jahre später als in den anderen Tageszeitungen, tauchen im Feuilleton der *SZ* 1958 Günter Blöckers Beiträge zu Theodor W. Adorno auf. Zum Institut für Sozialforschung allgemein und dessen Forschungen zum Nationalsozialismus äußerte sich die *SZ* gar nicht.

Diese wenigen Hinweise auf Programminhalte der Rundfunksender wie auf die Geschichte bemerkenswerter Universitätsinstitutionen und verschiedener, in der Bundesrepublik breit diskutierter Themen sollen die Tendenz des SZ-Feuilletons sowohl in seinem Engagement als auch in der Nichtbeachtung illustrieren.

Franz Josef Schöninghs private Situation während der Gründungszeit der *SZ* wurde zuletzt anhand seiner Tagebucheintragungen vom Oktober 1945 beleuchtet, worin er die Belastungen beim Wiederaufbau des Verlagsgebäudes in der Sendlinger Straße beschrieb. Seine Aufzeichnungen führte er nur sporadisch bis zum 18. August 1946 weiter, und sie sind lediglich hinsichtlich der Beziehung zu seiner Frau Irmgard aufschlussreich. Auch ein Abgleich mit dem Tagebuch seiner Tochter Karen gibt keinen Aufschluss über sein privates Dasein.

Zwei Ereignisse während seiner Zeit als Chefredakteur der *SZ* haben ihn privat als auch beruflich tangiert.

Die Vergangenheit holte ihn ein, als der israelitische Landesrabbiner in München, Dr. Aaron Ohrenstein, ihm Anfang November 1948 in seinem Büro einen Höflichkeitsbesuch abstattete. Ohrenstein war Mitglied des jüdischen Gemeinderats in Tarnopol gewesen, er überlebte jedoch, weil er versteckt wurde, während seine Angehörigen in Auschwitz und Treblinka umkamen. Schöningh erkannte ihn zunächst nicht, erst als sich Ohrenstein vorstellte, »wir kennen uns doch aus Tarnopol, Herr Dr. Schöningh«, erblasste dieser (Schöningh meinte dazu in einem Brief an Dan Georg Bronner vom 22. November 1950, Ohrenstein wisse nur »in groben Umrissen« von ihm). Ernst Müller-Meiningen, Mitglied der Politikredaktion, gab diese Begegnung nach der Schilderung Ohrensteins in seinen Erinnerungen wieder.[235] Ohrenstein, ein wegen finanzieller Unregelmäßigkeiten umstrittenes Mitglied der israelitischen Kultusgemeinde, informierte Müller-Meiningen auch über die Deportation der Tarnopoler Juden in die Vernichtungslager. Schöningh, so Müller-Meiningen, versuchte am nächsten Tag, vor seinem Kollegen den Verdacht auf etwaige Zusammenhänge mit seiner Tätigkeit als stellvertretender Kreishauptmann mit der Bemerkung zu zerstreuen, er habe sich »auf Zeit aus der Weltgeschichte verabschiedet in die Wälder und Jagdgründe von Tarnopol«.[236]

Ganz gelang dies aber nicht. Denn noch Anfang 1951 musste sich Schöningh gegen Rufschädigungen mittels eines Anwalts zur Wehr setzen. Der Bayerische Rundfunk in Gestalt seiner Redakteure Pfeiffer-Belli, Kröpelin und Kolmsperger bezichtigte ihn erneut, an der Vernichtung der Juden Tarnopols mitgewirkt zu haben. Schöninghs Rechtsanwalt Staubitzer schaffte die Sache durch persönliche Ehrenerklärungen der Redakteure für Schöningh aus der Welt. (»Uns sind keine Tatsachen bekannt, nach denen Herrn Franz Josef Schöningh der Vorwurf gemacht werden könnte, er habe sich zu irgendeiner Zeit judenfeindlich betätigt. Dies gilt insbesondere auch für die Zeit, die Herr Schöningh während des letzten Kriegs im Kreis Tarnopol dienstlich tätig war.«) Auch Aaron Ohrenstein bestätigte unter Bezug auf das bereits zitierte, allgemein gehaltene Entlastungsschreiben Heinrich Bronners für Schöningh vom 15. Januar 1951, dass seitens der israelitischen Kultusgemeinde keine Bedenken mehr bestünden. Ohrenstein und Bronner kannten sich persönlich aus Tarnopol. Schöningh hatte zuvor Ohrenstein zu einer ausführlichen Aussprache über seine Tätigkeit in Tarnopol aufgesucht. Als Anlage des Schreibens Staubitzers an die Chefredaktion des Bayerischen Rundfunks, damals Radio München, Clemens Münster und Walter von Cube, mit Bitte um Widerruf der Redaktion, lag eine Erklärung bei, dass »zum Stellvertreter des Kreishauptmanns er schon deshalb nicht ernannt werden [konnte], weil er weder ein Mitglied der NS-Partei noch einer ihrer Gliederungen war«.

In dem gleichen Stapel dieses Schriftverkehrs findet sich als gewissermaßen weitere Bestätigung hierfür ein Leserbrief des Chefredakteurs der *Münchner Illustrierten*, Hans Habe, in der jüdischen Emigrantenzeitschrift *Aufbau* (New York) vom 13. April 1951, worin er sich gegen eine Andeutung verwahrt,

Schöningh »habe die im Kreise von Kamionka wütenden Nazis unterstützt«. Auch Habe erklärt wortgleich, dass Schöningh nie Stellvertreter des Kreishauptmanns sein konnte, weil er niemals Mitglied der NSDAP war. Habe geht indes nicht auf den im *Aufbau* erhobenen Vorwurf ein, der seltsam anmutet, weil Kamionka Strumilowa eine eigenständige Kreishauptmannschaft war, die ab Ende 1942 von dem oben erwähnten KHM Joachim Nehring (Nehring-Prozess) geleitet wurde und über welche die Kreishauptmannschaft Tarnopol keinerlei Befugnisse hatte.

Als weiterer Entlastungsgrund fügte Rechtsanwalt Staubitzer in seinem Schreiben an den Bayerischen Rundfunk die Bemerkung bei, dass »im Juni 1945 Dr. Schöningh den Herren des ICD einen umfangreichen Bericht mit den dazugehörigen Unterlagen [vorlegte], in dem er über seine Tätigkeit in Galizien eingehend Auskunft gab. Der amerikanische Herr, der auf die Übergabe der Lizenz an Dr. Schöningh maßgeblich Einfluss hatte (Dr. Dunner), war selber Jude.« Dies schien Rechtsanwalt Staubitzer als Erklärung zu genügen.

Das andere Ereignis, das Schöninghs beruflichen Weg verändern sollte, hatte indes »Affärencharakter«. Am 2. August 1949 verfasste W. E. Süskind unter dem Titel »Judenfrage als Prüfstein« einen Leitartikel über das Verhältnis zwischen Deutschen und Juden. Dem zugrunde lag eine Rede des Gouverneurs für die amerikanische Zone, General McCloy, der dieses Verhältnis als »Feuerprobe für die deutsche Demokratie« bezeichnete. Süskind monierte den nach seiner Meinung noch immer, wenn auch nur bei einer Minderheit, bestehenden Antisemitismus, verurteilte aber auch das »wohltemperierte Schweigen« der Verantwortlichen zur Lage der nun in Deutschland lebenden Juden, »sei es aus Höflichkeit, sei es aus Verlegenheit, [...] wir werden ärmer sein, wenn wir sie austreiben – austreiben, indem wir sie nicht halten, [...] man muß moralisch eine besondere Rücksicht und Zartheit den Juden gegenüber walten lassen«.

In Bezug auf diesen Artikel gingen sehr viele Leserzuschriften ein, überwiegend zustimmend, doch auch wüst antisemitische. Süskind wählte zum Abdruck als Beispiel eines noch grassierenden Antisemitismus den Leserbrief eines angeblichen Adolf Bleibtreu, München 22, Palästinastraße 33, aus. Die *SZ* übernahm daraus am 9. August 1949 ungekürzt folgende Meinung: »[...] ich bin beim Ami beschäftigt und da haben verschiedene schon gesagt, daß sie uns alles verzeihen, nur das eine nicht, und das ist: dass wir nicht alle Juden vergast haben, denn jetzt beglücken sie [die Juden] Amerika.« Die Überschrift auf der Titelseite der *SZ* zwei Tage später lässt die Emotionen ahnen, die durch diesen Vorgang geweckt wurden. »Jüdische Demonstration gegen die SZ – Blutige Zusammenstöße hinter dem Friedensengel«. Tatsächlich wurden während einer regelrechten Straßenschlacht immerhin 21 Polizisten verletzt.

Die *SZ* tat alles, um den Ruch eines Rassenhasses und Antisemitismus von sich zu weisen und die verantwortlichen Redakteure, Goldschagg als Chefredakteur und Süskind als Autor zu entlasten. Selbst die amerikanische Militärregierung sprach von einem bedauerlichen Vorfall, die Leserbriefveröffentlichung habe einen Mangel an »Urteilsvermögen und Geschmack« gezeigt, von Konsequenzen sah sie ab. Sowohl Goldschagg als auch Süskind versuchten sich zu rechtfertigen. Die übrigen Herausgeber äußerten sich entweder gar nicht oder brachten sich als Unbelastete in Position. Schöningh schrieb in der *SZ* nichts dazu, wohl aber in einem Brief an den früheren Reichskanzler Brüning auf dessen sorgenvolle Frage, wie er das zu verstehen habe: »Sie werden sicher gewesen sein, dass ich nicht in der Redaktion war, als der Bleibtreubrief veröffentlicht wurde.«

Schöningh war während des Vorfalls auf der Rückreise seines USA-Besuchs auf dem Schiff und hielt nach Ankunft in Deutschland fest: »In Bremerhaven war der unglückliche Bleibtreubrief der *SZ* bereits das Trambahngespräch, als ich dort ankam.« Werner Friedmann weilte während des Skandals in Rom, kehrte unmittelbar darauf zurück und gab seiner »Bestürzung« zunächst in der ihm gehörenden *Abendzeitung* Ausdruck. In der *SZ* beklagte er als Einziger, dass man den Leserbrief kommentarlos abdruckte. Der Bleibtreubrief hatte aber auch noch einen weiteren Aspekt, der in den Medien ebenso aufgegriffen wurde. Der zeitweilige Prager Korrespondent der *SZ*, Walter Tschuppik, verbreitete das Gerücht, dass Friedmann selbst den Bleibtreubrief verfasst habe oder verfassen ließ. Mittels einstweiliger Verfügung wurde diese Behauptung untersagt, was Tschuppik allerdings nicht hinderte, als Chefredakteur der *Süddeutschen Allgemeinen* am 29. Oktober 1950 die *SZ*-Gesellschafter insgesamt zu diskreditieren, indem er ihnen bei der Übernahme der Knorr & Hirth-Anteile Bereicherung in Millionenhöhe vorwarf und auch unterstellte, dass der Süddeutsche Verlag (SV) verkauft werden sollte. Auch dies wurde ihm durch eine einstweilige Verfügung untersagt.

Die Folge der Affaire Bleibtreu bildete ein personelle Umbesetzung: Der unbelastete Werner Friedmann wurde alleiniger Chefredakteur und löste damit Edmund Goldschagg ab. Franz Josef Schöningh oblag nunmehr die verlegerische Führung der Redaktionen der *SZ*, der *Münchner Illustrierten* und der *Sonntagspost* in organisatorischer und personeller Hinsicht, er wurde damit zum weiteren Geschäftsführer bestellt.

In dieser Funktion agierte er trotz des allgemeinen Sparzwangs in redaktionellen Belangen zuweilen erstaunlich großzügig. Joachim Kaiser, seit Januar 1959 Mitglied der Feuilletonredaktion der *SZ*, hält in seinen Erinnerungen fest, dass er nahezu mittellos mit seiner jungen Frau auf Wohnungssuche war: »Sie ging zu Herrn Schöningh [...] und bat um einen Vorschuss. Er gab ihr 5000 DM! Nur auf ihr Aussehen hin, sie musste nicht einmal einen Ausweis zeigen, nichts. Dann zogen wir in eine Zweizimmerwohnung in der Schellingstraße 101, Rückgebäude.« Umgekehrt beklagten Mitarbeiter eine gewisse verlegerische »Knausrigkeit«, wie sich beispielsweise Ernst Müller-Meiningen angesichts einer jungen Mitarbeiterin erinnerte, die ebenfalls mit der Bitte um einen Vorschuss von Schöningh mit einer Schachtel Zigaretten und dem Zitat Rainer Maria Rilkes »Armut ist ein großer Glanz aus innen« verabschiedet wurde.

Seine neue Aufgabe als Verlagsleiter ging einher mit seinem zunehmend nachlassenden Impetus, überhaupt noch für die Zeitung zu schreiben – die Abstände zwischen seinen Artikeln wurden immer größer. 1953 zählte man nur noch fünf kleinere Artikel, 1954 nur einen Nachruf und 1955 fünf Artikel vorzugsweise in den Wochenendausgaben. 1956 verfasste er für die *SZ* überhaupt keine Beiträge, 1957 eine Erzählung, die er allerdings schon in den Nachkriegsjahren verfasst hatte, sowie zwei Geburtstagswürdigungen.

Edmund Goldschagg blieb der *SZ* noch bis in die 1960er-Jahre als Journalist erhalten; auch in der *Abendzeitung* schrieb er ab und zu Kommentare. Bis zu seinem 75. Geburtstag 1961 nahm er regelmäßig an den Redaktionskonferenzen teil. Wegen seiner Beliebtheit im Haus war er prädestiniert, den Verlag zu vertreten, so bei innerbetrieblichen Jubiläen, Geburtstagen, doch auch bei Empfängen ausländischer Besucher, im Verlegerverband oder bei gemeinnützigen Organisationen. Sein sozialdemokratisches Engagement verlor er nie, noch in den 1960er-Jahren charakterisierte ihn der außenpolitische Ressortchef Immanuel Birnbaum als »linken Flügelmann in der Leitung der Redaktion«. Am 7. Februar 1971 starb dieser im SV so ungemein populäre Gesellschafter.

Fast gleichzeitig mit Edmund Goldschagg schied auch August Schwingenstein im Alter von 70 Jahren als aktiver Mitgesellschafter aus. Er zog sich in sein Jagdhaus bei Wildsteig, in der Nähe der Wieskirche, zurück. Er starb am 5. November 1968 im Alter von 87 Jahren. Er wünschte sich, dass ihn die Nachwelt als »gerecht und wahr und ein Freund aller« im Gedächtnis behalten sollte. Hans Dürrmeier hielt in seiner Grabrede fest, dass dieser Wunsch im Namen des SV in Erfüllung gegangen sei.

Nach seinem Rückzug wurde er in den Alltagsgeschäften von seinem Sohn Alfred vertreten, der ihn, wie wir gesehen haben, ja schon seit Gründung der

Alfred Schwingenstein begleitete seinen Vater bei den Geschäften der *SZ* von Anfang an, formal wurde er aber erst 1961 Gesellschafter des Süddeutschen Verlages.
(SZ-Photo: Heinz Hering)

SZ begleitet hatte. Formal trat Schwingenstein jedoch erst am 26. Mai 1961 als Gesellschafter des SV die Nachfolge seines Vater an, der ihm kurz nach seinem 80. Geburtstag seine Anteile am SV überschrieb. Doch Schwingenstein wurde gleichzeitig auch von anderen Interessen gelenkt, denn er wollte unbedingt sein volkswirtschaftliches Studium, das er im Kriege unterbrechen musste und nur kurz im Wintersemester 1947/48 wieder aufnahm, abschließen. Die Geschäftsführer Schöningh und Dürrmeier hatten dafür vollstes Verständnis. 1957 schloss er das Studium ab, promoviert wurde er 1962. Von 1976 bis 1979 führte er den Vorsitz der Gesellschafterversammlung. Ebenfalls in diesen Jahren engagierte er sich stark in österreichischen Belangen, er fungierte als Aufsichtsrat in der Wiener Tageszeitung *Kurier* und trat als Kommanditist in den Verlag der katholischen Wochenzeitung *Die Furche* ein, nachdem diese Mitte der 1970er-Jahre in wirtschaftliche Schwierigkeiten geraten war. Er galt allseits als sehr verlässlicher, herzlicher, bescheidener Verleger, der Österreich als seine Wahlheimat empfand. Seine Passion hatte er vom Vater geerbt: Ähnlich wie bei Schöningh drehte sich bei ihm alles um die Jagd. Er starb 1998.

Eigentlicher Verlagsgeschäftführer (ab 1949) war aber der 1899 im südbadischen Haltingen geborene Hans Dürrmeier, der 1952 als weiterer Gesellschafter hinzukam. Dürrmeier führte die Geschäfte zusammen

Eigentlicher Verlagsgeschäftsführer war ab 1949 Hans Dürrmeier, der 1952 als weiterer Gesellschafter hinzukam.

mit Alfred Schwingenstein. Ursprünglich den amerikanischen Militärbehörden suspekt wegen ungeklärter NS-Nähe, infolgedessen Dürrmeier auch als »Belasteter« geführt wurde und bis 1948 nur als einfacher Büroangestellter arbeiten durfte, erkannte man doch seine Fähigkeiten, die er schon bei Knorr & Hirth in den 1930er-Jahren unter Beweis stellte. Nach Schöninghs Tod im Dezember 1960 wurde er alleiniger Verlagsleiter.

Herbert Heß weist in seiner Chronik *50 Jahre Süddeutsche Zeitung* darauf hin, dass der Aufstieg des Verlags aus den durch Mangelwirtschaft, zunächst noch unsicheren Besitzverhältnisse und Währungsreform gekennzeichneten Anfängen zum großen Teil das Werk Hans Dürrmeiers gewesen sei. Es wurde bereits erläutert, dass er aus seiner Zeit als stellvertretender Geschäftsführer des *SZ*-Vorgängerunternehmens Knorr & Hirth über große Erfahrungen mit Zeitungsverlagen verfügte. Der *SZ* kamen diese insbesondere im Anzeigensektor zugute (Dürrmeier war unter anderem bei Knorr & Hirth von 1929 bis 1931 Anzeigenleiter). Auf Basis eines gesteigerten Anzeigenverkaufs, des Ausbaus des Vertriebs und einer Auflagensteigerung sah er sich verpflichtet, auch für die Qualität der Zeitung zu sorgen. So wurde bereits frühzeitig ein

Werner Friedmann war ab 1946 Mitherausgeber und von 1951 bis 1960 Chefredakteur der *Süddeutschen Zeitung*.

Teil der Einnahmen in die Redaktion investiert. Ein Fundament, über das sich die *SZ* sehr glücklich schätzen konnte, denn der spezifische redaktionelle Freiraum der Nachkriegszeit hatte hier seine Wurzeln. Dürrmeier empfand sich nach eigenen Aussagen genauso als Verleger, er sei »ein Mittler zwischen Geist und Materie, zwischen Wort und Tat«. Herbert Heß zitiert eine mündliche Aussage: »Verleger dürften keineswegs den Eindruck erwecken, [...] es gehe ihnen lediglich um Gelderwerb.« Die publizistische Qualität lag ihm genauso am Herzen wie die ökonomische Fürsorge. So wuchs die *SZ* unter seiner »energischen und weitsichtigen« Geschäftsführung, so Chronist Heß, von einem ursprünglich eher lokal orientierten Blatt schnell zu einer überregional und dann auch international verbreiteten Zeitung.

Die Jahre, in denen Werner Friedmann als Chefredakteur der *SZ* tätig war, waren gekennzeichnet durch sein Engagement für Demokratie und Toleranz. Damit erhielt die *SZ* einen neuen, moderneren Anstrich, der sie attraktiv für ein liberales und soziales Bürgertum machte. Auch das Themenspektrum erweiterte sich erheblich. Die Aura der *SZ* als linksliberale Zeitung war entstanden, was ihr indes keinen Abbruch tat, nichtsdestotrotz zuweilen sehr konservative Ansichten, wie zum Beispiel in Erziehungsfragen, zu vertreten. Insgesamt gesehen war es diese Mischung zwischen aufgeklärtem Konservatismus, linksliberalem Denken und der Verwurzelung bei ihren bayerischen Stammlesern, welche die *SZ* so unverwechselbar machte und damit auch ihre ständig steigende – vor allem überregionale Auflage – bedingte. Schnell waren die »Gallionsfiguren« der Zeitung wie das »Streiflicht« oder die spezifischen Reportagen auf der »Die Seite Drei« in aller Munde. Friedmann blieb seiner Vorstellung, welches die für ihn wichtigsten Funktionen der Presse seien, treu. Er nannte »zur Demokratie und Meinungsfreiheit zu erziehen« genauso wie »zur Toleranz und Achtung vor Religion und Rasse«. Sein journalistisches Credo, »das Entscheidende ist keineswegs die Lust zu fabulieren [...], sondern das Vermögen, ein Gespür für das öffentliche Interesse zu haben, richtig zu sehen, richtig zu hören, und all das unverzerrt in gedrängter Form zu Papier zu bringen, was man am richtigen Ort gesehen und gehört hat«, versuchte er auch schon 1948, in der von ihm gegründeten *Abendzeitung* zu etablieren. Dem Hunger der Münchner nach Information und Unterhaltung und damit nach einer frischen, jungen, unkonventionellen Boulevardzeitung folgend, unterbreitete er den amerikanischen Besatzungsbehörden den Vorschlag einer Boulevardzeitung, den diese sofort akzeptierten.

Am 16. Juni 1948 erschien die erste *Abendzeitung* mit Werner Friedmann als Chefredakteur. Einen Teil des Erlöses investierte Friedmann Anfang 1949 in das nach ihm benannte Werner-Friedmann-Institut, die erste unabhängige Journalistenschule Deutschlands. Vorbild war die Graduate School of Journalism in New York, die er während seiner USA-Reise im Jahr zuvor kennengelernt hatte. Auf die erste öffentliche Ausschreibung hin, Schüler an dieser Schule zu werden, meldeten sich 1700 Bewerber, von denen vier Frauen und 17 Männer ausgewählt wurden. Viele Absolventen der später in »Deutsche Journalistenschule« umbenannten Einrichtung wurden bekannte Redakteure der *SZ*. Bezeichnend für sein Sozialverständnis war nach seinem Wechsel in die *SZ*-Redaktion 1949 seine Initiative, einen »Adventskalender für gute Werke« ins Leben zu rufen – eine Einrichtung, die sich bis heute mit großem Erfolg gehalten hat. Friedmann bezeichnete sich selbst als parteipolitisch unabhängig, stand aber der SPD nahe. So unterstützte er zum Beispiel 1960 entschieden den Wahlkampf des erst 34 Jahre jungen Hans-Jochen Vogel als Nachfolger Thomas Wimmers zum Oberbürgermeister Münchens. Für die in Bayern regierende CSU war er jedenfalls das klassische Feindbild.

Im gleichen Jahr endete auch die Ära Friedmann. Ursache war nach den Worten Müller-Meiningens im Frühjahr 1960 eine kleine Schiedsgerichtsstreiterei unter den Gesellschaftern. Friedmann, dem seine Mitgesellschafter »wie Bleigewichte an den Füßen hingen«, artikulierte moralische Bedenken gegen Alfred Schwingensteins Lebenswandel. Schwingensteins Anwältin Marianne Thora entgegnete mit einem Seitenhieb auf das in München allseits bekannte Verhältnis Friedmanns zu einer Verlagsangestellten. Die Sache eskalierte, Schöningh forderte Friedmann auf, im Interesse des Rufs des Süddeutschen Verlags Verleumdungsklage gegen Frau Thora zu erheben, was dieser auch tat. Auch gegenüber Schöningh bestritt Friedmann die Existenz einer solchen

Beziehung, der über diese Lüge Friedmanns sehr empört gewesen sein soll. Schöningh wusste aber bereits spätestens seit Mitte 1959 durch das von Alfred Schwingenstein und ihm beauftragte Detektivbüro Gentner von dieser außerehelichen Beziehung Friedmanns. Die Rechtsanwältin Thora wurde von dem über die gesellschaftliche Szene Münchens bestens informierten Anwalt Otto Gritschneder vertreten und obsiegte in zwei Instanzen.[237]

Der Fall schlug in den Medien hohe Wellen, auch weil es sich hier um den Straftatbestand der Kuppelei handelte (in einer spitzfindigen juristischen Ausformung, nämlich der »Anstiftung zur Kuppelei zugunsten seiner selbst«, die immerhin vom BGH abgesegnet war!), den Friedmanns renommierter Bonner Verteidiger Hans Dahs für von der Zeit überholt hielt und der noch heute ein Licht auf die Moralvorstellungen der 1960er-Jahre wirft. Und auch, weil Friedmann spektakulär aus der Redaktion heraus verhaftet wurde. Müller-Meiningen beschreibt jedenfalls die Freude der herrschenden CSU und der Kirche über die Entmachtung Friedmanns, welcher der Partei ein Dorn im Auge war wegen seiner liberalen Grundauffassungen und Ablehnung der Remilitarisierung: »Augenzeugen wollten damals erlebt haben, wie kurz nach der Verhaftung Friedmanns zu Oberammergau bei Eröffnung der Passionsspiele F. J. Strauß und Weihbischof Neuhäusler sich mit Freudentränen in den Armen gelegen seien.« Müller-Meiningen konnte dies aber weder bezeugen noch dementieren.

Werner Friedmann zog sich nach seiner Verurteilung wegen Anstiftung zu fortgesetzter Kuppelei zu sechs Monaten Gefängnis auf Bewährung verbittert für ein Jahr nach Rom zurück. Seine Verbitterung hatte ihren Grund in den Umständen der Anklageerhebung. Der sich durch wahren Übereifer auszeichnende Leitende Staatsanwalt Jörka ließ es zu, dass, noch ehe die Strafkammer den Beschluss zur Anklageerhebung fasste, der Entwurf der Anklageschrift der Presse zugespielt wurde. Daraus war zu entnehmen, dass Friedmann wegen fortgesetzter Unzucht mit Abhängigen vor Gericht gestellt werden sollte, und detailliert stand darin zu lesen, in welcher Weise er sich derart vergangen habe. Der damalige *Zeit*-Redakteur Theo Sommer qualifizierte dies als »juristische Pornographie« und sprach von »Rufmord von Amts wegen«. Friedmanns Anwalt Hans Dahs sprach von einer politische Kampagne sowie von Doppelmoral. Bedingt durch ein zweites Ermittlungsverfahren desselben Staatsanwalts, das aber nach wenigen Tagen eingestellt wurde, verlangten die *SZ*-Gesellschafter, Friedmann solle seine Verlagsanteile in Höhe von 22,5 Prozent an die Gesellschafter veräußern. Von Italien aus gedachte er sich dieser Ausbootung zu widersetzen: Er plante zusammen mit dem Verleger Helmut Kindler, dem Eigentümer des Kindler Verlags und der Zeitschrift *Revue*, aus seiner *Abendzeitung* eine Münchner Tageszeitung nach dem Vorbild des auflagenstärksten Pariser Blatts *France Soir* zu machen. Der Nervosität der Mitgesellschafter wegen der bedrohlichen Attacke geschuldet, ließ Verlagsgeschäftsführer Dürrmeier einen Kompromiss schmieden, wonach Friedmann auf jede Funktion im SV und auf die persönliche Ausübung seiner Gesellschafterrechte und die Gesellschafter auf die Übernahme der von ihnen begehrten Friedmannschen Geschäftsanteile verzichten sollten. Das alles fand aber erst 1961 nach Franz Josef Schöninghs Tod statt.

Leidtragende dieser Affaire war insbesondere Friedmanns Frau Anneliese. Bekannt war diese als Reporterin für Frauen- und Modefragen und auch zeitweilige stellvertretende Leiterin der Lokalredaktion unter ihrem Mädchennamen Anneliese Schuller. Sie hatte Kunstgeschichte und Journalismus studiert und schrieb ab 1960 im *Stern* eine wöchentliche Kolumne unter ihrem Pseudonym »Sibylle«, der ihren Bekanntheitsgrad noch erheblich steigerte. In einem Antwortschreiben an Schöningh vom 12. September 1960 erinnerte sie ihn an dessen eigene Worte, der »Pflicht zur Caritas«, die er nicht eingelöst habe. Sie bedankt sich darin für dessen ihr und ihrer Familie versicherte Loyalität, bittet ihn aber zu bedenken, dass diese »meine Familie, meine Kinder *und* meinen Mann einschließt«.

Verurteilt wegen einer höchst fragwürdigen Anstiftung zur Kuppelei wurde in dem Friedmann-Prozess aber auch der Schriftsteller und Mitarbeiter der *SZ*, Siegfried (Siggi) Sommer, der Friedmann für die Rendezvous seine Wohnung zur Verfügung gestellt hatte. Sommer schrieb nach seiner Verurteilung nur noch für die *Abendzeitung*. Er verfasste legendäre Kolumnen über München unter dem Titel »Blasius, der Spaziergänger« und wurde so zu einer Ikone der Stadt.

Seine Position als Chefredakteur, nicht aber als Mitgesellschafter der *SZ*, gab Friedmann in der Folge auf, sein Nachfolger wurde der eher kulturpolitisch orientierte, hochgebildete Hermann Proebst, der vom 21. Mai 1960 bis zu seinem Tode am 15. Juli 1970 amtierte. Werner Friedmann starb 1969 nur wenige Tage vor seinem 60. Geburtstag.

Hermann Proebst wurde vom Leiter der Innenpolitik, Hans Schuster, als »human, gescheit, belesen, gebildet, historisch interessiert, musikliebend, gesellschaftsfreudig« charakterisiert, gleichzeitig wurde er allgemein als wenig machtpolitisch eingeschätzt. Legendär waren seine Ausführungen auf der großen Redaktionskonferenz am Montag, wenn er über Mozart und die Weltpolitik dozierte und um Meinungen über die letzte Opernpremiere im Prinz-

Friedmanns Nachfolger als Chefredakteur wurde Hermann Proebst, der von 1960 bis 1970 amtierte. (SZ-Photo: Fritz Neuwirth)

regententheater bat. 1929 arbeitete er für den *Berliner Rundfunk,* stand dem Nationalsozialismus distanziert gegenüber und wurde deshalb auch 1938 als politisch unzuverlässig aus dem Rundfunk entlassen. Er stand Hans Zehrers linkskonservativer Zeitschrift *Die Tat* nahe, deren Autor er auch war. Danach verdingte er sich als Korrespondent und Journalist für Südosteuropa und gab während des Krieges die Zeitschrift *Die neue Ordnung* des faschistischen Kroatenführers Ante Pavelić heraus. Nach dem Krieg war er zunächst außenpolitischer Redakteur des *Rheinischen Merkur,* in den Jahren 1948/49 Leiter der Presseabteilung der Bayerischen Staatskanzlei, bis er zur *SZ* als Innenpolitiker wechselte.

Immer wieder wurde versucht, den Erfolg der *SZ* in den 1950er-Jahren anhand ihrer Spezifika zu definieren. Grundsätzlich waren sich dabei alle Kommentatoren der Jubiläumsbeilage vom 6. Oktober 1970 einig, dass es die Melange »münchnerisch, deutsch, europäisch und liberal«, so Golo Mann, sei, welche die *SZ* auszeichne. Hermann Proebst ergänzte in seinem Beitrag »Idee und Weg einer Zeitung« diese Etiketten noch um die föderalistische Grundhaltung und eine in Bayern seit jeher vorherrschende »liberale Wohltemperiertheit«, die ab Ende der 1950er-Jahre durchaus auch die Form eines linksliberalen Denkens zuließ; zu Recht verwies er auch auf die ebenfalls ab dieser Zeit sich herausbildenden redaktionellen Neuerungen. Schon das von Schöningh ins Leben gerufene »Streiflicht« auf der Titelseite galt als ganz besonderes Markenzeichen der *SZ.* Legendär wurde auch »Die Seite Drei« mit ihren Reportagen und Features als Musterbeispiele für populäre Texte wie auch politisch relevante Berichterstattung. Proebst erwähnte in seinem Beitrag insbesondere auch den Aufbau des weltweit ersten eigenen Auslandskorrespondentennetzes, das der *SZ* nicht nur »eine dokumentarische Bedeutung als Informationsquelle« ver-

schaffte, sondern auch einen ganz besonderen Rang unter den konkurrieren-
den Tageszeitungen. Deutlich war dies an der Resonanz auf die »Seite Drei«-
Artikel des *SZ*-Chefkorrespondenten Hans-Ulrich Kempski abzulesen.

Etwas launisch umschreibt der durch Initiative von Erich Kuby engagierte
und ab 1959 als prägende Gestalt für das Feuilleton tätige Joachim Kaiser den
Umbruch dieser Redaktion: »Eben litten die Feuilletonisten noch unter der
freundlichen Zweckfreiheit ihrer Existenzen – jetzt sahen sie sich plötzlich in

Das Redaktionsgebäude *der Süddeutschen Zeitung 1951.*

die Rolle von Königen gedrängt, deren Reich immer größer und unübersichtlicher wurde, weil man jahrzehntelang nicht hatte durchdenken wollen, wo soziologische Signifikanz, künstlerisch-ästhetische Qualität, elitärer Anspruch und rapide Bewußtseinsmanipulation sich eigentlich schneiden oder berühren. Und wie das Feuilleton seine jeweiligen Eingriffe begründet.« Kaiser meinte damit den unspektakulären, eher glanzlosen Feuilletonteil der 1950er-Jahre, der überwiegend von älteren, konservativen Autoren bestritten wurde. Dass Schöningh bei der Auswahl seiner Autoren besonders auf die Mitarbeiter des *Hochlands* zurückgriff, wurde bereits erwähnt. Ende der 1950er-Jahre wies das Feuilleton dagegen Redakteure aus, deren Namen überall in Deutschland geläufig waren (K. H. Ruppel, Hans Mollier, Doris Schmidt, Ivan Nagel, Karl Schumann, George Salmony, Peter M. Bode, Urs Jenny, Benjamin Henrichs und die vielen Buchrezensenten wie Reinhard Baumgart, Ivo Frenzel, Günter Blöcker). Der öffentlichen Wahrnehmung der *SZ* als qualitativ hochstehendes, meinungsfreudiges wie unterhaltsames Blatt entsprachen die Herausgeber mit der Beilage der »*SZ* am Wochenende«.

Überhaupt wurden die Sonderbeilagen und Sonderseiten der *SZ* sehr positiv angenommen, verfolgt man die damaligen Leserzuschriften auf das Erscheinen der »Seite für die Frau«, »Literaturbeilage«, »Alpine Seite«, »Reise und Erholung«. Schrittweise erhöhte sich auch die Seitenzahl der *SZ* pro Jahr. Von kümmerlichen 142 Seiten im Jahr 1945 bis zu stolzen 9150 Seiten Ende 1960 zeigt sich das rapide Wachstum. Wohingegen die Druckauflage abgesehen von den ersten fünf Jahren – Startauflage 1945: 403 833 Exemplare, dann Reduktion auf 208 823 Exemplare im Jahr 1950 – relativ konstant blieb. Ab 1951 lag die Druckauflage bei guten 200 000 Exemplaren, 1960 bei 221 289 Exemplaren, die sich erst ab 1961 auf rasant gestiegene knappe 300 000 im Jahr 1970 erhöhte. Die Zeitung war da angekommen, wo ehedem Oberst McMahon bei der Gründungsversammlung der neuen *SZ*-Gesellschafter hoffte, dass sie »das bedeutendste Blatt des neuen Deutschland werden könne«. Dem entsprach auch das Personalwachstum des Süddeutschen Verlags – zählte man im Oktober 1945 382 Mitarbeiter, so waren es fünf Jahre später bereits 1774.

Auch über den redaktionellen Bereich hinaus versuchten Zeitung und Verlag, zahlreiche soziale und politische Anstöße zu geben, wie die Schaffung eines »Fonds für den kulturellen Wiederaufbau der Stadt München«, »Patenschaft für Ausgebombte«, 1948 der »Adventskalender für gute Werke«, 1949 die Gründung des »Verkehrsparlaments der *SZ*«, welches laufend Impulse für Verkehrs- und Städteplanung geben sollte, 1950 die »*SZ*-Sportförderung«.

Im selben Jahr entschloss sich der Verlag, eine eigene Buchverlagssparte durch den Kauf des List-, Südwestverlags unter dem Label des Süddeutschen Verlags zu etablieren. Auch übernahm der SV aus Gründen der Leserbindung den *Münchener Stadtanzeiger;* aus ähnlichen Gründen erfolgten 1955 die Gründung und Beteiligung am Verlag *Bayerische Staatszeitung München.* Weitere fünf Jahre später erfolgte der Kauf des kartografisch führenden Verlags Karl Wenschow.

Unter der Chefredaktion von Hans Habe erschien im Herbst 1950 erstmals die *Neue Münchner Illustrierte,* um das visuelle Bedürfnis der Leser besser zu befriedigen. Die Illustrierte wurde im Oktober 1960 an den Burda-Verlag verkauft.

Der Aufstieg der *SZ* zu einer auch überregional wirkungsmächtigen Tageszeitung erfolgte indes erst nach Schöninghs Tod. Ab Mitte der 1970er-Jahre nahm sie im Zuge der die politischen Adenauer-Verkrustungen der Bonner Republik aufbrechenden 68er-Bewegung eine bedeutende Position ein.

Irmgard Schöningh nach dem Krieg

Wie sehr Franz Josef Schöningh sich auch weiterhin in der Beziehung zu seiner geschiedenen Frau Irmgard belastet fühlte, zeigt ein längerer, leider nur fragmentarisch erhaltener Eintrag in seinem Nachkriegstagebuch. Am 12. Januar 1946 hielt er seine persönliche Situation fest: »[...] Die gesamte Umgebung der beiden Frauen [Marie-Louise von Münchhausen und Irmgard Schöningh] schüttet ihr Herz aus: Leni ist nur mit Mühe zum Bleiben zu veranlassen, Üppi spricht unter Tränen von Is [Irmgards] Verhalten, [...] Karen fragt nach Besuch bei [...], ob es nicht doch normal sei, daß die Leute in ihren Familien fröhlich wären. Sie spürt die Abwesenheit jeder Religiosität und damit Heiterkeit, allen Humors und Vertrauens. M. L. erklärt in Karens Gegenwart, daß sie jetzt verstehe, warum ihr ein bestimmter Mann unsympathisch sei, nachdem sie erfahren habe, dass er katholisch sei. Sie verteidigt gegenüber Karen jene Frauen, die sich jetzt den Am. [Amerikanern] hingeben. Die jungen Deutschen seien tot, verkrüppelt oder gefangen. Die Frauen, die in der Heimat mindestens soviel durchgemacht hätten wie die Soldaten, hätten das Recht, sich jetzt junge und schöne Männer zu wünschen. Ich muss Irmgard vor die Entscheidung stellen, ob sie mir auf meinem Weg folgen will oder nicht. Ich glaube ihren Entschluss zu kennen. So sehr ist sie in den Käfig ihres ICH eingesperrt, dass sie sich jeweils durch einen Ismus, immer aber durch einen Fanatismus daraus zu befreien sucht. [...] Morgen werde ich bei Hausensteins etwas Wärme haben, keinen Lärm, freundliche und tatsächliche Anteilnahme an meinem Leben. Ich bin noch nicht soweit, auf das ›Private‹ ganz verzichten zu können, auf jene Sphäre, aus der zu allen Zeiten die echten Kräfte wuchsen. [...] In solcher Situation ist I's kindliche, elementar-weibliche Art eine Erquickung. Mir graut bei dem Gedanken, sie eines Tages ins graue Ungewisse ziehen lassen zu müssen. Aber sie ist keine Gefährtin. Es gibt nicht mehr was sie braucht: grosses Gut mit Hunden und Pferden.«

Einen Monat später, am 3. Februar 1946, findet dann die Aussprache über beider Zukunft statt: »Aussprache mit I., in der sie mir sagte, dass sie sich ein Zusammenleben mit mir nicht mehr vorstellen könne. Ich habe ihr gesagt, dass ich [...] meinen Weg in völliger Klarheit alleine gehen und mir so etwas wie ein Heim schaffen müsse. Ihr Blick verriet ein belastetes Gewissen.«

Ein wenig erlauben auch die Tagebücher von Schöninghs Tochter Karen vom Jahresanfang 1945 bis Juli 1947 einen Einblick in das Familienleben.

Darin hält sie genau die Besuche ihres Vaters in Prien fest, wo sie bei ihrer Mutter und deren Freundin Marie-Louise von Münchhausen nebst deren drei Kindern lebte. Am 3. Juli 1945 taucht erstmals die Überlegung der beiden Frauen auf, in die sowjetische Zone überzusiedeln, wohin sie, Karen, »nicht mit wolle«. Ihr Vater beruhigte sie mit dem Hinweis, dass dies gar nicht infrage käme.

Bedrückend musste für Karen die zunehmende Freudlosigkeit in Prien gewesen sein. Sie empfand ihre Mutter als müde, ärgerlich, herablassend, unzufrieden. »Seit Mutter nur noch an die Politik denkt, ist sie so. Vorher dachte sie an das Leben, an Musik und an mich, da hatte ich sie furchtbar lieb, [...] aber seit Politik und M.L. die größte Rolle in ihrem Leben spielen, ist sie iguistisch [sic!] und ungerecht geworden. [...] bin immer bei Üppi. Zuhause ist ein Loch!!!« (14. Januar 1946)

In der Folge zeichnete sich die Übersiedlung zum Vater in München ab: »Vor 14 Tagen war Vater hier, und sagte Mutter, daß wir zusammen nach München zögen. Mutter glaubte zwar erst nicht, daß ich mitginge, und es hat sie dann schwer getroffen, wie wir das alle nicht erwartet hätten, [...] am 10. April ziehen wir um. Ich freu mich schon schrecklich darauf, mit Vater zu wohnen, und ihm zu zeigen, wie gern ich ihn habe und daß ich versuchen will, ihm das zu ersetzen, was er jetzt vermissen mußte« (8. März 1946). Die Wohnung in der Ismaninger Straße 102 hatte Schöningh zusammen mit dem befreundeten Verleger Heinz Wild, dessen Frau und ihren drei Kindern sowie der Haushälterin Leni Göttfried bereits im März bezogen, nachdem er sein Zimmer in der Pegnitzstraße in München-Gern aufgegeben hatte.

Nur indirekt erfuhr sie, dass ihr Vater am Wochenende 12./13. Oktober Irmgard Schöningh davon in Kenntnis setzte, dass er die Scheidung eingereicht habe.

Bereits am 13. Dezember des gleichen Jahres wurde die Ehe zivilrechtlich geschieden. Schöninghs Versuche, die Ehe auch kirchenrechtlich scheiden zu lassen, scheiterten indes, zuletzt ein anwaltliches Bemühen 1958. Das Dekret des Konsistoriums des Erzbistums München und Freising vom 19. Dezember 1950 konzedierte ihm lediglich die Erlaubnis, von seiner Ehefrau auf unbestimmte Zeit getrennt zu leben. In der Begründung des Dekrets heißt es unter anderem: »Durch die eidlichen Aussagen der Zeuginnen [...] ist erwiesen, daß die Ehefrau seit März 1943 dem Ehemann die eheliche Gemeinschaft grundlos

Mit dem Kösel-Verleger Heinz Wild und dessen Frau Irmgard war Schöningh seit den 1930er-Jahren eng befreundet.

verweigert, daß sie zu Frauen Beziehungen unterhält, welche mit der ehelichen Treupflicht nicht vereinbar sind, und daß sie sich politisch in einer Weise betätigt, welche mit den kirchlichen Weisungen (Dekret des Hl. Offiziums vom 1. Juli 1949) und der kirchlichen Einstellung in schärfstem Widerspruch stehen.«

Schöningh betrieb das kirchliche Scheidungsverfahren jedoch weiter mit dem Ziel der Aufhebung der Ehe durch die höchste vatikanische Instanz, die Rota Romana. Dazu fertigte er nochmals ein zweieinhalb Seiten umfassendes Schreiben an die vorgeschaltete deutsche Instanz, das Erzbischöfliche Konsistorium in München, mit ausführlichen Begründungen an (Anschreiben vom 3. April 1953). Darin beschrieb er das Trautersdorfer Domizil als »verwahrlostes Haus und als Versammlungsort von kommunistischen, meist kriminellen Elementen«, das er unter diesen Umständen und wegen der Beziehung der beiden Frauen verlassen musste. Über diesen Antrag ist nie entschieden worden.[238] Auch eine Antragsabweisung ist im Nachlass nicht zu finden.

Die ersten Tage des neuen Jahres verbrachte Karen Schöningh in Prien, »oben im Haus [der Mutter] war es fürchterlich. Kein Wasser, kein Strom, kein Brennmaterial, wenig zu essen – *Kommunismus*. Eine kalte unsympathische Atmosphäre. Mutter geht am 15.1.47 nach Berlin, […] ich bin so froh, wenn sie alle fort sind, mir kommt das alles ganz unheimlich vor« (7. Januar 1947). Distanziert hält sie fest: »Mutter bekommt die amerikanische Einreiseerlaubnis nicht. So geht sie also jetzt aufs Geratewohl in das russisch-besetzte Gebiet ohne Hoffnung bald wieder zurückkommen zu können« (8. Januar 1947).

Es gilt aber auch noch einen kurzen Blick zurück auf Franz Josef Schöninghs Privatleben Ende der 1940er-Jahre zu werfen, wie es wenigstens in Teilen von der Frau des *Hochland*-Verlegers und Freundes Heinrich Wild festgehalten ist.

Irmgard Wild schrieb am 23. Juni 1948, dass sich das Leben nach der Währungsreform wieder normalisiert habe, »man konnte kaufen und verkaufen«. Und: »Wir kauften zunächst mal auf Pump eine Ruine in München-Bogenhausen.« Schöningh bezeichnete sich in einem Brief an den Architekten als Finder und Initiator des Erwerbs des Hauses. Das Haus wurde inzwischen abgerissen, es lag am Böhmerwaldplatz 13, heute in unmittelbarer Nähe zum Richard-Strauss-Ring. Wilds sollten ins Erdgeschoss ziehen, Schöningh mit Karen und Haushälterin Leni in den ersten Stock, später wurde auch das Dach ausgebaut, um über nötige Gästezimmer zu verfügen. Heinrich Wild und Schöningh waren zu gleichen Teilen Miteigentümer. Der Einzug fand Ostern 1950 statt. Nur langsam regulierte sich das Leben aus Sicht Irmgard Wilds: »Die Leute hatten zu essen, zu trinken, wenn auch noch keine Möbel. Das Erste, was wir nach der Währungsreform für das neue Haus kauften, waren schwere seidengewebte Vorhänge. Sie waren an sich für den Obersalzberg gedacht, [...] aber wir kamen durch. Um Bücher riß man sich. Zunächst hatte ich meinen alten Kinderwagen für Butter, Eier, Käse verscherbelt, dann Bücher gegen Lebensmittel, besonders die Hausbibel ging reißend weg.« Über ihren Sohn Stefan wusste sie zu berichten, dass er »sein Beichtbildchen gegen eine Stange Zigaretten [verkaufte]«.

Mit dem Einzug in das Haus Böhmerwaldplatz 13 begann sich zumindest das häusliche Leben wieder zu normalisieren. Es sind knappe zwei Seiten, die Irmgard Wild auf die Erinnerungen an das Haus und das Zusammenleben mit Schöningh verwendete. Offenkundig befand sie den Lebensstil Franz Josef Schöninghs als so ungewöhnlich, dass sie diesem einen längeren Absatz widmete: »Schöningh zog wechselnde Freundinnen an Land. Wenn sie dem Wein allzu sehr zugetan waren, sorgten sie für die zum Leben gehörende Aufregung. Gar nicht so selten flogen über unseren Köpfen Stehlampen und anderes Meublement durch die Gegend. Mir war das ziemlich gleichgültig. Mein Mann war in dieser Hinsicht leichter erregbar, und ich mußte ihn immer davon abhalten, nachts auf eine Bank am Böhmerwaldplatz zu ziehen. Leni war da schon tatkräftiger. Sie rief den Chefarzt in der Klinik Rechts der Isar an. Der schickte einen Assistenzarzt, der Frau L. abholte und sie in einem schönen Krankenbett ausnüchtern ließ. In der Nazizeit hatte Frau L. manches für ihn getan. Mein Mann lobte den Kundendienst der Klinik.«
Bereits ab Sommer 1947 besuchte er im Zusammenhang mit seinen Reisen ins heimatliche Paderborn regelmäßig Lili von Harbou auf ihrem Gut, dem »Mogenshof«, auf der Luneplate an der Weser, südlich von Bremerhaven.

Seine Eindrücke über die Einsamkeit dieser Marschlandschaft hielt er in einer unveröffentlichten Erzählung (»Am Rande des Meeres«) fest.[239]

Lili von Harbou gelang buchstäblich in letzter Minute dank amerikanischer Hilfe zusammen mit ihrem von den kommunistischen Ortsfunktionären mit dem Leben bedrohten Mann die Flucht aus ihrem thüringischen Schlossgut Henfstädt, das knapp an der bayerischen Grenze in der sowjetisch besetzten Zone lag. Mogens von Harbou hatte Schöningh verschiedene Male dorthin eingeladen, jedoch fand ein Besuch nie statt. Harbous Vater hatte vor dem Krieg auf der Luneplate Ländereien gekauft, die als Weideland für Milchvieh genutzt werden konnten. Die

Mit Lili von Harbou lebte er in München in jeweils getrennten Wohnungen von 1950 bis 1955 zusammen.

Lebensumstände in dieser Einöde nach der Flucht dorthin waren trostlos und ohne Zukunft insbesondere für das Aufwachsen ihrer drei Kinder, zumal Harbou in Bremer Internierung wegen seiner Funktion im Generalgouvernement einsaß. Schöningh riet Lili von Harbou nach dem Tod ihres Mannes, spätestens aber Ende 1948, nach München überzusiedeln und den Hof zu verpachten. Im Februar 1948 sandte er ihr ein Telegramm »Lösung wird gefunden«, was sich auf den Wiederaufbau eines Hauses in der Schwabinger Agnesstraße 34 bezog, wo im vierten Stock eine größere Wohnung zu vermieten war. Er hatte durch seinen in unmittelbarer Nähe lebenden Chauffeur Leopold Irl davon Kenntnis erhalten. Lili von Harbou zog mit den Kindern im August 1950 in diese Wohnung. Ab dieser Zeit lebten Schöningh und sie zusammen, jedoch in verschiedenen Wohnungen. Regelmäßig nahm er sie wochenends mit auf die Bauerbacher Jagdhütte.

Die Beziehung zu Lili von Harbou blieb im Halböffentlichen, offiziellen Auftritten in seiner Funktion als Mitherausgeber der *SZ* wohnte sie in der Regel nicht bei, ebenso *SZ*-Einladungen zu Premieren, Uraufführungen oder sonstigen Konzerten. Bei privaten Besuchen wie bei Hausensteins, dem Grafen Podewils, dem ersten Generalsekretär der Bayerischen Akademie der Schönen Künste, der Familie von Hirsch in Planegg oder bei Einladungen von *SZ*-Mitarbeitern wie W. E. Süskind, Hermann Proebst, Ursula von Kardorff war sie allerdings zugegen.

Die Beziehung zwischen beiden dauerte bis November 1955, dann, so Irmgard Wild lapidar, »nahm sich [Schöningh] eine neue Freundin«. Es war die Rechtsanwältin Christel Lammers, eine ebenfalls jagderfahrene Frau.[240]

Irmgard Schöningh ging zusammen mit Marie-Louise von Münchhausen und deren drei Kindern am 1. September 1947 nach Berlin-Wilhelmsruh, Hohenzollernstraße 9. Die Wohnung lag in der russischen Zone im Norden Berlins im Bezirk Hermsdorf. »Butzi« Münchhausen lebte dort bis zu ihrem Lebensende; ab November arbeitete sie wieder in ihrem alten Beruf als Mitarbeiterin in einem Anwaltsbüro.

Irmgard Schöningh, zu Priener Zeiten zuletzt stellvertretende Leiterin der

Marie-Louise von Münchhausen mit ihren Töchtern Cecil und Bettina in Berlin.

Finanzabteilung der AOK Rosenheim, brauchte nur ein gutes halbes Jahr, um auch in der SBZ/DDR eine wichtige berufliche Position einzunehmen. Ihre Fähigkeit, mit ganz verschiedenen Beschäftigungen umzugehen, hatte sie ja bereits unter Beweis gestellt. Im Palucca-Archiv der Berliner Akademie der Künste findet sich eine Auswahl ihrer früheren Tätigkeiten: Geigerin (sie hatte schon früh Geigenunterricht genommen, leitete auch ein Streichorchester, ging zum Musikstudium nach München, wo sie eine Gesangsausbildung erhielt), Taxifahrerin, Korrepetitorin, Gutsverwalterin (des Guts Herrengosserstedt der Familie von Münchhausen), Leiterin eines Frauenchors, Redakteurin (sie war in den 1930er-Jahren zwei Jahre lang *Hochland*-Redakteurin), Wirtschaftsleiterin in einem Priener Kinderlandverschickungslager und, wie gesagt, stellvertretende Finanzleiterin der AOK Rosenheim.[241]

Durch welche Empfehlungen sie schon ab April 1948 die Doppelfunktion einer stellvertretenden Leiterin der Hauptabteilung Kunst und Literatur im Ministerium für Volksbildung und die Leitung des Referats Musik in der Abteilung Kunst und Literatur der DZVV (Deutsche Zentralverwaltung für Volksbildung) einnahm, ist unbekannt.[242] Darüber hinaus war sie Mitglied der Musikkommission des kulturellen Beirats für das Verlagswesen und gehörte dem Fachausschuss »Musik und Tanz« bei der deutschen Volksbühne an (der sich aber erst im Juni 1948 konstituierte).[243] Als zuständige Referentin im Ministerium für Volksbildung wurde sie im Oktober von einer Assistentin der sehr bekannten Tänzerin Gret Palucca angesprochen, die händeringend nach einem geeigneten Raum für die Berliner Zweigstelle ihrer Dresdner Ballettschule suchte.

Wer war diese Gret Palucca? Sie gilt als eine der Begründerinnen des modernen Tanzes und war eine bedeutende Tanzpädagogin. Als Margarete Paluka 1902 in München geboren, erhielt sie bei Heinrich Kröller in Dresden Ballettunterricht von 1914 bis 1916. Das Ballett von Mary Wigman wurde für sie zum Schlüsselerlebnis, und so wurde sie in der Folge eine der ersten Schülerinnen. 1921 änderte sie ihren Namen in Palucca um, bis 1924 tanzte sie in Wigmans Gruppe. Dann begann sie ihre Solokarriere und wurde eine der führenden Tänzerinnen des Ausdruckstanzes. Ihr erster Mann, Fritz Bienert, war ein vermögender Mühlenbesitzer aus Dresden, mit dem sie bis 1930 verheiratet war.[244] Bienerts Mutter sammelte in großem Stil Moderne Kunst, sodass Palucca schon von früh auf in Kontakt mit vielen berühmten Künstlern trat (Ernst Ludwig Kirchner malte sie, Kandinsky schrieb über sie zwei Aufsätze). 1925 gründete sie ihre eigene Schule mit dem Ziel einer geistig-körperlichen Erziehung. 1939 wurde die Dresdner Schule von den Nationalsozialisten geschlossen, und sie erhielt öffentliches

Gret Palucca gilt als eine der Begründerinnen des modernen Tanzes.

Tanzverbot. Im Juli 1945 eröffnete sie ihre Tanzschule in Dresden erneut, die aber 1949 verstaatlicht wurde. Ihre Zeit in der DDR war gekennzeichnet von einem mühsamen Arrangement mit der DDR und deren Kulturbürokratie. Palucca verließ die DDR 1959, kehrte aber 1960 wieder zurück, auch wegen der Zusicherung, die künstlerische Leitung ihrer Schule wieder übernehmen zu können, und wegen etlicher materieller Vergünstigungen und Ehrungen (sie war von 1965 bis 1970 Vizepräsidentin der Deutschen Akademie der Künste in Ost-Berlin). Sie starb 1993.

Irmgard Schöningh gelang es, den noch erhaltenen Ballettsaal der ansonsten schwer beschädigten Staatsoper für Palucca anzumieten. Und die Kontakte zwischen beiden intensivierten sich, Schöningh übernachtete während häufiger Dienstreisen nach Dresden in der Wohnung Paluccas in der Wiener Straße und sprach ihrerseits die Einladung nach Berlin aus: »Bitte melden Sie sich für Berlin mit einem Fanfarenstoß bei mir an, damit wir ein Zusammentreffen verabreden können.« Susanne Beyer schreibt in ihrer Palucca-Biografie: »Irmgard Schöningh handelte bald ganz in Paluccas Sinne. Sie gehörte zu denjenigen, die die Verleihung des Nationalpreises der DDR an Mary Wigman – die trotz ihres Umzugs nach West-Berlin dafür noch im Gespräch war – vereitelte.«[245] Auch sorgte sie für ungewöhnliche Privilegien wie einen Dienstwagen nebst Chauffeur. Gret Palucca lebte in Dresden mit der Chefin der Kinderklinik des Krankenhauses Dresden-Johannstadt, Marianne Zwingenberger, zusammen. Diese Beziehung erweiterte sie im Spätherbst 1949 zu einer Dreierkonstellation. Sie ließ Teile ihres Mobiliars aus Dresden nach Ostberlin transportieren, wo sie eine Wohnung anmietete, die sie von Zeit zu Zeit mit Irmgard Schöningh teilte. Zur gleichen Zeit beendete sie nach 26 Jahren ihre Bühnenkarriere, um nur noch als Tanzpädagogin zu wirken.

Irmgard Schöningh (undatiert, wahrscheinlich 1940er-Jahre).

Auch Irmgard Schöninghs Leben sollte sich verändern. Am 14. Januar 1950 entschied das Zentralkomitee der SED, das Ministerium für Volksbildung umzustrukturieren. Susanne Beyer schreibt, dass die Hauptabteilung »Kunst und Literatur«, der Schöningh als stellvertretende Leiterin vorstand, aufgelöste wurde. Deren Aufgaben wurden entsprechend des sowjetische Vorbildes einer »Staatlichen Kommission für Kunst und Literatur« übertragen. Die Abteilung »Darstellende Kunst und Musik« der Kommission übernahm sie rückwirkend zum Jahresbeginn. In dieser Funktion war sie auch Mitglied im Deutschen Bach-Ausschuss. Ursprünglich war sie 1949 als Direktorin der Abteilung Belletristik im kulturellen Beirat vorgesehen, der die Kommissionen Belletristik, Kinder- und Jugendbuch, Musik und Schallplatten sowie Bildende Kunst unterstehen sollten.[246] Hintergrund war, dass alle Schlüsselpositionen der staatliche Kunstkommission mit bewährten SED-Kadern besetzt werden sollten, die über unbeschränkte Weisungsbefugnis verfügten.

Irmgard Schöningh war nach ihrem rasanten Aufstieg binnen kurzer Zeit nunmehr als Kader fest eingebunden in die neue stalinistische Kulturpolitik, die sich nach Gründung der DDR am 7. Oktober 1949 allenthalben durchsetzte. Für den Bereich Musik war diese bereits durch Hanns Eislers Prager Manifest vom Mai 1948 vorgezeichnet, in dem er für eine inhaltliche und realitätsbezogene Musik plädierte. Es galt, den als verderblich empfundenen formalistischen Weg zu verlassen, um dem Volk mit historisch »richtig« aufbereiteten Handlungen Musik verständlich zu machen. Es war ein offenes Geheimnis, dass man »unter der Auseinandersetzung mit dem Formalismus nichts anderes als den ideologischen Kampf gegen die bürgerlich-imperialistischen Auffassungen auf dem Gebiet der Kunst« verstand, was aber zu Beginn der Debatte so nicht artikuliert werden sollte, um das liberale Bürgertum nicht zu verprellen.[247]

Massiv wurde Irmgard Schöningh in diese Richtungskämpfe involviert, als sie im August 1950 überraschend zur stellvertretenden Intendantin an der Staatsoper »Unter den Linden« berufen wurde. Über die Gründe ihrer Abberufung als Leiterin der Abteilung »Darstellenden Kunst und Musik« im Ministerium für Volksbildung ist nichts bekannt, wohl aber über ihre neue Funktion.

In einem Vermerk der Staatssicherheit vom 1. August 1951 steht: »Gen. Irmgard Schöningh [...] zeigte starkes Klassenbewusstsein, Parteiverbundenheit. Ihre Arbeit liegt hauptsächlich auf künstlerischem Gebiet, greift aber auch generell in das technische Gebiet über. Seit ihrem Hiersein in der Staatsoper sind spürbare Verbesserungen in politischer Hinsicht geschehen.« Diese Einschätzung ihrer Linientreue war für die Staatssicherheit der Anlass, sie als inoffizielle Mitarbeiterin zu gewinnen. Spontan willigte sie handschriftlich am 27. August 1951 ein. Den Decknamen »Arno Alfred« schlug sie selbst vor.[248] Nirgendwo jedoch findet sich in den Unterlagen der Staatssicherheit der DDR in der Außenstelle Dresden, welche die Wende unbeschadet überstanden haben, ein Hinweis, dass Schöningh alias Arno Alfred jemals über Palucca oder die Vorgänge der Dresdner Palucca-Schule etwas Kompromittierendes berichtet hat.[249]

Die Deutsche Staatsoper »Unter den Linden« verfügte nach dem Krieg über buchstäblich nichts mehr Verwertbares, abgesehen von privat geretteten Noten, Drehbüchern, Kostümen. Außer der materiellen Restitution dürfte für die Wiederinbetriebnahme jedoch die damalige Volksfrontstrategie gewesen sein, wonach die russische Besatzungsmacht und ihre Erfüllungsgehilfen der »Gruppe Ulbricht« die größtmögliche gemeinschaftliche Basis für alle Interessengruppen schaffen wollten, um darauf den angestrebten Sozialismus aufbauen zu können. Ähnliches könnte auch für Irmgard Schöningh gegolten haben, die aus einem sehr bürgerlichen Hause stammte, mit einem katholischen Publizisten verheiratet war und kaum über sozialistische Verdienste verfügte (außer dem kläglich gescheiterten Versuch, im oberbayerischen Prien zusammen mit ihrer Lebensgefährtin Münchhausen eine kommunistische Ortgruppe zu gründen). Jedenfalls genossen beide, Intendant Legal wie Irmgard Schöningh, zunächst einen Freiraum, der von der sogenannten Etappentheorie Stalins abgedeckt war. Diese sah eine Transformation vom bürgerlichen über den antifaschistischen-demokratischen zum schlussendlich sozialistischen Humanismus vor. Doch schon vor Gründung der DDR zeigte sich, dass gerade die liberalen Künstler sich diesem Weg verweigerten, indem sie in den Westen gingen. So hatte Legal bereits zu Anfang mit erheblichen Schwierigkeiten in der Besetzung seiner Stücke zu kämpfen, auch weil die Honorierung der Schauspieler im Westen weitaus attraktiver war.

Die Verhärtung der DDR-Kulturpolitik setzte 1949/50 als Folge des Kalten Krieges ein und war durch Rigidität in der Programmgestaltung bis hin zur Konzeption der Programmhefte und abverlangten Bekenntnissen zum neuen System gekennzeichnet. Insofern tauchten auch im Theaterbereich zunehmend Eingriffe in die künstlerische Freiheit auf. Genügte ein Spielplan diesen Parolen nicht, wurde er abgelehnt. Es fand auf diese Weise eine totale Kontrolle aller Vorgänge einschließlich Haushaltsplanungen, Kostenrechnungen etc. statt. Dafür setzte man Irmgard Schöningh ab 1. August 1950 als stellvertretende Intendantin unter Ernst Legal ein. Anft schreibt: »[…] eine stellvertretende Intendantin beigegeben, die von vornherein über eine größere Machtkompetenz verfügt als der ausscheidende Verwaltungsdirektor. Der Intendant muss sich mehr und mehr mit einer ›Außenminister-Funktion‹ und gelegentlicher Regietätigkeit begnügen.« Wolf Völker bemerkte dazu: »Frau Schöningh war als ›Aufpasserin‹ bestellt […].«[250] Sie wurde damit Kontrolleurin einer reibungslosen Abwicklung von Anweisungen der Kultusbürokratie, die Ernst Legal zu seinem Rücktritt im September 1952 trieb.

Die DDR versuchte, den Rücktritt Legals auch aus Gründen seiner Popularität zu verschleiern und ihn doch noch zurückzugewinnen, was indes misslang. Mit ihm musste auch Irmgard Schöningh ihre Position in der Staatsoper Unter den Linden räumen. Sie tauchte letztmalig noch im Mai 1953 mit einem Vermerk in einer Verwaltungsfunktion der Staatsoper auf.[251]

Verstärkt schien sie sich Palucca und ihrem häuslichen Umkreis zugewandt zu haben. Gret Palucca schuf sich mit ihren Freundinnen Marianne Zwingenberger und Irmgard Schöningh weit ab von Berlin in der Wohnung in der Wiener Straße in Dresden eine Insel, in der sie versuchten, den unübersehbar gewordenen gesellschaftlichen Konflikten in der DDR aus dem Weg zu gehen. Schöningh kam, wann immer es möglich war, von Berlin aus angereist. Schon ein Jahr zuvor verlegte sie, so Susanne Beyer, ihren eigentlichen Lebensmittelpunkt nach Dresden.

Um dem politischen Druck noch mehr auszuweichen, zog sich Gret Palucca mit ihren Freundinnen im Sommer nach Vitte auf Hiddensee zurück. Es muss trotz politischer Unruhen eine idyllische Zeit in dem kleinen Holzhäuschen auf der Ostseeinsel gewesen sein. Schöningh hatte schon seit Monaten die Zusammenarbeit mit der Staatssicherheit eingestellt, Treffen verweigert und keine

Berichte mehr geschickt. Ausdrücklich hieß es in den Protokollen der Staatssicherheit, dass Schöningh »unpünktlich zum Treff« gekommen sei, sie »erschien oft nicht zur angesetzten Zeit und suchte irgendwelche Ausreden und habe sich nicht belehren lassen«. Am 31. März 1953 erging daher ein »Beschluß über das Abbrechen der Verbindung«.[252]

Irmgard Schöningh hingegen hatte durch ihre Lebenserfahrung mit ganz verschiedenen Berufen keine Berührungsängste, auch etwas völlig Neues anzufangen. Sie wurde Verkäuferin in einem Antiquitätengeschäft in Westerland / Sylt. Sie wollte nicht wieder nach Dresden zurück, hatte genug von dieser Form von Sozialismus. Mit großem Idealismus ging sie zunächst zusammen mit Marie-Louise von Münchhausen in die damalige Ostzone, wurde bekennende Kommunistin und erlebte spätestens ab 1952 direkt die große Problematik dieser Gesellschaftsform. Als sie sah, dass sie spätestens ab 1953 keine reale Gestaltungsmöglichkeit mehr hatte, vielleicht durchbrochen von der Illusion, diese in Dresden wiederzugewinnen, und als auch diese erlosch, versuchte sie einen Neuanfang in Sylt mit 51 Jahren. Dokumente über ihre Reflexionen und Aufarbeitung dieser Zeit in der DDR sind nicht erhalten.

Gret Palucca kehrte im Juli 1959 in die DDR zurück – sie war froh, wieder in ihrem Zuhause zu sein, Marianne Zwingenberger betreute sie wie gehabt. Für den Staat war sie keine »Gefahr« mehr, sie war sogar zufrieden, nunmehr als »Abteilungsleiterin für Neuen Künstlerischen Tanz« zu fungieren. Die von ihr bislang heftig abgewehrte staatliche Dominanz in der Ballettausbildung und die sozialistische Erziehung in ihrer Schule fanden jetzt keinen Widerspruch mehr. Das Regime verfuhr mit ihr freundlich, sogar Westreisen wurden für unbedenklich erklärt. »Palucca hat an unserer Schule Narrenfreiheit«, konstatierte ein Kollege. Doch das schloss nicht aus, dass sie durch die Staatssicherheit permanent überwacht wurde.

Imgard Schöningh blieb in Sylt. Sie lebte sich dort schnell ein, knüpfte Beziehungen – zunächst zu Else Fehnemann, der eine Buchhandlung in Westerland gehörte, und anschließend zu Annemarie Deutscher, die ganz in der Nähe einen Zeitschriftengroßhandel betrieb. Mit ihr wohnte sie auch zusammen. Den Kontakt zu Gret Palucca bewahrte sie, ständig schickte sie Päckchen mit in der DDR kaum erhältlichen Sachen sowie Briefe nach Dresden, die eine große Anteilnahme verrieten. Beyer schreibt, dass Schöningh nach all den anstrengenden Jahren versuchte, das Leben zu genießen: »Sie kochte aufwendig, rauchte nahezu ununterbrochen, trank gern Cognac mit Wasser gemischt, redete viel und war mit ihrer Intelligenz und ihrem Witz bald der Mittelpunkt einer Clique von lesbischen Frauen und schwulen Männern.«[253] Auch erhielt sie in Sylt häufig Besuch von Palucca, zuletzt im Winter 1967.

Im September 1967 starb Marianne Zwingenberger, und zwei Monate später, am 14. November, nach einer sehr schweren Operation, Irmgard Schöningh. Die Ärzte hatten zu spät einen Krebs im Endstadium entdeckt. Sie wurde auf dem Friedhof von Westerland beerdigt. Franz Josef Schöningh hatte sie nach ihrer Übersiedlung nach Ostberlin nie wieder gesehen, seine Tochter Karen besuchte die Mutter noch einmal im Sommer 1967.

Das neue *Hochland*

Neben dem Aufbau der *Süddeutschen Zeitung* hatte sich Franz Josef Schöningh mit Carl Muth verständigt, nach dessen Tod auch die Herausgeberschaft des *Hochlands* anzutreten. Die beiden hatten dies in der Zeit zwischen Mitte Mai 1942 und dem 8. Juli 1942, als Schöningh aus Tarnopol zwecks einer langwierigen Zahnbehandlung nach Prien / München reiste, so vereinbart. Muth fixierte diese Abmachung in seinem Testament vom 9. Dezember 1943 gesondert unter Punkt V. Sie geschah auch im Einverständnis mit dem das *Hochland* herausgebenden Kösel Verlag, dessen Verlagsleiter Schöninghs Freund Heinrich Wild war. Carl Muth starb am 15. November 1944 in Bad Reichenhall. Das erste *Hochland*-Heft nach dem Krieg erschien im Zweimonatsrhythmus am 1. November 1946 und wies Schöningh als Herausgeber sowie Schriftleiter aus. Karl Schaetzler tauchte im Impressum als Mitglied der Schriftleitung auf. Die Lizenzierung durch die US-Behörden war nur eine Formsache.[254] Schöningh formulierte im Aufmacher, einem Nachruf auf Muth (»Carl Muth. Ein europäisches Vermächtnis«), auf die rhetorische Frage, ob denn das neue *Hochland* ein Programm habe, den berühmten Satz: »Ja – seine Vergangenheit«. Er sah darin eine ausreichende Legitimation, konnten doch seiner Überzeugung nach im Auffinden gültiger Vorkriegswertevorstellungen Anknüpfungspunkte für einen Neuanfang gefunden werden.

Damit setzte Schöningh bereits ein deutliches Unterscheidungsmerkmal gegenüber den anderen katholischen Zeitschriften in den Westzonen. Er sah im metaphysischen Denken des Vorkriegs-*Hochlands* eine Bestätigung und Verpflichtung, diese Tendenz um der theologischen und philosophischen Erkenntnis willen fortzuführen. Gleichwohl konnte und wollte das *Hochland* wichtige aktuelle, historisch-politische Geschehnisse nicht gänzlich ignorieren. Es wurde bereits darauf hingewiesen, dass die Zeitschrift in der Weimarer Republik zu den bedeutendsten katholischen Periodika zählte. Nach der Machtübernahme durch die Nationalsozialisten waren die Angaben zur Auflagenhöhe Pflicht geworden, das *Hochland* gab 7430 Exemplare an, die ebenfalls prononciert katholischen *Stimmen der Zeit* 5300, *Der Gral* 2170. Das Handbuch der Lizenzen nennt 1947 für das *Hochland* 180 000 Hefte (bei einer zeitweiligen Bestellziffer von 36 000).

Eugen Kogon sprach auf dem deutsch-französischen Schriftstellertreffen im südbadischen Lahr 1947, an dem auch Schöningh teilnahm, von zwei traditionellen Typologien christlicher Schriftsteller, die auch jetzt nach den Krieg dominierten. Die einen würden ihre Zeit als Weltkrise deuten und die anderen von aktuell konkreten Fragen ausgehen. Sie hätten jedoch die gemeinsame Aufgabe, die Zeit wieder in Verbindung zum Christentum zu bringen und das Christentum mit der Zeit. Schöningh und Kogon / Dirks standen als pars pro toto für diese Fraktionen. War den Herausgebern der *Frankfurter Hefte* die Aufarbeitung der gesellschaftlich-politischen Situation über das Geistig-Philosophische hinaus ihr zentrales Anliegen, so konzentrierte sich die deutliche Mehrheit der katholischen Publizisten auf ihre traditionellen Ziele wie den Kampf gegen Kollektivismus und Liberalismus oder die Stärkung des Glaubens in einer glaubenslos gewordenen Massenwelt.

In der Tat fing die Diskussion über das Verhältnis Kirche, Katholizismus und Nationalsozialismus im *Hochland* erst mit Ernst-Wolfgang Böckenfördes Aufsatz »Der deutsche Katholizismus im Jahr 1933« an.[255] Der Aufsatz erschien im ersten Heft nach F. J. Schöninghs Tod und löste eine Welle zustimmender wie ablehnender Zuschriften aus. Ob Schöningh diesen Artikel noch gelesen und / oder redigiert hat, konnte nicht ermittelt werden. Davor äußerte sich das *Hochland* im Grunde zu keinem der oben genannten Aspekte. Lediglich Schöninghs Freund Clemens Bauer greift 1956 mit sehr verhaltener Kritik den Konkordatsschluss Pius XII. mit dem Dritten Reich auf.

Schöningh selbst verfasste im Umfeld dieser Fragen zwei längere Artikel, »Der Christ und die Kultur der Gegenwart« und »Christliche Politik?«.[256] Darin gibt er zu bedenken, dass nur der wahre Christ in einer von ihm gestalteten christlichen Kultur existieren könne; im zweiten Aufsatz umreißt er definitorisch den Begriff »christliche Politik«. Beide Aufsätze sind allerdings von einem hohen Abstraktionsgrad gekennzeichnet und von daher nur schwer in Beziehung zu den anstehenden historisch-politischen Fragen zu setzen. Den Aspekt, dass christliche Existenz und christliche Politik auch Momente von Schuld und Versäumnis tragen, spricht er nicht an. Aber gerade dieser Aspekt dominierte die ersten Nachkriegsjahre. Es wurde schon darauf hingewiesen, dass die sogenannte Stuttgarter Erklärung der Evangelischen Kirche vom Oktober 1945 mit ihrem Eingeständnis, dass vieles versäumt und der Nationalsozialismus nicht mit allen zur Verfügung stehenden Mitteln bekämpft wurde, an der offiziellen Haltung der katholischen Kirche abprallte.

Eine der ganz wenigen in der Autorenkorrespondenz Schöninghs erhaltenen inhaltlichen Auseinandersetzungen ist in einem Brief an Wilhelm Hausenstein vom 28. Dezember 1950 nachzulesen. Schöningh hatte den Aufsatz »Der unbekannte Ibsen« zum Jahreswechsel 1950/51 an Hausenstein in Paris mit der Bitte um Kommentierung geschickt. Darin versuchte er, Ibsens Verankerung im existenzialistischen Denken mit einer christlichen Aussage der Menschenliebe zu verbinden. Hausenstein attestierte Schöningh, dass sein Opus »ein durchaus inwendiges und zwingendes Anliegen gewesen ist«, er habe aber nicht nochmals *Peer Gynt* gelesen. Seiner früheren, intensiven Lektüre Ibsens vertrauend, bestritt er dessen Rang als Dichter der Weltliteratur (»nicht als ein Dichter im Gedächtnis steht«) und glaubte, dass Schöningh »die eigentlich poetische Potenz« Ibsens überschätze (»ich meine, zwischen Ihrem ganz unverkennbar außerordentlichen Aufwand und seines Gegenstandes eine Disproportionalität zu spüren«). Auf das Wesen der Liebe in den Gestalten des *Peer Gynt* geht er nicht ein (»jener Liebe, gegen die es überhaupt kein Argument geben kann, da es ihre Eigentümlichkeit ist, über den Argumenten […] zu stehen«).

Schöningh engagierte sich in dem Gedankenkreis eines auf seine abendländischen Wurzeln bezogenen Europas als Mitglied der »Europäischen Kulturgesellschaft«, die Pfingsten 1950 in Venedig gegründet wurde, und des »Bunds Deutscher Föderalisten«, der im August 1947 in Bad Ems gegründet wurde.

Auf der Basis eines in abendländischer Tradition verstandenen Europas stellte sich die Frage, wie man als Katholik und Christ an der neuen geistigen und gesellschaftlichen Ordnung mitwirken könne. Hier sah sich das *Hochland* berufen, mit einer Fülle von Beiträgen Antworten auf diese Frage zu finden, indes man aus der Feder Schöninghs hierzu nichts findet. Die mehr programmatisch-ideelle Grundsatzdiskussion der frühen Nachkriegsjahre verschob sich immer mehr in die Richtung, welche Staatsverfassung die neue Republik haben sollte. Auch hier war auffällig, dass das *Hochland* sich dazu im Einzelnen nicht einließ, obwohl sich in den ersten Jahrgängen durchaus Beiträge zu konkret anstehenden Problemen, wie dem Aufbau eines Schulsystems, den Grenzen einer Enteignung, den physikalischen Wirkungsmechanismen der Atombombe, den Grenzen von Leistungswettbewerb und Monopolkontrolle oder zum Pro und Kontra Bekenntnisschule vs. Gemeinschaftsschule, finden lassen. Doch dies waren lediglich Einzelfälle. Schöninghs kulturpolitisches Engagement auch im Bereich Schulerziehung schien nicht unbemerkt. In der Bayerischen Landeszeitung vom 16. Dezember 1950 wurde im Zuge möglicherweise anstehender Neuwahlen 1950 sein Name als möglicher Nachfolger des von der SPD abgelehnten Kultusministers Hundhammer im Kabinett Hans Ehard genannt.

Franz Josef Schöningh veröffentlichte seinen letzten größeren Aufsatz für

Franz Josef Schöningh in den 1950er-Jahren.

das *Hochland* im ersten Heft des Jahres 1953. »Was heißt heute konservativ?«, fragt er in einem wenig dogmatisch gehaltenen Essay. Der Text diente als Grundlage eines Vortrages, den er vor dem Akademisch-Politischen Club München im Bayerischen Finanzministerium hielt. Die *SZ* druckte eine kurze Zusammenfassung am 20. März 1953 ab. Auch hier ließ er anklingen, dass sich der Mensch innerhalb einer von Gott vorgegebenen Gesellschaft verhalten muss. »Keimzelle jeder sozialen Ordnung ist für den Konservativen die Familie.« Von da aus sei auch zu bestimmen, welche rechtlichen, politischen und sozialen Einrichtungen notwendig sind, um der Familie Eigenleben und Selbstbestimmungsrecht zu retten. Hier sieht er den individuellen Spielraum gewahrt, den der Liberalismus durch seine Freiheit und der Sozialismus durch den Kollektivismus bedrohen. »Die Freiheit des Einzelnen hängt mit ab vom Selbstbestimmungsrecht der Familie und der relativen Eigenständigkeit der öffentlichen Körperschaften, in denen er beheimatet ist. [...] Sitte und Brauchtum bewahren jenen vor der sozialen Isolierung und vor dem Untergang in der Masse.« In diesem Essay setzte er Akzente, nicht aber ließ er den konservativen Gedanken zu einem Programm werden. Denn das stünde dem Menschen nicht zu, »denn er [Gott] ist immer noch der Herr der Geschichte, und was uns so besorgt macht, ist für ihn nur einer der unzähligen Augenblicke, in denen unser Vertrauen auf ihn einer Prüfung unterworfen wird«.

Schöninghs übrige Beiträge aus dem Jahr 1953 sind im Grunde nur Gedankensplitter, Rückblicke auf 50 Jahre *Hochland*, Anmerkungen zur Kriegsdienstverweigerung, Gedanken zum 20. Juli 1944, »Der Arbeiter als Mythos«. 1954 schrieb er fast gar nichts, lediglich in der *Hochland*-Rundschau rezensierte er Bücher von und über Theodor Heuss, verfasste einen Beitrag über die Beziehung Katholizismus und Protestantismus (»Müssen wir einander wirklich fremd sein?«). Diese publizistische Absenz hielt sich bis 1958, wo er sich nochmals auf seine Äußerung aus dem Jahr 1925 bezieht, wonach die katholischen Organisationen 1933 »wie Kartenhäuser vor einem einzigen Windstoß zusammenbrachen« und er dafür kritisiert wurde. Nach dem Tode Wilhelm Hausensteins unternahm er in der Rundschau des *Hochlands* einen kurzen Rückblick auf dessen Werk und auch noch einmal ein wenig auf die Person, ungeachtet seines persönlichen Nachrufs. Die Beziehung zwischen beiden war wohl schon seit geraumer Zeit gestört. Hausenstein schreibt in *Impressionen und Analysen* unter dem Datum vom 9. Januar 1957: »Es ist mir schmerzlich, aber ich muß fürchten, daß unsere Beziehung zu ihm nur noch etwas Formales sein und bleiben wird. Angesichts der Erfahrungen, die ich mit ihm gemacht habe, müßte ich mich eigentlich ja auch längst von ihm getrennt haben, trotz seiner Gescheitheit.«

Rückzug, Krankheit, Tod

Die eigentliche Arbeit des Chefredakteurs im *Hochland* überließ Franz Josef Schöningh ab 1953 / 54 zusehends seinem Stellvertreter Karl Schaetzler. Die Programmatik des *Hochlands* wurde beibehalten, es änderte sich höchstens das Themenspektrum – nahmen doch die naturwissenschaftlichen Erkenntnisse immer mehr Raum in der gesellschaftspolitischen Diskussion ein.

Schöningh begann zunehmend, das Leben abseits der täglichen Beanspruchungen durch die Zeitung und das *Hochland* zu genießen. Die Jagd wurde immer mehr zum Mittelpunkt. Sehr wohl fühlte er sich, in geselligem Kreis mit seinen Freunden zusammenzusitzen und zu feiern. Hans Mollier, Redakteur im Kulturteil der *SZ*, beschreibt ihn in einem bayerischen »Gstanzl« als einen kulinarisch sehr aufgeschlossenen Menschen. Und er genoss es wohl auch, gefeiert zu werden. Ausdruck davon ist die gesamt erhaltene Geburtstagskorrespondenz zu seinem 50. Geburtstag am 25. Juli 1952. Seine *SZ*-Mitgesellschafter luden zu seinen Ehren am Vorabend eine Auswahl ihm nahestehender *SZ*-Mitarbeiter zu einem festlichen Abendessen ins Münchener Restaurant »Walterspiel« ein. Wer diese Liste von 20 Personen erstellt hat, ist unklar. Aber die verhältnismäßig kleine Liste war wohl auch einer repräsentativen Redaktionsauswahl geschuldet. Auffällig ist, dass etliche Redakteure des Feuilletons nicht auftauchen, obwohl Schöningh eine enge Beziehung zu ihnen hatte. Etwa Hanns Braun, Ursula von Kardorff, Curt Hohoff, Hans Mollier. Außer den Herausgebern sowie Schwingenstein jr. sind namentlich festgehalten: Hans Arbinger, der Leiter des Bayernteils zu dieser Zeit, Heizler, Hoffenreich, Heinz Holldack (Leiter der Außenpolitik), Ludwig Koppenwallner (Sportchef), Ernst Langendorf, einer der Ziehväter der *SZ*, Melchinger, Noether, Bernhard Pollak (Bayernteil), Hermann Proebst (Chef der Innenpolitik), Walter Slotosch (Wirtschaft), Hans-Joachim Sperr (Feuilletonchef), Elly Staegmayr (Leiterin der Handelsredaktion), sein Freund W. E. Süskind, Heinz Tebbe (Chef vom Dienst) und als Reporter Jochen Willke.

Klar gibt er seinen Gefühlen Ausdruck, welche Art der Feier ihm am meisten zusagte: »Die schönste Geburtstagsfeier fand auf meiner Jagdhütte statt, wo ich mit den benachbarten Bauern und Jagdhütern beim Bier bayerische Lieder hörte«, schrieb er seinem alten *Hochland*-Autor Peter Dörfler.

Sämtliche Honoratioren des öffentlichen Lebens gratulierten ihm mit der Anschrift der *SZ*, nicht erhalten sind die privaten Glückwünsche, die an seine Privatadresse Böhmerwaldplatz gerichtet waren. Eine Gratulation wendet sich sehr direkt an ihn: »Sie wissen, dass viele Hoffnungen auf Sie gerade in Ihrer Stelle gegründet sind. Ich würde mich freuen, in absehbarer Zeit wieder mit Ihnen zusammenzutreffen und sprechen zu können«, schreibt der sich als »Namensvetter« etikettierende Franz Josef Strauß auf Briefpapier des Deutschen Bundestages. Schöningh antwortet mit einem ebensolchen Wunsch: »[…] kann ich Ihnen versichern, dass diese [Hoffnungen] wahrscheinlich viel stärker noch von meiner Seite für Sie gehegt werden. Deshalb freu ich mich über Ihren Wunsch, in absehbarer Zeit wieder mit mir zusammen zu treffen. Ich bin von Anfang August bis zum 20. etwa auf meiner Jagdhütte bei Weilheim. Sie können mich über Herrn Dr. Flügler, Gut Unterholz, jederzeit verständigen lassen, damit wir dort oder auf meiner Hütte einander begegnen.«

Nur versteckt ist in der Privatkorrespondenz Schöninghs sein Engagement als Mitglied verschiedener Organisationen und Vereinen aufspürbar. Über die »Europäische Kulturgesellschaft« und den »Bund Deutscher Föderalisten« wurde bereits berichtet. Für 1945 ist nachweisbar, dass er Mitglied der »Deutschen Gesellschaft für Christliche Kunst München« war, auch zahlte er 1946/47 einen Mitgliedsbeitrag an die Gesellschaft »Freunde der Residenz«. Überdies war er ab 1952 Rotarier, Mitglied des Kulturbeirats der Stadt München, Kuratoriumsmitglied des »Bürgerbundes Alter Peter-Frauentürme«, ab 1954 außerordentliches Mitglied der Deutschen Akademie für Sprache und Dichtung in Darmstadt, Mitglied der Görres-Gesellschaft, Mitglied des Akademisch-Politischen Clubs München, Gründungsmitglied der Katholischen Akademie in Bayern in der Mandlstraße (die Gründungssitzung des Vereins der Freunde der Katholischen Akademie fand am 21. Oktober 1954 in den Räumen des Süddeutschen Verlags statt, Mitinitiator war Heinrich Wild), er war Mitglied des sechsköpfigen deutschen Nationalkomitees im Internationalen Presse Institut in Zürich, Mitglied des Vereins zum Wiederaufbau der Basilika von St. Bonifaz (Kirchenbauverein St. Bonifaz) in München, Alter Herr der studentischen Verbindung »Rheno-Bavaria« sowie des Heimat- und Trachtenvereins Haunshofen.

Gerade diese Mitgliedschaft im Heimatverein Haunshofen beleuchtet nochmals seine enge Verbundenheit mit der oberbayerischen Kultur und ganz besonders auch mit deren Volkslied. So lag ihm viel an der Freundschaft zum Kiem Pauli, einem bedeutenden Volksliedsammler aus Kreuth im Tegernseer

Franz Josef Schöningh bei seiner Lieblingsbeschäftigung, der Jagd, 1956 im Ebersberger Forst.

Tal. Ihn stellt er 1956 in einem ausführlichen Artikel in einem *Merian*-Heft vor als Liedersammler »Grimmschen« Formats. Kiem Pauli zog in den 1930er-Jahren zusammen mit dem Mentor der Geschwister Scholl, Prof. Kurt Huber, von Dorf zu Dorf, um in Vergessenheit geratene bayerische Volkslieder aufzuspüren. Schöningh wies auf diese Sammlung bereits damals im Literaturblatt der *Frankfurter Zeitung* hin (»Oberbayrische Volkslieder«, 14. April 1935). Auch die runden Geburtstage von Kiem Pauli, wie zuletzt dessen 65. und 70., waren ihm ausführliche Darstellungen wert (»Ein weiser Wünschelrutengänger«, *SZ* vom 25. Oktober 1952). Erwähnt wurden in diesem Zusammenhang bereits seine vielen Jagdbuchbesprechungen und Jagderzählungen, die er überwiegend in Jagdzeitschriften, aber auch im *Hochland* und zuletzt noch in der *SZ* vom Dezember 1959 veröffentlichte.

Ferner steht zu vermuten, dass er Mitglied verschiedener Jagdgesellschaften war. Nachweislich war er Mitglied des Bayerischen Jagdschutz- und Jägerverbandes und des »Vereins Hubertus für Jagd- und Sportschießen e. V.«.

Karen Schöningh mit Blick von der Bauerbacher Jagdhütte.

Denn die Jagd an sich wurde für ihn spätestens ab 1954, als seine redaktionellen Obliegenheiten deutlich weniger wurden, eine regelrechte Obsession. Nach der Jagdpacht am Gallaweiher pachtete er eine circa 100 Hektar große Jagd westlich von Bauerbach mit einer kleinen Hütte im Gebiet des Grünbachs gelegen. Auch diese Hütte war sehr klein, sie bestand aus einem Herd, zwei hintereinander gelegenen Bettgestellen, einem Tisch, einer Eckbank, die Tür führte auf eine Holzterrasse, an deren Rückseite das Kaminholz geschichtet war; der Blick ging nach Westen bergab in Richtung Grünbach. Die Toilette war ein »Häusl« im angrenzenden Wald. Er nutzte die Hütte, wann immer er konnte, und lud dorthin auch gerne ein. Sie war sein Rückzugsraum, fern des Getümmels der SZ konnte er hier in Ruhe arbeiten. So entstand dort beispielsweise auch der bereits erwähnte Ibsen-Aufsatz. Problemlos konnte man bis zu drei Personen unterbringen, so feierte er Weihnachten 1955 mit Wilds, die Feiertage mit seiner Tochter und deren Mann, Peter C. von Seidlein. Da sie auf Dauer doch zu klein wurde, plante er im März 1958 einen Erweiterungsbau mit einem Schlafraum und einer Treppe zum Keller, den sein Schwiegersohn als Architekt durchführen sollte. Der Umbau war Ende Mai 1958 abgeschlossen und wurde gebührend auf der Hütte und im benachbarten Gasthaus »Steidl« in Bauerbach gefeiert. Die Hütte, die Christel Lammers geerbt hatte, brannte aufgrund einer Nachlässigkeit seiner Freundin Anfang der 1970er-Jahre ab und durfte dann behördlicherseits nicht wieder aufgebaut werden. Die einfachst eingerichtete Hütte erfuhr nur eine Aufwertung: durch das Essen. Schöningh war ein Genießer. Seine Korrespondenz ist voll von anspruchsvollen wie einfachsten Bestellungen bei der Firma Dallmayr, deren Lieferungen entweder von Haushälterin Leni am Böhmerwaldplatz in Empfang genommen oder direkt in der *SZ* abgeben wurden. Hierzu wurde akribisch von der Sekretärin Buch geführt, was Seiten füllte.[257] Seine Wünsche bestanden zum einen aus derben Gerichten wie Bohnen mit Speck oder Linsen mit Rauchfleisch, aber auch Trüffeln, Krebsschwänzen, Gänseleberpasteten. Bei den Weinen präferierte er die Rhein-Mosel-Weißweine und als Rotweine den gewöhnlichen St. Magdalener aus Südtirol oder den Beaujolais aus Frankreich. Die Korrespondenzordner aus den Jahren 1954 und 1955 sind insofern nur mit einfachen Vorgängen wie Bestellungen, Verabredungen, Organisatorischem für die Jagd gefüllt (so beispielsweise zehn Seiten Korrespondenz mit dem »Loderer« Schlemm Hartl in Kreuth bei Tegernsee zwecks Anfertigung von Lodenjacken).

Seit April 1955 war er zusätzlich Pächter einer Staatsjagd oberhalb des Pillersees bei St. Ulrich in Tirol. Als Jagdhütte diente ihm dabei eine archaisch eingerichtete Hütte nebst zwei Stallungen auf 1400 Meter Höhe. Seine ständige Begleiterin und Jagdgefährtin dort war die Münchner Rechtsanwältin Christel Lammers. Ende Oktober 1959 erfüllte er sich einen großen Wunsch im Zusammenhang mit einer gut durchorganisierten Fasanenjagd auf Fünen

Christel Lammers in den 1950er-Jahren.

Franz Josef Schöningh bei einem Jagdausflug in Prien, 1950ger-Jahre.

(Dänemark), zu der ihn sein Fahrer Irl chauffierte. Unangemeldet besuchte er die von ihm über alle Maßen bewunderte Schriftstellerin Tania Blixen in Rungstedlund nördlich von Kopenhagen. Im Anschluss daran suchte er Søren Kierkegaards Grab auf dem Kopenhagener Assistens-Friedhof auf. Blixens Kurzerzählungen druckte er mehrfach im *Hochland* ab. Für den November 1960 plante er aufwendig eine Entenjagd in Ägypten, wo ihm der dortige *SZ*-Korrespondent Jörg Andres Elten eine große Hilfe war. Er musste diese Reise jedoch wegen seiner massiv zutage tretenden Gesundheitsprobleme absagen, da er bereits im Krankenhaus lag.

Schon im Oktober 1955 klagte Schöningh erstmals über Durchblutungsstörungen im rechten Bein (»nach ca. 500 Metern beginnt mein rechtes Bein zu schmerzen. Bleibe ich ca. drei Minuten stehen, so kann ich danach wieder munter schreiten«) und begab sich deshalb in Behandlung seines rotarischen Freundes Prof. Lydtin in das Krankenhaus »Barmherzige Brüder« in Nymphenburg. Dieser machte ihm den Vorschlag, wie bereits vor vier Jahren, sich im Sanatorium Bühlerhöhe zu kurieren. Schöningh akzeptierte, schrieb, er wolle sich dort einer gründlichen Kur unterziehen, auch um abzunehmen. Dies geschah unter Hinzuziehung des Direktors der Freiburger Universitätsklinik, Prof. Ludwig Heilmeyer, der am 17. Februar 1956 arterielle Durchblutungsstörungen an beiden Beinen diagnostizierte. Die Röntgenauswertung für Herz und Lunge ergab hingegen keine Auffälligkeiten. Schöningh verbrachte aber statt auf der Bühlerhöhe vier Wochen in stationärer Behandlung der Universitätsklinik Freiburg und fühlte sich danach wieder gut hergestellt. Jedoch währte dies nicht lange, denn am 12. Februar 1960 hielten Klinik und Sanatorium Schlemmer in Bad Wiessee in einem fünfseitigen Bericht eine nur sehr eingeschränkte Belastbarkeit (körperlich und psychisch) Schöninghs fest. Die für Schöningh im Anschluss an seinen Sanatoriumsaufenthalt aufgestellten Verhaltensmaßregeln lesen sich sehr restriktiv (Ernährung, Bewegung, Ruhe).

Ende September musste er sich wegen einer Lungenentzündung in die Chirurgische Universitätsklinik München zu Prof. Zenker begeben, der ausweislich seiner Rechnung eine »Bronchialentzündung« diagnostizierte. Nach vier Tagen einer Behandlung dort wechselte er am 22. September in die Privatstation von Prof. Maurer am Klinikum Rechts der Isar. Der Befund hatte sich verdichtet, es handelte sich um ein inoperables Lungensarkom, über das seine Tochter durch Prof. Lydtin informiert wurde.

Franz Josef Schöningh starb daran am 8. Dezember 1960. Er selbst war guten Glaubens über seine Gesundung, denn er ließ seine Sekretärin an Ernst-Wolfgang Böckenförde noch am 25. November schreiben, »doch kann man mit einiger Sicherheit meine Entlassung zwischen dem 5. und 10. Dezember erwarten«. Auch seine Tochter hatte die gleiche Wahrnehmung: »Vater hat nicht gewußt, wie sehr krank er war, und wenn er es doch ahnte, so hat er es mich nicht wissen lassen.« Sein Tod fand in der gesamten deutschen und der katholisch ausgerichteten ausländischen Presse ein breites Echo.

Der Trauergottesdienst fand am 13. Dezember in der Pfarrkirche Hl. Blut in Bogenhausen statt, die Ansprache hielt Schöninghs alter Freund noch aus Paderborner Zeit, der Münchner Ordinarius für Religionspädagogik, Theoderich Kampmann. Die Beisetzung fand im Familienkreis auf dem Friedhof von Bauerbach statt, dem Ort, der als Inbegriff seiner Liebe zum bayerischen Brauchtum, den Menschen und seiner Jagdleidenschaft stehen kann.

Franz Josef Schöningh in den 1960er-Jahren an seinem privaten Schreibtisch.

Anmerkungen

1 Erwähnt wird um 1450 eine bäuerliche Familie Schoninck als sogenannte Brinkligger. Eine Bezeichnung, die auf einen freien Platz verweist, den »Brink«, in dessen Nähe der Ursitz gelegen hat. Vgl. dazu: Daniel Schöningh, Geschichte der Familie Schöningh. Münster 1921. Überarb. Fassung, Limburgerhof 1988, Privatdruck.

2 Der letzte Schöninghsche Nachfahre auf diesem Hof starb um 1820.

3 Anna Margarethe Schöningh (circa 1785 bis 5. Mai 1831) heiratete den Landwirt Johann Heinrich Lüken (1783 bis 1. Januar 1854) aus Resthausen bei Cloppenburg. Deren Tochter Maria Anna Lüken (11. April 1823 bis 11. Februar 1851) heiratete in erster Ehe Hermann Heinrich Sieger (10. September 1822 bis 20. Mai 1898). Dieser ehelichte nach ihrem Tod Katharina Josephine Cloppenburg (1887 bis 10. Mai 1910), Erbin des Krümmlings Hofs (1576 urkundlich nachweisbar) in Vorderthüle. Um diesen Namen nicht aussterben zu lassen, nimmt Sieger den Namen Cloppenburg an. Da die Familie Cloppenburg eigentlich Sieger heißt, gehört sie in der weiblichen Linie zu den Nachkommen der Schöninghs, während die späteren Besitzer des Schöninghs Hofs der dritten Ehe des oben erwähnten Hermann Heinrich Sieger entstammen und daher mit den Schöninghs nicht verwandt sind.

4 Vgl. dazu auch Chronik Verlag Ferdinand Schöningh 1847–1997. Paderborn 1997.

5 Ebd., S. 15.

6 Alice Schöningh, 15. Juli 1939.

7 Vgl. Sonderbeilage 110 Jahre *Westfälisches Volksblatt*, 4. April 1959.

8 Strieder, Genesis, S. 56.

9 *HL* 25 (1927 / 28), S. 442f.

10 Altabt Odilo Lechner, der Nachfolger Hugo Langs, äußerte in einem Gespräch die Einschätzung, dass Braunmiller als »Weißwäscher« (im Sinne der Entlastung für NS-Beschuldigte) bekannt gewesen sei (Lechner an Andreas von Harbou, Ostern 2011).

11 Ursula von Kardorff, Redakteurin der *SZ*, die auch über den Nürnberger Prozess berichtete, nach dem Krieg bekannt geworden durch ihre Tagebuchaufzeichnungen »Berliner Aufzeichnungen 1942–1954«, die einen guten Einblick in das Leben zwischen Anpassung und Widerstand geben, obwohl sie nicht authentisch sind, weil sie erst 1962 auf der Grundlage von Notizen, Briefen und Ähnlichem angefertigt wurden. Kardorff war mit den Mitgliedern des 20. Juli Werner von Haeften, Carl-Hans von Hardenberg und Fritz-Dietlof von der Schulenburg befreundet. Siehe auch Brief Franz Josef Schöninghs an Lili von Harbou, 26. Juni 1946.

12 Brief an Brentano, 2. Oktober 1946.

13 So auch seine Beiträge für das *Hochland* nach dem Krieg: Naturrechtsproblem und christliche Weltgestaltung (1947); Naturrechts-Lehre bei Melanchthon (1951); Bild der Kirche – Abbild der Gesellschaft (1956); Das Reichskonkordat (1956).

14 Clemens Bauer, Franz Josef Schöningh und das Hochland, in: *HL* 53 (1960 / 61), S. 198–208.

15 Bauer, a. a. O., S. 199; der Tenor von Schöninghs *Hochland*-Aufsätzen Ende der

1920er-Jahre wie in »Fürst Pückler«, »Friedrich List«, »Nikolaus Lenau« und anderen legt dies nahe.

16 Abgedruckt in: *Der Kunstwart*, September 1932.

17 Aufricht, Erzähle, S. 54ff.

18 Franz Josef Schöningh hat Gerron vermutlich im Februar 1931 aufgesucht. Ernst Josef Aufricht beschreibt Gerron als »riesenhaften, unförmig dicken Kabarettkomiker«; für die Premiere der »Dreigroschenoper« gab er ihm die Rolle des »Tigerbrown«.

19 Franz Josef Schöningh, Friedrich List. Lübeck 1933.

20 Bettina Bauer, Interview 5. September 2010.

21 Tagebuch, 8. November 1931.

22 Nicht ermittelbar, da das Zeitungsarchiv im Krieg zerstört wurde.

23 Über die Person Rudolf Schlichters und seine konservative Zivilisationskritik gibt gut Einblick: Dirk Heißerer (Hg.), Ernst Jünger – Rudolf Schlichter. Briefe 1935–1955.

24 Ernst von Salomon, Der Fragebogen, S. 346.

25 Auf die Broschüre über Friedrich List wurde bereits hingewiesen; ein Aufsatz über Karl Marx ist nicht nachweisbar; Franz Josef Schöningh schreibt, dass er »umgestaltet werden muss. Misslungen also!«.

26 Graf von Tilly (1559–1632) war Oberbefehlshaber der katholischen Liga-Truppen im Dienste des Kurfürsten von Bayern. Nach Absetzung Wallensteins war Tilly auch Oberkommandierender des kaiserlichen Heeres. Er gilt neben Wallenstein und Gustav Adolf von Schweden als bedeutendster Heerführer des 30-jährigen Krieges.

27 Vgl. dazu auch Schmölders, Hitlers Gesicht.

28 Das Reichskonkordat zwischen dem Heiligen Stuhl und dem Deutschen Reich wurde am 20. Juli 1933 geschlossen. Durch den Vertrag gelang es den Nationalsozialisten, viele Kritiker aus dem politischen Katholizismus zu beruhigen und das verbreitete Misstrauen in Teilen der katholischen Bevölkerung gegen den von ihr als kirchenfeindlich angesehenen Nationalsozialismus zumindest abzuschwächen.

29 Ernst Wiechert (1887–1950) begriff sich selbst und wurde auch in der Zeit des Nationalsozialismus von vielen Deutschen als Ikone des »inneren Widerstands« gesehen. Seine Romane »Die Magd des Jürgen Doskocil« (1932) und »Das einfache Leben«(1939), die in Millionenauflage gedruckt wurden, zeigen einen zutiefst völkisch-nationalen Autor, der mit dem NS sympathisierte, aber auch gleichzeitig erhebliche Kritik an dem System äußerte. Dies führte aufgrund persönlicher Anordnung von Goebbels zu zeitweiliger Inhaftierung in das KZ Buchenwald.

30 Wilhelm Emmanuel Freiherr von Ketteler (1811–1877) war von 1850 bis zu seinem Tod Bischof von Mainz. Er engagierte sich stark in der christlichen Sozialpolitik, wirkte als »Arbeiterpriester« drei Jahre in einer verelendeten münsterländischen Bauerngemeinde, war Mitglied der Nationalversammlung in der Frankfurter Paulskirche und zusammen mit Windthorst Mitbegründer des Zentrums als Gegengewicht gegen die protestantischen Parteien und Bismarck. Als Vertreter einer organischen Auffassung der Gesellschaft war er während des Kulturkampfs ein entschiedener Gegner der Trennung von Staat und Kirche.

31 *HL* 31 (1933 / 34), S. 9–18.

32 Eintrag 22. November 1933.

33 Eintrag 29. November 1933.

34 Erwin Guido Kolbenheyer (1878–1962), deutsch-österreichischer Schriftsteller; als

sein Hauptwerk gilt die in den 1920er-Jahren entstandene Romantrilogie »Paracelsus«. Er vertrat eine Philosophie des Biologismus, wonach es grundsätzliche biologische Unterschiede zwischen den Völkern, aber auch spezifische, jedem Volk innewohnende Eigenarten wie zum Beispiel in der deutschen Literatur, gibt. Ab 1933 unterstützte er den NS vehement, nach dem Krieg erhielt er ein fünfjähriges Schreibverbot.

35 Eintrag 16. Januar 1934.

36 Eintrag 20. Januar 1934.

37 Eintrag 28. März 1934.

38 Fritz Todt (1891–1942) war Bauingenieur und während des NS Generalinspekteur für das deutsche Straßenwesen, SA-Obergruppenführer und ab 17. März 1940 Reichsminister für Bewaffnung und Munition, damit leitete er die gesamte deutsche Kriegswirtschaft. Ihm unterstand auch die bereits auf Anordnung Hitlers gegründete »Organisation Todt« (OT), eine nach militärischem Vorbild organisierte Bautruppe, die der baulichen Realisierung von Schutz- und Rüstungsprojekten diente. Bekannt wurde sie durch den Ausbau des sogenannten Westwalls, den Bau von U-Bootstützpunkten an der französischen Atlantikküste sowie des sogenannten Atlantikwalls. Die OT verfügte Ende 1944 über circa 1360 Millionen Arbeitskräfte, davon waren nur 14 000 sogenannte wehruntaugliche Deutsche, der Rest bestand aus Zwangsarbeitern, Kriegsgefangenen und circa 22 000 KZ-Häftlingen. Todt verunglückte tödlich am 8. Februar 1942 in Rastenburg, Ostpreußen, nahe des Führerhauptquartiers Wolfsschanze. Albert Speer deutet in seinen Erinnerungen einen Zusammenhang Hermann Görings mit dem Flugzeugabsturz Todts an. Speer selbst wurde Todts Nachfolger.

39 Ebd.

40 Eintrag 8. Juli 1934.

41 Eintrag 31. Januar 1934.

42 Eintrag 3. Juli 1934.

43 Franz Josef Schöningh erläutert die historischen Aspekte der Straßenausstellung in einem Artikel »Straße und Volkstum« im *Völkischen Beobachter* 1934, vermutlich zur Eröffnung der Ausstellung; ein Besuch Hitlers wird von ihm nicht erwähnt.

44 Engelbert Dollfuß (1892 bis 25. Juli 1934), österreichischer Bundeskanzler und Außenminister 1932–1934, schaltete im März 1933 das Parlament aus, verbot im gleichen Jahr die NSDAP, die KPÖ und den republikanischen Schutzbund, ein Jahr später auch die SPÖ. Als einzige Gruppierung ließ er die vaterländische Front zu. Er regierte mit Notverordnungen und Standrecht gegen den Terror deutscher und österreichischer Nationalsozialisten. Mit der sogenannten Maiverfassung von 1934 schuf er einen austrofaschistischen Ständestaat, wobei er sich vor allem auf die katholische Kirche, die Heimwehr und die Bauern stützte. Ebenfalls nahe stand er dem italienischen Faschismus, dem er durch die »Römischen Protokolle« erheblichen Einfluss auf die österreichische Innen- und Außenpolitik einräumte. Den deutschen NS lehnte er nicht nur wegen dessen Plänen einer Machtübernahme in Österreich ab, sondern auch wegen der auch nach Hitlers Machtübernahme im Jahre 1934 zumindest noch auf dem Papier weiter bestehenden pluralistisch-rechtsstaatlichen Präambeln der WRV. Dollfuß wurde am 25. Juli 1934 von Nationalsozialisten ermordet.

45 Brief Edith von Holst, 12. Dezember 1935.

46 Brief Edith von Holst, 24. Februar 1936.

47 Brief Heinrich Wild an Franz Josef Schöningh, 25. August 1936. Irmgard Schöningh war eine Freundin von Wilds Frau Irmgard (vgl. Irmgard Wild, Erinnerungen, S. 115).

48 Zu Carl Muth vgl. insbesondere den Eintrag im Biographisch-Bibliographischen Kirchenlexikon wie auch zur Literatur von und über Carl Muth im Katalog der deutschen Nationalbibliothek. Zu den Anfängen und der frühen Zeit des *Hochland* vgl. unter anderem aus der älteren Literatur Anton W. Hüffner, Carl Muth als Literaturkritiker; Martha Körling, Die literarische Arbeit der Zeitschrift Hochland von 1903 bis 1930; Wolfgang Kramer, Zeitkritik und innere Auseinandersetzung im deutschen Katholizismus um die Jahrhundertwende im Spiegel der führenden katholischen Zeitschriften Deutschlands (1895–1914). Die Schreibweise des Vornamens von Muth differiert: geboren als »Karl«, schrieb er sich allerdings ab der Jahrhundertwende immer »Carl«.

49 Felix Dirsch, in: Kraus (Hg.), Konservative Zeitschriften zwischen Kaiserreich und Diktatur, S. 48.

50 Vgl. dazu grds. Richard van Dülmen, Katholischer Konservatismus oder die soziologische Neuorientierung. Das Hochland in der Weimarer Zeit, in: *Zeitschrift für bayerische Landesgeschichte 36* (1973), S. 254–301.

51 Bekanntlich erklärt Schmitt die Herkunft der wichtigsten staatsrechtlichen Begriffe aus einer Säkularisierung theologischer Begriffe (s. Carl Schmitt, Politische Theologie). Nicht nur in begriffsgeschichtlich-staatsrechtlicher Hinsicht führt der Weg vom Glauben in den säkularen Bereich und bedeutet damit eine Brücke vom Katholisch-Religiösen in das Profane hinein.

52 Aus Schmitts Artikeln für das *Hochland* seien auszugsweise genannt: Carl Schmitt, Romantik, *HL* 22,1 (1924 / 25), S. 157–171; ders., Der Gegensatz von Parlamentarismus und moderner Massendemokratie, *HL* 32,1 (1926 / 27), S. 257–270; ders., Der status-quo und der Frieden, *HL* 32,1 (1925 / 26), S. 1–9. Zur Debatte über Schmitt im *Hochland* auszugsweise: Hugo Ball, Carl Schmitts Politische Theologie, *HL* 21,2 (1924 / 25), S. 263–286; Alfred von Martin, Romantischer »Katholizismus« und politische Romantik, *HL* 23,1 (1926 / 27), S. 315–337; Mila Radakovic, Carl Schmitts Verfassungslehre, *HL* 26,1 (1928 / 29), S. 534–541; Erick Brock, Der Begriff des Politischen. Eine Auseinandersetzung mit Carl Schmitt, *HL* 29,2 (1932 / 33), S. 394–404; Theodor Haecker, Das Chaos der Zeit, *HL* 30,2 (1932 / 33), S. 1–23. Haecker setzt dem Schmitt-schen Freund-Feind-Verhältnis als dem Wesen des Politischen die »Gerechtigkeit« entgegen. Zu Schmitts Veröffentlichungen im *Hochland* siehe abschl. Dahlheimer, Carl Schmitt, S. 117ff. Um auf den Einfluss von Carl Schmitt auf den deutschen Katholizis-mus hinzuweisen, vgl. Dahlheimer, a. a. O., S. 587ff. Zu Einfluss und Bedeutung Carl Schmitts vgl. jüngst: Reinhard Mehring, Carl Schmitt. Zu den wichtigsten katholischen Journalisten und Freunden von Carl Schmitt zählen unter anderem Waldemar Gurian, Paul Adams, Theodor Haecker, Franz Blei, Carl Muth, Hugo Ball, Erich Przywara, Karl Anton Prinz Rohan. Sie alle waren regelmäßige Autoren des *Hochlands*. Mit ihnen stand Schöningh ebenfalls in engem Briefkontakt beziehungsweise war mit ihnen befreundet (Gurian, Adams, Muth, Haecker).

53 Carl Schmitt, Der unbekannte Donoso Cortes, in: *HL* 27,2 (1930), S. 491–496; Franz Josef Schöningh, Donoso Cortes, in: *HL* 31,2 (1933), S. 277–279

54 Verwiesen sei hier nur auf Franz Josef Schöningh, Am Grabe Preußens, in: *HL* 44 (1951/52), S. 372f.; ders., Löst Preußen auf! Bemerkungen zum deutschen Föderalis-

mus, in: *SZ*, 23. Oktober 1946, Was ist preußisch?, in: *SZ*, 30. November 1945; ders., Bayern – Preußen / Ein Briefwechsel, in: *SZ*, 11. Dezember 1945; ders., Die alte Kaiserkrone und das neue Europa, in: *SZ* 19. März 1946; ders., Der deutsche Katholizismus im Zeitalter des Kapitalismus, in: *HL* 29,2 (1931 / 32), S. 551ff.

55 Alois Dempf, Das Dritte Reich – Schicksale einer Idee, in: *HL* 29,1 (1931 / 32), S. 36–48 und S. 158–171; siehe auch Ferdinand A. Hermens, Faschismus – Idee und Wirklichkeit, in: *HL* 30,2 (1933), S. 405–411; Waldemar Gurian, Ein Traum von Dritten Reich, in: *HL* 22,1 (1924 / 25), S. 237–242.

56 Dazu grds. Hans Mommsen, Nationalsozialismus als politische Religion, in: Hans Maier / Michael Schäfer (Hg.), Totalitarismus und politische Religionen, Band 2, S. 173–181.

57 Ludwig Stahl, Das Dritte Reich und die Sturmvögel des Nationalsozialismus, in: *HL* 28,2 (1931), S. 193–211, hier S. 196. Zugleich ordnet Stahl die NSDAP in den Kontext einer »Friedenswirtschaft« und des Antimilitarismus ein.

58 Ferdinand A. Hermens, Parlamentarismus oder was sonst?, in: *HL* 29,1 (1931 / 32), S. 81–494, hier S. 491. Gleichwohl begriff Hermens den Nationalsozialismus als »Produkt der deutschen Not«, das nur vorübergehend sei und durch die Abschaffung des Verhältniswahlrechts zugunsten eines Mehrheitswahlrechts zu einem stabilen »neuen Parlamentarismus« führen würde. Was darunter zu verstehen sei, erläutert er allerdings nicht. Vgl. dazu Ullrich, Der Weimar-Komplex, S. 166ff.

59 Einhellige Meinung der Literatur hierzu, vgl. Hürten, Ackermann, Diersch, Mayer-Tasch, Richter und andere.

60 Vgl. dazu die Tagebucheintragungen von Franz Josef Schöningh am 28. August 1934, darin verweist er auch auf die Einflussnahme von Theodor Haecker zugunsten seiner Bestallung. Schöningh geriet insbesondere deswegen in den Verdacht, die Ablösung von Fuchs betrieben zu haben, weil er sich an ein Schweigeversprechen über die Gründe Muth gegenüber gebunden fühlte; er konnte sich also nur sehr allgemein rechtfertigen.

61 Ferdinand A. Hermens, Begegnungen im Dritten Reich, in: *HL* 59,1 (1966 / 67), S. 341f.

62 Curt Hohoff (1913–2010), Schriftsteller, Literaturkritiker, Essayist, war freier Mitarbeiter des *Hochlands* 1936–1939, nach dem Krieg war er ab 1947 Literaturredakteur der *Süddeutschen Zeitung*. Vgl. Hohoff, Unter den Fischen, S. 228–239.

63 Ebd., 229. Wie die Familie Schöningh stammte auch Hohoff aus dem Emsland. Sein Großonkel war Wilhelm Hohoff, der »rote« Hohoff, ein Geistlicher, der Marx mit der Soziallehre Thomas von Aquins verbinden wollte, gegen den August Bebel in seiner Schrift »Christentum und Sozialismus« heftig agitierte und der auch Schöninghs Religionslehrer war. Überdies waren beide, Hohoff und Franz Josef Schöningh, durch gemeinsame Interessen in der Beschäftigung mit Søren Kierkegaard und Arthur Rimbaud verbunden. Vgl. dazu Franz Josef Schöningh, Arthur Rimbaud, in: *HL* 30,1 (1932 / 33), S. 328–345; die Beschäftigung mit Kierkegaard durchzieht das gesamte Œuvre, ein gesonderter Essay ist nicht nachweisbar.

64 Hohoff, a. a. O., S. 232f.

65 George W. F. Hallgarten, Als die Schatten fielen, S. 158ff. Hallgarten beschreibt darin anschaulich die repräsentativen Abende mit wichtigen Personen der Zeitgeschichte während der NS-Machtübernahme. Hallgarten war zeitlebens mit Franz Josef Schöningh befreundet.

66 Hohoff, a. a. O., S. 234f.

67 Sattler, Tagebuch I, S. 276. Bauer zitiert nach Stoll, Kulturpolitik, S. 85f.; zur Person Sattlers vgl. ebenfalls Stoll, Kulturpolitik.

68 Hugo Ott, Die Weiße Rose. Ihr Umfeld in Freiburg und München. Vortrag Universität Freiburg im Breisgau 29. April 2004, S. 5f.

69 Nur als Auswahl sei verwiesen auf: Wilhelm Moock, Weltanschauung und Naturerkenntnis, in: *HL* 31,2 (1933/34), S. 536ff.; Heinrich Getzeny, Die Eigenart des biologischen Denkens, in: *HL* 30,1 (1932/33), S. 94ff.; Josef Pieper, Über das christliche Menschenbild, in: *HL* 33,2 (1935/36), S. 97ff.

70 Theodor Haecker, Das Chaos der Zeit, in: *HL* 30,2 (1933/34), S. 1ff. (»Der Mensch wollte so sein wie Gott und verfiel dem Chaos und der Anarchie«); ders., Was ist der Mensch?, in: *HL* 30,1 (1933/34), S. 289ff.

71 Zur Persönlichkeit Haeckers vgl. Siefken, Totalitäre Erfahrungen, S. 117ff.; ders., Das Bild des Menschen; ders., Die Weiße Rose, und neuerdings Beuys, Sophie Scholl, S. 300ff.

72 Vgl. Heinrich Wild im Vorwort zu Haeckers Tag- und Nachtbücher, 1939–1945. Diese wurden bei der Hausdurchsuchung von Theodor Haeckers Wohnung am 18. Februar 1943, also kurz nach Festnahme der Geschwister Scholl, nur durch Zufall übersehen; Haeckers Tochter konnte den Inhalt der Mappe mit Musiknoten vertauschen. Ein ähnlicher Zufall spielte sich bei der Durchsuchung von Carl Muths Wohnung in Solln ab, Muth hatte die Tagebücher in seinem Schreibtisch aufbewahrt, was die Gestapo übersah.

73 Sophie Scholl an Fritz Hartnagel am 7. Februar 1943. Zitiert in: Sophie Scholl/Fritz Hartnagel, Damit wir uns nicht verlieren.

74 Theodor Haecker, Über das Wesen des menschlichen Geistes, in: *HL* 34, 2 (1937), S. 436.

75 Josef Pieper, a. a. O., S. 97ff.; eine Fülle ähnlicher Argumentationen durchzieht die *Hochland*-Jahrgänge 1935 bis 1937.

76 Theodor Haecker beispielsweise spricht von »Pervertierung«, Alois Dempf von »Illusionierung«.

77 Aus einer Fülle von Beiträgen sei hier stellvertretend nur auf wenige verwiesen: Franz Schnabel, Die katholische Kirche und die Grundsätze des 19. Jahrhunderts, in: *HL* 33,1 (1935), S. 193ff.; ders., Die Legitimität der Nation, in: *HL* 38,1 (1941), S. 139ff.; Franz Josef Schöningh, Ketteler, in: *HL* 31 (1933/34), S. 9–18; Philip Funk, Der Einzelne, die Kirche und der Staat I, Mittelalter, in: *HL* 31,1 (1933), S. 97ff.; Heinrich Getzeny, Kirche und Reich unter Heinrich I. und Otto d. Großen, in: *HL* 34,1 (1936), S. 266ff.; Josef Sellmair, Charitas Pirckheimer, in: *HL* 32, 2 (1935), S. 1ff., als besonders wirkungsvoller Versuch, die nationalsozialistische Religionspolitik in ihrer Heuchelei bloßzustellen. Zur Abweisung des staatlichen Totalitätsanspruchs gegenüber der Kirche siehe Engelbert Krebs, Möhlers »Athanasius«, in: *HL* 32,2 (1935), S. 385ff.

78 Vgl. zur redaktionellen Strategie des *Hochland*: Ackermann, Die geistige Opposition, S. 45ff.

79 Vgl. die einschlägigen Untersuchungen von Diersch, a. a. O., S. 94, mit Verweis auf Ackermann, a. a. O, S. 90f.

80 Friedrich Fuchs, Der Christ in der Zeit, in: *HL* 32,1 (1935), S. 482. Fuchs war ab 1933 Hauptschriftleiter bis April 1935. Sein Ausscheiden aus der Redaktion erregte Aufsehen in der katholischen Öffentlichkeit, da die Gründe nicht kommuniziert wurden.

81 Vgl. Anhang bei Ackermann, a. a. O., S. 191ff.

82 Franz Josef Schöningh an Joseph Bernhart, 6. November 1941, zitiert in: Ackermann, a. a. O., S. 100.

83 Clemens Bauer, Franz Josef Schöningh und das ›Hochland‹, in: HL 53 (1960), S. 206; so zeichnete beispielsweise Bauer selbst unter verschiedenen Pseudonymen wie »Hans Denninger« und »Peter Weingärtner«, Elias Hurwicz mit den Namen »Ferdinand Muralt« und »Alexis Gotthart«, Anton Mayer-Pfannholz mit »Ludwig Arnold«.

84 Geschäftsleitung Verlag Kösel-Pustet an Franz Josef Schöningh, 8. Februar 1940.

85 Brief Karl Schaezler an Konrad Ackermann, 3. September 1963; zitiert in: Ackermann, Die geistige Opposition, S. 133.

86 Die Jugendfreundin von Irmgard Schöningh war Marie-Louise Freifrau von Münchhausen (1908–1999), die älteste Tochter des bis zum 31. Januar 1934 amtierenden Chefs der Heeresleitung Kurt Freiherr von Hammerstein-Equord. Sie war ab 1937 in zweiter Ehe mit Friedemann Freiherr von Münchhausen, dem letzten Eigentümer des Schlossgutes Herrengosserstedt, verheiratet, mit dem sie drei Kinder hatte. Herrengosserstedt liegt im westlichsten Teil Sachsen-Anhalts, unmittelbar an der thüringischen Landesgrenze, westlich von Naumburg / Saale. Schöningh und Münchhausen kannten sich aus Kasseler Schulzeiten, als Hammerstein Anfang der 1920er-Jahre dort im Generalstab war, der nach dem Ersten Weltkrieg in Kassel stationiert war.

87 Schreiben Franz Josef Schöningh, 3. April 1953, ohne Adressaten, vermutlich an das Konsistorium München und Freising im Zusammenhang mit seinem Bemühen, diese Ehe auch kirchenrechtlich scheiden zu lassen. Bis dahin hatte er ja nur einen sogenannten kanonischen Dispens, von seiner Frau getrennt zu leben, vgl. Dekret Konsistorium München und Freising vom 19. Dezember 1950. In der Begründung heißt es unter anderem, »daß Irmgard dem Ehemann die eheliche Gemeinschaft grundlos verweigert, daß sie zu Frauen Beziehungen unterhält, welche mit der ehelichen Treuepflicht nicht vereinbar sind, und daß sie sich politisch in einer Weise betätigt, welche mit den kirchlichen Weisungen [Dekret des Heiligen Offiziums vom 1. Juli 1949] und der katholischen Einstellung des Ehemanns in schärfstem Widerspruch steht [...]«. Zivilrechtlich wurde die Ehe am 13. Dezember 1946 in München geschieden.

88 Franz Josef Schöningh an Prof. Hans Rheinfelder, 2. April 1947.

89 Franz Josef Schöningh in: Bericht über meine Tätigkeit in Polen und Ungarn, ohne Datum, S. 1f.

90 Josef Pieper, Werkausgabe, Band 10, Ergänzungsband 2, S. 170, und ders., Noch wußte es niemand, S.181f. Josef Pieper (1904–1997) war einer der bekanntesten deutschen christlichen Philosophen des 20. Jahrhunderts. Er lehrte von 1946 bis 1972 an der Universität Münster, schrieb häufig im Hochland, seine umfangreichen Werke sind in den Verlagen Hegner, Kösel und Felix Meiner veröffentlicht. Dort erschien auch eine Werkausgabe letzter Hand in acht Bänden und zwei Ergänzungsbänden.

91 Die genaue Zahl ist unbekannt (vgl. Enzyklopedia Judaica, Stichwort »Sambor«). Anschaulich in Form dokumentarischer Prosa ist die Zusammenstellung von Erzählungen Überlebender aus Drohobycz, der nächstgrößeren Nachbargemeinde Sambors, etwa 30 Kilometer südöstlich gelegen, aber auch aus anderen galizischen Gemeinden vgl. dazu Henryk Grynberg, Drohobycz. Diese Erzählungen können auch als Folie für Sambor gelesen werden.

92 Friedemann Freiherr von Münchhausen, Erinnerungen, S. 131. Franz Josef Schöningh zitiert in seinem Bericht über seine Tätigkeit in Polen und Ungarn diesen Sachverhalt:

»Über seine Parteizugehörigkeit machte er sich lustig, indem er mir erzählte, dass er bei seinem Eintritt in die Partei mit einem Freund zusammen ein unbebautes Grundstück in Potsdam als Adresse angegeben habe, um mit dem ganzen Schwindel zunächst einmal nichts zu tun zu haben.« Münchhausen (1906–2002) war zuletzt Staatssekretär im Justizministerium von Nordrhein-Westfalen.

93 Bodo von Harbou (12. Dezember 1880 – 21. Dezember 1943) war im Ersten Weltkrieg Major im Generalstab und spielte eine wichtige Rolle bei der Niederschlagung der Novemberrevolution 1919. Während der Weimarer Republik Geschäftsführer der Deutschen Kali-Stickstoff, 1939 Reaktivierung, ab 1940 Oberst im Generalstab und Chef des Militärstabs unter General von Falkenhausen in Brüssel. Er nahm sich in Haft das Leben, vermutlich um nicht Widerstandspläne des 20. Juli preisgeben zu müssen. Harbou stand in engem Kontakt zu dem Widerstandszentrum in Paris (Carl-Heinrich von Stülpnagel, Cäsar von Hofacker), belegt sind häufige Treffen mit Moltke und Hassel (Kreisauer Kreis).

94 Franz Josef Schöningh, Bericht über meine Tätigkeit in Polen und Ungarn, S. 2.

95 Vgl. ausführlich Präg / Jacobmeyer, S. 452ff.

96 Der Dackel Alex, an dem er sehr hing, blieb ihm bis 1945 erhalten. Ihm widmete er auch eine kleine Geschichte (»Alex«), die er für ein Preisausschreiben 1945 verfasste (unveröffentlicht).

97 Vgl. dazu auch die wegweisende Untersuchung von Christopher R. Browning, Ganz normale Männer. Browning analysiert darin, wie eine Abteilung einfacher Hamburger Polizisten, die wegen ihres Alters nicht mehr wehrmachtstauglich waren und stattdessen zu den Einsatzgruppen eingezogen wurden, innerhalb kürzester Zeit zu »Gewohnheitsmördern« mutierten. Noch 1993 (!) verwies Browning darauf, dass nur zwei Dokumente eine Beteiligung der Ordnungspolizei an den Judenmorden belegen (Browning, a. a. O., S. 255, Fußnote 30). Dagegen Curilla, Der Judenmord. Curilla wies eine permanente Beteiligung der Ordnungspolizei an den Exekutionen nach. In dem Zusammenhang wichtig der Hinweis bei Snyder, Bloodlands, zum Akademikeranteil der Einsatzgruppen, wonach 15 der 25 Einsatzgruppen- und Einsatzkommandochefs promoviert waren.

98 Zu beiden Täterprofilen vgl. Birn, Die Höheren SS- und Polizeiführer, S. 169f., S. 337, S. 391–395.

99 Pohl, S. 52; auch Longerich, Massenmord, in: Wegner, Zwei Wege, S. 251–274; Pohl, Ermordung, S. 116f.

100 Zu den Ereignismeldungen vgl. Headland, Messages und Krausnick / Wilhelm, Die Truppe.

101 Vgl. Pohl, S. 58f., S. 61ff.; Sandkühler, S. 114–122.

102 Pohl, S. 66, Fußnote 154.

103 Pohl, a. a. O.; vgl. auch Hilberg, Vernichtung, S. 324ff.

104 Zitiert in: Pohl, S. 73, vgl. auch Alexander Fürst von Dohna-Schlobitten, Erinnerungen, S. 202, Aufzeichnungen vom 5. / 6. Juli 1941; interessant auch Franz Josef Strauß, Die Erinnerungen, S. 48.

105 Dazu als Beispiel für eine umfangreiche Literatur: Heer / Naumann (Hg.), Vernichtungskrieg; Bartov, Hitlers Wehrmacht; Wette, Wehrmacht; Dirks / Janßen, Krieg der Generäle; Hürter, Hitlers Heerführer.

106 Vgl. dazu ausführlich: Pohl, S. 75–96; Sandkühler, S. 25–49; Roth, S. 65–119.

107 Otto (Freiherr von) Wächter war vom 7. November 1939 bis 27. Januar 1942 Gouverneur des Generalgouvernement-Distrikts Krakau, ab 21. Februar 1942 Gouverneur von Galizien in Lemberg, ab Sommer 1944 Militärverwaltungschef von Italien. 1945 tauchte er in Rom in einem Kollegium unter der Obhut von Bischof Alois Hudal unter, wo er im August oder September verstarb. Zum Lebenslauf Wächters vgl. Sandkühler, S. 48f.; siehe auch den kritiklosen Eintrag bei Jordan, Polnische Jahre, S. 73ff.

108 Zitiert in Pohl, S. 78; anders Jordan, a.a.O., S. 11. Losacker sollte eine besondere Rolle in den staatsanwaltlichen Ermittlungen zu Beginn der 1960er-Jahre spielen, als er die Kommunikation zwischen den beschuldigten Funktionären im Generalgouvernement und deren gegenseitige Entlastungen organisierte. Überdies initiierte er den »Freundeskreis der ehemaligen Beamten des Generalgouvernement«, der in Not geratenen Funktionären oder Hinterbliebenen materielle Hilfe zukommen ließ. Ein Beispiel war die Übernahme der Internatsschulkosten für die beiden Söhne von Hans Frank. Näheres dazu bei Sandkühler, S. 449f. Jordan verweigerte dem Verfasser dazu detaillierte Aussagen (Weihnachten 1996), bestritt aber nicht die Existenz des Freundeskreises.

109 Vgl. dazu Bekanntmachung des KHM Tarnopol von Harbou über die Erschießung von Zivilpersonen wegen Verletzung der Baudienstpflicht vom 20. Januar 1944. Unter Berufung auf eine zwingende Verordnung zur Bekämpfung von Angriffen gegen das deutsche Aufbauwerk im Generalgouvernement vom 2. Oktober 1943 wurden acht Ukrainer und Polen standrechtlich erschossen. Vgl. Sastawenko, Wehrmachtsverbrechen, S. 229f.

110 Dieser Komplex ist erst jüngst durch die aufschlussreiche Studie von Curilla, Der Judenmord, abschließend aufgearbeitet worden. Detailliert verfolgt Curilla die Durchführung des Judenmordes durch die deutsche Ordnungspolizei. Die Kreishauptmannschaft Tarnopol wird darin allerdings nicht erwähnt.

111 Zuletzt Roth, S. 87ff.; Lehnstaedt, »Ostnieten« oder Vernichtungsexperten? Die Auswahl deutscher Staatsdiener für den Einsatz im Generalgouvernement Polen 1939–1944, in: *Zeitschrift für Geschichtswissenschaft* 55, H.9 (2007), S. 701–721, hier S. 701ff.

112 Roth, ebd., S. 91.

113 Lehnstaedt, a. a. O., S. 721.

114 Stellvertretend dafür ders., a.a.O., S. 701.

115 Zu den wichtigsten Autoren dieses Aspekts werden in der Forschung gerechnet: Thomas Sandkühler, Dieter Pohl, Bogdan Musial, Markus Roth (vgl. Bibliografie).

116 Hans-Walter Zinser war von August 1941 bis Februar 1942 KHM in Rawa-Ruska, ehe er für sechs Monate KHM in Sambor als Nachfolger Harbous wurde. Rawa-Ruska war von Beginn der Besatzung an Schauplatz von NS-Massenmorden. In einem in der Stadt eingerichteten Kriegsgefangenenlager kamen um die Jahreswende 1941 / 42 circa 18 000 russische Kriegsgefangene um (Unterernährung, Krankheiten); im März 1942 wurde ein Straflager (Stalag) eingerichtet. Rawa-Ruska war Bahnknotenpunkt für die Deportationszüge in das nur 20 Kilometer entfernte, im März 1942 fertiggestellte Vernichtungslager Belzec. Die Züge mussten dort häufig warten, da sie keine Genehmigung für die Weiterfahrt erhielten, weil sich in Belzec wegen der tagsüber ununterbrochen stattfindenden Ermordung von Juden lange Staus bildeten. Das führte zu unbeschreib-

lich grauenhaften Szenen, da sich die Insassen der Züge über das Fahrtziel im Klaren waren (vgl. Janett Margolies, Between Cruelty and Death; auch: Gurfein, in: www. deathcamps.org./belzec/belzecjumpers_de, letzter Zugang am 3.7.2011). Der Schöningh-Jagdfreund, Briefkorrespondent und nach dem Krieg Verleger des Oldenbourg Verlags, Wilhelm von Cornides, verfasste aus eigener Anschauung einen Bericht (Cornides-Bericht) über Rawa-Ruska, den Hans Rothfels 1959 publizierte (*VfZ* 3, 1959, S. 333ff.) und mit dem Kommentar versah, dass »die Unkenntnis dieser Vorgänge [...] im GG durchaus verbreitet war und daß es jedenfalls verhältnismäßig geringer Anstrengung bedurfte, ihnen auf die Spur zu kommen. Freilich werden nur wenige den Willen dazu gehabt haben, oder gar den Wunsch, das Geschehene und Gehörte schriftlich festzulegen«. Die Person Hans-Walter Zinser ist auch deshalb interessant, weil er 1948 die Entnazifizierung als »unbelastet« überstand und 1953 Richter am Bundesverwaltungsgericht wurde.

117 Generalgouverneur Frank hatte für die höheren Zivilbeamten eine eigene Generalgouvernement-Dienstuniform geschaffen: Die KHM trugen eine grüngraue Uniform mit Aufdruck am linken Ärmel, die stellvertretenden KHM eine blaugraue Uniform.

118 Irene Gut Opdyke, Wer ein Leben rettet; Soma Morgenstern, Die Blutsäule, S. 96ff.

119 Himmler attestierte Wächter am 18. Januar 1943: »Eines möchte ich Ihnen [...] gern bestätigen: Galizien ist ruhig und in Ordnung geblieben. Das ist Ihr großes Verdienst und ist nicht zuletzt auf die harmonische Arbeit von Ihnen mit dem tüchtigen Katzmann und, unpersönlich ausgedrückt, auf die wirkliche Zusammenarbeit von Verwaltung mit SS und Polizei in Ihrem Distrikt zurückzuführen.« (zitiert in: Sandkühler, S. 448f.); Friedrich Katzmann war vom 21. Juni 1941 bis 20. April 1943 SS- und Polizeiführer in Galizien mit Sitz Lemberg. Während seines Kommandos in Galizien war er maßgeblich am Holocaust beteiligt. Für seinen Tätigkeitsbereich hält er am 30. Juli 1943 fest: »In der Zwischenzeit wurde die weitere Aussiedlung energisch betrieben, so daß mit Wirkung vom 23.6.43 sämtliche Judenbezirke aufgelöst werden konnten. Der Distrikt Galizien ist [...] judenfrei. Bis zum 27.6.43 waren insgesamt 434 329 Juden ausgesiedelt.« In seiner Zeit überzog er den Distrikt mit einem engmaschigen Netz von Lagern mit Zwangsarbeitern (ZAL). Auf die umfangreiche Literatur zu Katzmann kann hier nicht eingegangen werden. Vgl. am ausführlichsten: Birn, Die Höheren SS- und Polizeiführer.

120 Odilo Globocnik war Leiter der »Aktion Reinhardt« zur Vernichtung der Juden im Generalgouvernement. Ihm unterstanden auch die Konzentrationslager Majdanek, Belzec, Sobibor und Treblinka. Dazu ausführlich: Birn, Die Höheren SS- und Polizeiführer.

121 Teilabdruck der Rede in: Präg/Jakobmeyer, S. 457f.

122 Der französische Jesuitenpater Patrick Desbois dechiffrierte zusammen mit einem Historikerteam und einem Ballistikexperten 2006 die Spuren dieses Genozids und stieß dabei auf Orte, die bislang in der Forschung noch überhaupt nicht behandelt worden sind. Vgl. Desbois, Der vergessene Holocaust.

123 Vgl. dazu auch Bericht von Salomea Ochs (Anhang).

124 Longerich, Himmler, S. 589.

125 Vernehmung von Hans-Walter Zinser am 24. November 1960 und 30. Juni 1965; zitiert in: Pohl, S. 209.

126 Pohl, S. 210.

127 Zum Überleben in den Wäldern Ostgaliziens vgl. Regnier, Damals in Bolechow, und Wolfgang Koeppen, Jakob Littners Aufzeichnungen (die sich in den Wäldern der Umgebung von Zbaraż abspielten; Zbaraż liegt circa 30 Kilometer nordwestlich von Tarnopol entfernt; die – später von Koeppen neu literarisierten – Erinnerungen eines Münchner Briefmarkenhändlers lagen im sogenannten Tarnopol-Prozess gegen Hermann Müller und anderen als Beweismaterial zugrunde). Zum Ursprungstext vgl. Jakob Littner, Mein Weg durch die Nacht.

128 Protokoll des Leiters der Präsidialverwaltung Heinzgeorg Neumann, 6. August 1942.

129 Sandkühler, S. 263, ähnliche Einschätzung siehe Pohl, S. 285.

130 Vgl. dazu Bericht Salomea Ochs (siehe Anhang).

131 Vgl. dazu Regnier, Damals in Bolechow.

132 Vgl. dazu Bericht Salomea Ochs (siehe Anhang).

133 Dazu ausführlich Markus Roth, Herrenmenschen.

134 Der Runderlass Wächters ist laut Dieter Pohl nicht publiziert und als Dokument nur im Staatsarchiv Lemberg (»Parteiarchiv des Lemberger Oblastkomitees der KPU«) einzusehen.

135 Craushaar war SS-Brigadeführer und wurde im November 1943 Präsident der Hauptverwaltung Innere Verwaltung als Nachfolger Losackers. Während der Entnazifizierung war er im gleichen Lagerteil des Internierungscamps Dachau inhaftiert, in dem auch Harbou war. Seine Auslieferung nach Polen am 18. Dezember 1946 verhinderte er, indem er einen Löffel verschluckte. Zum Lebenslauf vgl. Präg / Jacobmeyer, S. 946. Harbou kannte Craushaar über seinen Vater, auch Craushaar war in Brüssel stationiert und dort Militärverwaltungsvizechef unter Eggert Redder.

136 Franz Josef Schöningh kannte Jordan flüchtig bereits aus der Zeit vor dem Krieg. Jordans Frau stammte aus Gut Deixlfurt bei Tutzing, das unweit von Schöninghs Jagdhütte am Gallaweiher, nahe Bernried, gelegen war. Neben dem Haus von Wilhelm Hausenstein diente Deixlfurt als Unterstellmöglichkeit für private Sachen nach dem Krieg, auch Schöninghs polnische Freundin Elisabeth (Bettina) von Jurystowska kam dort zunächst unter. Jordan verfasste auf der Grundlage von Tagebuchaufzeichnungen (Hinweis darauf in: Ulrich Völklein, Die verweigerte Schuld, S. 159) seine Erinnerungen an die Zeit in Galizien (»Polnische Jahre«), eine der seltenen, wenn auch »geglätteten« Memoiren deutscher Besatzer. Schöningh war mit Jordan befreundet, wie auch Harbou. Auch Schöningh verweist in einem Brief an den Hochland-Autor Friedrich Mayer-Reifferscheidt vom 18. März 1952 darauf, dass er plante, ein »Galizisches Tagebuch« zu veröffentlichen, für das er alle Vorbereitungen getroffen habe, ehe die Kollektivurteile einsetzten. Sowohl Jordans Tagebuchaufzeichnungen als auch die von Schöningh sind nicht erhalten, Gleiches gilt auch für Fotosammlungen. Jordan selbst bestritt dem Verfasser gegenüber die Existenz eines solchen Tagebuchs; beim Lesen seiner Erinnerungen drängt sich indes der Eindruck auf, dass dieser Text unmöglich ohne genauere Aufzeichnungen entstanden sein kann. Bei Schöningh ist überliefert, dass er in Panik geriet, als französische Besatzungssoldaten im Mai 1945 Gut Deixlfurt durchsuchten und unter dem Schutz eines auf dem Hof aufgefahrenen Panzers plünderten: »Wenn die das finden, bin ich geliefert!« (Aussage Helge von Jordan, November 2010). Unter den Familienmitgliedern von Jordan waren die versteckten Kisten Schöninghs bekannt (»Wenn man die Kisten von Schöningh gefunden hätte, es wirklich gefährlich für Schöningh gewesen wäre«, ders., ebd.).

137 Schenk-Bericht, Bl. S. 136ff., zitiert in: Sandkühler, S. 201.

138 Die Sekretärin Wachta wurde von der Sicherheitspolizei in die Kreishauptmannschaft eingeschleust und berichtete detailliert über alle Vorkommnisse. Im Juli 1942 entließ Kreishauptmann Harbou sie, gleichwohl denunzierte sie noch Ende 1943 den stellvertretenden Leiter des Wirtschaftsamtes Jindrich Bronner und dessen Frau als Volljuden und schaffte damit für beide eine lebensgefährliche Situation. Diese Frau war dreist genug, sich im Herbst 1945 bei Franz Josef Schöningh in der SZ um eine Stelle als Sekretärin zu bewerben. Diese Chuzpe verschlug Schöningh die Sprache, in einem Brief an Bronner vom 23. März 1959 schreibt er, dass er den Absagebrief an Wachta so gehalten habe, »dass sie bei jedem Klingelzeichen erschrecken musste, ob nicht die Polizei an der Tür erscheine«.

139 Harbou trug die Theorie der einheitlichen Verwaltung sowohl während der Regierungssitzungen in Lemberg als auch Generalgouverneur Hans Frank selbst vor, vgl. Protokoll Regierungssitzung vom 21. Oktober 1941, Präg/Jacobmeyer, S. 438ff.; Protokoll Referat anlässlich Besuch Franks in Tarnopol vom 28.–30. Juli 1942, ebd., S. 527ff.

140 Vgl. Brief vom 12. Januar 1942.

141 Hermann Müller, in der Korrespondenz Schöninghs wie auch in der Fachliteratur als Gestapochef oder SD-Chef tituliert, war ab 1941 eigentlich Leiter des Grenzpolizeikommandos Tarnopol bis zum 1. Juni 1943. Er war fanatischer Nationalsozialist mit erheblichem Vorstrafenregister (Gewaltstrafen). Im Juli 1942 strenger Verweis des Oberkommandos der Wehrmacht wegen dienstlichen Übergriffs und Verbot der »Teilnahme an Exekutivhandlungen«, welches das Reichssicherheitshauptamt rückgängig zu machen versuchte. Harbou intervenierte wegen sexueller Übergriffe Müllers mit der Folge, dass dieser zum SD nach Bochum »strafversetzt« wurde. Im Juni 1961 wurde er festgenommen und am 15. Juli 1966 im sogenannten Tarnopol-Prozess in Stuttgart zu lebenslänglicher Haftstrafe verurteilt. Bezeichnenderweise wurde der Prozess gegen Müller innerhalb der Familie Harbou und in deren Freundeskreis mit Schweigen quittiert (der Verfasser erlangte erst im September 1996 durch Thomas Sandkühler detaillierte Kenntnis von Müllers Mordaktionen in der jüdischen Bevölkerung und der Einbindung der Zivilverwaltung in diese).

142 Dan Georg Bronner am 10. November 2008.

143 Die Freundschaft der Familien Bronner, Harbou und Schöningh hielt lebenslänglich und übertrug sich auf deren Kinder. Bronner war nach dem Krieg wieder als Unternehmer in seiner Heimatstadt Mährisch-Ostrau (Ostrava) tätig und unterstützte Lili von Harbou nach dem Tode ihres Mannes. Mit Franz Josef Schöningh sind verschiedene Briefe erhalten, ein Wiedersehen fand allerdings wegen der Reisebeschränkungen in der Zeit des Kalten Krieges nicht mehr statt. Dan Georg Bronner ging nach dem Abitur in seiner Heimatstadt nach Israel. Heute lebt der 81-Jährige als erfolgreicher Architekt in Düsseldorf. Ihn hat wiederum Schöningh während seines Studiums in Israel unterstützt. Die freundschaftliche Nähe zu Jindrich Bronner hielt Schöningh nochmals in einem Schreiben an den israelischen Wiedergutmachungsanwalt Zygmunt Mell vom 8. Januar 1957 fest: »[...] dass wir [i. e. Bronner und Franz Josef Schöningh] uns beide sozusagen in der KHMschaft versteckt hielten, er als Jude und ich als Redakteur einer Zeitschrift, die von den Nazis unterdrückt worden war«.

144 Vgl. Ulrich Völklein, Die verweigerte Schuld; auch: Jost Nolte, Der Feigling, besonders S. 271ff. (darin nimmt Volkmanns Freund und Dienstgefährte Gerhard von
Jordan, im Buch als »Freytag« anonymisiert, einen breiten Raum ein; Volkmann
selbst taucht darin als »Schierling« auf). Vgl. auch Interview Volkmann, in: *Spiegel*
(41/1995) und *Stern* (42/1995), allgemein zu Volkmann, *ZEIT* 42/1995, Interview
Jordan, *Spiegel* 42/1995, auch *ZEIT* 44/1995; vgl. die sechsteilige Geschichtsdoku-
mentation »Holocaust« im ZDF 2000. Zur Analyse Jordans als Zeitzeugen siehe Keilbach, Geschichtsbilder, S. 224ff. Wie weit die Ermittlungsergebnisse der Justiz gegen
Volkmann von der Realität abwichen, belegt ein Auszug aus einem Dokument des
Simon-Wiesenthal-Archivs, in dem festgehalten ist, dass von den 60000 in Kolomea
ansässigen Juden in der Zeit Volkmanns etwa ein Drittel vor Ort ermordet wurde,
»das war die größte Zahl ermordeter Juden in einer Stadt Europas« (zitiert in: *Chi-
lufim. Zeitschrift für Jüdische Kulturgeschichte* 3/2007, S. 16).

145 Vgl. Brief Marian Partyka an Franz Josef Schöningh vom 21. Juni 1957. Schöningh
hielt diesen Vorgang für so bedeutsam, dass er den Brief unmittelbar an seinen Mitherausgeber Werner Friedmann und einigen Redakteuren der *SZ* zur Kenntnis wei-
terleitete, aber auch an Dunner mit dem Vermerk, dass sich damit die Entscheidung
der Amerikaner für ihn als Mitherausgeber der *SZ* als richtig herausgestellt habe. Im
gleichen Brief weist Partyka auf Fotos von Franz Josef Schöningh »in der Tarnopol-
zeit« hin, die er gemacht und dem Schreiben beigelegt habe. Im Nachlass Franz Josef
Schöningh waren diese nicht enthalten.

146 Erich Koch war Gauleiter der NSDAP in Ostpreußen und Reichskommissar im
Reichskommissariat Ukraine. Von den Polen 1959 zunächst wegen Mordes zum Tode
verurteilt, wurde diese Strafe in lebenslänglich umgewandelt. Koch herrschte in Ostpreußen unbehelligt als Despot, seine hochkriminellen Bereicherungen machten ihn
zum vermögendsten Mann der Provinz.

147 Vgl. Rüter-Ehlermann, Justiz, S. 430ff. Das Urteil des Landgerichts München vom
10. November 1948 ist dort vollständig abgedruckt. Es ist enthalten in einer Sammlung deutscher Gerichtsurteile über NS-Verbrechen, die der damalige hessische Gene-
ralstaatsanwalt Fritz Bauer als Fehlurteile dokumentieren wollte. Die dreibändige
Sammlung erschien 1969 in einem holländischen Verlag, weil sich kein deutscher
Verlag gefunden hatte. Schöningh hat – soweit ersichtlich – nirgendwo auf seine Zeugenaussage Bezug genommen. Das zitierte Deportationsschema und die Involvierung
der Kreishauptmannschaft finden sich bei Roth, Herrenmenschen, S. 204ff.

148 Vgl. Soma Morgenstern, Die Blutsäule, S. 96ff.

149 Das Beispiel Hassenstein wurde immer wieder in Zeugenvernehmungen und auch in
Erinnerungen angeführt, wie lebensgefährlich es gewesen sei, Juden im Haushalt zu
beschäftigen. Grundsätzlich trifft das zu (vgl. Gut Opdyke, Wer ein Leben rettet: Darin deckt der Leiter der Munitionsfabrik in Tarnopol eine jüdische Hausangestellte),
doch in diesem Fall war es allgemein bekannt, dass das Urteil gegen Frau Hassenstein
nicht vollstreckt wurde, weil sie von Staatssekretär Bühler begnadigt wurde. Vgl. Jordan, Polnische Jahre, S. 139ff.; Musial, Deutsche Zivilverwaltung, S. 338. Gleichwohl
benennt Schöningh in der *SZ* vom 12. Oktober 1945 in seiner Erwiderung auf Franz
Werfels Kollektivschuldvorwurf diesen Vorfall erneut (»[…] zum Tode verurteilt, weil
sie eine Jüdin versteckte […]«), ohne auf die Aufhebung des Urteils hinzuweisen, und
auch, dass keine sonstigen Konsequenzen für die Familie Hassenstein eintraten.

150 Siehe Prozessakten, Spruch Hauptkammer München gegen Joachim Nehring vom 30. Oktober 1950, StArch München, SpKa 1236. Zum Zeitpunkt des Spruchkammer-prozesses war Nehring Herausgeber der rechtsradikalen Zeitschrift *Der Scheinwerfer*.

151 Hans Habe, In Sachen Schöningh, in: *Aufbau* (New York), 13. April 1951.

152 Vgl. Roth, Herrenmenschen, S. 331f., Roth wertet hier erstmals original polnisch-sprachige Justizdokumente aus.

153 In einem Schreiben an die Staatsanwaltschaft Waldshut vom 26. April 1960 im Zusammenhang mit einer erbetenen Zeugenaussage schreibt Schöningh, dass Kreis-hauptmann Harbou »mich mit dem Bemerken darauf hinwies, nun [i. e seit Himmlers Ernennung zum Reichsinnenminister im Juli 1943] sei alle Polizeigewalt endgültig und ausschließlich bei Himmler und seinen Leuten konzentriert«.

154 Vgl. Pohl, S. 185ff.

155 Ders., S. 83ff.

156 Ders., S. 285.

157 Roth, S. 301, dazu auch die folgenden Seiten.

158 Hierzu vor allem Musial, Deutsche Zivilverwaltung.

159 Zitiert in Roth, S. 254.

160 Jordan, Polnische Jahre, S. 122ff.; abgedruckt auch bei Sandkühler, S. 258f.

161 Cäsar von Hofacker übernahm im Oktober 1943 Koordinationsaufgaben im Stab des Militärbefehlshabers in Paris, Carl-Heinrich von Stülpnagel. Er war ein Vetter von Claus Graf von Stauffenberg und in die Widerstandspläne des Kreisauer Kreises unmit-telbar involviert. Im Winter 1943/44 arbeitete er intensiv an Planungen für einen Umsturz in Paris. Für den Fall eines gelungenen Umsturzes war er als Botschafter in Paris vorgesehen. Harbous Vater, Bodo von Harbou, war eng mit Stülpnagel befreundet und kannte auch Hofacker gut, der als Kontaktmann Stauffenbergs in Paris arbeitete. Er reiste häufig von Brüssel nach Paris zwecks Kontaktaustauschs, wie auch Akteure des Pariser Widerstands (so der Neffe Alexander von Falkenhausens, Gotthard von Falken-hausen), bevorzugt nach Schloss Seneffe, der Wochenendresidenz Falkenhausens, um sich dort ungestört über die Besatzungslage und den in Planung befindlichen Wider-stand gegen Hitler auszutauschen (vgl. dazu Schreiber, Stille Helden, S. 87, auch Molt-ke, Briefe, S. 171f., S. 174, S. 540, S. 581, und die Hassell-Tagebücher, S. 264, S. 606). Sein Wissen erzählte er Mogens von Harbou im August 1943. Franz Josef Schöningh nahm darauf Bezug in seinem Entlastungsschreiben für Mogens von Harbou vom 12. Oktober 1945: »Bei seiner Rückkehr aus Paris im Sommer 1943 sagte er mir, dass sich der Kreis um seinen Vater mit Umsturzplänen trage, dass man aber Geduld haben müsse. Er war wie ich von der Hoffnung erfüllt, dass es in absehbarer Zeit zur Revolu-tion kommen werde und war daher bestürzt, als das Attentat vom 20. Juli misslang.« Hofacker wurde mit Stülpnagel zum Tode verurteilt (29. beziehungsweise 30. August 1944) und hingerichtet. Unklar ist, wieso Schöningh hier auf »Paris« verweist; Mogens von Harbou besuchte seinen Vater im Juli/August in Brüssel. Bodo von Harbou beging am 22. Dezember 1943 in Berliner Untersuchungshaft Selbstmord, vermutlich um keine Widerstandskontakte preiszugeben.

162 Umfassend zu Hausensteins Biografie und Werk siehe J. Werner, Hausenstein. Zu Hausensteins Eintragungen Tutzing nach dem Krieg, vgl. Hausenstein, Licht, S. 365.

163 Vgl. dazu die Tagebücher Karen Schöningh 1. Januar 1945 bis 4. Juli 1947, hier Eintrag 1. August 1946.

164 Vgl. Ernst Langendorf, Mit dem Jeep auf Verlegersuche, in: Schröder (Hg.), Auf geht's, S. 12ff.

165 Wiedenhorn, S. 47.

166 Siehe dazu ausführlich Hurwitz, Die Stunde Null.

167 Hurwitz, S. 149.

168 Richardi, S. 209. Zur Vita August Schwingensteins und dessen Sohn Alfred vgl. die ausführliche Darstellung Richardis. Diese Biografie ist darüber hinaus die detaillierteste Schilderung der SZ-Gründung.

169 Richardi, S. 221.

170 Auszugsweise zitiert bei Richardi, S. 227f.

171 Die Erinnerungen Joseph Dunners (»Zu Protokoll gegeben«) aus dem Jahr 1971 sind ungenau; die Besprechungen lassen sich mittels der von August Schwingenstein angefertigten detaillierten Gesprächsprotokolle wie auch denen des bei Gründung der SZ zugegen gewesenen späteren SZ-Redakteurs Georg Lorenz genau dokumentieren. Siehe dazu Nachlass Schwingenstein im Bayerischen Wirtschaftsarchiv. Dunner scheint seine Aufzeichnungen in freier Erinnerung verfasst zu haben, Umstände und Fakten weichen zum Teil erheblich vom tatsächlichen Geschehensablauf ab.

172 Langendorf, Mit dem Jeep, S. 26.

173 Hausenstein, Licht, S. 370.

174 Das Gutachten Kardinal von Faulhabers über Schöningh im Nachlass Faulhabers im Erzbischöflichen Archiv ist nicht erhalten. Dunner, S. 97, gibt an, dass die Wahl Schöninghs auf dies Gutachten Faulhabers »zurückging« (Hervorhebung vom Verfasser).

175 Bericht Lili von Harbou an Verfasser, vgl. auch Müller-Meiningen, Orden, S. 27f.

176 Dunner, S. 196.

177 Ders., S. 95.

178 Köpf, Schreiben, S. 86. Bei Köpf falsch »Toombs« geschrieben (recte: Thoombs); leider zitiert Köpf nicht den Fundort in den Omgus-Akten (Akten Office of Military Government for Germany). Vgl. auch Hachmeister / Siering, Die Herren, S. 124, und Frei / Schmitz, Journalismus, S. 68.

179 Franz Josef Schöningh an Meyer-Reifferscheidt von 18.3.1952. Meyer-Reifferscheidt war Hochland-Autor, mit Franz Josef Schöningh gut bekannt und artikulierte am 6. März 1952 in einem Brief Vorwürfe bezüglich der Lizenzerteilung an Schöningh wegen dessen Amtstätigkeit in Galizien. Der Brief ist nicht erhalten.

180 Vgl. dazu Kunrat von Hammersteins Aufzeichnungen in seinen Büchern »Spähtrupp« und »Flucht«. Nur oberflächlich: Hans Magnus Enzensberger, Hammerstein. Der sozialistische Schriftsteller und Dramatiker aus der Zeit des Expressionismus, Franz Jung (»Der Weg nach unten«), beschrieb Marie-Louise von Münchhausen-Hammerstein im Zuge einer geplanten Biografie über Arkadij Maslow (den Spitzenfunktionär der Berliner KP der 1920er-Jahre und Lebensgefährten von Ruth Fischer) als »ernstes Wesen, Zug zum Pietismus. Nach außen den Charakter eines ›Blaustrumpfes‹. An allem interessiert, Politik, die socialen Bewegungen [...] in ihren Bemühungen, die Zeit zu verstehen, die sociale Kritik zu rechtfertigen, wurde sie im Familienkreis oft als ›rot‹ und als ›Kommunistin‹ verspottet, Flintenweib hätte Hammerstein das genannt«. Vgl. Jung, Werke 9 / 2, S. 217.

181 Brief an Meyer-Reifferscheidt, 18. März 1952.

182 Dunner, S. 95.

183 Ebd.

184 Der Sozialdemokrat Wilhelm Hoegner (1887–1980) war von Ende September 1945 bis 1. Dezember 1946 sowie von 1954 bis 1957 bayerischer Ministerpräsident. Auch war der Jurist maßgeblich an der Gestaltung der bayerischen Verfassung beteiligt.

185 Zu Goldschaggs Vita und den Umständen seiner Berufung vgl. ausführlich Dollinger. Kaum bekannt ist, dass die Familie Goldschagg während des Krieges ein Jahr lang die Jüdin und Sozialistin Dr. Elisabeth Rosenfeld versteckte, siehe ders., S. 165ff.

186 Vgl. dazu Wiedenhorn, S. 52.

187 Faksimile bei Dollinger, S. 203.

188 Dunner, S. 92.

189 Bisher wurden diese Aufzeichnungen nur zum Teil ausgewertet (so von Richardi).

190 Vgl. Protokoll der Sitzung vom 23. Juni 1945 (Archiv Schwingenstein).

191 Zitiert nach Richardi, S. 283.

192 Dunner, S. 99; Richardi, S. 282; Wiedenhorn, S. 53f.

193 Wiedenhorn, a. a. O. unter Berufung auf verschiedene Interviews mit Langendorf.

194 Vgl. dazu ausführlich Richardi, S. 292ff.

195 Zitiert nach Richardi, S. 11f.

196 Zur Sitzung 4. August 1945 vgl. Richardi, S. 312f.

197 Bayerisches Wirtschaftsarchiv, K 1, XV A 10 c, Akt 371, Fall 37. Nach der Übertragung der vierten Lizenz an Werner Friedmann bildete man im August 1947 aus diesem Unternehmen die Firma Süddeutscher Verlag GmbH mit einem Stammkapital von 200 000 DM.

198 Brief Langendorf an Wiedenhorn, 7. März 1982.

199 Wiedenhorn, S. 66.

200 Ebd.

201 Zitiert bei Richardi, S. 324.

202 Langendorf, S. 28. Richtig ist, dass die drei Gesellschafter in einem Brief an Dunner Werner Friedmann als weiteren Mitgesellschafter vorschlugen. Dieser wurde dann am 6. Juli 1946 dazu ernannt, was mit der Lizenzurkunde vom 2. August bestätigt wurde.

203 Dunner, S. 119.

204 Franz Josef Schöningh an Dunner, 29. März 1946, Original handschriftlich, Duplikat Nachlass Schwingenstein.

205 Kurt Ziesel, Das verlorene Gewissen.

206 Vgl. dazu Denk, Die Zensur, S. 188ff.

207 Präg / Jacobmeyer, Diensttagebuch, Eintrag 1.–5. November 1943, S. 754.

208 Der vollständige Brief Süskinds an Heinz Stroh liegt im Nachlass Alfred Neumann, Monacensia Literaturarchiv und Bibliothek, München.

209 Vgl. zur Kritik Erika Manns auch: Dohrmann, Erika Mann, S. 11; Harpprecht, Thomas Mann, S. 1534; auch: Thomas Mann, Tagebücher 1946–1948, S. 6: »Erika teilte ihren Brief an A. Neumann über den unmöglichen Süskind mit.«

210 Zitiert in Harpprecht, ebd.

211 Wilhelm Emanuel Süskind an Katia und Thomas Mann, 23. Mai 1946.

212 Abgedruckt in: Thomas Mann, Tagebücher 1946–1948, S. 864ff.

213 Köpf, Schreiben.

214 Volmert, Politischer Kommentar, S. 65.

215 Vgl. dazu Kleßmann, Staatsgründung, S. 308ff.; ausführlich dazu auch Schäfer, Bewusstsein, S. 318.

216 Vgl. Hausenstein, Licht, S. 394ff.

217 Ders., ebd., S. 441.

218 Vgl. dazu grds. Norbert Frei, Von deutscher Erfindungskraft. Oder: Die Kollektiv-schuldthese in der Nachkriegszeit, in: Frei, 1945 und wir, S. 145ff. Siehe auch: Assmann, Geschichtsvergessenheit, S. 112ff., und Ullrich, Der Weimar-Komplex, S. 110f.

219 Martin Niemöller war ein deutscher Theologe, der sich nach anfänglicher NS-Affinität zum Widerstand gegen den Nationalsozialismus bekannte. Anfang des Krieges in KZ-Haft, zur Bewährung im Krieg U-Boot-Kommandant, nach dem Krieg führender Vertreter der evangelischen Kirche und als solcher maßgeblich am Stuttgarter Schuldbekenntnis der evangelischen Kirche vom Oktober 1945 beteiligt. Darin wurde eine Mitschuld der evangelischen Christen an den Verbrechen des Nationalsozialismus erklärt. Niemöller erlebte das Kriegsende zusammen mit Maria von Hammerstein und deren Tochter Hildur in dem legendären Häftlingstransport der SS nach Südtirol, als dieser am 2. Mai 1945 von der US-Army am Pragser Wildsee befreit wurde.

220 Da das »Streiflicht« nur anfangs mit einem Namenskürzel versehen wurde, musste für die Zeit ab 1946 ein aufwendiger Abgleich anhand seines Nachlasses erfolgen, um zweifelsfrei seine Urheberschaft zu bestimmen. Untersucht wurden dabei nur wesentliche Einlassungen im »Streiflicht«.

221 Kiefer, Auf der Suche, S. 44.

222 Ebd., S. 49.

223 Siehe dazu unten im Teil »Westintegration«.

224 Vgl. Hoser in Hachmeister / Siering, S. 140; Goldschagg, Leben, S. 239.

225 Zu den Auflagen der Militärregierung vgl. Richardi, Auflagen, S. 308f.

226 Interview Herbert Heß am 19. September 2009.

227 Auch abgedruckt in: Hausenstein, Briefe, S. 183f.

228 Ebd., S. 410f. Dazu passt die reservierte Haltung der Bayerischen Akademie der Schönen Künste gegenüber ihrem Mitglied Thomas Mann bei dessen erstem Besuch nach dem Krieg nach 16 Jahren – der Empfang war von einem Eklat überschattet. Vgl. dazu Schirnding, Rückkehr.

229 Vgl. dazu Fußnote 199, und Völklein, Die verweigerte Schuld; Nolte, Der Feigling. Darin tauchen die Vorwürfe gegen Volkmann erneut auf, vgl. ebd., S. 226.

230 Vgl. dazu ausführlich Boll, Nachtprogramm.

231 Zu Asbach vgl. Arne Bewersdorf, Hans-Adolf Asbach. Eine Nachkriegskarriere. Vom Kreishauptmann zum Landessozialminister, in: *Demokratische Geschichte* 19, S. 71–112.

232 Boll, Nachtprogramm, S. 158.

233 Arnold Gehlen, Mensch trotz Masse, in: *Wort und Wahrheit. Wiener Zeitschrift* 8 (1952), S. 582, zitiert. nach Boll, ebd.

234 Einschlägig dazu Albrecht / Behrmann und andere, Die intellektuelle Gründung. Darin Kapitel 9: Die Frankfurter Schule und die Massenmedien, S. 201–246.

235 Müller-Meiningen, Orden, Spiesser, S. 28 f. Seine Erinnerungen sind jedoch mit Vorbehalt zu lesen, so schreibt er beispielsweise zu Schöninghs Tätigkeit im Generalgouvernement: »Aufgrund seiner Freundschaft mit der Regisseurin und Autorin Thea von Harbou [sic!], deren Ehemann ein hoher SS-Führer [sic!] gewesen war, ist

es ihm gelungen, einen unverfänglichen Posten in Polen zu finden.« Auch sein Hinweis, dass die Angehörigen Ohrensteins in Auschwitz und Treblinka umkamen, ist zweifelhaft, es liegen kaum Dokumente vor, wonach Tarnopoler Juden dort ermordet wurden, vielmehr wurden diese fast ausschließlich in die Vernichtungslager Belzec und Sobibor deportiert.

236 Ebd. Hier ist wohl auch der Ausgangspunkt einer Vertuschungslegende zu finden. Noch in dem zitierten, zu seinem Requiem am 13. Dezember 1960 ausliegenden Nachruf wird seine Tätigkeit in Tarnopol umschrieben mit: »[...] in der zivilen Militärverwaltung tätig, nutzte er die erzwungene Muße [sic!] zur Vorbereitung jener Aufgaben, die nach der zu erwartenden Katastrophe der Lösung harrten.« Seine Enkelkinder wuchsen im Wissen auf, dass der Großvater »Förster in den polnischen Wäldern« gewesen sei. Auch Mogens von Harbous Kinder glaubten zunächst, dass ihr Vater gewöhnlicher »Landrat« in Polen gewesen sei.

237 Vgl. dazu Müller-Meiningen, Orden, Spiesser, S. 66ff.; abweichend Hoser, in: Hachmeister / Siering, Die Herren Journalisten, S. 128. Den Ermittlungsauftrag an die Detektei Gentner erteilte Alfred Schwingenstein, die Kosten von DM 1000 dafür übernahm zunächst August Schwingenstein, Schöningh beteiligte sich daran später hälftig. Der wohl auch in die Sache eingebundene Rechtsanwalt Dr. Rudolf Nörr hielt unter dem Datum 31. Mai 1960 fest, dass die beklagte RA Thora »neuerdings die Sache so darstellt, als ob sie mit dem gegen Herrn Werner Friedmann laufenden Strafverfahren nichts oder wenig zu tun hätte. Dies ist unrichtig. Das Gegenteil ist der Fall.« Nörr führt weiter aus, dass aus seiner Sicht der über den Besuch Thoras bei der Oberstaatsanwaltschaft angefertigte Aktenvermerk »seinem Inhalt nach als Anzeige [...] gegen [...] Friedmann anzusehen« ist. Und weiter: »Frau Kollegin Thora ist weiterhin von der Staatsanwaltschaft als Zeugin gehört worden. Dabei hat sie sehr eingehende Ausführungen über Feststellungen gemacht [eben auf der Grundlage der Erkenntnisse des Detektivbüros Gentner, Anmerkung des Verfassers], die sie in Richtung gegen Herrn Werner Friedmann getroffen hat, und zwar schon lange vor der bekannten Schiedsgerichtssitzung Ende Februar 1960. In der gleichen Weise hat auch Herr Alfred Schwingenstein jun. bekundet, dass er schon lange vor der Schiedsgerichtssitzung am 25.2.60 sehr eingehende Ermittlungen in Richtung Herrn Werner Friedmann verfolgt hat, die nach meiner Auffassung nur das Ziel haben konnten, zur gegebenen Zeit das so gewonnene Material auszuwerten. Ich bin deshalb heute auch keineswegs mehr davon überzeugt, dass Frau Kollegin Thora in der fraglichen Schiedsgerichtssitzung lediglich deshalb Vorwürfe gegen Herrn Werner Friedmann erhoben hat, weil sie sich provoziert fühlte.«

238 Auskunft von Lili von Harbou an Verfasser.

239 Franz Josef Schöningh, »Am Rande des Meeres« (Erzählung, unveröffentlicht).

240 Über RA Christel Lammers ist wenig bekannt; nach eigener Aussage war sie auf die Vertretung alleinstehender vermögender Damen spezialisiert (Aussage Daniel Gerstein 3. September 2010), nach Schöninghs Tod erbte sie die Bauerbacher Hütte, die allerdings wegen eines von ihr fahrlässig verursachten Brandschadens zerstört wurde.

241 Zitiert in Beyer, Palucca, S. 293, und Anmerkung 83, S. 417.

242 Zum Umfeld dieser Organisationen siehe Dietrich, Politik und Kultur, auch: Hinterthür, Noten nach Plan sowie Köster, Musik-Zeit-Geschehen. Hier wie vor allem bei Beyer, Palucca, finden sich detaillierte Angaben zu Irmgard Schöningh. Zum allgemeinen

politischen und geistesgeschichtlichen Umfeld Berlins vgl. Schivelbusch, Vor dem Vorhang.

243 Hinterthür, Noten, S. 123.

244 Paluccas späterer Lebensgefährte Will Grohmann verwies darauf, dass Bienert im
September 1945 von den US-Behörden in München das Angebot einer Lizenz einer
»mehr links gerichtete(n) demokratische(n) Tageszeitung [...] als Gegenstück zur
streng christlich-konservativen ›Süddeutschen Zeitung‹ erhielt«. Bienert machte
davon aber keinen Gebrauch, bei der Zeitung handelte es sich um *Die Neue Zeitung*.
Zitiert in Beyer, ebd., S. 229f.

245 Beyer, ebd,. S. 256f.

246 Hinterthür, ebd., S. 123f.

247 Vgl. Dietrich, Politik und Kultur; insbes. S. 161ff.

248 Zitiert nach Beyer, ebd., S. 265f.

249 So auch dies., ebd., S. 266.

250 Anft, Ernst Legal, S. 372, und Völker, zitiert in Anft, ebd., S. 561, Anmerkung 51.

251 Abgedruckt bei Vogt-Schneider, ebd., S. 308.

252 Alle Zitate nach Beyer, ebd., S. 272f. Insofern ist der Aktenbestand zur IM-Tätigkeit
Irmgard Schöninghs vom 27. August 1951 bis 31. März 1953 dünn. Susanne Beyer
hat diesen hinreichend ausgewertet, eine darüber hinausgehende Recherche ist vom
Verfasser unterblieben, auch auf Empfehlung der zuständigen Referentin im BStU
(Behörde des Bundesbeauftragten für die Stasi-Unterlagen) Berlin.

253 Dies., ebd., S. 297.

254 Siehe Archiv *Hochland* in der Universität Eichstätt-Ingolstadt. Bereits hingewiesen
wurde darauf, dass große Teile des Archivs durch die Zerstörung des Verlagsgebäudes
am Kaiser-Ludwig-Platz 6 in München im Zweiten Weltkrieg vernichtet wurden. So
ist von der Korrespondenz Schöninghs nur wenig erhalten, diese liegt im privaten
Nachlass Schöninghs.

255 Ernst-Wolfgang Böckenförde, Der Deutsche Katholizismus im Jahre 1933, in: *HL* 53
(1960/61), H.2, S. 215–239; ders., Stellungnahme zu einer Diskussion, in: *HL* 54
(1961/62), H.3, S. 217–245. Nachdruck in: ders., Der deutsche Katholizismus, S. 39–69
und S. 71–104.

256 Franz Josef Schöningh, Der Christ und die Kultur der Gegenwart, in: *HL* 40 (1947/48),
H.1, S. 1–16; ders., Christliche Politik?, in: *HL* 41 (1948/49), H.4, S. 305–320.

257 Zur Korrespondenz allgemein: Diese scheint seit den 1960er-Jahren unberührt. Teilweise wurden Autografe aus Briefen herausgeschnitten (zum Beispiel Gertrud von Le Fort),
die daher unverwertbar waren, die alphabetische Einordnung ist großenteils falsch, auch
eine Ablage in »privat« und »dienstlich« ist fehlerhaft. Erstaunlich auch, dass Briefwechsel zum Beispiel mit Lili von Harbou fehlen, ebenso Briefe von *SZ*-Redakteuren, Mitherausgebern, *Hochland*-Autoren an Schöningh. Davon liegt nur ein Teil vor. Sofern
sich Schöningh in seiner Funktion als Verlagsleiter der *SZ* äußerte, sind diese Brief zum
Teil im Archiv Schwingenstein im Bayerischen Wirtschaftarchiv einsehbar. Auch das
Hochland-Archiv der Universität Eichstätt verfügt nur über ganz wenige Briefe, der
Bestand vor und während des Krieges bis zum Verbot fiel einem Luftangriff zum Opfer.
Im *Hochland*-Nachlass Schöninghs befindet sich nur ein schmales Bündel von Briefen.

Anhang

Vorbemerkung

Franz Josef Schöningh hat den unten entsprechend der Originalvorlage abgedruckten Bericht über seine Tätigkeiten während des Zweiten Weltkriegs im Hause Wilhelm Hausensteins in Tutzing/Oberbayern vermutlich in den Monaten April bis Juni 1945 geschrieben. Der Bericht selbst ist undatiert. Er diente als Vorlage bei den alliierten Militärbehörden zur Überprüfung für die Erteilung seiner Lizenz als Mitherausgeber der *Süddeutschen Zeitung*.

Dr. Franz Josef Schöningh
bei Dr. Wilhelm Hausenstein
Tutzing/Oberbayern

»Bericht über meine Tätigkeit in Polen und Ungarn«

I. Galizien

1. Vor meinem Eintritt in die Verwaltung.

Juni 1941 wurde das »Hochland« unterdrückt, in den folgenden Wochen die Redaktion von mir liquidiert. Ende Juli zog ich mir auf der Jagd einen Schädelbruch zu und lag 3 Wochen im Schwabinger Krankenhaus in München. Dort erhielt ich einen Einberufungsbefehl, der wegen meines Gesundheitszustandes zunächst zurückgezogen wurde. Anfang November wurde ich jedoch wieder gemustert, aber bis zum 1.4.1942 zurückgestellt. Da der Krieg mit Russland nicht zu Ende ging, häuften sich die Einziehungen, sodass auch meine »Galgenfrist« wahrscheinlich abgekürzt werden würde.

Meine Überlegungen: angesichts der unvollkommenen Rüstung der Westmächte und des durch die deutschen Eroberungen gewachsenen Kriegspotentials Hitlers konnte der Krieg noch Jahre dauern. Ich war 39 Jahre alt, musste mich jedoch als Rekrut der preußischen Massenbehandlung unterwerfen wie ein

Zwanzigjähriger, ohne Aussicht auf Offiziersrang. Vor allem – und das war das Wichtigste – musste ich einen Eid auf Hitler schwören und wahrscheinlich auf Menschen schiessen, die ich nicht für meine Feinde hielt, von denen ich sogar glaubte, daß sie im Recht seien. Denn meine Feinde waren nachweisbar die Nazis: meine Lebensaufgabe, das »Hochland«, zerstört, der väterliche Verlag bereits weitgehend abgewürgt und vor der völligen Unterdrückung, die Zeitung »Westfälisches Volksblatt«, ebenfalls meiner Familie gehörig, von den Nazis fortgenommen. Die christliche Religion bei einem Sieg der Nazis zum Tode verurteilt. Alle Humanität, um derentwillen es sich überhaupt zu leben lohnt, in völliger Ausrottung begriffen. Folgerung: auf keinen Fall Soldat Hitlers werden. Wie konnte ich dem entgehen? Verhandlungen mit dem Verlag Callwey, eine »Biographie« Venedigs zu schreiben und wegen dieses italienischen Themas unabkömmlich gestellt zu werden, wurden abgebrochen, da Freistellungen immer schwieriger wurden. Anfrage auf eine Anzeige in einer deutschen Jagdzeitung, ob ich als Jagdaufseher in den Ostgebieten eingesetzt werden könne, wurde von der Deutschen Jägerschaft Berlin negativ beschieden. Da kam die Mitteilung meiner Frau, die im November 1941 zu Besuch bei ihrer Jugendfreundin Frau von Münchhausen weilte, dass diese sich meinetwegen mit ihrem ersten Mann Harbou in Verbindung gesetzt habe, der Kreishauptmann in Sambor sei. Bald darauf erhielt ich einen Brief von Harbou, der mich dorthin einlud und die großen jagdlichen Möglichkeiten der Karpathen schilderte. Dies war u. U. eine halbe Lösung, aber es war doch eine. Ich hatte an Verwaltungsaufgaben nie gedacht, aber ich wollte versuchen, mich durchzubringen, ohne den Nazis zu dienen.

2. Harbou.

Anfang Dezember kam ich als Gast Harbous nach Sambor, damit wir deutliche Vorstellungen von einander gewännen. Ich wusste von Frau von Münchhausen, dass Harbou zwar Parteigenosse, aber kein Nazi war. Andernfalls wäre ich nicht einmal zu Besuch nach Sambor gefahren, da bis dahin in meinem Bekanntenkreis kein Nazi, auch kein Parteigenosse mit unnazistischer Gesinnung geduldet worden war. Jetzt aber stand ich vor der Wahl, in einer Kaserne womöglich mit leidenschaftlichen Anhängern des Regimes Tag und Nacht zusammenzusein oder einen vernünftigen Menschen mit einer Parteinadel zu finden, der meine Anschauungen respektiert und mich durchmogelte. Harbous Haltung übertraf meine Erwartungen: ich konnte sofort hemmungslos meine Überzeugungen äussern, auch meine Gewissheit, dass Deutschland den Krieg verlieren werde. Er sagte mir, dass auch sein Vater davon überzeugt sei und dass er es für sehr möglich halte. Es stellte sich heraus, dass er völlig unpolitisch war, ein grosser Skeptiker, dass ihm aber die Nazis herzlich unsympathisch waren und dass er entschlossen war, die Prinzipien der Humanität aufrechtzuerhalten. Für diese schwierige und gefährliche Aufgabe suchte er einen Freund und Mitarbeiter. Er erklärte mir, dass nichts Unhumanes von mir verlangt würde, dass ich ihm im Gegenteil dabei helfen solle, es zu verhindern. Über seine Parteizugehörigkeit machte er sich lustig, indem er mir erzählte, dass er bei seinem Eintritt in die Partei mit einem Freund zusammen ein unbebautes Grundstück in Potsdam als Adresse angegeben habe, um »mit dem ganzen Schwindel« zunächst einmal nichts zu tun zu haben. Vor meiner katholischen Überzeugung hatte er vollen Respekt, da seine Mutter, an der er sehr hängt, Konvertitin ist. Auch vergewisserte ich mich, dass ich keinen Eid auf Hitler zu leisten hätte. Im übrigen jagten wir während dieses Besuches viel miteinander, und er versicherte mir (mit Recht), dass die Jagd auch weiterhin zu unseren wichtigen Aufgaben gehören werde. Ich fuhr Weihnachten 1941 mit dem Entschluss nach Hause, für dauernd zurückzukehren.

3. Grundsätzliches.

Am 10.1.1942 trat ich in die Kreishauptmannschaft Sambor ein und lernte nun den Aufbau der gesamten Verwaltung kennen.

In diesem Zusammenhang ist folgendes wichtig: Während im Reich die Landratsämter durch die Nazis sorfältig gesäubert worden waren, war ihnen dies in Polen wegen der Kürze der Zeit, des provisorischen Charakters, vor allem aber wegen des grossen Personalmangels unmöglich. Zwar mussten die Kreishauptmänner Parteigenossen sein, aber Harbou konnte mich später als seinen Stellvertreter beschäftigen, obwohl es bekannt war, dass ich kein Pg. war. Zugleich wird daraus ersichtlich, dass man in Lemberg, wo die Distriktsverwaltung ihren Sitz hatte, dem Posten des Stellvertreters grundsätzlich geringe Bedeutung beimaß.

Die Verwaltung unterschied sich fundamental von der im Reichskommissariat Ukraine weiter östlich, wo die Vertreter der Verwaltung unter reinen Parteigesichtspunkten ausgewählt worden waren und stets Parteiuniform trugen, während im Generalgouvernement die Kreishauptleute volle Juristen zu sein hatten und keinerlei Parteiverdienste aufzuweisen brauchten.

Kreishauptmannschaft und Sicherheitspolizei arbeiteten völlig unabhängig von einander, meistens gegeneinander, wie es den Prinzipien einer Diktatur entspricht, die keine geschlossene Fronde von Gegnern aufkommen lassen will. Zwischen der Sipo und der allgemeinen Verwaltung herrschte auch auf der Ebene des Distrikts eine ständige Spannung, wobei die Verwaltung nur ihre Intelligenz der Gewalt der Sipo entgegenzusetzen hatte. Diese Intelligenz war durch den »Chef des Amtes« Bauer in Lemberg gut vertreten, und da er – wie in der breiten Bevölkerung übrigens bekannt – human war, stützte er Harbou mit allen Mitteln und dadurch auch mich. Ohne Bauer hätte sich nicht einmal der geschickte und allzeit findige Harbou halten können.

Die Machtmittel des Kreishauptmanns waren gering. Er konnte nur Verwaltungsstrafen bis zu 10 000,- Złoty oder einen Monat Gefängnis verhängen (was übrigens während der ganzen Zeit meiner Tätigkeit meiner Erinnerung nach nicht vorgekommen ist).

Dagegen wurde der Kreishauptmann wie jeder andere von der Sipo bespitzelt, hatte diese ihren Vertrauensmann in der Kreishauptmannschaft selbst und suchte alle anderen deutschen Dienststellen zu unterdrücken. Dies führte in Tarnopol zu schweren Konflikten zwischen Harbou und dem dortigen Leiter der Sipo Sturmbannführer Müller, der ein reiner Verbrecher war, aber trotzdem von Harbou zu Fall gebracht wurde, weil er sich allzu grosse Blössen gab.

In Sambor weilte ich nur vom 10.1 bis 1.3.42, leitete das Strassenverkehrsamt (Autozulassungen usw.) und wurde von Harbou in die Verwaltungsgeschäfte eingeführt. Sie interessierten mich sehr, weil sie mir ganz neu waren, und weil sie eine grosse Möglichkeit boten, Gutes zu tun, da Harbou sehr bald auf meinen Rat großen Wert legte. Über die Behandlung der Juden in Sambor werde ich in einem besonderen Abschnitt sprechen.

4. Tarnopol.

Als Harbou und ich Anfang März 1942 nach Tarnopol kamen, waren wir schon auf einander eingespielt. Ich erhielt im Amt ein Zimmer unmittelbar neben dem seinen, sodass ich für ihn jederzeit erreichbar war. Ich hatte die Aufgabe eines vertrauten Privatsekretärs, der in allen wichtigeren Fällen berät, aber im Hintergrund bleibt, da er keine Entscheidungen zu fällen hat. So wurden, wenn Harbou in Urlaub war, alle grundsätzlich wichtigen Dinge bis zu seiner Rückkehr liegen gelassen. Vor allem mußten Konflikte zwischen mir und anderen deutschen Dienststellen unbedingt vermieden werden, da ich im gleichen Augenblick ins Scheinwerferlicht geraten und fortgeschickt worden wäre.

Dementsprechend wurde alle wichtige Post von Harbou bearbeitet und kam danach zu meiner Kenntnis. Unmittelbar bearbeitet habe ich nach jeweiliger Rücksprache mit Harbou folgende Angelegenheiten:

a) Die Lageberichte, die monatlich, später zweimonatlich dem »Chef des

Amtes« in Lemberg einzureichen waren. Ich hatte alles Material zu sammeln, das zu einer erschöpfenden Darstellung unserer Tätigkeit und der Verfassung des Kreises vonnöten war. Ich habe wahrheitsgetreu berichtet, von der Stimmung und den Nöten der Bevölkerung, die ich durch meine polnischen und ukrainischen Freunde genau kannte, ohne Schönfärberei Kenntnis gegeben. Meine Berichte wurden von Harbou leicht überarbeitet, aber nie wesentlich geändert und dann von ihm gezeichnet. Ich bedauere sehr, dass sie beim Fortgang aus Tarnopol von uns vernichtet werden mussten, da sie ein getreues Bild der Tätigkeit der gesamten Kreishauptmannschaft geben würden und zwischen den Zeilen unsere Gesinnung verraten. Ich erinnere mich z. B. genau, dass ich im Herbst 1943 bereits schrieb: »An einen deutschen Sieg glaubt in der Bevölkerung eigentlich niemand mehr.« Harbou ließ diesen Satz stehen, sowie ihn Bauer in Lemberg schweigend zur Kenntnis nahm. Ich habe später erfahren, dass andere Kreishauptleute sich zu liebedienerischem Optimismus verpflichtet fühlten.

b) Arbeiterfragen.

Bis zum Sommer 1943, da die Arbeiterverschickung aufhörte, bestand eine ständige Spannung zwischen Kreishauptmannschaft und Arbeitsamt. Abgesehen von Harbous und meiner Gesinnung vertrat der Kreishauptmann automatisch die Interessen seines Kreises, da der ständige Entzug von Arbeitskräften sich in der Landwirtschaft schmerzlich fühlbar machte, und weil jeder Kreishauptmann Ruhe und Ordnung in seinem Kreise wünschen musste. Das Arbeitsamt dagegen kannte gegenüber der Bevölkerung überhaupt keine Rücksicht, sondern suchte, von oben getreten, möglichst grosse Zahlen von Arbeitskräften aufzuweisen, die nach Deutschland transportiert worden waren. Dabei kam es zu schrecklichen Scenen: Kirchgänger wurden eingefangen, ganze Hochzeitsgesellschaften auf Lastwagen abtransportiert. Harbou protestierte, von mir jeweils orientiert, gegen diese Vorgänge und drückte schliesslich durch, dass das Arbeitsamt – leider erst seit Frühjahr 1943 – nur noch Arbeiter fortschicken durfte, die von einer Kommission der Bevölkerung selbst geprüft worden waren. Schulze, Pfarrer und Dorfagronom wurden befragt, sodass Unmenschlichkeiten fast ganz ausgeschlossen wurden. Das polnische und ukrainische Komitee, mit denen ich vorher alle Möglichkeiten durchgesprochen hatte, wie den unhaltbaren Zuständen ein Ende bereitet werden können, begrüssten diese Lösung und konnten mir nachher berichten, dass ein Aufatmen durch die Bevölkerung gehe. Aber ich behielt das Arbeitsamt im Auge, brachte jeden Übergriff zur Kenntnis Harbous, vor allem bemühte ich mich, so viele Menschen als nur irgend möglich als unabkömmlich oder irgendwie untauglich im Kreise zu halten. Ich habe auf diese Weise Hunderte von Menschen vor der Verschickung bewahrt.

c) Kirchliche Angelegenheiten.

Ich bin, wie das bei meiner Überzeugung selbstverständlich ist, den religiösen Wünschen der Bevölkerung auf jede Weise entgegengekommen. Ich wähle zwei Beispiele: Wir erhielten die Verordnung, dass sämtliche Kirchenglocken abzuliefern seien. Ich rief die Komitees und verlas das Schreiben. Bedrückte Gesichter. Meine Frage: Wer gibt in den Dörfern Feueralarm? Antwort: Der Schulze. Ich: Etwa nicht mit der Glocke? Strahlende Gesichter: Natürlich mit der Glocke! Ich: Also muss eine Feuerglocke bleiben. Das Komitee: Eine römisch-katholische oder eine griechisch-katholische Glocke? Ich: Die Kirchen liegen immer weit auseinander (was natürlich nicht stimmte!), sodass zwei Glocken im Dorf bleiben müssen. Das Komitee: Und Sonntags? Ich: Solange keine Beschwerden kommen, kann natürlich Sonntags geläutet werden. – Die Sipo beschwerte sich allerdings, aber da sie in der Nähe Tarnopols immer nur auf Feuerglocken stiess, gab sie die Suche in entfernteren Bezirken auf, wo, wie ich wusste, »Reserveglocken« zurückgehalten waren.

Zweites Beispiel: Die Dominikanerkirche, eine ungewöhnlich schöne Barockkirche der polnischen Dominikaner in Tarnopol war durch russischen Artilleriebeschuß Herbst 39 so stark zerstört worden, dass sie durch Witterungsschäden vollends verloren ging, wenn sie kein Dach bekam. Die Sipo verweigerte kategorisch die Erlaubnis zur Restaurierung, weil die Polen sie sonst wieder »in Betrieb nehmen« würden. Als Harbou mich um ein Gutachten über diese Kirche bat, erklärte ich den holländischen Erbauer de Witt zum Deutschen, aus Dresden stammend, und wies darauf hin, was der Verlust einer so urdeutschen Kulturschöpfung in diesem östlichen Land bedeuten würde. Das Gutachten fand in Lemberg Beachtung, die Erlaubnis zur Instandsetzung wurde endlich unter dem Vorbehalt gegeben, dass sie provisorisch sei und keine Benutzung der Kirche durch die Polen ermögliche. Als die Kirche restauriert war, wobei ich den Dominikaner-Prior wissen liess, dass zwar zunächst noch kein Gottesdienst abgehalten werden könne, dass er aber alles dafür vorbereiten solle, veranlasste ich den deutschen Wehrmachtspfarrer dort den Gottesdienst für deutsche Soldaten zu halten. Nach 3 Wochen fand zufällig der erste Gottesdienst durch die Polen statt. Der Prior überreichte mir ein Album mit sehr schönen Bildern der zerstörten und wiederhergestellten Kirche, das sich noch in meinem Besitz befindet. Die Sipo dürfte geknirscht haben, aber sie schwieg, da ein nachträgliches Verbot zu einem neuen Konflikt mit Kreishauptmannschaft und Wehrmacht zugleich geführt hätte.

d) Polnisches und ukrainisches Komitee.

Harbou überliess mir Verhandlungen und Korrespondenz mit ihnen fast ganz, da er wusste, dass ich unter den Polen wie den Ukrainern Freunde hatte, und dass ich alles tat, um den Wünschen der Komitees Rechnung zu tragen. Dies ging so weit, dass mir Harbou einmal nach einer Sitzung mit dem polnischen Komitee lachend erklärte, es sei eigentlich niemals klar, ob ich nun zur Kreishauptmannschaft oder zum polnischen Komitee gehöre. Darüber hinaus konnte jeder Einheimische, ob arm oder reich, ohne vorherige Anmeldung zu mir gelangen, sodass oft mein Vorzimmer voll von Menschen war, die Rat oder Hilfe wollten. Ich habe mich immer auf der Seite derer gefühlt, denen Unrecht geschieht, und danke noch heute Harbou dafür, dass er meine Haltung nicht nur verstand, sondern auch unterstützte.

Beispiel: Im Sommer 43 kam es in Wolhynien weit hinter der deutschen-Front zur Bildung von ukrainisch-nationalistischen (nicht sowjetrussischen) Banden, die nicht deutschfeindlich waren, sondern die polnische Minderheit zu vernichten suchten. Als ein polnisches Dorf unmittelbar an unserer Kreisgrenze niedergebrannt wurde, und ein polnisches Nachbardorf auf unserem Gebiet unmittelbar gefährdet war, habe ich durch wiederholten Anruf bei der Oberfeldkommandantur in Lemberg trotz aller ihrer Einwendungen schliesslich bewirkt, dass ein Zug Soldaten für einige Zeit zum Schutz unseres Dorfes abgestellt wurde. Ich bin mit dem Leiter des polnischen Komitees persönlich dorthin gefahren, habe den Bewohnern Mut zugesprochen und Frauen und Kinder in der nahen Stadt Zbaraz in Sicherheit gebracht. Gleichzeitig habe ich über das ukrainische Komitee und die ukrainische Geistlichkeit auf die Ukrainer einzuwirken gesucht, dass sie sich nicht an diesen barbarischen Ausschreitungen beteiligten, während Harbou mit dem gleichen Ziel in Lemberg vorstellig wurde.

Über mein und Harbous Verhältnis zur Bevölkerung kann wohl nichts besseren Aufschluss geben als die Tatsache, daß wir bis zum Schluss, nur mit einem Schrotgewehr bewaffnet, allein auf den Seen und Feldern des Kreises jagten, und dass ich, nur von einem Heger begleitet, bei Mondschein in einsamen Wäldern auf Wildschweine passte, während 100 km weiter östlich die Vertreter der Verwaltung des Gauleiters Koch nur im

Flugzeug ihre Städte verlassen konnten, weil sie sonst unfehlbar von Partisanen umgebracht worden wären.

Dabei ist stets daran zu denken, dass die nationalsozialistische Weltanschauung jede Annäherung zwischen Deutschen und Nichtdeutschen verbot, und dass die Sipo peinlich darüber wachte, dass keine persönlichen Beziehungen entstanden. So hatte Harbou bereits vor meiner Zeit grösste Schwierigkeiten gehabt und war nach Krakau zitiert worden, weil er ein paarmal Gast beim Grafen Potocki in Lancut gewesen war, obwohl dieser vor dem Kriege Göring und Ribbentrop beherbergt hatte. Dennoch habe ich, unter ständiger Gefahr, viele polnische Häuser aufgesucht und Polen mit Zuversicht erfüllt, als die Niederlage der Nazis noch keineswegs gewiss schien, weil ich damals wie heute von der Überzeugung durchdrungen war, dass ein unabhängiges Polen eine notwendige Voraussetzung für ein neues demokratisches Europa ist.

Hierüber können Auskunft geben: Edmund Jurystowsky, früherer polnischer Woiwode in Stanislau, gegenwärtig Krakow, Skawinska 23; Frau Anna Rozwadowska, dortselbst erreichbar; Ilko Tyszkiewicz, Glemboka bei Jaroslaw; Zofja Siemienska, Pawlosiow bei Jaroslaw.

Für meine Haltung gegenüber Ukrainern: Wasil Boluch, ehemals Vertreter der Ukrainer im polnischen Sejm, gegenwärtig Leiter des ukrainischen Komitees im Allgäu, dessen genauere Adresse ich gegenwärtig suche, nachdem er mich in Prien verfehlt hat.

5. Behandlung der Juden.

Leider bin ich nun gezwungen, mein Schamgefühl zu unterdrücken und von Wohltaten zu berichten, von denen ich hoffte, dass ich sie nie preisgeben müsse.

Als ich nach Sambor kam, hatte Harbou in jüdischen Angelegenheiten im Gegensatz zu anderen Kreishauptleuten so gut wie nichts getan. Es war offensichtlich, dass er auswich, obwohl er in Gefahr geriet, oder besser: die Juden in Gefahr gerieten, dass die Sipo die Frage in die Hand nahm und auf ihre Weise löste. Überall waren bereits Ghettos gebildet, sodass Harbou mir nach einigen Wochen meines Aufenthaltes in Sambor mitteilte, dass ein Ghetto auch hier gebildet werden müsse, und dass er mich um Rat bitte, wie die Frage ohne Unmenschlichkeit gelöst werden könne. Die bereits vorliegenden Vorschläge eines gewissen Stuffert, der das Referat »Bevölkerungswesen und Fürsorge« innehatte, waren haarsträubend unhuman. Wenn sie durchgesetzt wurden, gerieten die Juden in eine schreckliche Lage. Ich bat Harbou, ein Gutachten des Kreisarztes zu veranlassen, der den Stuffertschen Vorschlag als gefährlich für die öffentliche Gesundheit bezeichnete. Gleichzeitig setzte ich mich mit dem Leiter des Judenrates, Rechtsanwalt Dr. Schneidscher in Verbindung und bat ihn um schnellste Anfertigung eines möglichen Planes, der den Interessen der Judenschaft Rechnung trug. Diesen Plan präsentierte ich dann mit ganz geringfügigen Änderungen als den meinen. Harbou akzeptierte ihn mit einem Augenblinzeln: es blieb alles beim alten, nur dass die Juden einige wenige Straßen verliessen, in denen sie der Sipo allzusehr aufgefallen wären. – Ferner setzte ich beim Kreislandwirt durch, dass die Handwerker in der jüdischen Tischlerei kräftige Verpflegung erhielten, als mir Schneidscher mitteilte, dass es ihnen schlecht gehe, wie dieser überhaupt so oft zu mir kam, dass Angehörige der Kreishauptmannschaft darüber zu reden begannen und ich ihn schon im Interesse der Sache bitten musste, seine Anliegen mir möglichst gesammelt vorzutragen.

Als es Ende Februar 1942 in Sambor bekannt wurde, dass Harbou versetzt sei und mich mitnehmen wolle, herrschte unter den Juden Sambors Bestürzung. Daniel – ich habe seinen Familiennamen vergessen – ein junger Jude, der mein Zimmer in Ordnung hielt, und der mich über galizische Verhältnisse jeweils vorzüglich orientierte, kam aufgeregt zu mir und bat mich flehentlich, ihn mit nach Tarnopol zu nehmen, was ich ihm nach Sondierung der dortigen Verhältnisse zu tun versprach. Bald darauf erschien Dr. Schneidscher und sagte wörtlich: »Ihr und Herrn von Harbous Name wird eingetragen sein mit goldenen Lettern in das Buch der Stadt Sambor.« Er wollte mir ein Bild schenken, was ich als unbegründet ablehnte, aber es kam mit Harbous Möbeln doch in Tarnopol an. Später erfuhr ich, dass Schneidscher Harbous Nachfolger in Sambor bei der ersten Begegnung bat, es mit den Juden so zu halten wie Harbou. Er ahnte so wenig wie wir, dass bald kein Kreishauptmann mehr Einfluss auf die Behandlung der Juden haben würde, sondern dass Hitler nach dem Kriegseintritt Amerikas beschlossen hatte, Himmler und seine Sipo mit der »Lösung der Judenfrage« zu betreuen.

Wir verließen das Idyll von Sambor sehr ungern, weil wir hier wenigen deutschen Dienststellen gegenüberstanden, und weil die Sipo, nicht in Sambor, sondern im benachbarten Drohobycz stationiert, uns nicht so gut beobachten konnte wie in Tarnopol, wo sie obendrein der Verbrecher Sturmbannführer Müller leitete. Hier war lange Zeit, bevor wir kamen, bereits ein Ghetto gebildet worden, und obwohl formell noch ein Judenrat existierte, hatte der Kreishauptmann auf die Behandlung der Juden praktisch keinen Einfluss mehr. Die Sipo herrschte. Die Propaganda gegen die Juden wurde nun vollends hemmungslos, sie wurden für alles und jedes verantwortlich gemacht, und es wurde genau so gefährlich, etwas für die Juden zu sagen, wie wenn man gegen Hitler persönlich gesprochen hätte. Es war der offene Ausbruch eines Massenwahns.

Als ich Ende Mai 42 in Urlaub fuhr, der wegen einer schwierigen Zahnbehandlung bis Mitte Juli dauerte, war noch nichts Furchtbares geschehen. Aber als ich zurückkehrte, sah ich, dass Juden von der Sipo, schrecklicherweise von jüdischer Hilfspolizei unterstützt, zum Bahnhof Tarnopol geschafft wurden, von wo sie einem unbekannt-bekannten Ziel entgegenfuhren. Jetzt begann für mich eine schwere Zeit: ich litt darunter so sehr, dass ich meiner Frau spontan einen verzweifelten Brief schrieb, aber alle Überlegungen, was ich nun tun solle, führten zu keinem Resultat. Ein Protest war gleichbedeutend mit Erschiessung, ohne dass irgendjemandem geholfen gewesen wäre. Verliess ich die Kreishauptmannschaft und wurde Soldat, so war ebenfalls nicht geholfen, denn ich geriet dann wahrscheinlich in die gleiche Lage wie der Prokurist Schonlau der väterlichen Firma in Paderborn, der als Landesschütze in Tarnopol gelandet war, da Galizien »Heimatkriegsgebiet« war. Er musste genau so zusehen wie ich, ohne die Hand rühren zu können, während ich doch immerhin noch die Möglichkeit hatte, einzelnen Juden zu helfen.

Noch waren 4 Juden im Haushalt der Frau von Harbou dauernd beschäftigt, denen man Gutes tun konnte. Sie wie alle ins Haus kommenden jüdischen Handwerker erhielten von mir regelmäßig freundlichen und höflichen Gruß und Zigaretten, wurden von Frau v. Harbou nicht nur verpflegt, sondern auch mit Lebensmitteln für ihre Angehörigen im Ghetto versehen, obwohl dies streng verboten war. Aber dann kamen Verordnungen heraus, dass »Hausjuden« nicht mehr erlaubt seien, und dass jeder Deutsche, der einen Juden verberge, mit dem Tode bestraft werde. Ich wandte mich an den Stellvertreter des Leiters der Sipo, Lex, in Tarnopol, der, ursprünglich Kriminalbeamter und nicht aus der SS hervorgegangen, noch einen Rest von österreichischer Gutmütigkeit besass, während die leitende Bestie Müller, aus Düsseldorf stammend, jede Intervention zugunsten von Juden als einen staatsfeindlichen Akt behandelte. Lex liess uns zunächst wenigstens noch 2 Juden, die uns mit Tränen in den Augen dafür dankten, während die übrigen auf Nimmerwiedersehen in ein Lager gebracht wurden. Dann kam nur noch die Jüdin Libmann, eine Schneiderin, für die Frau v. Harbou eine persönliche Zuneigung hatte, und die uns bis Sommer 43 zu halten gelang. Wir erwogen mehrere Male, ob wir sie und ihre Kinder verstecken könnten. Aber da kam die Nachricht, dass ein Deutscher in Czortkow erschossen worden sei, weil er Juden über die rumänische Grenze geschafft hatte, und dass die Frau des uns befreundeten Forstmeisters Hassenstein in Brody zum Tode verurteilt worden sei, weil sie eine Jüdin versteckt hatte.

Wir verloren den Mut. Dagegen hatte ich kurz zuvor den Kreislandwirt

Reigersberg unterstützen können, Juden auf entfernt liegenden Staatsgütern unterzubringen, wo sie schwer zu finden waren. Aus Wien stammend und 10 Jahre hindurch Gutspächter in Polen, hielt Reigersberg genau so wie wir die Grundsätze der Humanität aufrecht. Sowohl er wie Harbou retteten Juden, die ihnen bei größeren Jagden im Wald begegneten, dadurch, dass sie ihnen zuwinkten, wohin sie fliehen mußten, um nicht anderen, unzuverlässigen Deutschen oder Nichtdeutschen in die Arme zu laufen.

Ein weiteres Beispiel, das Harbou und mein Verhältnis zu ihm in dieser Frage charakterisiert: eines Morgens berichtete mir die Frau des Bezirkslandwirtes Höpfner aus Skalat bei Tarnopol erschreckt, dass dort der Leiter der Nebenstelle des Arbeitsamtes Grohmann sich mit seinem Jagdgewehr freiwillig an einer »Judenaktion« beteiligt habe. Ich begab mich sofort zu Harbou in unsere Privatwohnung und sank – es war noch früh am Morgen – auf seinem Bettrand nieder und sagte, nachdem ich berichtet hatte, dass ich am Ende meiner Kräfte angekommen sei. Harbou erwiderte, scheinbar gelassen, ich würde ja nun bald in Urlaub fahren und möchte bis dahin noch aushalten. Ich raffte mich auf und ging in das Amt hinüber, ohne jedoch arbeiten zu können. Nach ein paar Stunden legte mir Harbou die Abschrift eines Briefes an den Vorgesetzten Grohmanns in Tarnopol auf den Tisch, in dem in scharfem Ton erklärt wurde, dass das Vertrauen der Bevölkerung zum Arbeitsamt, an sich schon schwach, durch das Verhalten Grohmanns vollends untergraben werde, und dass er, Harbou, entschlossen sei, den Fall in Lemberg zu verfolgen, falls Grohmann nicht in kürzester Frist aus dem Kreise verschwinde. Kurz darauf war Grohmann tatsächlich entfernt. Ferner veranlaßte Harbou dem zuständigen Forstmeister, Grohmann, der ein passionierter Jäger war, sofort den Jagdschein zu entziehen. Aus der gegenwärtigen Situation betrachtet, scheint es wenig, was Harbou tat, aber es war damals unter den Augen der rasenden Sipo sehr mutig und das Äusserste, was er tun konnte, wenn er nicht mit erschossen werden sollte. Ich habe ihm sehr dafür gedankt.

Die grösste Gefahr aber nahmen wir dadurch auf uns, dass wir Bronner, einen Juden aus Prag, der 1939 aus der Tschechei nach Galizien geflohen und beim russischen Rückzug unter die Deutschen geraten war, sowohl in Sambor wie in Tarnopol, wohin er uns getreulich folgte, als stellv. Leiter des Wirtschaftsamtes beschäftigten. Er selber sagte mir zunächst nur, dass seine Frau Jüdin sei, aber wir wussten aus verschiedenen Anzeichen bald, dass er selbst ebenfalls Jude war. Aber wenn er es auch nicht gewesen wäre, so waren wir doch unter Androhung der Todesstrafe »verpflichtet«, wenigstens seine Frau anzuzeigen. Stattdessen waren Harbou und ich öfter bei ihr in Trembowla bei

Tarnopol zu Besuch, bis uns Bronner berichtete, dass jemand ihn bei der Sipo angezeigt habe, da man seine Familienpapiere verlange. Es gelang seiner grossen Geschicklichkeit jedoch, die Sipo zunächst hinzuhalten, um seine Flucht vorzubereiten. Inzwischen forschte ich, wer der Anzeigende gewesen sei, und erfuhr schliesslich durch einen zuverlässigen Mitarbeiter, dass es die Sekretärin Harbous, eine Frau Wachta, gewesen war, da diese nach reichlichem Alkoholgenuss in einem kleinen Kreise sich brüstete, Bronner »erkannt« zu haben. Auf diese Weise entdeckte ich auch, wie die Sipo zu unserer Verwunderung manche Interna aus der Kreishauptmannschaft hatte erfahren können. Harbou benutzte die nächste Gelegenheit, um Frau Wachta hinauszuwerfen.

Inzwischen erhielt Bronner eine neue Vorladung vor die Sipo. Da er eiserne Nerven hatte, begab er sich zum zweitenmale dorthin, nachdem er sich von mir fast feierlich verabschiedet und Harbou herzliche Grüße bestellt hatte. Als er zurückkam, war er sehr bleich und sagte nur, dass er am Abend zu mir in die Privatwohnung kommen wolle. Hier berichtete er mir dann, dass er nach den Fragen der Sipo nicht länger warten dürfe, sondern sofort fahren müsse. Er rechnete nur noch mit einer kurzen Zeit bis zur Niederlage Hitlers und hatte seine Pläne dementsprechend eingerichtet (es war im Januar 1943). Ich widersprach ihm heftig, da ich überzeugt war, dass Hitler noch mehr als ein Jahr Krieg führen könne, und dass mit der deutschen Verwaltung in Galizien noch viele Monate gerechnet werden müsse. Bronner schienen meine Argumente einzuleuchten, und er versprach mir, seine weiteren Maßnahmen auf längere Sicht zu treffen. Er wollte die Sipo durch einen hinterlassenen Brief täuschen, in dem er Rumänien als Fluchtziel bezeichnete, sich aber zunächst nach Lemberg begeben. Er prägte seinem Gedächtnis zwei deutsche Adressen ein, unter denen er mir nach dem Krieg schreiben will, um ein Wiedersehen zu ermöglichen. Ich hoffe darauf.

Ich darf noch hinzufügen: Wenn Bronner oder seine Familie gefasst worden wäre, und wenn einer von ihnen bei den bekannten Verhörmethoden der Sipo unsere Rolle bei ihrer Tarnung und Flucht verraten hätte, so wären Harbou und ich unweigerlich erschossen worden.

Wiewohl es nach dieser Darlegung überflüssig ist, möchte ich doch noch einmal eidesstattlich erklären: Ich habe keinen Menschen je getötet oder mißhandelt, auch nicht die Tötung oder Mißhandlung eines Menschen je veranlasst. Ich habe niemals einer »Judenaktion« auch nur als Zuschauer beigewohnt.

Dagegen habe ich mich mit allen Kräften bemüht, die Leiden der Bevölkerung, insbesondere der Juden zu mildern und ihnen zu beweisen, dass es noch ein anderes deutsches Gesicht gibt als das nationalsozialistische.

II. Krakau und Ungarn

Ich glaube meine Tätigkeit in Tarnopol ausführlich genug dargestellt zu haben, sodass ich nur noch mitzuteilen brauche, dass um Weihnachten 1943 die Verwaltung sich dort bereits praktisch auflöste, da die Russen 60 km von der Stadt entfernt standen. Wir waren nur noch mit Räumungsvorbereitungen beschäftigt. Anfang März 1944 verliessen die zivilen Dienststellen die Stadt. Harbou und ich hielten uns den März über in Lemberg auf, wo Harbou in der Distriktsverwaltung unterkam, während er mir Anfang April einen Platz im »Räumungsstab Galizien« verschaffte, der in Krakau gebildet wurde. Die Aufgabe dieses Stabes sollte es sein, Verwaltungsangestellte aus den geräumten Ostkreisen im übrigen Generalgouvernement unterzubringen, da sie nicht in die Heimat oder zum Heer entlassen werden sollten. Die deutsche Propaganda erklärte nämlich, Galizien werde von den Deutschen vollständig zurückerobert werden, sodass alle Verwaltungskräfte dort bald wieder beschäftigt sein würden. Es stellte sich heraus, daß ein Vertreter des Lemberger Personalamtes für diese Aufgabe vollauf genügt hätte, sodass ich in Krakau stille, der Lektüre gewidmete Tage verbrachte, wenn ich mich nicht mit Reigersberg auf polnischen Gütern traf.

Mitte Juli 1944 wurde ich zu meiner Überraschung zu Präsident von Craushaar gerufen, der mir mitteilte, dass die deutsche Gesandtschaft in Budapest einen Herrn wünsche, der mit den Verhältnissen im Generalgouvernement vertraut sei, und sich der Flüchtlinge annähme, die nach Westen und Süden auswichen. Die ungarische Regierung sei bereit, derartige Flüchtlinge aufzunehmen. Da ich nicht voll beschäftigt sei, habe er mich für diese Aufgabe bestimmt. Wie ich später erfuhr, hatten Harbou und Craushaars persönlicher Referent Dr. v. Jordan mich ihm gelegentlich empfohlen. Letzterer, Mitglied der Bekenntniskirche, hatte sehr bald in mir einen Gegner des Regimes erkannt, als wir auf religiöse Dinge zu sprechen kamen, und suchte mich von da ab auf jede Weise zu unterstützen.

Obwohl bestimmt wurde, dass aus Krakau nur nichtarbeitsfähige Polen nach Ungarn fahren dürften, nahm ich darauf keine Rücksicht, sondern erklärte allen, die sich bei mir meldeten, dass sie zweifellos gebrechlich seien und hierfür später ein ärztliches Attest beibringen würden. Man sieht aus diesem Fall, wie wenig exakt die deutsche Verwaltung bereits arbeitete, die mich früher zweifellos durch einen Vertreter des Arbeitsamtes hätte kontrollieren lassen.

Anfang August ging der erste Transport von Krakau nach Dombovar in der

Nähe des Plattensees ab. Drei weitere folgten. Ich selbst fuhr zunächst nach Budapest, um mich auf der deutschen Gesandtschaft zu melden. Ich wurde keiner deutschen Dienststelle zugeteilt, sondern blieb völlig selbständig. Die deutsche Gesandtschaft legte lediglich Wert darauf, von Flüchtlingen aus Polen nichts mehr zu hören.

Ich war zweimal in Dombovar, um mit dem dortigen Oberstuhlrichter die Unterbringung der Polen und die Arbeitsmöglichkeiten für sie zu besprechen. Da die Ungarn den Polen grosse Sympathie entgegenbringen, war es nicht schwer, diesen ein angenehmes Leben zu verschaffen, wesentlich angenehmer jedenfalls, als ihre Existenz im Generalgouvernement gewesen war.

Meine zweite Sorge galt den Ukrainern, die über die Karpathen nach Ungarn geflüchtet waren, teils von bösen Erfahrungen, teils von der deutschen Propaganda getrieben. Ich besuchte sie in Kaschau und trat bei der deutschen Arbeitsverwaltung, deren Vertreter aus Budapest herübergekommen waren, nachdrücklich dafür ein, dass diejenigen in Ungarn dagelassen würden, die Wert darauf legten. Da aber gerade damals – Ende August 1944 – Rumänien abfiel und die Front rasch näherzukommen drohte, wünschten fast alle Flüchtlinge dringend, nach Deutschland zu gelangen, sodass nur etwa 500 Personen zurückblieben. Diese brachte ich mit Hilfe der Oberfeldkommandantur Ungvar in der benachbarten Gemeinde Bezö unter und verschaffte ihnen nach Überwindung vieler Widerstände von der deutschen Gesandtschaft eine geldliche Unterstützung von 10000,- Pengö, die durch einen griechisch-katholischen Geistlichen zur Verteilung gelangten. Weitere Hilfe konnte ich ihnen nicht angedeihen lassen, da die Gegend von Ungvar bald Kriegsgebiet wurde.

Meine Tätigkeit wäre im Grunde Ende September 1944 abgeschlossen gewesen, aber da sich keine Behörde für meine Existenz zu interessieren schien, blieb ich zunächst in Budapest, wo ich inzwischen Freunde gewonnen hatte. Vor allem war ich mit dem Schwager Reigersbergs Örs Fekete (Budapest – Merleg utca 3) viel zusammen, mit dem mich eine herzliche Feindschaft gegen die Nazis verband. Nach Ausbruch der faschistischen Szálasi-Regierung versteckte Fekete Juden in seiner Wohnung. Wenn wir abends den englischen Sender hörten, stellten wir ihn so ein, dass sie ihn im scheinbar unmöblierten Nebenzimmer auch verstehen konnten. Und um dem Humor vollends zu seinem Recht zu verhelfen, möchte ich noch erwähnen, dass ich dem verborgen in Budapest lebenden jüdischen Pianisten Weingarten, der eine Tochter der Fürstin Batthany geheiratet hatte, mit vielen Grüssen von dieser einen vergessenen Galoschen überbrachte, dessen Verlust ihn fast unglücklicher gemacht hatte als die allgemeine Lage. Mehrere Wochen weilte ich in Magyarseczöd beim Grafen Batthany (der ein noch besserer Schrotschütze war als ich), nachdem er sich zunächst geweigert hatte, mich als Deutschen überhaupt zu empfangen. Aber schon die erste Unterhaltung brach das Eis, sodass wir uns in der Hoffnung einigten, die Engländer würden von Griechenland nach Norden marschieren, wie Gerüchte besagten. Hätten sie gestimmt, so hätte ich Ungarn nicht verlassen und wäre Batthany nicht, wie mir später berichtet wurde, in einem Strafbataillon untergebracht worden, weil er aus seinen antifaschistischen Neigungen allzuwenig Hehl macht.

Als Ende November Ungarn zu mehr als der Hälfte bereits in russischer Hand war, musste ich mit dem Erstaunen Herrn von Craushaars über mein langes Ausbleiben rechnen. Es bestand ausserdem die Gefahr, dass man meine Freistellung vom Militär aufhob, wenn ich nicht nach einer geeigneten Tätigkeit im restlichen Generalgouvernement Ausschau hielt. Ich avisierte daher telegraphisch in Krakau meine Rückkehr.

Ich verliess also Ungarn und fuhr nach einigen Tagen in Wien nach Prien zu meiner Familie. Dort fand ich ein Telegramm Harbous, der mich sofort nach Krakau beorderte. In einer schönen Freundestreue hatte er an meine weitere Existenz gedacht und mir eine Scheinstellung in der Kreishauptmannschaft Grojec bei Warschau verschafft. Ich sollte die Stellungsbauten im dortigen Kreis beaufsichtigen, die von der Zivilverwaltung durchgeführt wurden. Gott sei Dank begann es so zu frieren, dass nicht weitergearbeitet werden konnte, sodass ich ausser bei dem Städtchen Grojec selbst keinen Stellungsbau zu Gesicht bekam. Unter diesen Umständen konnte ich über Sylvester nach Wien zu Reigersberg fahren. Auf dem Rückweg nach Grojec traf ich Harbou in Lowitsch, wo wir zunächst einmal zusammen Hasen schossen. Harbou bat mich, noch einmal nach Krakau zurückzufahren, um ihm einen Wagen zu beschaffen, da der seine reparaturbedürftig sei. Als ich in Krakau ankam, erfuhr ich, dass die russische Winteroffensive begonnen habe, und dass all die schönen inzwischen zugefrorenen Stellungen, der Stolz der Zivilverwaltung, sogleich und mühelos durchstoßen worden waren. An eine Rückkehr nach Lowitsch war nicht zu denken, dagegen war sehr zu erwägen, wie man sich möglichst bald von Krakau nach Westen »absetzen« könne. Es war Mitte Januar.

Wieder half ein glücklicher Umstand. Als Craushaar nach einem Herrn fragte, der vom Stab der Heeresgruppe A, der von Krakau in die Nähe von Censtochau übergesiedelt war, die militärische Lage nach Krakau in regelmässigen Abständen durchtelefonieren könne, damit die Herren nicht eingekesselt würden, schlug Jordan mich vor. Am nächsten Morgen fuhr ich

nach Censtochau, wurde dort ein paar Stunden durch russische Tanks festgehalten, die überraschend in die Stadt eingedrungen waren, und fand den
Stab der Heeresgruppe nach langem Suchen schliesslich in Oppeln. Aber ich
telefonierte nur einmal mit einem Referenten Craushaars, denn beim zweiten Anruf teilte mir eine entrüstete Stimme mit, dass die Regierung ja nun
bekanntlich »abgehauen« wäre.

Es war sehr schwer, aus Oppeln herauszukommen, weil alle Westwärtsstre-
benden zwangsweise in den Volkssturm eingereiht wurden. Aber ich fand
Platz in einem Auto, das ein Polizist gegen Cognac über die Kontroll-Linie
fuhr. So kam ich wohlbehalten in Breslau an.

Dort meldete ich mich bei einem der vielen Stäbe des Generalgouvernements, die sich im Laufe des Sommers 44 während all der Rückzüge über
ganz Ostdeutschland verteilt hatten und dort auf eine fröhliche Rückkehr
warteten. Ich erhielt einen Marschbefehl nach Prien, wo ich weitere Weisung abwarten möge.

Bald darauf erschien eine Verordnung, dass sich alle Flüchtlinge aus dem
Osten beim zuständigen Wehrmelde- oder Arbeitsamt zu melden hätten,
andernfalls sie als Deserteure betrachtet und dementsprechend behandelt würden. Ich fuhr also zunächst auf meine Jagdhütte, liess mir vom Bürgermeister
eines nahen Dorfes, der zuverlässig war, reichlich Lebensmittelkarten geben,
jagte ein paar Tage, kehrte dann bei Nacht nach Prien zurück, bleib 8 Tage
dort, ohne mich draussen sehen zu lassen, und fuhr dann nach Wien, wo ich
ein Untertauchen für relativ leicht hielt. Hier weilte ich den ganzen März über,
ohne trotz aller meiner Bemühungen Anschluss an die österreichische Widerstandsbewegung zu finden, weil ich dort zu wenig vertraute Freunde hatte.
Ende März traf ich einen Bekannten aus dem Generalgouvernement, der mir
bereitwillig mit einem geretteten Stempel attestierte, dass ich beauftragt sein,
Quartier für seine Dienststelle in Hallein zu machen. Er selber schien eine
Woche später dort mit seiner Frau, allerdings ohne Dienststelle, weil es diese nicht gab. Als ich etwa am 20. April durch den englischen Sender erfuhr,
dass die Amerikaner die Donau überschritten hätten, fuhr ich schnellstens
auf meine Jagdhütte und atmete, ein Deserteur, 8 Tage später bei Erscheinen
amerikanischer Soldaten lebhaft auf. Ich hatte mein über 3 Jahre lang zäh verfolgtes Ziel erreicht: Ich war kein Soldat Hitlers geworden.

Zur Transkription des Briefes von Salomea Ochs

Die Berliner Künstlerin Christine Berndt fand in einem privaten Nachlass die maschinenschriftliche Transkription eines Briefes, den eine Jüdin des Ghettos von Tarnopol am 7. beziehungsweise 26. April 1943 an ihre Verwandten richtete. Tarnopol war neben Stanislau das erste in Galizien errichtete Ghetto (September 1941). Als Verfasserin konnte nach umfangreichen Recherchen eine Salomea (Shlomit Rahel) Ochs, geborene Luft, ermittelt werden.

Aus nicht geklärten Gründen gelangte der ursprünglich zwölfseitige handschriftliche Brief nach Rückeroberung Galiziens durch die Rote Armee (Tarnopol wurde im April 1944 eingenommen) in die Hände eines russischen Offiziers. Dieser übergab ihn wiederum an einen Offizier der deutschen Wehrmacht in russischer Kriegsgefangenschaft, Oberst Dr. Abel, welcher die vorliegende Transkription veranlasste. (1) Dessen Schreibmaschinenfassung erhielt Generalmajor Dr. Otto Korfes, Kommandeur der 295. Infanterie-Division, die in die Kämpfe um Stalingrad involviert war, während seiner russischen Gefangenschaft. (2) Der Brief berichtet über die Vernichtung der Juden im Ghetto von Tarnopol im Jahr 1943. Salomea Ochs wurde im April / Mai 1943 selbst Opfer des Holocaust. (3)

Dieser Bericht über den Massenmord an Juden in Tarnopol ist eines der ganz wenigen erhaltenen Zeugnisse über den Holocaust in dieser Stadt und ihrem Umland. (4) Das Original liegt im Holocaust Museum von Yad Vashem. Diese zum Teil nur schwer entzifferbare Transkription wurde vom Verfasser erneut übertragen.

(1) Näheres zur Person Oberst Dr. Abel konnte nicht ermittelt werden.

(2) Dr. Otto Korfes (*23.11.1889, †24.8.1964) war deutscher Generalmajor, Archivar und Staatswissenschaftler. Er promovierte 1923 bei Werner Sombart in Staatswissenschaften, arbeitete von 1919 bis 1937 im Reichsarchiv Potsdam, heiratete 1929 Gudrun Mertz von Quirnheim, deren Bruder Albrecht als einer der engsten Vertrauten von Claus Graf von Stauffenberg zusammen mit diesem am 20. Juli 1944 hingerichtet wurde. Korfes taucht in der wissen-

schaftlichen Literatur zum ersten Mal im Zusammenhang mit der Einnahme der (heutigen ukrainischen) Stadt Złoczow durch die Wehrmacht Anfang Juli 1941 auf. Als Rache für die Ermordung von circa 900 Ukrainern durch die sowjetische GPU kurz vor deren Abzug aus der Stadt begingen ukrainische Milizen und Angehörige der SS-Division Wiking ihrerseits am 3. Juli 1941 einen Massenmord an jüdischen und russischen Zivilisten. Dieser Exzessmord wird in der Literatur als signifikant für die schon zu diesem Zeitpunkt fest etablierte Vernichtungsideologie angesehen (vgl. Boll: *Złoczow – Die Wehrmacht und der Beginn des Holocaust in Galizien*. Hamburg 1996). Korfes wurde auf Anweisung von Helmuth Groscurth, dem ersten Generalstabsoffizier der 295. Infanterie-Division, tätig, um zugunsten der jüdischen Bevölkerung zu intervenieren und diese zu schützen. Diese Intervention blieb eines der wenigen Beispiele der Verweigerung der Armee gegenüber der SS und ihren Mordaktionen gegen Juden. Groscurth war bereits zu Kriegsbeginn aktiv in den militärischen Widerstand gegen Hitler eingebunden. Korfes, als Generalmajor, später Kommandeur dieser 295. Division, geriet nach den Kämpfen um Stalingrad in sowjetische Kriegsgefangenschaft. Dort war er Mitbegründer des Bundes Deutscher Offiziere, engagierte sich im Nationalkomitee Freies Deutschland, kehrte 1948 nach Potsdam zurück, schuf als Leiter des Staatsarchivs die Grundlagen des DDR-Archivwesens und war zugleich Generalmajor der kasernierten Volkspolizei; er starb 1964.

(3) Über die Umstände und den genauen Zeitpunkt der Ermordung von Salomea Ochs (möglich: Deportation nach Belzec, Ermordung vor Ort oder im Wald von Dragunov oder Petrikow) ist nichts bekannt.

(4) Es gibt nur wenige Quellen, die über die Vernichtung der Juden in Tarnopol berichten, da kaum einer der Bewohner überlebt hat. Dokumentarisches Material der Zivilverwaltung dieser Stadt wurde beim Rückzug vernichtet. Dies unterstreicht die Bedeutung dieser einzigartigen Aufzeichnung von Salomea Ochs. Ausführlicher über den Alltag in Tarnopol siehe auch: Gut Opdyke, *Wer ein Leben rettet.*

Brief von Salomea Ochs (1943)

Oberleutnant Dr. Abel 1.7.44

Der nachstehende Brief wurde von mir am 21. Juni, das heißt am Vortage meiner Rückkehr von der Front, von einem Offizier der Roten Armee zum Durchlesen und auf meine Bitte zum Abschreiben gegeben. Der 12 Bogen umfassende Brief befand sich in einer Metallkassette, die verlötet gewesen war. Der Leutnant hatte am 20.6. durch Zufall von seiner Quartierwirtin von diesem Brief erfahren, der von einer Polin in einer kleinen Stadt aufbewahrt wurde, um ihn nach Kriegsende dem Adressaten zustellen zu können. Die Polin hatte ihn vom Bruder der ermordeten Verfasserin, der als »Bubi« im Brief genannt wird und noch am Leben ist, erhalten. Sie war nur schwer zu bewegen dieses Dokument für wenige Stunden herzugeben, da sie sich an ihr Versprechen gebunden fühlte, den Brief niemandem zu zeigen und sicher zu verwahren. Meine Bemühungen, den Bruder »Bubi« sprechen zu können, blieben ohne Erfolg, da dieser am 21. Juni nicht in der Stadt war und ich am folgenden Tag wegfahren mußte.

An Dr. Anselm Lichtblau, Tel Aviv, Genlach Nr. 3

Meine Teuren!   Tarnopol, den 7.4.1943

Bevor ich von dieser Welt gehe, will ich Euch, meine Liebsten, einige Zeilen hinterlassen. Wenn Euch einmal dieses Schreiben erreichen wird, bin ich und wir alle nicht mehr da. Unser Ende naht. Man spürt es, man weiß es. Wir sind alle, genauso wie die schon hingerichteten, unschuldigen, wehrlosen Juden zum Tode verurteilt. Der kleine Rest, der mit den Massenmorden noch übrig geblieben ist, kommt in der allernächsten Zeit (Tage oder Wochen) an die Reihe.

Es ist schauderhaft, aber wahr. Leider gibt es für uns keinen Ausweg, diesem grauenhaften, fürchterlichen Tode zu entrinnen. Ich hätte Euch soviel zu erzählen, wie kann man aber all die Greuel und Qualen schildern. Es ist unmöglich. Keine Feder wird imstande sein, diese Tragödie unseres Volkes auf diesem blutüberströmten Boden darzustellen. Diese Leiden, diese unerhört bestialische Art, Menschen zu schikanieren, zu hetzen, jagen, erniedrigen, und zuguterletzt zu ermorden. Zuerst wurde man wie eine Zitrone ausgesaugt bis zum letzten Tropfen Blut, dann erst in den Kanal geworfen. Zuerst wurde uns das Herz herausgeschnitten. Wir wurden von allen menschlichen Gefühlen, von allen menschlichen Instinkten beraubt, dann erst, nachdem wir bloße mechanische Arbeitszeuge geworden, massenweise umgebracht.

Nein, Ihr werdet es nie begreifen, nie mitfühlen können, was wir erlebt haben. Das kann kein normal denkender Mensch glauben, daß solche Martereien zu ertragen sind, daß man im 20. Jahrhundert solche Greueltaten erleben kann.

Ganz kurz will ich versuchen, Euch unser Schicksal vom Juli 41 zu erzählen. – Gleich am Anfang, im Juli 41, wurden ca. 5000 Männer umgebracht, darunter auch mein Mann. David ist am 7. Juli (12. Tamus 5701) von Zuhause weggegangen und nicht mehr zurückgekommen. Er hat sich zum Judenrat gemeldet, der organisiert werden sollte. Trotz meines Widersprechens hat er es für seine Pflicht als zukünftiger Seelsorger angesehen, sich dort zu melden und hinzugehen. Er sollte für das Volk vorsprechen. Nach 6 Wochen habe ich nach 5 tagelangen Herumsuchen unter Leichen, die von der Ziegelei dorthin gebracht worden waren, auch seine, zwischen den vielen gefunden. Seit dem Tag hat das Leben für mich aufgehört, gar keinen Zweck mehr gehabt. Habe einst in den Mädchenträumen keinen besseren und treueren Lebensgefährten erwünschen können. Bloß 2 Jahre waren mir vergönnt, wirklich glücklich zu sein. Genau 2 Tage, wie eigentümlich, 2 Jahre und 2 Monate lebten wir zusammen. (7. Mai 1939 Hochzeitstag, 7. Juli 1941 Abschied)

Es hat keinen Sinn, euch meine Seelenqualen aufzutischen. Dieses blutige, wunde Herz mit eigenen Händen, den teuersten liebsten Menschen, den man so innig geliebt hat, der so gut verstanden hat, so treu und lieb war, diesen Menschen zu begraben. Wie euch schildern, daß man schon müder war vom vielen Leichensehen, und schon froh war, unter den vielen verwesenden Leichen auch seine gefunden zu haben. Kann man solche Szenen, kann man diese inneren Qualen in Worte kleiden?

Diese Frau hat an einem einzigen Tag ihren Mann, die andere ihr einziges Kind verloren, die dritte alles, Mann und Kind. Kann man das schildern, soviel Leid und soviel Weh. So erging es Tausenden.

Aber David ist erledigt. Ach, wie gut geht es ihm. Hat diese ca. 2 Jahre Schreck nicht mitmachen müssen. Uns erwartet erst die Todeskugel.

War anfangs überzeugt, seinen Tod nicht überwinden zu können, habe geglaubt, ich werde ohne ihn nicht mehr leben. Ach, der Mensch, was ist er doch für ein widerstandsfähiges Geschöpf. Habe weitergelebt – wie – natürlich ist schwer zu sagen. Die tiefblutende Wunde war nicht zu verheilen. Es war arg, ach es war sehr traurig, so allein zu bleiben gerade deshalb, weil man so verwöhnt vom teuren Gatten war und schon zu gewöhnt an ein zufriedenes glückliches Heim. Aber man lebte.

Im September 1941 wurden wir ins Getto geschickt. Stellt euch vor, wir wurden umzäunt, und durften ins arische Viertel nur mit Passierschein, die nur den Arbeitern vergeben wurden. Ein großes Tor, von deutscher und ukrainischer Polizei bewacht, war die Grenze. Die Lebensmittel wurden mit großer Angst und viel Kopfzerbrechen ins Ghetto geschleust. Ich bekam im September 1941 eine Arbeit in einer Deutschen Firma als Maschinenschreiberin. Es ist eigentümlich, daß Büro war unsere gewesene Wohnung. Das Speisezimmer war in den Büroraum umgewandelt. Dort wo das Klavier stand war mein Schreibtisch, anstatt auf dem Klavier, begann ich auf einer Schreibmaschine zu »spielen«. (tippen) Ich darf mich wirklich nicht beklagen. Mein Chef, wie auch die Mitarbeiter waren sehr gut zu mir. Wurde wie ein Mensch, nicht wie ein Jude behandelt. Papa und Bubi bekamen eine Beschäftigung in dieser Bauunternehmung.

Das Gettho hat anfangs sehr deprimierend gewirkt, aber allmählich gewöhnt man sich auch an diese Lebensweise.

Der Winter 1941/42 war streng und kalt, es war wirklich schwer durchzuhalten. Massenweise gab es Hungertote und Erfrierende. Man lebte trotz der Raubzüge und der Revisionen, trotz des öfteren Hungers und der Kälte, man lebte. Man verkaufte jedesmal etwas anders, Kleider, Wäsche u. s. w. Und so rutschte man durch. Bis März 1942.

Dann begann es wieder. Eine wahre Bartholomäusnacht war es. (23.3.42)

Ein »Kontingent« von »700 Stück« wurde vom Judenrat verlangt. Das, ihr wollt es nicht glauben, nicht wahr. Ja, so war es. Unsere eigenen Brüder, unsere eigenen Polizisten führten die Leute zum Tode. Der Sammelplatz war in der gewesenen Synagoge. Dort war es schön warm, damit die »Armen« vor dem Tode nicht frieren, sogar Brot und Marmelade wurde herumgereicht. Alles war komfortabel vorbereitet. Die [unleserlich] waren fix und fertig da, ein Maschinengewehr und ein Schuß. Ach, diese Nacht war so entsetzlich. Aber das war wieder bloß der Anfang. Dann gab es eine zeitlang »Ruhe«. Ruhe, was man so Ruhe nennen kann. Immer Angst vor Zwangslager, immer Angst vor morgen, aber man lebt weiter in Schrecken und Not. Im Juli kam Cyla, die nicht arbeitete ins Arbeitslager nach Jagiliotien. [Anmerkung K. v. H., nicht entzifferbar, möglicherweise Jagielnice, vgl. 3, 2. Abs.]

Es war nicht schlecht, im August begann die ganz große Aktion. Man brauchte ca. 3000 Opfer, genau weiß man nicht, wieviel damals von der Welt gingen. 2000 oder mehr Personen.

Damals verloren wir unsere geliebte, aufopfernde, gute Mutter.

Damals war wieder ein neuer Trick. Die arbeitenden Personen und deren Familien bekamen bestimmte Stempel von der Polizei. In die Arbeitsdokumente und sollten angeblich von der Aktion befreit sein. Es sollte sich wieder so wie im März, nur um nichtarbeitsfähige Leute und Kinder handeln. Wieder suchten unsere eigenen jüdischen Offiziere in den Wohnungen und Verstecken ihre Todesopfer.

Bubi und ich gingen zur Arbeit. Mama und Papa blieben zu Hause. Hatten doch auch ihren Lebensstempel. Wir wurden beim Grenztor nicht durchgelassen. Bubi und ich wurden auf den Platz der Opfer geführt und waren überzeugt, nicht lebend rauszukommen. Lange waren wir nicht auf dem Sammelplatz, denn wir flüchteten und es gelang uns, denn viele wurden an Ort und Stelle erschossen. Ich kam glücklich ins Büro, draußen warteten tausende auf den Tod. Ach, wie euch das alles schildern. Nachmittags erfuhr ich, daß Mama und Papa auf dem Platz gesehen wurden. Ich mußte weiterarbeiten, ich konnte nicht helfen. Habe geglaubt verrückt zu werden, aber man wird nicht verrückt. Abends kam unser deutscher Mitarbeiter, der 40 Personen von unserer Firma gerettet hatte, wo auch mein Vater darunter war. Mama konnte er nicht hinausschleppen. Frauen, besonders bloß Hausfrauen, konnte man nicht hinausschleppen. Ich wußte nicht, ob zu trauern, ob zu weinen, daß ich meine Mutter verloren habe, oder mich zu freuen, daß ich wenigstens den geretteten Vater habe. Kann man das begreifen, kann man das verstehen? Soll nicht normalerweise Gehirn und Herz platzen. Nein, den Hinterbliebenen geschah nichts. Die Opfer, wieder nur die Opfer kamen um. Also, dieser 31. August war grauenhaft. Tausende wurden in plombierte Waggons gesperrt, Frauen, Kinder, Männer. Alte und junge, alle wurden transportiert und in das speziell errichtete Menschenschlachthaus gebracht (Belzec). Dort sollten die Opfer angeblich mit Gas vergiftet werden. Bestimmt weiß man nichts. Andere meinen, elektrischer Strom sei verwendet worden. Will Euch noch bemerken, daß die ganze Familie von David damals schon längst nicht mehr lebte. Natürlich war es überall in den Großstädten, den kleinsten Ortschaften ganz egal, derselbe Befehl, war Befehl für alle. Nun lebten wir ohne Mutter weiter. Die treue gute Seele, das gute Mutterherz, ach, wie fehlte uns dieses auf Schritt und Tritt.

Im Oktober kam Cyla aus dem Arbeitslager von Jagielnice zurück. Inzwischen kamen die alltäglichen Sorgen und der weitere schwere Kampf ums blöde Dasein. Man mußte wieder übersiedeln, das Gettho wurde wieder

346

verkleinert, denn die Wohnungen der Ermordeten waren doch frei. Diesmal kamen wir in die Szestgchich 2, gerade die drei Häuser (20–22 und 24) gehörten noch zum Gettho. Man lebte weiter. Am 3. und 5. November haben die Aktionen wieder begonnen. Es wurden von allen möglichen Verstecken unterirdischen speziell errichteten Bunkern die Leute herausgeholt, und zum Tode geführt. Auf »Schmelz« wurden so viele junge wertvolle Menschen wieder von unseren eigenen Ordnungsmännern herausgeholt. Ganze Familien, ganze Häuser wurden vom Erdboden gestrichen.

Am 5. November war Sonntag. Da übersiedelten wir wieder. Ganz unverhofft, um 11 Uhr vormittags, wurde das Getto damals umzingelt, und der Tanz begann aufs neue. Hatte damals besonderes Glück. Ohne von einer Aktion etwas zu vernehmen, bin ich sage und schreibe 10 Minuten, bevor das Ghetto umzingelt wurde hinausgegangen. So eine Bestimmung mit dem letzten Transport zu gehen. Nachher übersiedelten wir wieder. Man mußte Strassen räumen, und wurde immer mehr zusammengedrängt. Mit der Zeit gewöhnt man sich an die Verhältnisse. Man wird so abgestumpft. Wenn man von den allernächsten jemand verloren hat, weint man nicht mehr, man war kein Mensch mehr. Ganz aus Stein, ganz ohne Gefühl. Keine Nachricht machte einen Eindruck mehr. Man ging sogar schon zum Tode ruhig.

Im Januar kamen wir von der Firma aus ins Arbeitslager. Wir wurden kaserniert. Frauen und Kinder separat. Einzeln durften wir uns nicht mehr auf der Straße zeigen. Geschlossene Arbeitsgruppen, von einem Ordnungsmann begleitet, durften bloß im arischen Viertel gesehen werden.

Papa und Bubi wohnten in der Männerabteilung. Cyla und ich in der Frauenabteilung. Papa habe ich mit einer schweren Nierenentzündung damals ins Lager gebracht. Wollte, daß wir zusammengehen und zusammen in den Tod gehen. Und so lebten wir im Lager.

Viele Bekannte flüchteten auf »arischen« Dokumenten in andere Städte. Viele wurde erwischt, aber vielleicht gelang es doch einigen, sich durchzuschlagen.

Vom Januar bis April 1943 war Ruhe. Man lebte weiter und fand sich im Lager mit allen Unbequemlichkeiten, all den unheimlichen Appellen u. s. w. ab.

Im April begann es wieder. Es wurde eine kleine Anzahl Personen aus dem Ghetto verschleppt und ermordet, 20 Personen an einem Tag, dann 50 usw.

26. April 1943

Ich lebe noch und will euch noch schildern, was vom 7. bis zum heutigen Tag alles vorgekommen ist. Also es heißt allgemein, dass alle jetzt an die Reihe kommen. Galizien soll völlig »judenfrei« bleiben. Vor allem soll das Gettho bis zum 1. Mai liquidiert werden. Im Gettho sind nur noch 700 Leute. In den letzten Tagen sind wieder Tausende erschossen worden.

Jetzt wird eine neue Methode aufgebracht, die Leute werden »offiziell« zum Tode geführt. Früher hat es »Ansiedlung«, »Umsiedlung« geheißen, jetzt nicht mehr. Also die letzten Ereignisse waren wieder entsetzlich. Bei uns im Lager war Sammelpunkt. Dort wurden die Menschenopfer sortiert, die von den jüdischen Ordnungsmännern aus den Verstecken herausgeschleppt und zum Tode geführt worden. Wir im Lager konnten alles von unseren Wohnhäusern aus beobachten. Ach, diese Szenen, diese Bilder, wie kann man das beschreiben, wir sind alle keine Menschen mehr, wir sind Tiere. Habe jedes Menschengefühl verloren. Eigene Söhne brachten ihre eigenen Eltern zu Tode, eigene Väter ihre Kinder, Mütter ließen wieder ihre Kinder am Platz zurück, und versuchten zu flüchten. Wieder ein anderer Fall war, – wie Kinder ihre Eltern am Platz sehen, und mit ihnen in den Tod gehen, obwohl sie sich für kurze Zeit retten konnten, indem sie ins Lager können. Man sieht, wie sich der Platz füllt, mit immer mehr Leuten, die zum Tode sehen. In Petrikow diesmal waren die Massengräber vorbereitet. Die Opfer mußten die Mäntel im Lager am Platz lassen, die Männer wurden sogar bis aufs Hemd entkleidet und so wie eine Herde zu Fuss zu Tode geführt. Es war doch so nah. Wozu Benzin benutzen, wozu Autos in Anspruch nehmen, wozu Eisenbahnen. Schade! Es ist doch viel einfacher, gleich an Ort und Stelle die schädlichen Elemente loszuwerden. Und wenn man die Leute in Zügen waggoniert hat, ist es Einzelpersonen gelungen, dem Waggon zu entrinnen, also diese Möglichkeit war auch nicht mehr da. Meiner Ansicht nach ist aber dieser Tod leichter. Denn 2–3 Tage mit dem Bewußtsein in den Tod zu fahren muß doch etwas ganz fürchterliches sein. Hier geht es wenigstens schneller. Also in Petrikow schaut es so aus. Vor dem Graben wird man ganz nackt entkleidet, muß niederknien, und wartet auf den Schuß. Angestellt stehen die Opfer in einer Reihe und warten, bis die Reihe an sie kommt. Dabei müssen sie die ersten, die Erschossenen, in die Gräben sortieren, das dauert nicht lange. In einer halben Stunde sind die Kleider der Erschossenen wieder im Lager. Also es ist wirklich schon zuviel. Die Nerven können das nicht mehr ertragen. Wenn mir jemand einmal vorausgesagt hätte, ich könnte soviel schauderhaftes miterleben, hätte es nie begreifen können. Wo nimmt man die Kräfte das durchzuhalten, und wozu, wenn man weiß, daß alles umsonst ist. Es gibt keine Rettung, schade es sich einzubilden, dass man diesem fürchterlichen Massenmorden entrinnen wird.

Wir haben gar keine Hoffnung mehr, leben von Tag zu Tag, von Stunde zu Stunde.

Am 9. April wurden 1500 umgebracht. Dann wieder 2-3 Tage Ruhe. Dann begann es wieder. Also ohne Ende. Jetzt sind noch 700 Juden im Gettho.

Will euch noch bemerken, daß nach den Aktionen der Judenrat eine Rechnung von 30 000 Zloty für »verbrauchte Kugeln« bekommen hat, die zu bezahlen waren. Interessant, nicht wahr?

Wir im Lager mußten nach den Arbeitsstunden in die Wohnungen der Erschossenen gehen und alle Sachen plündern. Ach es ist entsetzlich, so furchtbar. Diese Trümmerhaufen, diese Überbleibsel eines ganzen Volkes. Die leeren Wohnungen, diese ausgestorbenen Gassen, die tote Stadt. Ach, wie schmerzt es, ach warum muß es so sein. Warum können wir nicht schreien, warum können wir keine Waffen bekommen und uns wehren. Wie kann man soviel unschuldiges Blut fließen sehen, und sagt nichts, tut nichts und wartet selber auf den selben Tod, bis man eines Tages geholt wird. Ach, es ist so schauderhaft. Man glaubt zu zerspringen, und zerspringt nicht. Man lebt weiter. Wenn man es überhaupt noch »Leben« nennen kann. Und die ganze Welt weiß, daß wir so umkommen, und es geschieht nichts. Niemand will uns helfen. Niemand will uns retten. So elend, so erbarmungslos müssen wir zugrunde gehen. Glaubt ihr, wir sollen so enden, so sterben, nein, nein! Wir wollen nicht. Trotz aller Erlebnisse ganz im Gegenteil. Der Selbsterhaltungstrieb ist oft jetzt größer, der Wille zum Leben stärker geworden, je näher der Tod naht. Wir möchten sogerne leben, so gern die Rache sehen, für soviel Millionen Opfer, für so viel unschuldiges, so viel Blut, so viel unermessliches Leid.

Leider die Rache werden wir nicht mehr erleben.

Meine Teuren, ihr müßt Rache nehmen! Ihr müßt etwas tun, um einstmals soviel Ungerechtigkeit, solche unmenschliche Barbarei zu rächen. Eigentlich gibt es überhaupt keine Rache. Was auch geschehen wird, es ist viel zu wenig nichts gegenüber unserm Schicksal. Das, was mit uns gemacht wurde, ist nicht zu begreifen.

Ach, ich kann nicht mehr, könnt noch und noch Bogen hin schreiben, und ihr würdet nicht verstehen. Will Schluß machen.

Meine Lieben! David liegt am jüdischen Friedhof. Meine Mutter weiß nicht wo, sie wurde nach Belzec verschleppt. Wo ich begraben sein werde, weiß ich nicht, ob in Petrikow oder Zagrobelje, Zarudzyn: ich weiß es nicht.

Wenn ihr vielleicht nach dem Kriege hinkommt, dann werdet ihr bei Bekannten erfahren, wo die Transporte des Lagers hingegangen sind.

Es ist nicht leicht, Abschied für immer zu nehmen, aber wir gehen sehend, lachend in den Tod. Lebe wohl, laßt es euch recht gut gehen und wenn ihr könnt, dann nehmt einst

R a c h e !

Anmerkung des Verfassers:

Die Orthografie wurde beibehalten, Schreibfehler wurden nur bei Sinnentstellungen eliminiert.

Zur Geschichte Tarnopols im Zweiten Weltkrieg vgl. Encyclopedia of Jewish Communities, Poland, Volume II, pages 234–251, published by Yad Vashem Jerusalem. Jerusalem 1972.

Bibliografie

ACKERMANN, KURT: Die geistige Opposition der Monatsschrift Hochland gegen die nationalsozialistische Ideologie. München 1965.

ALBRECHT, CLEMENS / BEHRMANN, GÜNTER C. / BOCK, MICHAEL: Die intellektuelle Gründung der Bundesrepublik. Eine Wirkungsgeschichte der Frankfurter Schule. Frankfurt am Main 1999.

ASSMANN, ALEIDA / FREVERT, UTE: Geschichtsvergessenheit – Geschichtsversessenheit. Vom Umgang mit deutschen Vergangenheiten nach 1945. Stuttgart 1999.

ANFT, CHRISTL: Ernst Legal 1881–1955. Schauspieler, Regisseur, Theaterleiter. Ein bürgerlich-humanistischer Künstler im gesellschaftlichen und ästhetischen Strukturwandel der erste Hälfte des 20. Jahrhunderts. Diss. phil. Berlin 1981.

AUFRICHT, ERNST JOSEF: Erzähle, damit du dein Recht erweist. Aufzeichnungen eines Berliner Theaterdirektors. München 1969.

BARTOV, OMER: Hitlers Wehrmacht. Soldaten, Fanatismus und die Brutalisierung des Krieges. Reinbek 1995.

DERS.: Erased – Vanishing Traces of Jewish Galicia in Present-Day Ukraine. Princeton 2007.

BERGENGRUEN, WERNER: Schreibtischerinnerungen. Zürich 1961.

BEUYS, BARBARA: Sophie Scholl. Biografie. München 2010.

BEYER, SUSANNE: Palucca. Die Biografie. Berlin 2009.

BIRN, RUTH BETTINA: Die Höheren SS- und Polizeiführer. Himmlers Vertreter im Reich und in den besetzten Gebieten. Düsseldorf 1986.

BIRNBAUM, IMMANUEL: Achtzig Jahre dabeigewesen. Erinnerungen eines Journalisten. München 1974.

BÖCKENFÖRDE, ERNST-WOLFGANG: Der deutsche Katholizismus im Jahre 1933. Kirche und demokratisches Ethos. Freiburg im Breisgau 1988.

BÖHLER, JOCHEN: Auftakt zum Vernichtungskrieg. Die Wehrmacht in Polen 1939. Frankfurt am Main 2006.

BOLL, BERND: Zloczow, Juli 1941. Die Wehrmacht und der Beginn des Holocausts in Galizien. Hamburg 1986

BOLL, MONIKA: Nachtprogramm. Intellektuelle Gründungsdebatten in der frühen Bundesrepublik. Münster 2004.

BOLLENBECK, GEORG: Tradition, Avantgarde, Reaktion. Deutsche Kontroversen um die kulturelle Moderne 1880–1945. Frankfurt am Main 1999.

BRELIE-LEWIEN, DORIS VON DER: Katholische Zeitschriften in den Westzonen 1945–1949. Ein Beitrag zur politischen Kultur der Nachkriegszeit. Göttingen 1986.

BRENTANO, BERNARD VON: Du Land der Liebe. Bericht von Abschied und Heimkehr eines Deutschen. Tübingen 1952.

BREUER, STEFAN: Anatomie der konservativen Revolution. Darmstadt 1995.

BREUNING, KLAUS: Die Vision des Reiches. Deutscher Katholizismus zwischen Demokratie und Diktatur 1929–1934. München 1969.

Bröckling, Ulrich: Katholische Intellektuelle in der Weimarer Republik. Zeitkritik und Gesellschaftstheorie bei Walter Dirks, Romano Guardini, Carl Schmitt, Ernst Michel und Heinrich Mertens. München 1993.

Broszat, Martin / Schwabe, Klaus (Hg.): Die deutschen Eliten und der Weg in den Zweiten Weltkrieg. München 1989.

Browning, Christopher: Ganz normale Männer. Das Reserve-Polizeibatallion 101 und die »Endlösung« in Polen. Hamburg 2009.

Conze, Eckart: Die Suche nach Sicherheit. Eine Geschichte der Bundesrepublik Deutschland von 1949 bis in die Gegenwart. München 2009.

Cube, Walter von: Ich bitte um Widerspruch. Fünf Jahre Zeitgeschehen kommentiert. Frankfurt am Main 1952.

Curilla, Wolfgang: Der Judenmord in Polen und die deutsche Ordnungspolizei 1939–1945. Paderborn 2011.

Dahlheimer, Manfred: Carl Schmitt und der deutsche Katholizismus. Paderborn 1998.

Denk, Friedrich: Die Zensur der Nachgeborenen. Zur regimekritischen Literatur im Dritten Reich. Weilheim 1996.

Desbois, Patrick: Der vergessene Holocaust. Die Ermordung der ukrainischen Juden. Eine Spurensuche. Berlin 2009.

Dietrich, Gert: Politik und Kultur in der sowjetischen Besatzungszone Deutschlands 1945–1949. Frankfurt am Main 1993.

Dirks, Carl / Janssen, Karl-Heinz: Der Krieg der Generäle. Hitler als Werkzeug der Wehrmacht. Berlin 1999.

Dohna-Schlobitten, Alexander Fürst von: Erinnerungen eines alten Ostpreußen. Berlin 1989.

Dohrmann, Anja Maria: Erika Mann – Einblicke in ihr Leben. Diss. phil. Freiburg im Breisgau 2003.

Dollinger, Hans: Edmund Goldschagg 1886–1971. Das Leben des Journalisten, Sozialdemokraten und Mitbegründers der »Süddeutschen Zeitung«. München 1986.

Dunner, Joseph: Zu Protokoll gegeben. Mein Leben als Deutscher und Jude. München 1971.

Enzensberger, Hans Magnus: Hammerstein oder der Eigensinn. Eine deutsche Geschichte. Frankfurt am Main 2009.

Flemmer, Walter: Verlage in Bayern. Geschichte und Geschichten. Pullach b. München 1974.

Franke, Werner und andere (Hg.): Der Landkreis Emsland. Geographie, Geschichte, Gegenwart. Eine Kreisbeschreibung. Meppen 2002.

Frei, Norbert / Schmitz, Johannes: Journalismus im Dritten Reich. München 1989.

Frei, Norbert: 1945 und wir. Das Dritte Reich im Bewusstsein der Deutschen. München 2005.

Ders.: Vergangenheitspolitik. Die Anfänge der Bundesrepublik und die NS-Vergangenheit. München 1999.

Gaertringen, Friedrich Freiherr Hiller von (Hg.): Die Hassell-Tagebücher 1938–1944. Aufzeichnungen vom andern Deutschland. Berlin 1988.

Gerlach, Christian: Krieg, Ernährung, Völkermord. Forschungen zur deutschen Vernichtungspolitik im Zweiten Weltkrieg. Hamburg 1998.

Gilbert, Martin: Endlösung. Die Vertreibung und Vernichtung der Juden. Ein Atlas. Reinbek 1995.

Gillessen, Günter: Auf verlorenem Posten. Die Frankfurter Zeitung im Dritten Reich. Berlin 1987.

GITSCHNER, JOLAN: Die geistige Haltung der Monatsschrift Hochland in den politischen und sozialen Fragen ihrer Zeit 1903–1933. Diss. phil. München 1952.

GÖTZ VON OLENHUSEN, IRMTRAUD: Jugendreich, Gottesreich, Deutsches Reich. Junge Generation, Religion und Politik 1928–1933. Köln 1987.

GREBING, HELGA: Konservative gegen die Demokratie. Konservative Kritik an der Demokratie der Bundesrepublik nach 1945. Frankfurt am Main 1971.

GRYNBERG, HENRYK: Drohobycz, Drohobycz. Zwölf Lebensbilder. Wien 1997.

GUT OPDYKE, IRENE: Wer ein Leben rettet ... Eine wahre Geschichte aus dem Holocaust. Zürich / München 2000.

HACHMEISTER, LUTZ / SIERING, FRIEDEMANN (HG.): Die Herren Journalisten. Die Elite der deutschen Presse nach 1945. München 2002.

HAECKER, THEODOR: Tag- und Nachtbücher 1939–1945. Mit einem Vorwort hrsg. von Heinrich Wild. München 1947.

HALLGARTEN, GEORGE W.: Als die Schatten fielen. Erinnerungen. München 1969.

HALLWIRTH, UTA: Auf der Suche nach einer neuen Identität? Zum nationalen Selbstverständnis in der westdeutschen Presse 1945–1955. Frankfurt am Main 1987.

HAMMERSTEIN, KUNRAT FREIHERR VON: Spähtrupp. Stuttgart 1963.

DERS.: Flucht. Aufzeichnungen nach dem 20. Juli. Olten / Freiburg im Breisgau 1966.

HARPPRECHT, KLAUS: Thomas Mann. Eine Biographie. 2 Bände. Reinbeck 1995.

HARTNAGEL, THOMAS (HG.): Scholl, Sophie / Hartnagel, Fritz: Damit wir uns nicht verlieren. Briefwechsel. Frankfurt am Main 2005.

HAUSENSTEIN, WILHELM: Ausgewählte Briefe. 1904–1957. Herausgegeben von Hellmuth H. Rennert. Oldenburg 1999.

DERS.: Lux Perpetua. Geschichte einer deutschen Jugend aus dem 19. Jahrhundert. Mitgeteilt von Johann Armbruster. Frankfurt am Main 1972.

DERS.: Licht unter dem Horizont. Tagebücher von 1942 bis 1946. München 1967.

DERS.: Impressionen und Analysen. Letzte Aufzeichnungen. München 1969.

HAY, GERHARD: »Als der Krieg zu Ende war«. Literarisch-politische Publizistik 1945–1950. München 1974.

HEADLAND, RONALD: Messages of Murder. A study of the reports of the Einsatzgruppen of the Security Police and the Security Service. Rutherford, NJ 1992.

HEER, HANNES: Vom Verschwinden der Täter. Der Vernichtungskrieg fand statt, aber keiner war dabei. Berlin 2004.

HEHL, ULRICH VON: Adenauer und die Kirchen. Bonn 1999.

HEISSERER, DIRK (HG.): Ernst Jünger-Rudolf Schlichter. Briefe 1935–1955. Stuttgart 1997.

HESS, HERBERT: 50 Jahre Süddeutsche Zeitung. Eine Chronik. München 1995.

HILBERG, RAUL: Die Vernichtung der europäischen Juden. Band 1–3. Frankfurt am Main 1990.

DERS.: Die Quellen des Holocaust. Entschlüsseln und Interpretieren. Frankfurt am Main 2003.

HINTERTHÜR, BETTINA: Noten nach Plan. Die Musikverlage in der SBZ / DDR. Zwangssystem, zentrale Planwirtschaft und deutsch-deutsche Beziehungen bis Anfang der sechziger Jahre. Stuttgart 2006.

HOHOFF, CURT: Unter den Fischen. Erinnerungen an Männer, Mädchen und Bücher 1934–1939. München 1982.

HÜRTEN, HEINZ: Deutsche Katholiken 1918–1949. Paderborn 1992.

HÜRTER, JOHANNES: Hitlers Heerführer. Die Oberbefehlshaber im Krieg gegen die Sowjetunion 1941/42. München 2007.

HURWITZ, HAROLD: Die Stunde Null der deutschen Presse. Die amerikanische Pressepolitik in Deutschland 1945–1949. Köln 1972.

JOCKHECK, LARS: Propaganda im Generalgouvernement. Die NS-Besatzungspresse für Deutsche und Polen 1939–1945. Osnabrück 2006.

JOHN, ECKHARD/MARTIN, BERND/MÜCK, MARC/OTT, HUGO (HG.): Die Freiburger Universität in der Zeit des Nationalsozialismus. Freiburg im Breisgau 1991.

JORDAN, GERHARD VON: Polnische Jahre. Privatdruck, o. O., o. J. (1986).

KAISER, HENRIETTE/KAISER, JOACHIM: »Ich bin der letzte Mohikaner«. Berlin 2008.

KEILBACH, JUDITH: Geschichtsbilder und Zeitzeugen. Zur Darstellung des Nationalsozialismus im bundesdeutschen Fernsehen. Münster 2011.

KIEFER, MARKUS: Auf der Suche nach nationaler Identität und Wegen zur deutschen Einheit. Die deutsche Frage in der überregionalen Tages- und Wochenpresse der Bundesrepublik 1949–1955. Frankfurt am Main 1992.

KLESSMANN, CHRISTOPH: Die doppelte Staatsgründung. Deutsche Geschichte 1945–1955. Göttingen 1982.

KOEPPEN, WOLFGANG: Jakob Littners Aufzeichnungen aus einem Erdloch. Roman. Frankfurt am Main 1992.

KÖPF, PETER: Schreiben nach jeder Richtung. Goebbels-Propagandisten in der westdeutschen Nachkriegspresse. Berlin 1995.

KÖRLING, MARTHA: Die literarische Arbeit der Zeitschrift Hochland von 1903 bis 1933. München 1958.

KÖSTER, MAREN: Musik-Zeit-Geschehen. Zu den Musikverhältnissen in der SBZ/DDR 1945–1952. Saarbrücken 2002.

KRAUS, HANS CHRISTOF (HG.): Konservative Zeitschriften zwischen Kaiserreich und Diktatur. Fünf Fallstudien. Berlin 2003.

KRAUSNICK, HELMUT/WILHELM, HANS-HEINRICH: Die Truppe des Weltanschauungskrieges. Die Einsatzgruppen der Sicherheitspolizei und des SD 1938–1942. Stuttgart 1981.

KROLL, FRANK-LOTHAR (HG.): Die totalitäre Erfahrung. Deutsche Literatur und Drittes Reich. Berlin 2003.

LANG, ERNST MARIA: Das wars. Wars das? Erinnerungen. München 2000.

LANGENDORF, ERNST: Mit dem Jeep auf Verlegersuche, in: Michael Schröder (Hg.): Auf geht's: Rama dama! Frauen und Männer aus der Arbeiterbewegung berichten über den Wiederaufbau und Neubeginn 1945 bis 1949. Köln 1984.

LANGNER, ALBRECHT (HG.): Katholizismus, nationaler Gedanke und Europa seit 1800. Paderborn 1985.

LAURIEN, INGRID: Politisch-kulturelle Zeitschriften in den Westzonen 1945–1949. Ein Beitrag zur politischen Kultur der Nachkriegszeit. Frankfurt am Main 1991.

LAUX, KARL: Das Musikleben in der DDR 1945–1959. Berlin 1963.

LONGERICH, PETER: Heinrich Himmler. Biografie. München 2008.

LOTH, WILFRIED: Verwandlungspolitik. NS-Eliten in der westdeutschen Nachkriegsgesellschaft. Frankfurt am Main 1998.

MANN, THOMAS: Tagebücher 1946–1948. Herausgegeben von Inge Jens. Frankfurt am Main 2003.

Maier, Hans / Schäfer, Michael (Hg.): Totalitarismus und »politische Religionen«. Band 2. Paderborn 1994.

Margolies, Janett: Between Cruelty and Death. Alliance for Murder. The Nazi-Ukrainian Nationalist Partnership in Genocide. New York 1995.

Medem, Eberhard Freiherr von: Carl Schmitt. Glossarium. Aufzeichnungen der Jahre 1947–1951. Berlin 1991.

Mehring, Reinhard: Carl Schmitt. Aufstieg und Fall. München 2009.

Mensing, Hans Peter (Hg.): Adenauer, Briefe 1947–1949. Berlin 1984.

Mirbt, Karl-Wolfgang: Methoden des publizistischen Widerstands im Dritten Reich, nachgewiesen an der »Deutschen Rundschau« Rudolf Pechels. Diss. phil. Berlin 1958.

Moltke, Helmuth James Graf von: Briefe an Freya 1939–1945. Herausgegeben von Beate Ruhm von Oppen. München 1988.

Morgenstern, Soma: Die Blutsäule. Zeichen und Wunder am Sereth. Lüneburg 1997.

Müller-Meiningen, Ernst: Orden, Spiesser, Pfeffersäcke. Ein liberaler Streiter erinnert sich. Zürich 1989.

Münchhausen, Friedemann Freiherr von: Erinnerungen. Privatdruck o. O., 1992.

Musial, Bogdan: Deutsche Zivilverwaltung und Judenverfolgung im Generalgouvernement. Eine Fallstudie zum Distrikt Lublin 1939–1944. Wiesbaden 1999.

Ders.: »Aktion Reinhardt«. Der Völkermord an den Juden im Generalgouvernement 1941–1944. Osnabrück 2004.

Neuhäusler, Johannes: Kreuz und Hakenkreuz. Der Kampf des Nationalsozialismus gegen die katholische Kirche und den kirchlichen Widerstand. 2 Bände. München 1946.

Nolte, Jost: Der Feigling. Roman. Bern 2003.

Ott, Hugo: Martin Heidegger. Unterwegs zu seiner Biographie. Frankfurt am Main 1988.

Pieper, Joseph: Noch wusste es niemand. Autobiographische Aufzeichnungen 1904–1945. München 1976.

Plato, Alexander von: Ein unglaublicher Frühling. Erfahrene Geschichte im Nachkriegsdeutschland 1945–1948. Bonn 2001.

Pohl, Dieter: Von der »Judenpolitik« zum Judenmord. Der Distrikt Lublin des Generalgouvernements 1939–1944. Frankfurt am Main 1993.

Ders.: Nationalsozialistische Judenverfolgung in Ostgalizien 1941–1944. Organisation und Durchführung eines staatlichen Massenverbrechens. München 1996.

Pöpping, Dagmar: Akademiker und die Utopie der Antimoderne 1900–1945. Berlin 2002.

Präg, Werner / Jacobmeyer, Wolfgang (Hg.): Das Diensttagebuch des deutschen Generalgouverneurs in Polen 1939–1945. Stuttgart 1975.

Proebst, Hermann: Durchleuchtete Zeit. Politische und historische Betrachtungen eines Journalisten. München 1969.

Redlich, Shimon: Together and Apart in Brzezany. Poles, Jews and Ukrainians 1919–1945. Bloomington 2002.

Regnier, Anatol: Damals in Bolechow. Eine jüdische Odyssee. München 1997.

Richardi, Hans-Günter: Am Anfang war das Ende. Das Wirken von August und Alfred Schwingenstein beim Wiederaufbau der freien Presse in Bayern. München 2001.

Richter, Reinhard: Nationales Denken im Katholizismus der Weimarer Republik. Münster 2001.

Rösler, Walter / Haedler, Manfred / Marcard, Micaela von: Das »Zauberschloß«

Unter den Linden. Die Berliner Staatsoper. Geschichte und Geschichten von den Anfängen bis heute. Berlin 1997.

ROTH, MARKUS: Herrenmenschen. Die deutschen Kreishauptleute im besetzten Polen – Karrierewege, Herrschaftspraxis und Nachgeschichte. Göttingen 2009.

RÜTER-EHLERMANN, ADELHEID L./RÜTER. C. F. (HG.): Justiz und NS-Verbrechen. Sammlung deutscher Strafurteile wegen nationalsozialistischer Tötungsverbrechen 1945–1966. Band III. Amsterdam 1969.

RUSTER, THOMAS: Die verlorene Nützlichkeit der Religion. Katholizismus und Moderne in der Weimarer Republik. Paderborn 1997.

SALOMON, ERNST VON: Der Fragebogen. Roman. Reinbek 1985 (1951).

SANDKÜHLER, THOMAS: »Endlösung« in Galizien. Der Judenmord in Ostpolen und die Rettungsinitiativen von Berthold Beitz 1941–1944. Bonn 1996.

SASTAWENKO, G. F.: Wehrmachtsverbrechen. Dokumente aus sowjetischen Archiven. Köln 1997.

SCHÄFER, HANS-DIETER: Das gespaltene Bewusstsein. Vom Dritten Reich bis zu den langen fünfziger Jahren. Göttingen 2009.

SCHIRNDING, ALBERT VON: Rückkehr eines Ausgewiesenen. Thomas Mann und die Bayerische Akademie der Schönen Künste. Göttingen 2012.

SCHIVELBUSCH, WOLFGANG: Vor dem Vorhang. Das geistige Berlin 1945–1948. Frankfurt am Main 1997.

SCHMITT, CARL: Der Begriff des Politischen. Berlin 1932.

DERS.: Politische Theologie. München 1934.

SCHMÖLDERS, CLAUDIA: Hitlers Gesicht. Eine physiognomische Biografie. München 2000.

SCHOELLER, WILFRIED (HG.): Diese merkwürdige Zeit. Leben nach der Stunde Null. Textbuch »Neue Zeitung«. Frankfurt am Main 2005.

SCHÖNINGH, FRANZ JOSEF (HG.): Begegnungen mit Karl Muth. Berichte von Joseph Bernhart und andere. München 1937.

SCHREIBER, MARION: Stille Helden. Der Überfall auf den 20. Deportationszug nach Auschwitz. Berlin 2000.

SCHRENCK-NOTZING, CASPAR VON: Charakterwäsche. Die Politik der amerikanischen Umerziehung in Deutschland. Berlin 1996.

SCHRÖDER, MICHAEL (HG.): Auf geht's: rama dama! Frauen und Männer der Arbeiterbewegung berichten über Wiederaufbau und Neubeginn 1945–1949. Köln 1984.

SCHULENBURG, LUTZ (HG.): Franz Jung. Abschied von der Zeit. Werke 9/2. Hamburg 1997.

SCHÜLER, BARBARA: »Im Geiste der Gemordeten …«. Die »Weiße Rose« und ihre Wirkung in der Nachkriegszeit. Paderborn 2000.

SCHILDT, AXEL/SIEGFRIED, DETLEF: Deutsche Kulturgeschichte. Die Bundesrepublik von 1945 bis zur Gegenwart. München 2009.

SCHWAB-FELISCH, HANS: Der Ruf. Eine deutsche Nachkriegszeitschrift. München 1962.

SCHWIEDRZIK, WOLFGANG M.: Träume der ersten Stunde. Die Gesellschaft Imshausen. Berlin 1991.

SEGEV, TOM: Simon Wiesenthal. Die Biografie. München 2010.

SEIDEL, ROBERT: Nationalsozialistische Besatzungspolitik in Polen. Der Distrikt Radom 1939–1945. Paderborn 2006.

SIEFKEN, HINRICH: Die weiße Rose und ihre Flugblätter. Dokumente, Texte, Lebensbilder, Erläuterungen. Manchester 1994.

SNYDER, TIMOTHY: Bloodlands. Europa zwischen Hitler und Stalin. München 2011.

SONTHEIMER, KURT: Antidemokratisches Denken in der Weimarer Republik. Die politischen Ideen des deutschen Nationalismus zwischen 1918 und 1933. München 1992.

SPEER, ALBERT: Erinnerungen. Berlin 1969.

STOLL, ULRIKE: Kulturpolitik als Beruf. Dieter Sattler (1906–1968) in München, Bonn und Rom. Paderborn 2005.

STRAUSS, FRANZ JOSEF: Die Erinnerungen. Berlin 1988.

SÜSKIND, WILHELM EMANUEL: Die Mächtigen vor Gericht. Nürnberg 1945 / 46 an Ort und Stelle erlebt. München 1963.

UHLMANN, PETRA / WOLF, SABINE (HG.): »Die Regierung ruft die Künstler«. Dokumente zur Gründung der Akademie der Künste (DDR) 1945–1953. Berlin 1993.

ULRICH, ROLAND / ZACHAU, REINHARD (HG.): Jakob Littner: Mein Weg durch die Nacht. Mit Anmerkungen zu Wolfgang Koeppens Textadaption. Berlin 2002.

ULLRICH, SEBASTIAN: Der Weimar-Komplex. Das Scheitern der ersten deutschen Demokratie und die politische Kultur der frühen BRD 1945–1959. Göttingen 2009.

VOGT-SCHNEIDER, SABINE: »Staatsoper Unter den Linden« oder »Deutsche Staatsoper«? Auseinandersetzungen um Kulturpolitik und Spielbetrieb in den Jahren 1945 und 1955. Eine Studie. Berlin 1998.

VÖLKLEIN, ULRICH: Die verweigerte Schuld. Gespräche mit einem Täter: Wie man aus dem NS-Kreishauptmann Claus Volkmann der linksliberale Publizist Peter Grubbe wurde. Hamburg 2000.

VOLMERT, JOHANNES: Politischer Kommentar und Ideologie. Ein inhaltsanalytischer Versuch an vier frühen Nachkriegszeitungen. Stuttgart 1979.

WEFING, HEINRICH: Der Fall Demjanjuk. Der letzte große NS-Prozess. München 2011.

WEGNER, BERND (HG.): Zwei Wege nach Moskau. Vom Hitler-Stalin-Pakt bis zum »Unternehmen Barbarossa«. München 1991.

WEH, ALBERT (HG.): Recht des Generalgouvernements. Krakau 1941.

WELZER, HARALD: Täter. Wie aus ganz normalen Menschen Massenmörder werden. Frankfurt am Main 2005.

WELZER, HARALD / MÖLLER, SABINE / TSCHUGGNALL, KAROLINE: »Opa war kein Nazi«. Nationalsozialismus und Holocaust im Familiengedächtnis. Frankfurt am Main 2002.

WERNER, JOHANNES: Wilhelm Hausenstein. Ein Lebenslauf. München 2005.

WETTE, WOLFRAM: Die Wehrmacht. Feindbilder, Vernichtungskrieg, Legenden. Frankfurt am Main 2002.

WIEDENHORN, DAGMAR: Gründung und Aufbau der Süddeutschen Zeitung von 1945 bis 1949. Mag. phil. München 1982.

WILD, IRMGARD: Woran ich mich erinnere. Erinnerungen. Privatdruck, o. O., o. J.

WILDT, MICHAEL: Die Generation des Unbedingten. Das Führungskorps des Reichssicherheitshauptamtes. Hamburg 2003.

YAD VASHEM JERUSALEM (HG.): Encyclopedia of Jewish Communities, Poland, Vol. II (Sambor, Tarnopol). Jerusalem S. 1972ff.

YONES, ELIYAHU: Smoke in the Sand. The Jews of Lvov in the War Years 1939–1944. Jerusalem 2004.

ZIESEL, KURT: Das verlorene Gewissen. Hinter den Kulissen der Presse, Literatur und ihrer Machtträger von heute. München 1957.

Abbildungsnachweis

Die Quellen aller Abbildungen wurden sorgfältig recherchiert. Sollte uns ein Nachweis entgangen sein, bitten wir Sie, mit dem Allitera Verlag Kontakt aufzunehmen.